*Real Property Appraisal*

# 不动产估价

周晓蓉　刘琪琳　但莉◎编著

清华大学出版社
北京

本书封面贴有清华大学出版社防伪标签，无标签者不得销售。
版权所有，侵权必究。举报：010-62782989，beiqinquan@tup.tsinghua.edu.cn

图书在版编目（CIP）数据

不动产估价 / 周晓蓉，刘琪琳，但莉编著. -- 北京 : 清华大学出版社, 2025.1.
ISBN 978-7-302-67706-2

Ⅰ. F293.3

中国国家版本馆 CIP 数据核字第 2024HA3633 号

责任编辑：陆浥晨
封面设计：李召霞
责任校对：宋玉莲
责任印制：沈　露

出版发行：清华大学出版社
网　　址：https://www.tup.com.cn，https://www.wqxuetang.com
地　　址：北京清华大学学研大厦 A 座　　　邮　　编：100084
社 总 机：010-83470000　　　　　　　　　　邮　　购：010-62786544
投稿与读者服务：010-62776969，c-service@tup.tsinghua.edu.cn
质 量 反 馈：010-62772015，zhiliang@tup.tsinghua.edu.cn
课 件 下 载：https://www.tup.com.cn，010-83470332

印 装 者：涿州汇美亿浓印刷有限公司
经　　销：全国新华书店
开　　本：185mm×260mm　　　印　张：20.25　　　字　数：486 千字
版　　次：2025 年 1 月第 1 版　　　　　　　　　印　次：2025 年 1 月第 1 次印刷
定　　价：59.00 元

产品编号：105559-01

# 第一部分　不动产估价理论

## 第一章　不动产概述 ·········· 3
- 第一节　不动产的定义 ·········· 3
- 第二节　不动产的特性 ·········· 12
- 第三节　不动产的分类 ·········· 16
- 关键词 ·········· 19
- 即测即练 ·········· 19

## 第二章　不动产价格的表现形式与影响因素 ·········· 20
- 第一节　不动产价格的表现形式 ·········· 20
- 第二节　不动产价格的影响因素 ·········· 23
- 第三节　影响不动产价格的自身因素 ·········· 27
- 第四节　影响不动产价格的外部因素 ·········· 34
- 关键词 ·········· 42
- 即测即练 ·········· 42

## 第三章　不动产估价概述 ·········· 43
- 第一节　不动产估价的定义 ·········· 43
- 第二节　对不动产估价认识的深化 ·········· 53
- 第三节　不动产估价的主要应用领域 ·········· 56
- 第四节　不动产估价行业发展的回望与展望 ·········· 63
- 关键词 ·········· 65
- 即测即练 ·········· 65

## 第四章　不动产估价的原则、程序与报告撰写 ·········· 66
- 第一节　不动产估价的原则 ·········· 66
- 第二节　不动产估价的程序 ·········· 70
- 第三节　不动产估价报告的撰写 ·········· 79
- 关键词 ·········· 84
- 即测即练 ·········· 84

## 第五章 市场比较法 ······ 85

- 第一节 市场比较法概述 ······ 85
- 第二节 搜集交易实例与选择可比实例 ······ 87
- 第三节 交易情况修正与状况调整 ······ 95
- 第四节 计算比较价值 ······ 99
- 关键词 ······ 105
- 即测即练 ······ 105

## 第六章 收益法 ······ 106

- 第一节 收益法概述 ······ 106
- 第二节 报酬资本化法的公式 ······ 107
- 第三节 净收益的测算 ······ 120
- 第四节 报酬率的确定 ······ 129
- 第五节 直接资本化法 ······ 133
- 第六节 投资组合技术和剩余技术 ······ 138
- 关键词 ······ 143
- 即测即练 ······ 143

## 第七章 成本法 ······ 144

- 第一节 成本法概述 ······ 144
- 第二节 不动产价格的构成 ······ 145
- 第三节 成本法的基本公式 ······ 153
- 第四节 重新购建成本的测算 ······ 155
- 第五节 建筑物折旧的测算 ······ 161
- 关键词 ······ 173
- 即测即练 ······ 173

## 第八章 假设开发法 ······ 174

- 第一节 假设开发法概述 ······ 174
- 第二节 动态分析法和静态分析法 ······ 176
- 第三节 估价前提和最佳开发经营方式的选择 ······ 177
- 第四节 假设开发法的公式 ······ 179
- 第五节 假设开发法公式中各项的求取 ······ 180
- 关键词 ······ 186
- 即测即练 ······ 186

## 第九章 不动产评估领域的深化与拓展 ································ 187

第一节 批量估价 ·················································· 187
第二节 REITs 估值 ················································ 191
关键词 ···························································· 202
即测即练 ·························································· 203

# 第二部分 不动产估价实务

## 第十章 土地使用权价值估价案例 ·································· 207

## 第十一章 工业园在建仓库、综合楼不动产抵押价值估价案例 ······ 235

## 第十二章 商业和住宅不动产抵押价值估价案例 ···················· 258

## 第十三章 商业不动产租金估价案例 ································ 299

主要参考文献 ···························································· 314

# 第一部分

# 不动产估价理论

# 第一章

# 不动产概述

## 第一节　不动产的定义

土地和房屋自古以来就是人们最重要的生产资料和生活资料，也是最重要的财产形式，被视为一切财富的根源和社会稳定的基础。《管子·水地》记载："地者，万物之本原，诸生之根菀也。"《黄帝宅经》曰："宅者，人之本。人以宅为家，居若安即家代昌吉。"《孟子·滕文公上》有言："有恒产者有恒心。"

### 一、不动产概念的内涵

不动产，英文为 real property，与动产对称。在民法中，物权分为动产物权和不动产物权两大类。各国在法规中都有关于不动产的具体界定。例如，我国《不动产登记暂行条例》第二条第二款规定："本条例所称不动产，是指土地、海域以及房屋、林木等定着物。"而我国《资产评估执业准则——不动产》则将不动产定义为土地、建筑物及其他附着于土地上的定着物，包括物质实体及其相关权益，不包含海域、林木等。日本民法典规定：土地及其定着物为不动产。美国不动产术语词典则把不动产定义为：土地以及或多或少依附于土地的一切物体，不动产所有权从地球中心直到无限天际[①]。

动产与不动产的划分，通常是依据其能否自由移动来进行的。不动产的主要特征表现在它不能移动，或者虽然可以移动，但移动后会破坏它的完整性、使用价值及功能，或者会带来明显的经济损失。因此，一般来说，凡是能够自行移动或者能够用外力推动，且又不改变其性质和价值的财产，如牲畜、家禽、家具、器皿等，均属于动产；反之，土地、房屋等不可移动的财产，则属于不动产。实务中，对不动产与动产进行区分的关键在于其是否与土地一并转让所有权，前者会随土地转让所有权，而后者则不会。

不动产的价值随着时代的变迁而演变，不仅可能逐渐失去某些传统的价值形式，还可能出现一些全新的价值元素。例如，由于农业在工业化前社会中占据核心地位，而土地作为农业的关键生产要素，其农业价值历来备受重视，成为理论和实践中最早被认识到的土地价值形式。然而，随着工业化进程的推进，土地的用途越发多样化，从传统的农业用途延伸至工厂、仓库、办公室以及城市群的建设。这种变化不仅催生了不动产的新形态，还使得人造物形式的不动产价值相对于仅包含土地的不动产价值有了显著的提升。此外，随着采掘业和冶炼技术的迅猛发展，自然资源（如矿产）的价值逐渐融入不动产之中，进一步丰富了其价值构成；随着旅游业和休闲业的兴盛，风景名胜和相关设施的价值也逐步融

---

① Friedman Jack P., J Harris J C, Lindeman J B. Dictionary of Real Estate Terms[M]. New York: Simon and Schuster, 2017.

入不动产之中，为其增添了新的价值元素。

综上所述，我们可以从广义和狭义两方面来定义不动产。广义地看，不动产是指土地及其地上的一切定着物，包括土地、地上地下的建筑物和构筑物（如房屋、道路、桥梁、围墙、水利设施和地下室等）、河流、森林、草原、矿山等；狭义地看，不动产主要是指土地及其地上的建筑物和构筑物，具体指土地和房屋及其附属设施。

此外，对不动产概念的理解，要把握不动产是实物和权益的统一体，既要理解不动产中看得见、摸得着的实物部分，如土地的形状、大小、地势地质条件，定着物的外观、结构、设备、内部装潢等实体要素，也要理解不动产中无形的、不可触摸的权益部分。不动产的权益部分是法律赋予的寓含于不动产实体中的各种权利以及由此带来的各种经济利益，它是一种权利束，包括所有权、使用权和他项权利等一系列的子权利。

不动产与房地产两个概念在内涵和外延上既有紧密联系，又存在显著差异。更确切地说，房地产涵盖了土地、建筑物及其他与土地相结合的实体，重点在于实际的物质形态。相对地，不动产是一个法律术语，其定义更为规范和宽泛。它不仅包含房地产的所有实质内容，还进一步延伸到由不动产所衍生的各类权利和利益，更加强调法律和权益方面。在众多涉及房地产的经济活动中，这两个概念经常被交替使用，本书在阐述时也不对其做严格的区分。

## 二、土地、建筑物和其他地上定着物的含义

### （一）土地的含义

随着科技的进步，人类对土地的利用已不仅局限于地表，而是向上下空间拓展。因此，土地已发展成为一个立体空间的概念，它包含三个维度：一是土地的地表范围，指该宗土地在地表上的边界所围合的区域；二是土地的地上空间范围，理论上，一般以人类所能够利用的高度为限；三是土地的地下空间范围，理论上，一般以人类的能力所及的深度为限（见图1-1）。

值得注意的是，在任何一个有秩序的国家或地区，土地的地上空间和地下空间范围，都不可能是在人类能力可及的限度内无限延伸的，而是受到一定的限制。例如，在城市建设用地上，容积率、建筑高度等各种土地利用控制和管制实际上形成了一定的制约，为土地划出了一定的空间界线。此外，对地表以下的矿藏资源，如石油、天然气、水等的所有权，不同的国家或地区的规定并不一致。例如，美国法律将地下矿藏等自然物视为土地的一部分，赋予土地所有者所有权。但许多国家和地区并非如此，土地所有权与地下资源所有权是分开的。我国法律规定，所有的地下矿藏、水资源、气资源以及热能资源都属于国家，即使是土地所有者，要取得这些地下资源也必须依法有偿购买。

### （二）建筑物的含义

建筑物的含义也有广义和狭义之分：广义的建筑物既包括房屋，也包括构筑物；狭义的建筑物主要是指房屋，不包括构筑物。在不动产估价中，一般将建筑物作广义理解，其中，房屋是指有基础、墙、顶、门、窗，起着遮风避雨、保温隔热等作用，供人们在里面

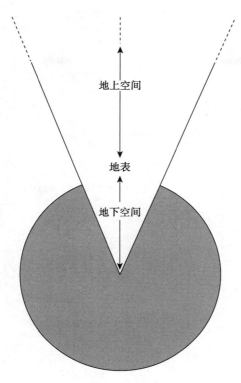

图 1-1 土地概念包含的三个维度

居住、工作、学习、娱乐或进行其他活动的空间场所，一般是由建筑材料、建筑构配件和设备（如给排水、卫生、燃气、照明、空调、电梯、通信、防灾等）组成的；构筑物是指人们一般不直接在里面进行生产和生活活动的场所（如水塔、堤坝、烟囱、水井、道路、桥梁、隧道等）。

### （三）其他地上定着物的含义

其他地上定着物，是指除建筑物外的地上附着物，也称土地附属物或附属物。这些物通常与土地或建筑物紧密结合，构成其不可或缺的一部分（如假山、庭院、花园、栅栏等）。

这些地上定着物与土地、建筑物在物理上不可分离，或者虽然可以在物理上分离，但这种分离是不经济的。一旦分离，就可能会破坏土地、建筑物的完整性、使用价值或功能，进而导致其价值受到明显损害。因此，它们随着土地或建筑物的转移而一同转移。

## 三、不动产权益的含义

不动产权益是不动产中无形的、看不见摸不着的部分，是附着在不动产实物上的权利、利益。自新中国成立以来，我国先后制定了《宪法》《土地管理法》和《城市房地产管理法》（以下简称《宪法》《土地管理法》《城市房地产管理法》）等一系列法律规范，特别是《民法典》（以下简称《民法典》）的施行，对土地、房屋等不动产物权的权利类型及内容都做出了规定，不动产物权法律体系进一步完善（见图1-2）。

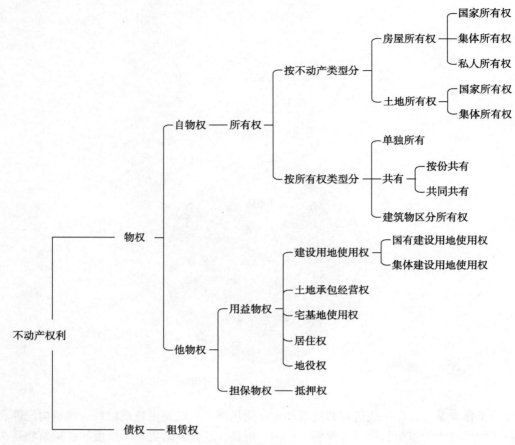

图 1-2 不动产权利的分类

物权是权利人依法对特定的物享有直接支配和排他的权利，物权的义务人是物权的权利人以外的任何人，因此物权又称绝对权或对世权。我国《民法典》第二百一十四条规定："不动产物权的设立、变更、转让和消灭，依照法律规定应当登记的，自记载于不动产登记簿时发生效力。"在物权中，所有权属于自物权，其余属于他物权。自物权是对自己的物依法享有的权利。他物权是在他人的物上依法享有的权利，是对所有权的限制。在他物权中，建设用地使用权、土地承包经营权、宅基地使用权、居住权、地役权属于用益物权，抵押权属于担保物权。债权是权利人请求特定义务人为或不为一定行为的权利，债权的权利人不能要求与其债权债务关系无关的人为或不为一定行为，因此债权又称相对权或对人权。租赁权属于债权。在特定的不动产上，除法律另有规定外，既有物权又有债权的，优先保护物权；同时有两个以上物权的，优先保护先设立的物权。

（一）所有权

所有权是物权的基础。不动产所有权是不动产所有者依法对不动产享有的占有、使用、收益和处分的权利，是最高形式并且内涵最完整的不动产权利。

不动产所有权可以分解为以下四个方面。①占有权是指对不动产的实际控制权，这种对不动产的占有是为自己的利益而实施的，它可以排除他人对不动产的干扰，当受到干扰时，有权要求他人消除干扰、危害。②使用权是指对不动产的有效利用权，它是权利人依照自己的意志对不动产加以利用或不利用的行为权利。③收益权是指权利人可以通过不动产的使用获得经济利益的权利，在法律上主要表现为权利人可以获取不动产收益或主张他人归还不动产收益的权利。收益权是一项独立的权能，在不动产占有权、使用权出让后，可以继续保留收益权。④处分权是指权利人对不动产的权利变化有权做出决定，可以决定不动产权利的出让、转让、出租、抵押等。不动产所有权的上述四项权利可以统一由所有权人行使，形成绝对、统一的所有权，也可以分别由不同人行使，形成分离、分割的状态，如土地使用权出让。

不动产所有权可以分为土地所有权、房屋所有权。

**1. 土地所有权**

《土地管理法》第二条第一款规定："中华人民共和国实行土地的社会主义公有制，即全民所有制和劳动群众集体所有制。"

全民所有制的土地被称为国家所有土地，简称国有土地。《土地管理法》第二条第二款规定："全民所有，即国家所有土地的所有权由国务院代表国家行使。"《土地管理法》第九条第一款规定："城市市区的土地属于国家所有。"《民法典》第二百四十九条规定："城市的土地，属于国家所有。法律规定属于国家所有的农村和城市郊区的土地，属于国家所有。"

劳动群众集体所有制的土地采取的是农民集体所有制的形式。除法律规定属于国家所有以外，农村和城市郊区的土地一般属于农民集体所有。《宪法》第九条第一款规定："矿藏、水流、森林、山岭、草原、荒地、滩涂等自然资源，都属于国家所有，即全民所有；由法律规定属于集体所有的森林和山岭、草原、荒地、滩涂除外。"第十条第二款规定："农村和城市郊区的土地，除由法律规定属于国家所有的以外，属于集体所有；宅基地和自留地、自留山，也属于集体所有。"

**2. 房屋所有权**

房屋所有权是指房屋所有人独占性地支配其所有的房屋的权利。国家、集体、个人均可以拥有房屋所有权。在法律规定的范围内，房屋所有人可以排除他人的干涉，对其所有的房屋行使占有、使用、收益、处分等权利。

房屋所有权包括单独所有、共有和建筑物区分所有权。单独所有是不动产由一个组织或个人享有所有权。共有是不动产由两个以上组织或个人共同享有所有权，又分为按份共有和共同共有：按份共有人对共有的不动产按照其份额享有所有权；共同共有人对共有的不动产共同享有所有权。

与单独所有相比，共有人不能自作主张，其权利要受其他共有人的制约，包括：①共有人按照约定管理共有的不动产，没有约定或约定不明确的，各共有人都有管理的权利和义务；②处分共有的不动产以及对共有的不动产作重大修缮、变更性质或用途的，应经占份额 2/3 以上的按份共有人或全体共同共有人同意，除非共有人之间另有约定；③按份共有人可以转让其享有的共有的不动产份额，其他共有人在同等条件下享有优先购买的权利；④因共有的不动产产生的债务，在对外关系上，共有人承担连带债务，法律另有规定或第三人知道共有人不具有连带债务关系的除外。

业主的建筑物区分所有权是我国《民法典》专门规定的一种不动产所有权的形态，是一种复合性权利，由专有部分的所有权（该部分通常为单独所有，但也可能为共有，这种共有是该专有部分的共有人之间的共有）、专有部分以外的共有部分的共有权（该部分为建筑物各专有部分的所有权人之间按份共有）和对共有部分的共同管理权三方面的权利构成，是一个不可分离的整体。业主对建筑物专有部分以外的共有部分，享有权利，承担义务，不得以放弃权利为由不履行义务；转让专有部分的所有权时，对共有部分的共有权，以及对共有部分的共同管理权一并转让。

### （二）用益物权

用益物权是指用益物权人为了使用、收益目的，依法对他人物享有占有、使用和收益的权利，属于他物权。土地、房屋的用益物权主要包括土地承包经营权、建设用地使用权、宅基地使用权、居住权和地役权。

**1. 土地承包经营权**

土地承包经营权是指土地承包经营权人依法对其承包的耕地、林地、草地等享有的占用、使用和收益的权利，有权从事植业、林业、畜牧业等农业生产。这些权利都是法定权利，即使在承包合同中没有约定，承包人也依法享有这些权利，任何组织和个人不得剥夺和侵害。自1978年农村实行土地承包制度至今，我国农村基本上一直实行土地集体所有、家庭承包的基本经营制度，农民获得了生产经营权，农业和农村经济发生了巨大变化。在新的经济社会形势下，如何建立健全农村土地管理制度、规范农村土地经营权流转行为、推进城乡统筹发展仍然是党和国家的一项长期而又艰巨的战略任务。

**2. 建设用地使用权**

建设用地使用权是指建设用地使用权人依法对国家所有的土地享有占有、使用和收益的权利，有权利用该土地建造建筑物、构筑物及其附属设施。根据土地的性质，建设用地使用权分为国有建设用地使用权、集体建设用地使用权。

1）国有建设用地使用权

国有建设用地使用权是指公民、法人和其他经济组织进行非农业建设依法使用国有土地的权利。我国实行国有土地所有权与使用权相分离的制度。在国家所有的土地上设立的建设用地使用权，它的产生方式包括划拨和出让。《中华人民共和国城镇国有土地使用权出让和转让暂行条例》（以下简称《城镇国有土地使用权出让和转让暂行条例》）第四十三条规定："划拨土地使用权是指土地使用者通过各种方式依法无偿取得的土地使用权。"我国法律规定，严格限制以划拨方式设立建设用地使用权。《土地管理法》第五十四条规定，可以通过划拨方式取得的建设用地包括：国家机关用地和军事用地；城市基础设施用地和公益事业用地；国家重点扶持的能源、交通、水利等基础设施用地；法律、行政法规规定的其他用地。上述以划拨方式取得建设用地的，须经县级以上地方人民政府依法批准。

国有建设用地使用权出让是国家以土地所有人身份将建设用地使用权在一定期限内让与土地使用者，并由土地使用者向国家支付建设用地使用权出让金的行为。《城镇国有土地使用权出让和转让暂行条例》规定，土地使用权出让最高年限按土地用途分别确定为：居住用地 70 年；工业用地 50 年；教育、科技、文化、卫生、体育用地 50 年；商业、旅游、娱乐用地 40 年；综合或者其他用地 50 年。土地使用权出让合同中约定的出让年限最长不得超过法律规定的土地使用权出让的最高年限。与划拨建设用地使用权相比，建设用地使用权出让具有交易性、有偿性、期限性的特点，包括协议、招标、拍卖和挂牌四种方式。新设立的建设用地使用权，不得损害已设立的用益物权。依法取得建设用地使用权后，建设用地使用权人享有土地占有、使用和收益的权利，有权利用该土地建造建筑物、构筑物及其附属设施，但不得改变土地用途，如需要改变的，应当依法经有关行政主管部门批准。

国有建设用地使用权流转是指土地使用人将建设用地使用权再转移的行为，如转让、互换、出资、赠与等。国有建设用地使用权转让、互换、出资或者赠与的，当事人应当采取书面形式订立相应的合同。使用期限由当事人约定，但不得超过建设用地使用权的剩余期限，并且应当向登记机构申请变更登记。建设用地使用权转让、互换、出资或者赠与的，附着于该土地上的建筑物、构筑物及其附属设施一并处分。同样，建筑物、构筑物及其附属设施转让、互换、出资或者赠与的，该建筑物、构筑物及其附属设施占用范围内的建设用地使用权一并处分。

土地使用权出让合同约定的使用期限届满，土地使用者需要继续使用土地的，应当最迟于期限届满前一年申请续期，根据社会公共利益需要收回该土地的，应当予以批准。经批准准予续期的，应当重新签订土地使用权出让合同，依照规定支付土地使用权出让金。土地使用权出让合同约定的使用年限届满，土地使用者未申请续期或者虽申请续期但依照法律规定未获批准的，土地使用权由国家无偿收回。《民法典》第三百五十九条规定："住宅建设用地使用权期限届满的，自动续期。""非住宅建设用地使用权期限届满后的续期，依照法律规定办理。该土地上的房屋以及其他不动产的归属，有约定的，按照约定；没有约定或者约定不明确的，依照法律、行政法规的规定办理。"建设用地使用权期限届满前，因公共利益需要提前收回该土地的，应当依法就该土地上的房屋及其他不动产给予补偿，并退还相应的出让金。

2）集体建设用地使用权

集体建设用地使用权是指农民集体和个人进行非农业生产建设依法使用集体所有的土地的权利。法律对集体建设用地使用权的主体有较为严格的限制，一般只能由本集体及其所属成员拥有。

2013 年，中共十八届三中全会提出加快建立城乡统一的建设用地市场，在符合规划和用途管制前提下，允许农村集体经营建设用地出让、租赁、入股，实行与国有土地同等入市、同权同价。《土地管理法》第六十三条第一款规定："土地利用总体规划、城乡规划确定为工业、商业等经营性用途，并依法登记的集体经营性建设用地，土地所有权人可以通过出让、出租等方式交由单位或个人使用，并应当签订书面合同，载明土地界址、面积、动工期限、使用期限、土地用途、规划条件和双方其他权利义务。"这一规定为推进城乡统一用地市场建设提供了重要法律依据。《土地管理法》第六十三条第二款规定："前款规定的集体经营性建设用地出让、出租等，应当经本集体经济组织成员的村民会议三分之二以上成员或者三分之二以上村民代表的同意。"《土地管理法》第六十三条第三款规定："通过出让等方式取得的集体经营性建设用地使用权可以转让、互换、出资、赠与或者抵押，但法律、行政法规另有规定或者土地所有权人、土地使用权人签订的书面合同另有约定的除外。"《土地管理法》第六十三条第四款规定："集体经营性建设用地的出租，集体建设用地使用权的出让及其最高年限、转让、互换、出资、赠与、抵押等，参照同类用途的国有建设用地执行。具体办法由国务院制定。"2022年，党的二十大报告指出："深化农村土地制度改革，赋予农民更加充分的财产权益。"农村集体经营性建设用地入市是改革的重要内容，在深入贯彻党的二十大精神、不断探索盘活农村土地资源、激活农村产权交易的同时，不动产估价业务也得以向农村拓展延伸。

### 3. 宅基地使用权

宅基地使用权是指经依法审批由农村集体经济组织分配给其成员用于建造住宅的没有使用期限限制的集体土地使用权。《民法典》第三百六十二条规定："宅基地使用权人依法对集体所有的土地享有占有和使用的权利，有权依法利用该土地建造住宅及其附属设施。"

我国农村宅基地制度是新中国成立以来经过多年的实践，逐步发展演变而成的。农村宅基地是农民拥有的合法财产，事关农民切身利益，涉及面广，农村宅基地制度安排为保障农民安居乐业和农村社会稳定发挥了重要作用。但是，随着社会经济发展和城镇化进程的推进，城乡二元分割体制逐步破除，宅基地制度运行的社会经济基础发生了重大变化，现行的宅基地制度安排渐渐显现出其不适应发展要求的状况：一些地区大量农村人口转移就业，但其宅基地退出不畅，利用粗放，甚至大量闲置；另一些地区土地资源紧张，新增人口取得宅基地困难，用地供需矛盾尖锐；一户多宅、私占乱建等问题突出，违法用地点多面广；宅基地权能不完善、合法财产价值不能显化，非法交易禁而不止等[①]。因此，推进宅基地制度改革越发迫切。中央对宅基地制度的改革也予以了高度重视，自2020年开展新一轮农村宅基地制度改革试点以来，中央一号文件连续4年对宅基地制度改革试点工作进行部署。改革的顺利推进，对实现农村宅基地合理利用、确保农民的宅基地合法权益、促进农村土地的流转和有效利用、推动中国农村的可持续发展意义重大。而农村宅基地的流转、抵押融资势必会涉及不动产估价问题。不动产估价机构应该积极参与，在国家农业和农村改革和可持续发展中发挥不动产估价的专业服务优势，提供高质量的估价服务和利益分配方案。

### 4. 居住权

居住权是指居住权人依法对他人所有的住宅的全部或者部分及其附属设施享有占有、使用的权利，以满足生活居住的需要。设立居住权，可以根据遗嘱或者遗赠，也可以按照合同约定。

我国《民法典》于2021年1月1日正式施行，其中居住权的首次设立，能够切实保护老年人、妇女以及未成年人居住他人住房的权利，对于解决以房养老问题、保护弱势群体、维护婚姻家庭关系具有重要意义。根据《民法典》相关条款的规定，除当事人另有约定外，

---

① 资料来源：深化农村宅基地制度改革[EB/OL]. (2023-02-24) [2024-03-01]. http://www.moa.gov.cn/ztzl/2023yhwj/wjjd_29327/ 202302/t20230224_6421529.htm.

居住权无偿设立；设立居住权的住宅不得出租，但是当事人另有约定的除外；居住权不得转让、继承；设立居住权，应当在房屋所在地不动产登记机构办理居住权登记，经登记后居住权才成立；居住权期限届满或居住权人死亡的，居住权消灭。

### 5. 地役权

地役权是指按照合同约定，利用他人的不动产，以提高自己的不动产的效益的权利。上述"他人的不动产"被称为"供役地"，上述"自己的不动产"被称为"需役地"。地役权具有从属性，与需役地不可分离，不能单独转让或抵押。

按照权利内容的不同，地役权可分为通行地役权、取水地役权、排水地役权、采光地役权、眺望地役权等。其中，通行地役权是最典型的地役权，是指使用他人土地的权利，以便进入自己的不动产领地或公共道路。例如，如图 1-3 所示，甲、乙两个单位相邻，甲原有一个西门，为了本单位职工上下班通行便利，想再开一个东门，但必须借用乙的道路通行。于是，甲、乙双方约定，甲向乙支付使用费，乙允许甲的职工通行，为此甲、乙双方达成书面协议，在乙的土地上设立了通行地役权。此时，乙提供通行的土地为供役地，甲的土地为需役地。在不违背法律规定和公序良俗的前提下，当事人还可以进行更为多样的地役权约定。《民法典》规定："设立地役权，当事人应当采用书面形式订立地役权合同。"

地役权使特定的地块（如图 1-3 中的甲所处的地块）受益，并且它随土地的转让而转移。也就是说，地役权不会随着土地的出售而终止。甲所处的地块的任何新的所有者仍然拥有通行乙所处地块的权利。

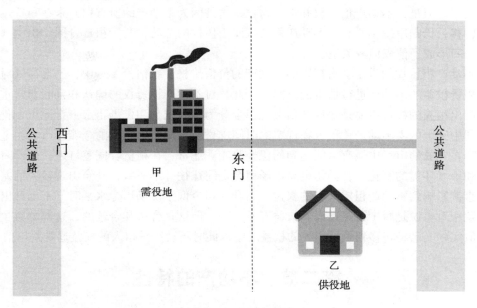

图 1-3 地役权示意

### （三）担保物权

随着我国社会主义市场经济的发展，以债的形式发生在公民、法人之间的经济联系日益频繁。如何保障债，尤其是合同之债的履行，对于维护社会主义商品流通秩序、保护当事人的合法权益至关重要。担保物权，是指为确保债权的实现而设定的物权，是以直接取得或者支配特定财产的交换价值为内容的权利，是与用益物权并列的他物权。担保物权权利人在债务人不履行到期债务或者发生当事人约定的实现担保物权的情形时，依法享有就担保财产优先受偿的权利。

以不动产作为将来履行债务的担保是设立担保物权的一种重要形式，也称为不动产抵押。不动产抵押是指为担保债务的履行，债务人或第三人不转移不动产的占有，将该不动产抵押给债权人，债务人不履行到期债务或发生当事人约定的实现抵押权的情形时，债权人有权就该不动产优先受偿。不动产价值量大，且相对于金融资产，价格波动较小，具有保值增值的优点，尤其适宜作为债权担保的标的物。随着我国土地使用权制度改革和房地产行业的发展，通过不动产的抵押进行融资已逐步成为企业的重要融资方式，也是银行降低或缓释信贷风险的主要手段之一，与此同时，抵押评估也渐渐成为不动产估价机构一个重要的传统业务来源。

### （四）租赁权

不动产租赁权是指承租人支付租金，对他人的不动产享有使用、收益的权利。例如，房屋承租人与出租人签订了一个租赁期限为 10 年的房屋租赁合同（俗称租约），承租人即取得了该房屋 10 年期限的租赁权。

租赁权表现出一定的物权化特征，因为承租人在租赁期间对房屋享有占有、使用和收益的权利。但是，不动产租赁权并不是物权，这是因为不动产的所有权并未在租赁过程中发生转移，仍归原屋主所有。不动产租赁权属于债权的范畴，基于租赁合同，出租人和承租人之间形成了债权债务关系。

不动产租赁权的设定会直接影响不动产的价值价格。在估价实务中，不乏需要对具有约定租赁权益的不动产进行估价的情况，因此，对不动产租赁权的确认和判断非常重要。不动产出租人的权益主要是房地产租金。租金分为合同租金和市场租金：合同租金是在租赁合同中约定的由不动产承租人在规定的时间支付给不动产出租人的金额；市场租金是指不动产在开放的市场中最有可能达到的租金收入。通常，在租赁合同签订后，随着时间的推移和市场环境的变化，合同租金与市场租金之间往往并不一致，甚至出现较大的差异，这就直接影响到不动产租赁双方的权益。当合同租金低于市场租金水平时，不动产出租人的收益相对来说是减少了，进而其权益有所下降。但这是合法和合理的，这部分减少的权益价值实际上已经转移到了承租人的权益之中，此时不动产承租人的权益通常是增值的。

## 第二节　不动产的特性

不动产的特性包括自然特性和经济特性两个方面。不动产的自然特性是其自然属性的直接反映，这些特性是与人类对不动产的开发和利用过程无关的，是固有且内在的属性。而不动产的经济特性与人类劳动和开发利用过程密切相关。绝大部分土地在经过人类不断的开发、建设、改造后，已经不再是原始的自然物，而是融入了大量的人类劳动和智慧。

土地上的建筑物和其他定着物，更是人类劳动的成果，具有特定的价值和功能。了解不动产的自然特性和经济特性有助于理解其价值形成机制，并把握影响其价值和价格的关键因素。

## 一、自然特性

### （一）位置固定性

不动产位置固定性包含两层含义：一是不动产自身所处的地理空间的位置固定不变。土地是自然生成之物，其空间位置是固定的，不是人力所能安排的，不能移动，只能在其所处位置加以利用。当然，自然界中土地的绝对位置并不是一成不变的，比如陆地和海面会发生相对移动，但这些变化几乎是不可察觉的，因此可以忽略不计。此外，通过一定技术手段可以将地表土壤层搬走，使其移动。但这只是土地上部分物质的移动，土地所占的空间仍然未变。人类移山填海，也并不是将山上的土地搬到海上，而仅是改变了山或海的土地状况，并没有移动土地空间。同样，附着在土地上的建筑物也是不可移动的。二是不动产与周边不可移动的自然事物（如山川、河流、湖泊、海洋等）和规划形成的基础设施、商业设施之间的空间关系是固定不变的。不动产具有位置的固定性，不能随其产权的流动而改变其空间的位置。不动产交易并不是不动产实体本身的空间移动，而是不动产产权的转移。位置固定性或不可移动性，是不动产区别于其他动产商品的本质属性。这种特殊属性带来了许多不动产独有的经济特性，如具有强烈的地域性、供给的稀缺性等，因此是影响不动产价值和价格的重要因素。

### （二）位置差异性

不动产位置差异性表现在两方面：一方面，由于土地自身的条件差异，造成了土地利用价值的巨大差异，这是土地级差生产力的基础；另一方面，不动产的某些功能是否能发挥以及发挥的程度，受制于其相应环境条件的优劣。不同地理位置及地域的自然环境、社会环境在客观上存在着差异，即使在同一个城市，不同地段的城市基础设施分布也并不均衡。随着经济和社会的不断发展，这种差异性正不断扩大。因此，不动产无疑存在着位置优劣的差异性，这就要求人们因地制宜地合理利用各类不动产资源，以取得最佳综合效益。

### （三）异质性

不动产具有异质性，即每一宗不动产都有其独特之处。一个相对同质性产品的例子是汽油。尽管有可能购买到不同等级的汽油，但从一个特定加油站购买的同一等级的一升汽油与下一个一升汽油之间是无法区分的。对于不动产而言，由于其在位置、环境、面积、建筑设计及装修等方面存在着种种差异，使得每一宗具体的不动产都各有特点。即使是同一宗土地上的建筑物，也有面积、布局、楼层、朝向、景观上的差别。又或者是同一住宅小区里同一户型的房子，其在小区中所处的位置也是不同的：小区的角落地段与小区内部地段有不同的位置特征，例如它们接近社区景观和公共设施的程度可能不同。不动产的异质性是不动产的一个重要特征，它决定了不动产价值价格构成的复杂性，也导致了不动产之间的可替代性较一般商品更差。

### （四）使用耐久性

土地作为重要的生产要素，在得到合理使用和有效保护的情况下，具有永续利用的潜力。随着社会生产的进步和建筑技术的提升，建筑材料的质量得到改善，建筑物的使用寿命也逐渐延长。现在，许多房屋和其他建筑物的设计使用寿命可以达到几十年甚至上百年。因此，相对于其他生产和生活资料，不动产具有明显的使用耐久性。

### （五）资源有限性

土地作为自然的产物，是一种不可再生资源。地球表面积的有限性决定了土地自然面积的局限性。地壳运动、自然力量和人类活动都会不断地改变地球表面的形态，甚至影响土地的利用强度和效率。然而，土地的总面积是相对固定的，这是土地与其他生产资料的重要区别。

由于土地资源的有限性，我们必须坚持集约高效地利用土地。在有限的可用土地中，首先要确保满足农业、生态和环境对土地资源的需求。在此基础上，可用于不动产开发与建设的土地资源相对有限。虽然房屋开发与建设可以向地下空间和地上空间发展，但其发展程度仍受到建筑材料、建筑技术等多种因素的制约。

## 二、经济特性

### （一）供给的稀缺性

不动产供给的稀缺性主要表现为土地的稀缺性。随着人口数量的不断增长和社会经济的持续发展，人们对不动产的需求不断扩大。然而，可供人类开发利用的土地资源是相对有限的。这一矛盾导致了不动产供给的稀缺性。

此外，土地位置的固定性和土地位置、质量的差异性也加剧了某些地区和特定用途的土地供给紧张。例如，城镇地区和经济文化发达、人口密集地区往往面临土地资源紧缺的问题。同样地，农业用地也因为其特定的用途和地理位置而呈现出相对紧缺的状态。

### （二）供给的垄断性

我国是一个人口众多而土地资源有限的国家，实行城市土地国家所有、农村土地集体所有的制度。在农村地区，土地归集体所有，除国家依法征收外，一般不发生所有权的转移。这种制度安排旨在保护农村土地的稳定性和集体经济组织的权益。对于城市土地，国家实行有限期、有偿使用制度，旨在提高土地的利用效率，防止土地浪费，并确保土地资源的可持续利用。

土地所有权始终控制在国家手中，这意味着土地的供给是由政府垄断的。政府通过制定相关政策和规划，对土地资源的开发、利用和管理进行科学合理的调控，可以更好地平衡各方利益，促进土地资源的可持续利用和社会经济的稳定发展。

### （三）价值量大

土地供给具有稀缺性，这一稀缺性使得土地价格相对较高，也使得不动产成为一种重要的投资工具；此外，一宗不动产，从土地开发、建设到装修等，需要经过一系列的开发和再开发过程，这个过程中凝聚了大量的社会劳动。不动产的整体价值较大，也是不动产有别于一般商品的突出特点。

### （四）保值增值性

一般来说，商品的价值会随时间推移呈下降态势，这一方面是由于科学技术的进步，导致重新生产该产品的生产成本下降了；另一方面是由于商品在使用过程中发生了磨损。而不动产则不同，它既是一种商品，又是一种资产；它既是消费资料，又是生产资料。在不动产使用过程中，尽管建筑物的价值会不断销蚀，但不动产的重要组成部分——土地，具有稀缺性和不可再生性，从整体来看社会经济发展对土地的需求是不断增加的，从而使土地具有保值增值性。因此，从长期趋势看，一般而言，不动产价值整体呈上扬趋势。当然，处在不同的经济周期和房地产市场发展的不同阶段，这种保值增值性有不同的表现，甚至还会出现阶段性价格下降。

### （五）市场的区域性

首先，不动产的供求存在着区域差异性。不动产实体具有位置固定性，无法流动，只能就地利用。因此，当某一区域不动产供不应求、价格大幅度攀升时，无法将其他区域的不动产搬迁过来，反而有可能吸引其他地方的投资者和投机资金进入该区域，进一步加剧供求矛盾。其次，不动产的价格存在着区域差异性。不动产的位置固定性和位置差异性，决定了不同区域的不动产的经济价值有很大的差别，往往有不同的价格表现。

可以看到，房地产业的经济运行具有鲜明的区域性特征。我国历年在落实调控房地产市场的政策过程中，提出因地制宜、因城施策，甚至一城一策，赋予地方政府更大的调控自主权和政策优化空间，本身就是基于对不动产市场的区域性这一认识的理性政策选择。

### （六）合并与分割的可能性

对不动产进行合并或分割可能会对其价值价格产生显著影响。以相邻小面积土地为例，当两宗土地合并时，通常能够提高不动产的利用效率，进而推动其价值发生变化。这种合并可能带来更高的土地利用率、更完整的产权和更好的开发潜力，从而提升不动产的整体价值。同样地，对于大宗土地，为了更好地利用其资源并提升其使用价值，往往需要进行有效的分割。通过合理的分割，土地能够得到更有效的规划和管理，以满足不同需求或实现更高的经济价值。

值得注意的是，与不动产不同，一般商品在合并或分割过程中并不会产生价值的增加。如果处理不当，商品反而可能会失去其使用价值或价值。

### （七）社会经济位置的可变性

不动产自然位置不可变，但是其社会经济位置会随着社会经济的发展、资源的开发、路网的完善与扩建、城镇布局的调整及其经济辐射面的扩大而改变。例如，北京、上海、成都等城市的轨道建设，不仅缩短了空间距离，还显著改善了物流和人流的流动性。这种便捷的交通方式对当地房地产市场产生了深远影响，改变了其格局，并明显提升了不动产价格。特别是远郊地区的住宅，其价格上涨趋势尤为显著。又如，城市的发展是一个不断演进的过程，一些老旧的城区可能逐渐没落，而新的地区则迅速崛起。在我国，不少城市的旧城区逐渐面临老化和陈旧的问题。从棚户区改造到老旧小区改造，再到明确提出实施城市更新，我国政府已经将城市更新提升到了远期战略规划的地位，具体措施包括但不仅限于老旧建筑的翻新、道路改造、街区统一打造、增加公共服务设施等。实施城市更新行动，推进城市生态修复和功能完善，使得区域功能布局更加合理，生产生活环境更加有序，这无疑也是一个不动产社会经济位置可变性的典型案例。

不动产社会经济位置的可变性，给不动产价值价格带来很大的变动空间，也给不动产投资制造了许多机会和风险。

## 第三节　不动产的分类

不动产可以根据不同的需要，按照不同的标准，从不同的角度进行分类。对估价有意义的不动产分类主要有按用途、开发程度、权益状况、经营使用方式、是否产生收益的分类。弄清了这些分类，在一定程度上也就了解了不动产估价对象的种类。

### 一、按用途分类

根据用途的不同，不动产首先可以分为居住用途不动产和非居住用途不动产两大类。而非居住用途不动产又可以分为商业用途不动产、工业和仓储用途不动产、办公用途不动产、农业用途不动产、特殊用途不动产等。具体包括以下11类。

（1）居住用途不动产：包括普通商品住宅、高档公寓、别墅、保障性住房等供人居住的房屋。

（2）商业用途不动产：包括百货商场、购物中心、临街商业店铺、超级市场、批发市场、贸易场所等。

（3）办公用途不动产：包括经营性的商务办公楼，如金融、保险大厦和电信大楼等；也包括非经营性的政府行政办公楼等。

（4）旅游用途不动产：包括饭店、酒店、宾馆、招待所、度假村等。

（5）餐饮用途不动产：包括酒楼、美食城、餐馆、快餐店等。

（6）娱乐用途不动产：包括游乐场、娱乐场、康乐中心、俱乐部、影剧院、高尔夫球场等。

（7）工业和仓储用途不动产：包括工业厂房、车间、料场、仓库等。

（8）农业用途不动产：包括农地、农场、林场、牧场、果树园等。

（9）公共设施用途不动产：包括道路、桥梁、公园、公共建筑等。

（10）特殊用途不动产：包括车站、机场、医院、学校、托幼设施、教堂、寺庙、墓地等。

（11）综合用途不动产：是指包括2种或2种以上用途的不动产。

## 二、按开发程度分类

根据开发程度的不同,不动产可以分为以下五类。

(1)生地,是指尚未经过开发、整理和建设,不具有城市基础设施的土地,如荒地、农地。

(2)毛地,是指具有一定城市基础设施,但有地上物(如老旧房屋、围墙、电线杆、树木等)需要拆除或迁移而尚未拆除或迁移的土地。毛地可能缺乏必要的基础设施,例如道路、供水、供电、排污等,又或者是市政基础设施落后、危房集中的地段的土地。

(3)净地,是指土地权利清晰、安置补偿落实到位、没有法律经济纠纷,以及地块位置、使用性质、容积率等规划条件明确,具备动工开发所必需的其他基本条件的土地。其中,具有较完备的市政基础设施且场地平整,可以直接在其上进行房屋建设的土地,称为熟地。按照基础设施完备程度和场地平整程度,熟地又可分为"三通一平""五通一平"和"七通一平"。"三通一平"一般是指通路、通水、通电以及场地平整;"五通一平"一般是指具备道路、供水、排水、供电、通信等基础设施条件以及场地平整;"七通一平"一般是指具备道路、供水、排水、供电、通信、供燃气、供热等基础设施条件以及场地平整。

(4)在建工程,也称未完工程,是指尚未竣工而处在某个开发建设阶段的不动产。该不动产可能正在开发建设,也可能已停止施工或暂缓建设,因此还包括停建、缓建工程。在实际估价中,判定是否为在建工程,一般以其是否完成竣工验收为标准。未完成竣工验收的,即为在建工程。已完成竣工验收的,应有竣工验收报告。

(5)现房,是指地上建筑物已建成,可直接使用的不动产。现房可以是新的,也可以是旧的;按照装饰装修状况,又可大致分为毛坯房、简装房和精装房。毛坯房是指室内几乎没有进行任何装修,房屋结构及各项设施未做必要的施工,比如,只做了墙面和地面的基层处理,没有进行水、电、暖等设备的安装;简装房是指室内装饰装修简单或很普通的房屋,比如,安装了门窗、卫浴设备、厨房设备等基本设施;精装房是指室内装饰装修精致或精美的房屋,通常各项设施设备齐全,可以直接入住。

## 三、按权益状况分类

根据不动产的权益性质和内容,以及在完全合法与违法之间的程度不同,可以把不动产分为以下 19 类常见的情况。

(1)"干净"的房屋所有权和出让建设用地使用权的不动产。这是我国现行房地产制度下单位和个人的不动产权利最充分的一种形式,典型的"干净"商品房。所谓"干净",是指房屋所有权、建设用地使用权产权明确(权属无争议),无权利负担(未设立抵押权、地役权、居住权以及其他权利),未被他人占有使用(未被出租、出借或侵占等),开发建设过程中的立项、规划、用地审批、施工许可、竣工验收等手续齐全,无欠缴税费、未付清地价款、拖欠建设工程价款,未被查封等。

(2)"干净"的房屋所有权和划拨建设用地使用权的不动产。典型的是"干净"的以房改成本价购买的公有住房、经济适用住房、原私有房屋(俗称老私房,是指历史遗留下来的私有房屋)。

（3）"干净"的房屋所有权和集体土地的不动产。包括"干净"的房屋所有权和集体经营性建设用地使用权的不动产、"干净"的乡镇企业的不动产、"干净"的农村村民住宅及其附属设施所有权和宅基地使用权的不动产等。

（4）部分、有限或共有产权的不动产。典型的是以房改标准价购买的公有住房、共有产权住房。以房改标准价购买的公有住房可以出售，但出售时原产权单位有优先购买权，售房的收入在扣除有关税费后，按个人和单位所占的产权比例进行分配。有的以房改标准价购买的公有住房可补足到房改成本价转为完全产权。

（5）设立了居住权、地役权的不动产。设立了居住权、地役权的不动产，其价格会明显低于未设立居住权、地役权的类似不动产的价格。

（6）设立了抵押权的不动产，即已抵押的不动产，也称抵押不动产。抵押权以抵押财产作为债权的担保，抵押权人对抵押财产享有的权利可以对抗抵押财产的所有人和第三人。因此，抵押不动产转让的，抵押权不受影响，抵押权仍存在于该抵押不动产上，受让人处于抵押人的地位。

（7）有租约限制的不动产，即已出租的不动产。

（8）已依法公告列入征收范围的不动产。《国有土地上房屋征收与补偿条例》第十六条规定：房屋征收范围确定后，不得在房屋征收范围内实施新建、扩建、改建房屋和改变房屋用途等不当增加补偿费用的行为；违反规定实施的，不予补偿。《城市房地产抵押管理办法》第八条规定，已依法公告列入拆迁范围的房地产，不得设定抵押。

（9）有拖欠建设工程价款的不动产。《民法典》第八百零七条规定："发包人未按照约定支付价款的，承包人可以催告发包人在合理期限内支付价款。发包人逾期不支付的，除根据建设工程的性质不宜折价、拍卖外，承包人可以与发包人协议将该工程折价，也可以请求人民法院将该工程依法拍卖。建设工程的价款就该工程折价或者拍卖的价款优先受偿。"

（10）查封、采取财产保全措施或以其他形式限制的不动产。

（11）手续不齐全的不动产。例如，没有建设用地规划许可证或建设工程规划许可证、施工许可证的不动产。

（12）房屋所有权、土地使用权不明或有争议的不动产。

（13）临时建筑或临时用地的不动产，又分为未超过批准期限的临时建筑或临时用地，以及超过批准期限的临时建筑或临时用地。

（14）违法建筑或违法占地的不动产。

（15）居住权。

（16）地役权。

（17）不动产抵押权。

（18）不动产租赁权，即承租人权益，如承租的公有住宅。

（19）不动产空间利用权，又可分为地下空间利用权、地上空间利用权。例如，可在其上加盖房屋或树立广告牌的屋顶，可在其上做广告的外墙，地面公共绿地或公园的地下商场，地铁站内的地下商店。

上述（15）至（19），是对房屋所有权和土地使用权以外的不动产权利的分类。

## 四、按经营使用方式分类

不动产的经营使用方式主要包括出售、出租、自营和自用四种。基于这四种经营使用方式,不动产可以被细分为出售的不动产、出租的不动产、自营的不动产以及自用的不动产。

有的不动产在市场中既常见其用于出售,也常见其用于出租、自用或自营等,如商品住宅、写字楼、商铺;有的不动产主要用于出租或自营,也可见其用于出售,如商场、餐馆、标准厂房、仓库;有的不动产主要用于自营,偶尔也用于出售或出租,如酒店、影剧院、高尔夫球场、汽车加油站;而有的不动产主要用于自用,如行政办公楼、学校、特殊厂房。

这种分类对于选择适当的估价方法具有重要意义。例如,对于可用于出售的不动产,由于市场上的可比案例较多,可以采用市场比较法进行估价;对于用于出租或自营的不动产,由于能够核算其租金或营业收入,可以采用收益法进行估价;而对于仅用于自用的不动产,则主要采用成本法进行估价。

## 五、按是否产生收益分类

根据不动产是否产生收益,可以将不动产分为收益性不动产和非收益性不动产两大类。收益性不动产是指能够直接产生租赁收益或其他经济收益的不动产,如公寓、写字楼、商店、酒店、餐馆、影剧院、游乐场、高尔夫球场、停车场(库)、汽车加油站、准厂房(用于出租的)、仓库(用于出租的)、农地等。非收益性不动产是指不能直接产生经济收益的不动产,如行政办公楼、学校、医院、图书馆、体育场(馆)、公园、军事设施等以公用、公益为目的的不动产。

在估价实务中,判断一宗不动产属于收益性不动产还是非收益性不动产,并不是依据其当前是否正在产生经济收益,而是基于其是否具备直接产生经济收益的能力。例如,某套公寓目前处于空置状态,并未产生经济收益,但仍然归类为收益性不动产。这是因为该公寓具有潜在的出租能力,并且市场中存在大量相似公寓正在产生经济收益。对于这种尚未出租的公寓,可以通过市场比较法,将其与相似公寓的收益进行比较,以估算其潜在收益。

**关键词**

不动产　动产　房地产　土地　建筑物　构筑物　其他地上定着物　不动产权益
自物权　他物权　建设用地使用权　出让　划拨　用益物权　担保物权　地役权
居住权　租赁权　不动产抵押　收益性不动产

即测即练

自学自测　扫描此码

第一章　不动产概述

# 第二章 不动产价格的表现形式与影响因素

## 第一节 不动产价格的表现形式

从本质上讲，价值表现为凝结在商品中的一般的无差别的人类劳动或抽象的人类劳动，而价格是价值的外在的货币表现。不动产价格是不动产经济中的一个核心问题。理论上，不动产的内在价值决定了其外在的价格，但是现实中往往通过不动产外在的价格来了解其内在的价值。从估价实践来看，不动产价格可以定义为为获得不动产实体和权益而支付的代价，通常表现为一定的货币单位。不动产价格可以按不同的标准来分类。

### 一、按不动产的实物形态分类

根据不动产实物形态的不同，不动产价格可以划分为土地价格、建筑物价格和房地价格。

土地价格简称地价，如果是一块空地，则是指该块土地的价值；如果是一块有建筑物的土地，则是指土地自身的价值，不含附着于该土地上的建筑物的价值。我国实行国有土地所有权与使用权相分离的制度，土地使用权出让合同中约定的出让年限最长不得超过法律规定的土地使用权出让的最高年限。因此，在我国，土地价格通常是指土地使用权的价格，土地使用权价格因土地使用年限的长短而存在着差异。

此外，同一块土地，根据其开发程度不同，也会有不同的价格表现。例如，拟作为国家建设用地而未进行征地补偿的农地，购地者取得土地后需办理土地征用手续，支付征地补偿费；已征为国家所有的土地，需看其开发情况，是否达到"三通一平""五通一平"或"七通一平"等，开发所处的阶段不同，土地的价格存在着明显差异；在其他条件相同的情况下，在城区内附有待拆迁建筑物土地的价格，与城区内空地的价格亦可能相差很大。

建筑物价格是指纯建筑物部分的价格，不包含该建筑物占用范围内的土地的价格。需要注意的是，在我国，人们通常所说的房价，如购买一套商品住宅的价格，通常含有该建筑物占用范围内的土地使用权的价格，与此处的建筑物价格的内涵不同。

房地价格，也称为房地混合价，是指建筑物连同其占用范围内的土地的价格。房地价格等同于人们平常所说的房价。理论上，在均衡的市场上，价格是价值的体现，那么，对于同一宗不动产来说，就有：

$$房地价值 = 土地价值 + 建筑物价值$$
$$土地价值 = 房地价值 - 建筑物价值$$
$$建筑物价值 = 房地价值 - 土地价值$$

但需要指出的是，土地价值、建筑物价值、房地价值三者的关系是指在不动产价值分配（如把房地价值在土地价值和建筑物价值之间进行分配）的情况下，各部分的价值之和等于整体价值。对同一宗不动产而言，由于只存在土地、建筑物和房地三种基本形态，所以其价值也只能归属于这三种形态之中。

不动产价值分配与不动产分割、合并估价不同。在不动产分割的情况下，如果分割会影响或破坏不动产的完整性、使用价值、规模效益，则分割后的各个独立部分的价值之和一般小于分割前的整体价值；而在不动产分割销售的情况下，如果分割前的不动产规模或价值过大，不利于销售，则分割后的各个独立部分的价值之和一般大于分割前的整体价值。在不动产合并的情况下，由于规模效益或协同效应等，合并后的价值一般大于合并前的各个独立部分的价值之和。

## 二、按不动产的权益分类

根据权益的不同，不动产价格可以划分为不动产所有权价格、土地使用权价格、其他不动产权益价格等。

不动产所有权价格主要分为房屋所有权价格、土地所有权价格。我国目前的土地所有权为全民所有和劳动群众集体所有。因此，我国目前仅有房屋所有权价格，没有土地所有权价格，通常也不存在土地所有权价格评估。

土地使用权价格具有不同的价格表现，土地使用权有建设用地使用权、土地承包经营权、宅基地使用权，建设用地使用权又包括国有建设用地使用权、集体建设用地使用权。我国目前有偿出让和转让土地的价格主要是国有建设用地使用权价格。以出让方式取得的国有建设用地使用权价格，其法定名称为土地使用权出让金。此外，对有使用期限的出让国有建设用地使用权和土地承包经营权来说，其价格还可区分为不同使用期限的价格，如40年、50年、70年的出让国有建设用地使用权价格。

其他不动产权益价格泛指除不动产所有权、土地使用权以外的各种不动产权利的价格，如地役权、抵押权、租赁权等的价格。

## 三、按不动产的价格表示单位分类

根据价格表示单位的不同，不动产价格可以划分为总价格、单位价格、楼面地价等。

不动产的总价格，简称总价，是指某宗或某个区域范围内的不动产整体的价格。它可能是一宗面积为5000平方米的土地的价格、一套建筑面积为180平方米的电梯公寓的价格，或是一座建筑面积为10000平方米的商场的价格，也可能是一个城市的全部不动产的价格。不动产的总价一般不能完全反映不动产价格水平的高低。

不动产的单位价格，简称单价。土地单价通常是指单位土地面积的土地价格，建筑物单价通常是指单位建筑物面积的建筑物价格，房地单价通常是指单位建筑物面积的房地价格。除了面积，建筑物的单位还有体积（如某些类型的仓库通常用体积而不是面积来衡量），而有的不动产还可能采用其他单位，比如，停车场（库）通常以每个车位为单位。与总价相比，不动产的单位价格能够更好地反映不动产价格水平的高低，但必须明确计价单位，计价单位的不同会导致相同数字的价格产生实际差异。计价单位一般由货币和面积构成。货币包括币种和货币单位。例如，在币种方面，是人民币、美元还是港币等；在货币单位方面，是元还是万元。面积包括面积内涵和计量单位。例如，在面积内涵方面，建筑物通常有建筑面积、套内建筑面积、使用面积；在计量单位方面，我国内地一般采用平方米（较大面积的土地通常还采用公顷或亩），我国香港地区和英国、美国多采用平方英尺，而我国台湾地区和日本、韩国则一般采用坪。

楼面地价，又称楼面价、楼板价、单位建筑面积地价，是指平均到每单位建筑面积上的土地价格，即

$$楼面地价 = 土地总价格 / 建筑总面积$$

因为，

$$建筑总面积 / 土地总面积 = 容积率$$

所以，

$$楼面地价 = 土地单价 / 容积率$$

楼面地价的作用十分重要，因为在不动产的开发实务中，不同地块上规定的容积率或允许建设的总建筑面积通常有所不同，此时楼面地价通常比土地单价更能反映土地价格水平的高低。

## 四、按不动产的价格形成方式分类

根据价格形成方式的不同，不动产价格可以划分为理论价格、成交价格、评估价格和政府指导价格。

理论价格是指基于理性经济人的假设，不动产交易双方在追求利益最大化的过程中，通过真实需求与真实供给的相等性，所形成的不动产价格。需要指出的是，这个理论价格并不是固定不变的。它的形成受到供给和需求两种力量的共同作用，同时供给量和需求量又受到价格的影响。通过价格的调节，市场最终达到均衡状态。

成交价格是指在不动产交易中，买卖双方实际达成并认同的价格。这个价格是具体的交易金额，体现了买卖双方的个别议价。成交价格受到多种因素的影响，包括交易者对交易对象和市场行情的了解程度、出售或购买的动机或急迫程度、交易双方之间的关系、议价能力和技巧及卖方的价格策略等。因此，成交价格并不是固定不变的，而是会随着这些因素的变化而有所差异。成交价格可以分为正常成交价格和非正常成交价格。正常成交价格是指不存在特殊交易情况的成交价格；反之，则为非正常成交价格。严格地说，正常成交价格的形成条件有：公开市场；交易对象本身具备市场性；众多的买者和卖者；买者和卖者都不受任何压力，完全出于自愿；自私且理性的经济行为；买者和卖者都具有完全信息；具有充分的时间完成交易。成交价格还可以按照交易方式的不同来进一步划分。例如，按照出让方式的不同，建设用地使用权出让的成交价可以分为协议成交价、招标成交价、挂牌成交价、拍卖成交价。通常，拍卖和挂牌出让的地价最高，其次是招标和协议。

评估价格是指不动产估价人员根据对不动产市场的调研和数据分析，对不动产价格进行测算和判定的结果。评估价格虽然不是实际成交价，但在为交易服务的估价中，它与成交价格有着密切的关系。由于不动产交易通常需要专业的估价作为交易双方确定要价或出价的参考依据，或者为交易双方提供议价的基准，所以评估价格往往成为成交价格的重要参考。

政府指导价格是指政府价格主管部门或其他相关部门，根据定价权限和范围，规定不动产价格及其浮动幅度，并指导经营者制定的价格。例如，自2017年以来，针对住房供不应求、房价不断上涨的情况，我国采取了从严的限购限贷限价限售等调控政策，其中，地方政府对开发商的新房开盘价限定了一个最高价格（俗称限价）。所谓限价，本质上是政府指导价格，是政府为了抑制房价过快上涨、控制房地产市场的过热和稳定市场而采取的一项楼市调控措施。可见，政府指导价格，也可以作为政府应对房地产市场供求关系重大变化，适时调整优化房地产政策，因城施策用好政策工具箱的一个选择。

## 第二节　不动产价格的影响因素

不动产价格的形成，是众多复杂因素综合作用的结果。这些因素对不动产价格产生作用的方向和力度各有不同，且对不同类型的不动产的影响也存在差异性。深入理解不动产价格影响因素的种类和作用表现，是理解不动产估价方法的基础。

### 一、不动产价格影响因素的分类

不动产价格的影响因素，可以按照不同的标准进行分类，主要有以下四种。

#### （一）不动产自身因素和外部因素

根据内外有别的原则，可以把不动产价格影响因素先分为不动产自身因素和不动产外部因素两大类，然后再进行细分。

不动产自身因素是构成不动产自身状况的因素，可再分为区位因素、实物因素和权益因素。这些因素还可进一步细分，如实物因素可分为建筑物实物因素、土地实物因素，建筑物实物因素又可分为建筑结构、设施设备、装饰装修、新旧程度等。

不动产外部因素是不动产自身状况以外的对不动产价格有影响的各种因素，可再细分为制度政策因素、人口因素、经济因素、社会因素、国际因素、心理因素、其他因素。这些因素还可进一步细分，如人口因素可分为人口数量、人口结构、人口素质等。

#### （二）一般因素、区域因素和个别因素

根据影响范围的不同，可以把不动产价格影响因素先分为一般因素、区域因素和个别因素三个层次，然后再进行细分。

一般因素通常是指对估价对象所在国家或较大地区（如所在城市）的不动产价格都有影响的因素，如宏观经济形势、财政政策、利率、汇率、所在城市的人口增长情况、国土空间总体规划等。

区域因素通常是指对估价对象所在较小地区或周围一定区域（如所在市辖区、片区、商圈）的不动产价格有影响的因素，如所在较小地区的详细规划、基础设施状况、公共服务设施状况、环境状况等。

个别因素是指仅对估价对象自身的价格有影响的因素，即该不动产自身因素，如该不动产的位置、规模、用途、权属、建筑结构、建筑物新旧程度、土地开发程度、土地使用

期限等。

需要强调的是,一般因素、区域因素和个别因素的范围和界限并不是固定不变的。一方面,随着估价对象空间范围的扩大,某些区域因素可能会转变为个别因素。例如,在北京、上海等城市中,跨国公司租购的高档写字楼,其一般因素可能主要是国际因素。在这种情况下,区域因素则包括所在国家和城市对不动产价格有影响的因素。另一方面,如果估价对象是某个小城镇中的不动产,那么其所在省域及以上区域对不动产价格有影响的因素也可以被视为一般因素。因此,在估价实务中,需要根据具体的估价对象和市场环境,灵活地确定这些因素的界限和范围。

### (三)不动产自身状况因素、市场状况因素和交易状况因素

根据性质的不同,可以把不动产价格影响因素先分为不动产自身状况因素、不动产市场状况因素和不动产交易状况因素三个方面,然后再进行细分。

不动产自身状况因素,也即不动产个别因素、自身因素。

不动产市场状况因素是指影响不动产价格的市场整体态势,例如房地产市场是处于上升阶段还是下行阶段,以及市场上的供给和需求的规模和结构。

不动产交易状况因素,也称不动产交易情况因素,主要涉及交易当事人的实际交易情况,这些情况对不动产的成交价格有着直接的影响。交易情况可以分为一般交易情况和特殊交易情况。一般交易情况主要包括付款方式和交易税费负担方式等。这些交易情况的差异可能导致相似的不动产成交价格在表面上表现出较大的差异。例如,不同的付款方式可能会影响买方的购买力和交易的灵活性,进而影响最终的成交价格。特殊交易情况包括交易双方存在利害关系、对市场行情或交易对象缺乏了解、被迫出售或被迫购买等。在这些特殊情况下,不动产的成交价格可能会偏离正常价格。例如,当交易双方存在利害关系时,他们可能会通过协商达成一个非市场化的价格。

### (四)对不动产市场价格有影响和仅对不动产成交价格有影响的因素

根据对市场价格、成交价格影响的不同,可以把不动产价格影响因素先分为对不动产市场价格有影响的因素和仅对不动产成交价格有影响的因素两大类,然后再细分。仅对不动产成交价格有影响的因素等同于上述交易状况情况因素,如急售、急买、买方特殊偏好、卖方定价策略等;而其他因素均属于对不动产市场价格有影响的因素。

## 二、不动产价格影响因素的作用表现

要分析和把握各种因素对不动产价格的影响并予以科学准确量化,首先需要从定性的角度去把握这些影响因素对不动产价格的作用表现,具体可以归纳总结为以下七种。

### (一)影响方向不同

不同的因素对不动产价格的影响方向不尽相同。某些因素,例如土地使用期限的延长或美丽的景观,通常会对不动产价格产生正面、有利的影响,这些因素被称为增值因素;与之相反,某些因素,例如交通不便或周边存在环境污染源,可能会对不动产价格产生负

面、不利的影响，这些因素被称为减值因素。

同时需要注意的是，同一因素对不同用途或性质的不动产价格的影响方向可能会有所不同。例如，住宅特别是别墅通常注重隐私和安静，而商务办公和商业用房则需要更多的曝光和便利。因此，临路或临街对于住宅来说通常是一个减值因素，因为可能存在噪声和交通干扰；而对于商务办公和商业用房来说，临路或临街则是一个增值因素，因为可以吸引更多的客户和流量。再如，在工业或仓储物流区，铁路通常是一个增值因素，因为它提供了方便的货物运输。然而，在居住区，铁路通常是一个减值因素，因为可能会带来噪声和安全隐患。特别是邻近铁路线的住宅，其价格往往会明显低于其他区域。又如，房龄也是影响不动产价格的一个重要因素。对于普通或现代建筑来说，房龄较长通常意味着折旧和老化，因此是减值因素。但对于古建筑来说，房龄较长则意味着历史价值和稀缺性增加，因此是增值因素。

### （二）影响程度不同

不同的因素对不动产价格的影响程度存在差异。某些因素对不动产价格具有显著的影响，会导致价格大幅度变动；而某些因素则相对次要，对价格的影响较小。以住宅的产权性质、地段、朝向和楼层为例，这些因素对住宅价格的影响程度通常是依次递减的。

在各类不动产中，不同的因素对其价格的影响程度可能会存在差异。例如，对住宅和商场而言，朝向和楼层对价格的影响程度是不同的。通常，商场的价格受楼层的影响较大，而住宅的价格则更受朝向的影响。这是因为商场的楼层高度直接影响其展示效果和顾客的购物体验，而住宅的朝向则关系到居住的舒适度和采光通风效果。再如，景观因素对不同用途的不动产价格也有不同的影响。一般来说，景观对住宅、写字楼和酒店的价格影响较大，而对厂房和仓库的价格影响较小甚至可以忽略。这是因为住宅、写字楼和酒店等注重环境和视觉享受，而厂房和仓库则更注重实用性和功能需求。

### （三）影响速度不同

不同的因素对不动产价格产生影响的速度各不相同。一些因素的变化会立即对不动产价格产生影响，而另一些因素对不动产价格的影响则需要经过一段时间或长期的作用才会显现出来。例如，实施或放开住房限价、限购政策，提高或降低房地产抵押贷款利率等房地产调控政策措施，通常会很快导致住宅价格下降或上涨；而增加或减少房地产开发建设用地供应，收紧或放松房地产企业开发贷款，除影响人们的市场预期而较快地影响不动产价格外，它们对不动产价格涨落的影响通常还有一个过程，这种现象被称为"滞后性"。同样地，人口增长、经济增长、居民收入增长、产业结构调整等因素对不动产价格的影响也是逐步显现的，因为它们需要通过经济活动和产业发展来逐渐改变市场需求和供给状况。

### （四）影响关系不同

不同因素的变化与不动产价格的变动关系有所不同，主要有以下四种。

（1）某些因素会对不动产价格产生持续的影响，使其持续上升或下降。例如，除历史建筑、不可移动文物外，一般来说，不动产的房龄越高，价格越低。

（2）某些因素的影响表现出边际效用递减的特征，即随着因素的增加，其对不动产价格的效用会逐渐减小。以住宅小区的绿化率为例，当小区的绿化率较低时，提高绿化率对住宅价格的提升作用较大，因为更多的绿地可以提供更好的居住环境，提升住宅的吸引力。然而，当小区的绿化率已经达到较高水平时，进一步提高绿化率对住宅价格的提升作用会减小，甚至可以忽略不计。

（3）某些因素在一定条件下会随着其变化提升不动产价格，但当达到某个临界点或饱和点时，随着其进一步变化，不动产价格反而会降低。以商场、办公楼和住宅为例，这些建筑物都有所谓的最佳楼层，通常这些楼层的价格最高，而高于或低于这些楼层的价格则相对较低。再如，一套住宅、一宗土地的面积均有其合适的规模，如果面积过小或过大，通常单价都较低。

（4）某些因素对不动产价格的影响既有积极的一面，也有消极的一面，最终价格如何变化，取决于这两方面影响的综合作用。以修建道路穿过居住区为例，一方面，道路的修建可以改善居住区的对外交通情况，为居民提供更便捷的出行方式，从而提升住宅价格；另一方面，道路的修建也可能带来交通噪声、汽车尾气污染和行人行走的不安全感，这些因素又会降低住宅价格。具体的影响方向取决于受影响的住宅与道路的距离以及道路的性质。从道路的距离角度看，紧邻道路的住宅更容易受到负面影响，除非这些住宅被适当地改造成临街商铺；从道路的性质角度看，如果该道路是一条过境公路，如封闭的高速公路或高架路，通常会对居住区住宅价格产生负面影响。

### （五）影响范围不同

某些因素仅对一定距离范围内的不动产价格产生影响。例如，新建一个城市公园或地铁线路，主要对其周边一定距离范围内的不动产价格产生一定的提升作用。当距离超出一定范围时，这些因素的影响可以忽略不计。以地铁站为例，通常在步行15分钟可到达的范围内，地铁站对不动产价格有明显的提升作用。然而，如果距离地铁站超过2千米，这种利好影响基本上不存在。

### （六）影响因地区而不同

同一因素在不同地区对不动产价格的影响可能会有所不同。由于地理位置、气候条件、风俗习惯、文化传统和宗教信仰等方面的差异，不同地区的人们对不动产的偏好会有所不同。这意味着某个因素在某个地区可能被视为重要的价值考量，而在另一个地区则可能被忽视或重视程度不同。例如，我国南方的年降水量大、气候炎热，因此相对于北方居民，南方地区的居民更倾向于选择高而尖的屋顶，这不仅有利于排水，还能更好地通风散热。

### （七）影响因时期而不同

一个因素对不动产价格的影响方向和程度并非一成不变。随着时间的推移和社会观念的更新，人们对不动产的偏好也可能会发生变化，这可能导致那些曾经提升不动产价格的因素失去作用，甚至转变为减值因素；而那些曾经对不动产价格产生较大影响的主要因素也可能退居次要地位，甚至不再产生影响。以我国城市住房消费观念的变化为例，在房地产市场发展的初期，人们普遍追求住上高楼大厦，这导致高层住宅的价格明显高于低层和多层住宅的价格。然而，随着人们居住体验的丰富和观念的转变，人们开始更加青睐高品质的低层和多层住宅，导致此类住宅的价格明显高于高层住宅的价格。

### 三、不动产价格影响因素的量化

在不动产估价过程中，量化各种因素对价格的影响是一项复杂而关键的任务。不同的因素需要采用不同的量化方式和方法。对于某些因素，可以借助精确的公式来进行量化计算，如付款方式、交易税费、土地使用期限和房龄等，这些都可以通过明确的数学公式来得出其对价格的具体影响程度。然而，对于其他因素，如楼层、朝向和面积大小等，则需要采用统计分析的方法来揭示它们与不动产价格之间的内在联系。只有通过收集大量实际交易数据，并进行深入的分析和比较，才能够更准确地把握这些因素对不动产价格的影响程度。

此外，还有一些因素，如建筑外观和景观等，其对不动产价格的影响目前仍然主要依赖于估价师的个人经验和专业判断。这些因素对不动产价格的影响较为主观，难以通过简单的公式或统计分析来精确量化。

因此，不动产估价并不是简单地套用某些公式或模型就能轻松解决的问题。它必须建立在科学的理论和方法基础之上，将定性分析与定量分析有机地结合起来，相辅相成。尽管如此，在实际估价工作中，估价师应尽可能地采用定量分析的方法来量化各种因素对不动产价格的影响，以最大限度地减少主观因素的干扰，使估价结果更加客观、科学、精细和准确。

## 第三节　影响不动产价格的自身因素

自身因素是指仅对特定不动产的价格有影响的因素，主要是该不动产的个别因素，可以归纳为区位因素、实物因素和权益因素三大类。

### 一、区位因素

某一不动产的区位并不仅仅指该不动产在地球上的自然地理位置，它还涉及与该不动产相关的社会经济位置。实际上，区位是与该不动产的空间位置相关的自然因素和人文因素的综合体现。

**1. 区位的定性分析**

分析某一不动产的区位，首先，看该不动产在某个较大区域（如整个城市）中的位置。例如，由于风向、水流等的影响，该不动产是位于某一城市的上风、上游地区，还是下风、下游地区。一般来说，上风、上游地区往往拥有更好的自然和环境条件，如更优美的景观、更优质的空气，这些因素吸引着更多的高收入人群和投资者，而人群的集聚又进一步提高了这些地区的社会和经济地位，导致不动产价格相对较高。

其次，分析某一不动产的区位，还要看该不动产在某个较小区域（如市辖区、片区、商圈）中的位置。区域的大小是相对而言的，如街道、居住区、住宅小区、十字路口区等，甚至是住宅的单元,都可以用来考察某一不动产的区位。例如,是否临街及临街的状况是影响商业不动产价格的关键性因素;是一面临街还是前后两面临街,或者为街角地;长方形土地是长的一边临街还是短的一边临街,梯形土地是宽的一边临街还是窄的一边临街,三角形土地是一边临街还是仅一顶点临街。商业用地和商业房产的临街状况不同,其价格会有所不同,甚至差异悬殊。类似地,朝向和楼层,直接决定着阳光、气候和环境对居住质量的影响程度,是影响住宅类不动产价格的重要位置因素。

在估价实务中,也可能会遇到一些复杂情况。有的不动产所处的大环境较好,但小环境较差;而有的不动产则正好相反,大环境较差,但小环境较好。因此,需要综合考虑区位对不动产的影响。

**2. 区位的定量分析**

在评估不动产的区位优劣时,与相关重要场所的距离是一个常见且实用的指标。例如,就住宅来看,无论是工作、购物、求学、就医还是健身和休闲娱乐,人们通常希望居住地点能够方便地接近这些场所。这种接近性不仅有助于节省通勤时间和成本,还能提高生活和工作的便利性。

距离是一个多维度的概念,它可以细分为空间直线距离、交通路线距离、交通时间距离和经济距离。

(1)空间直线距离是最基础的距离概念,是指两地之间的直线长度。然而,在现实世界中,由于路网的不完善、河流的阻隔以及复杂的地形等因素,直线距离可能并不能真实反映实际的交通便利性。

(2)交通路线距离考虑的是连接两地之间的道路长度。然而,实际生活中的路线长度可能受到路面宽度、平整度、交通流量以及交通管制等多种因素的影响。有时,尽管路线距离较短,但实际所需的时间却较长。

(3)交通时间距离则是指两地之间利用适当的交通工具所需的时间。这一指标在很大程度上能更真实地反映一个地点的交通便利性和可达性。不过,在实际测量时,选择使用的交通工具和时段十分关键。例如,有些房产广告中宣传的"20分钟车程可达市中心",可能是在非高峰时段且使用高速私家车测量的。对于依赖公共交通的购房者来说,实际通勤时间可能会更长。

(4)经济距离是一个更为综合和复杂的指标,它把交通时间、交通费用等予以综合考虑,用货币来衡量。这样的衡量方式更能真实反映出行或通勤的经济成本和实际效益。

## 二、实物因素

不动产实体作为不动产权益和价值的载体,其物理状况对于不动产的价格具有显著的影响。具体来说,实物因素可细分为土地实物因素和建筑物实物因素。

### (一)土地实物因素

**1. 土地面积**

在评估土地的价值时,面积是一个至关重要的因素。在位置相当的情况下,两宗土地如果面积大小不等，它们的价值也会有所差异。

面积直接影响到土地的可用性和开发潜力。在一般情况下，大面积土地的适用性相对较强。它既可以作为大项目的用地，也可以分割成小块土地以满足几个小项目的建设需求。而面积较小的土地在利用上会受到较大的限制。例如，在建设商业中心时，如果土地面积过小，可能会导致停车场的面积受到限制。这不仅影响了商业中心的配套功能，还可能降低主体建筑物的功能价值。虽然也有可能通过建造地下停车场来弥补这一缺陷，但这会增加建设成本，并可能影响土地的利用效益。此外，由于面积过小的土地适合的用途相对较少，所以在市场上的竞争力较低，其价格自然也会受到抑制。

同时，也要看到，如果土地面积过大，所需支付的总价款也会相应增加。高昂的价格可能会成为限制潜在购买者的门槛，从而降低市场的竞争程度，这可能会导致地价受到一定的影响。

从土地的利用角度来看，不管何种用途的土地，只有在面积适宜的情况下，才能实现最佳效益，从而产生更大的价值。但是，不同用途的土地，其面积规模对价格的影响程度是有所差异的。商业用地由于土地价值较高，一般使用的土地面积相对于其他用途的土地较小。因此，地价对面积的增加或减少的敏感度较高。而工业用地由于价值较低，一般使用的土地面积也较大，所以面积对地价的影响相对不明显。住宅用地价格对土地面积的敏感度居中。

**2. 土地形状**

土地的形状直接关系到土地的规划设计和利用，进而影响土地的价值。形状规则的土地，如长方形或正方形，便于规划和利用，可利用的有效面积较高，因此通常比形状不规则的土地更具价值。形状不规则的土地可能会限制其使用或导致更高的开发建设成本。这些宗地之间利用效益或后期开发成本的差异，最终会反映到地价上。为了改善形状不规则土地的利用情况，政府往往采取土地调整或重划措施。经过调整或重划后，这些土地的利用价值得到提高，地价也随之上涨。这进一步证明了土地形状对地价的巨大影响。

土地形状对地价的影响也与土地的面积相关。面积越大，形状给土地开发利用带来的限制就会越小，这主要是由于以下三个方面的影响：第一，如果土地面积较大，土地利用布局具有一定弹性，建筑物可以交替布局，所以影响不大；第二，一些大面积的土地看起来不规则，但实际上可以被划分成若干块规则的土地，也可以实现高效利用；第三，对于大面积的土地来说，即便是有一些不能够充分利用的面积，但相对于整块土地来说，所占比例很小。因此，对于大面积土地来说，如工业用地和农业用地，形状对地价的影响要相对小一些。在我国，成片供应的居住用地，一般面积规模也会较大，此时即使形状不是很规则，对地价的影响也不大。

**3. 临街的宽度和深度**

临街宽度是指土地靠近街道或道路的边长。这一概念的提出主要基于商业用地的考量。街道作为人流的主要通道，一宗商业用地地块的临街边越长，意味着其吸引人流量的可能性越大。商业经营者总是努力突出所经营的商业设施在街道上的形象，包括建筑物形象的展示等，这本身就是一种广告形式。如果临街宽度较大，还可以腾出一些土地进行临街商业活动，如露天茶座、咖啡店、停车场和儿童游乐场等，从而提高商业经营效益。因此，临街的商业用地通常比背街的商业用地更具市场竞争力，临街宽度大的商业用地又通常比临街宽度小的商业用地更具市场竞争力。当然，土地的临街宽度并不是越宽越好，过宽可能导致效益递减。商业经营的品种和管理能力都有一个适合的范围。超出这个范围，经营者可能无法兼顾所有方面，导致效益下降。因此，在评估商业用地地价时，不仅要考虑临街宽度，还要考虑其与经营品种和管理能力的匹配度。

值得注意的是，对于居住用地来说，临街并不被视为优势。靠近街道可能会带来一系列问题，如混乱、噪声和污染，以及潜在的安全隐患。如果临近的是商业性街道，这些问题可能会更加严重。因此，居住用地临街通常会对地价产生负面的影响。在评估地价时，需要综合考虑实际情况，进行细致的分析和判断。

临街深度是与临街宽度相关的一个因素，它指的是土地垂直于街道的最远距离。临街深度越大，意味着土地上的商业经营活动距离人流越远。例如，从一些大型商场的人流分布情况来看，随着临街深度的增加，顾客数量会逐渐减少。这主要与购物人群的体力、兴趣等因素随着时间的延长而逐渐衰减有关。因此，临街深度在很大程度上决定了商业土地的"有效面积"大小。对于临街深度较大的商业用地，超过一定深度后，土地面积可能成为一种"无效面积"，即无法有效利用的部分。

**4. 地形地势**

地形是指土地表面的形态和起伏程度。地面的高低起伏和平坦程度对土地的利用价值、开发成本和景观等方面都有影响，从而影响其价格。一般来说，地形高低不平的土地，其土地利用难度较大，开发成本也较高。例如，当土地内部坡度过大时，建筑物之间的间距需要适当增加，位置也需要相对错开，这会使建筑容积率和高度受到影响，从而制约土地的利用率。此外，坡度过大还会增加地基挖掘成本、防滑坡墙成本和道路台阶成本等。然而，地形对不动产价格的影响还需要具体问题具体分析。例如，对于休闲用地或居住用地，在宗地面积较大的情况下，如果能够因地制宜地利用高低不平的地块，营造出别致的自然生态环境，反而能够提升土地的价值。

相较于其他类型的物业，工业类不动产对土地的坡度和平整状况有着更为严格的要求。对于一般的制造工业，厂房车间的相对位置是否合理会直接影响到生产效率。在场地平整的情况下，各部分可以以最优的距离进行布局和安排。如果地形地貌复杂，可能会加大各部分之间的距离，从而增加生产成本。

地势通常是指一宗土地与其相邻土地之间的高低关系。在其他条件相同的情况下，地势较高的不动产往往价格更高。首先，地势较低的地方在雨季容易积水、潮湿。在估价实务中，如果将土地的地势与当地的年平均降雨量、洪涝灾害情况结合起来考虑，能够更准确地评估地势对不动产价格的影响。其次，地势也会影响建筑物的气势和可视性。对于写字楼、商铺和商场等商业用途的不动产，建筑物的气势和可视性是非常重要的因素。

**5. 土壤质量**

土壤质量涵盖了多个方面，包括土壤的肥力、污染状况、酸碱度以及土地的承载力。在影响农地价格的因素中，土壤肥力无疑是最为关键的因素。显然，土地肥沃的地方，地价相对较高；而土地贫瘠的地方，地价则相对较低。当土壤受到污染时，即使能够进行清理，土地的开发利用成本也会相应增加。因此，污染土壤的土地，其价格会有所降低。此外，土壤的酸碱度对土地的利用方向和利用成本也有很大的影响。例如，酸性土壤容易形成黏土，而碱性土壤则容易形成沙土。因此，适宜的酸碱性是降低不动产开发利用成本的重要因素。尽管目前技术上可以对土壤的酸碱性进行调节，但这一过程无疑会增加土地的开发改良成本，延长土地的开发周期，从而对地价产生不利影响。

不同的土地在地基承载力等地质状况方面存在差异。对于农用地来说，由于地基承载力通常能够满足要求，因此这一因素可以忽略不计。然而，对于建设用地而言，土地承载力状况对地价的影响较大，尤其是在现代城市建设向高层化发展的趋势下。通常来说，地基坚实、承载力大的土地有利于建筑使用，因此地价相对较高；反之，则地价相对较低。然而，建造不同类型的建筑物（如低层建筑、多层建筑、高层建筑、超高层建筑）对地基承载力的要求不同，因此地基承载力对地价的影响程度也会因用途而异。此外，现代建筑技术可以在一定程度上解决地基承载力小、不稳定等地质问题。因此，地价与地基状况之间关系的本质是：地基状况的好坏直接关系到建设成本的高低。在相同建筑物的条件下，地基状况较好的土地需要较少的费用进行地基加固处理等，因此地价相对较高；反之，则地价相对较低。

**6. 土地开发程度**

土地内部需要建设各种管线以及与外部管线连接的设施，包括供水、排水、供电、供气、供暖和电讯等。这些基础设施是土地利用的基础，能够增强土地的功能，提高土地的使用效率。

因此，一宗土地的基础设施完备程度和场地平整程度对其价格的影响是显而易见的。经过适当开发的熟地或净地的价格通常高于毛地的价格。"七通一平"土地的价格要高于"五通一平"土地的价格，而"五通一平"土地的价格又要高于"三通一平"土地的价格。

## （二）建筑物实物因素

**1. 建筑规模与空间布局**

建筑物规模对不动产价格具有显著的影响。总体来说，规模过大或过小都会对不动产价格产生不利影响，但适宜的规模会因地区、不动产用途和市场需求等因素的不同而有所不同。此外，人们对建筑物的需求本质上是对内部立体空间的需求，而不仅仅是面积。因此，层高或室内净高也会对不动产价格产生影响。层高或室内净高过低可能会给人们带来压抑感，从而降低不动产的价格。但层高或室内净高也存在一个合适的范围，过高不仅会增加建筑成本，还会增加使用过程中的能耗，从而可能降低不动产的价格。

空间布局的优劣直接关系到不动产的使用效率，并对不动产价格产生显著影响。根据用途的不同，所需的空间布局也有所差异。例如，住宅的布局通常会考虑如何减少不同功能区域之间的干扰，并最大化空间的使用效率；而商业布局则注重人流导向和展示空间的开放性，布局通常更为开放和透明。

### 2. 建筑结构

不同建筑结构的稳定性和耐久度各异,其造价也相应有所不同。钢筋混凝土结构、砖混结构、砖木结构的建筑物,其稳定性和耐久度通常由高到低排列。如果不考虑其他因素的影响,这些建筑结构所对应的不动产价格表现通常也是从高到低排列。

### 3. 建筑外观

建筑外观通常包括建筑样式、色彩、风格等多个方面。不同用途的建筑、不同的地域文化、不同的建筑审美观念,对建筑外观的评价无疑也会存在差异。对建筑外观是否美观,人们的看法各不相同,但也有一些基本共识。通常来说,那些能够给人以视觉上的美感,使人感到舒适、新颖、稳重和安全的建筑物,其价格通常较高。相反,外观呆板、单调、冰冷、庸俗或过于花哨的建筑物,难以引发人们的享受欲望,甚至可能使人产生压抑或厌恶的感觉,因此其价格可能会较低。

### 4. 装饰装修和设施完备情况

根据装饰装修的精细程度,不动产可以分为精装房、简装房和毛坯房,它们的价格通常是从高到低排列的。当然,装饰装修是否满足人们的需要,其风格、品位、质量等方面也是非常重要的考量因素。某些"糟糕"的装饰装修不仅不能提高不动产价格,甚至还可能降低其价格,因为购置后还需要花费一定代价进行"铲除"并重新装修。

建筑物的设施设备是否齐全、完好,如有无电梯、中央空调、集中供热、智能化、宽带等及其性能,对不动产价格有着很大的影响。不同用途和档次的建筑物,如酒店、写字楼、住宅等,对设施设备的要求也有所不同。一般来说,设施设备齐全、完好的不动产价格较高;反之,则价格较低。

### 5. 建筑物成新度

在人们对不动产的价值判断中,建筑物的新旧状况是一个重要的考量因素。建筑物的年龄、剩余寿命、工程质量、维护状况和完损状况等因素共同决定了其新旧程度。较新的建筑物通常具备更高的安全性和耐用性、更好的结构和功能,更容易适应现代生活和满足工作需求,从而提供更好的居住和使用体验。因此,除历史建筑和不可移动文物外,一般来说,建筑物的成新度越高,其价格往往也越高。

## 三、权益因素

拥有不动产意味着拥有其对应范围内的空间。然而,不动产权益的持有人在利用这个空间时,不可避免地会受到多种限制。这些限制的种类和程度对不动产价格有着显著的影响。例如,一宗建设用地的价格受到土地形状、地质、开发程度等实物状况的影响,同时也受到规划用途等权益状况的影响。规划用途是商品住宅、商业还是工业、城市基础设施或公益事业,土地价格会有显著差异。因此,在对不动产进行估价时,应充分调查该不动产权益的性质与内容,以及在使用过程中所面临的各种限制及其内容和程度。

### (一)不动产权益的性质和内容

拥有不动产的所有权还是使用权,是单独所有还是共有,以及土地使用期限的长短,都是影响不动产价格的重要因素。

在不动产市场中，所有权价格通常高于使用权价格。这是因为所有权意味着对不动产的完全控制和支配，而使用权只是一定期限内的使用权。此外，如果不动产是共有的，并且共有人数量较多，对不动产的使用、维护和修缮等方面的决策可能会难以达成共识。在这种情况下，如果部分共有人决定转让其所享有的不动产份额，成交价格可能会低于正常市场价格。此外，土地使用期限对不动产价格也有影响。一般来说，土地使用期限越短，不动产价格越低。例如，位置和建筑物状况都很好的不动产，如果剩余土地使用期限较短，其价格受到影响就较低。这是因为土地使用期限较短意味着未来可能面临重新谈判土地使用条件的风险，或者在土地使用权到期后需要重新购买或租赁土地。

除上述因素外，不动产权利的实际内容也对价格产生显著影响。例如，地下矿藏、埋藏物等是否自动归属于土地拥有者，这在不同的国家和地区有不同的规定。在欧洲许多国家，地下资源的所有权与土地所有权是分开的。地下资源被规定为国家所有，土地所有者若想开采地下资源，需要先向政府购买或与政府分享出售的收入。与此不同，在美国，土地所有者同时也拥有地下的所有财富，因此土地所有者可以自由开采地下资源或将其单独出售给他人。这种差异导致了欧洲和美国在不动产价格评估上的不同考虑因素。

### （二）不动产权益行使的限制

不动产的开发和利用并非毫无限制。在全球范围内，大多数国家和地区都对不动产的使用设置了各种限制，尤其是在土地使用方面。这些限制可能来自法律法规、规划条件、环保要求或特定的土地用途规定等。此外，某些不动产可能因为特定因素而附有他项权利，如抵押权、租赁权或其他权益。这些他项权利可能会影响不动产的转让、使用或开发，从而对其价格产生影响。

一宗不动产，如果在其房屋所有权、土地使用权之外设立了抵押权、地役权等他项物权，则该不动产（房屋所有权、土地使用权）的价格一般会显著下降。例如，在设立地役权后，对于供役地而言，从字面上理解，意味着该土地为他人提供服务。显然，在为他人提供服务的同时，供役地的所有权人或使用权人可能会遭受某些损失。在这种情况下，地役权的存在会降低供役地的价值。然而，如果地役权人在地役权期限内，每期向供役地的所有权人或使用权人支付费用（类似于租金），那么地役权的存在反而可能提升供役地的价值。特别是在地役权并不妨碍供役地权利人对供役地的使用的情况下，这种提升效果尤为明显。

政府对不动产的使用管制主要表现在将农用地转为建设用地，对城镇土地的用途、容积率、建筑密度、绿地率、建筑高度等的规定这些方面。农用地是否可以转为建设用地，以及对建设用地用途、房屋用途的规定，对不动产的价格影响很大。例如，在城市发展已使郊区很适合转为建设用地的情况下，若仍然规划为农用地，地价必然较低；而此时如果允许其转为建设用地，则地价会出现较大的涨幅。商业、办公、居住、工业等不同用途对区位的要求通常是有差异的；反过来，在区位状况既定的情况下，规定土地或房屋是用于商业、办公、居住，还是用于工业或绿地，对不动产价格影响显著。

## 第四节　影响不动产价格的外部因素

外部因素是指不动产自身状况以外的对不动产价格有影响的各种因素，包括社会因素、经济因素、制度政策因素、心理因素等。

### 一、社会因素

#### （一）人口状况

人口状况是最基本、最主要的社会因素之一。人口状况对不动产价格的影响主要通过人口数量、人口结构和人口素质三方面来反映。

**1. 人口数量**

不动产价格与人口数量之间存在着密切的联系。除了目前的人口规模，未来的增长趋势同样至关重要。当一个地区的人口数量增长时，人们对于住房、商店、办公空间等各类不动产的需求也随之增长，以满足持续增长的居住、餐饮和娱乐需求。这种需求的增长推动了不动产价格的上升；反之，当人口数量减少时，不动产价格也会相应下滑。

此外，人口密度作为衡量人口数量的一个重要相对指标，对不动产价格产生显著的影响，这主要体现在以下两个方面。一方面，在人口高度密集的地区，不动产的需求通常远超过供给，这种供需失衡的状态会推动不动产价格上升。同时，人口密度的增加还会促进商业、服务业等行业的繁荣，这进一步加剧了不动产价格的上涨趋势。另一方面，如果人口密度过高，特别是在大量低收入者聚集的某个特定区域，可能会引发生活环境恶化、社会治安问题增多等负面影响。这些影响有可能对不动产价格产生抑制作用，导致其下降。因此，在考虑不动产价格时，需要综合评估人口密度所带来的正面效应和负面效应。

**2. 人口结构**

人口结构即人口构成，是指一定时期内按照性别、年龄、家庭、职业、文化、民族等因素划分的人口组成状况。例如，在人口年龄构成方面，60岁及以上老年人口占总人口的比例，可用于判断人口是否呈现出老龄化的特征。随着经济社会的发展、居民人均预期寿命的增长，一个国家和地区的人口若呈现出老龄化的态势，将会导致其不动产需求结构发生变化。例如，对养老院、老年公寓等养老型不动产的需求增加，进而影响不同类型不动产价格的变化趋势。

人口家庭构成反映家庭人口数量等情况。住宅需求的基本单位是家庭，家庭数量的变化会引起所需住宅套数的变化。因此，一个国家和地区即使人口总量不变，但如果家庭人口规模（每个家庭平均人口数）发生变化，也会导致家庭数量的变化，进而引起所需住宅套数的变化，随之影响住宅的价格。例如，随着家庭人口规模小型化，即每个家庭平均人口数下降，家庭数量增多，所需住宅套数将会增加，住宅的价格将会有上升趋势。我国城镇家庭存在从传统的复合大家庭向简单的小家庭发展的趋势，并且随着经济社会的发展，单亲家庭、不婚族会越来越多，这也会使家庭数量增多。

### 3. 人口素质

人口素质包括居民受教育的水平、文明程度等。一般而言，高素质的人群更有可能拥有更高的收入和更好的就业机会，进而更有能力且更愿意购买不动产以满足其投资或居住需求。这种需求的存在往往会推高不动产的价格；此外，人口素质也会影响社区的环境。高素质的人群往往更能够提升社区的文化氛围，并带来更好的公共设施和服务，社会秩序和治安状况通常也较好，这样的环境无疑有利于不动产价格的提升。

## （二）政治安定和社会治安状况

政治安定状况是指党派、团体间的冲突情况以及现行政权的稳固程度。政治安定状况对不动产价格有着显著的影响。通常，当政治局势稳定、社会和谐时，人们会有更充足的信心和安全感去购买和投资不动产，从而促进不动产价格的上涨。相反，政治动荡、社会不安定会导致人们对不动产市场的信心下降，进而导致不动产价格下跌。

社会治安状况是衡量一个地区社会秩序好坏和环境友好程度的重要指标。当一个区域的社会治安状况良好时，人们的生命和财产安全得到充分保障，这使得人们能够放松心情，减少为安全所付出的额外成本。这样的地区，其不动产在市场上通常更受欢迎，从而推动不动产价格的上涨。反之，如果一个地区经常发生破坏社会秩序的事件，犯罪率较高，意味着人们的生命和财产安全缺乏必要的保障，这会导致该地区的不动产价格下滑。对于商业地产而言，社会治安状况尤为重要。一个安全、和谐的社会环境能够促进商业繁荣发展，为商业地产提供良好的发展基础和前景，进而提升其市场价值。

# 二、经济因素

## （一）经济发展水平

经济发展水平会影响一个地区不动产价格的整体水平。通过对比世界发达国家和发展中国家，以及国内不同地区和城市的状况，我们可以清晰地看到，经济活跃和发达的地区通常拥有更高的不动产价格水平。这是因为，经济基本面良好的地区往往伴随着投资、生产和经营活动的活跃，这进一步增加了对各类不动产的需求，如厂房、办公室、商场、住宅以及各种文娱设施等。这种需求的增加不仅带动了就业机会的增加，还提高了居民的收入水平，增强了市场信心。这些因素共同作用，推动了不动产价格的上涨。例如，20世纪80年代末至90年代初，随着日本经济的高速增长，不动产价格出现了急剧上涨，尤其是在东京、大阪和名古屋等大城市的中心区域，房价飙升。反之，当一个地区面临经济衰退或萧条时，房地产市场往往会陷入低迷，导致不动产价格下降。通常情况下，一个地区的不动产价值总体变动趋势与该地区的经济实力和经济状况保持一致。

同时也要看到，如果经济过热，大量资本涌入房地产市场，容易导致不动产价格泡沫的形成。这种情况下的房地产市场繁荣往往是不可持续的，一旦泡沫破裂，将对经济造成严重冲击。在2007年，我国经济面临严重的产能过剩和流动性问题，大量资金涌入房地产开发行业。这导致房价暴涨，土地供不应求，土地拍卖价格不断飙升，大大超出了经济发展的基本面。这种过度的房地产热度最终在2008年上半年骤然降温。

## （二）居民收入水平

居民收入水平及其增长预期对不动产的价格，特别是住宅的价格具有显著影响。在通常情况下，居民真实收入水平的上涨（扣除通货膨胀的影响），意味着人们的可支配资金的增加，生活水平得以提高，消费结构也会相应升级。随着收入的增长，人们对居住及各项活动所需空间的需求也会增加。这种需求的增加直接推动了房地产市场的发展，为房地产市场带来了积极的影响。

要深入理解居民收入水平对不动产价格的影响程度，需要关注居民家庭的边际消费倾向。简言之，边际消费倾向是指每增加一单位的收入所引发的消费支出变化，即新增消费占新增收入的比重。由于不同收入群体的边际消费倾向存在显著差异，收入的增长对不动产价格的影响因收入群体而异。如果居民收入的增加主要是低收入者的收入增加，虽然其边际消费倾向较大，但其所增加的收入大部分甚至全部会用于衣食等基本生活的改善，这对不动产价格的影响不大。反之，如果居民收入的增加主要是中等收入者的收入增加，因为其边际消费倾向较大，且衣食等基本生活已有了较好的基础，此时其增加的收入大部分甚至全部会用于提高居住水平，则会增加对居住类不动产的需求，从而导致居住类不动产价格上涨。如果居民收入的增加主要是高收入者的收入增加，因为其生活上的需要几乎达到了应有尽有的程度，边际消费倾向较小，其增加的收入可能大部分甚至全部会用于储蓄或不动产以外的投资，这就对不动产价格的影响不大。但是，如果高收入阶层热衷于从事不动产投资或投机，例如购买不动产用于出租或将持有的不动产当作家庭资产保值增值的重要手段，则仍然会推动不动产价格上涨。

## （三）城市化水平

城市化是20世纪最具影响力且持续时间最长的发展趋势之一，大量的人口被多样化的就业机会、多样化的文化生活和生活方式吸引，从农村迁移到城市。随着城市化水平的提高，人口和各种经济活动不断向城市集聚，对城市土地和房屋的需求也随之增加。这种需求的增加直接推动了不动产价格的上涨。同时，城市边缘的农地也逐步转化为非农业用地，土地利用强度增加，地价也相应提高。此外，从供给角度来看，城市化进程中城市基础设施的开发建设也会导致供给成本上升，进一步推动不动产价格的上涨。

## （四）利率水平

利率实质上是使用资金的价格。房地产行业属于资金密集型行业，不动产的开发和交易均需要大量资金的支持，因此，加息或降息带来的市场利率水平的变动对不动产价格有较大影响。具体来看，可以从以下三个不同的角度分别说明利率因素对不动产价格的影响。

第一，从不动产供给的角度来看，利率上升（或下降）会增加（或降低）不动产开发的融资成本，从而使不动产开发成本上升（或下降），进而推动不动产价格上涨（或下跌）。

第二，从不动产需求的角度来看，不动产的消费和投资通常需要贷款融资，因此利率上升（或下降）会增加（或减轻）不动产购买者的贷款偿还负担，从而减少（或增加）不动产需求，进而导致不动产价格下降（或上涨）。此外，从宏观经济的角度来看，降息通常被认为是刺激经济的政策工具之一，利率下降对社会各项投资和消费活动均能够产生一定的促进作用，这也有利于从需求端推动不动产价格的上涨。

第三，从不动产价值是不动产预期净收益的现值之和的角度来看，不动产价值与折现率呈负相关关系，而折现率与利率呈正相关关系，因此利率上升（或下降）会使不动产价格下跌（或上涨）。

综合来看，利率升降对不动产需求的影响远大于对不动产供给的影响。因此，随着市场利率的上升，不动产价格通常会表现出下降的态势；反之，不动产价格则更多地表现为上涨态势。

### 三、制度政策因素

#### （一）房地产制度政策

房地产制度政策，特别是所有权、使用、交易管理制度和价格政策，对不动产价格具有决定性影响。在传统的城镇住房制度下，住房实行实物分配、低租金使用，不存在住房买卖价格和合理租金；在传统的土地使用制度下，土地的买卖、出租或非法转让是被严格禁止的，因此地价和地租并不存在。然而，自城镇住房制度和土地使用制度改革以来，住房实物分配被停止，住宅商品化逐渐推行，允许土地使用权出让、转让、出租等政策出台，使得各种形式的不动产价格得以显现。这些价格不仅反映了不动产市场的供求状况，还受到市场供求关系变化的影响。

政府对不动产价格的干预或管控，可能是通过制定指导价、价格波动区间、最高限价、最低限价或直接定价来实现的，也可能是通过一些其他制度政策安排来实现的。例如，在不动产价格过快上涨时通过增加土地供应或加大、加快房屋建设，以增加不动产供给；规定房地产开发企业按照合理的房地产开发成本和利润率来定价；采取征税、限贷、限购等政策措施遏制投机，抑制或稳定不动产价格；加快发展长租房市场和推进保障性住房建设，增加市场供应，缓解住房供需矛盾等。

2019年12月，在北京举行的中央经济工作会议上，我国确定了要坚持"房子是用来住的、不是用来炒的"定位。这一定位表明，政府将不再将房地产作为短期刺激经济的工具和手段，而是将其作为长期可持续发展的行业来支持。坚持"房子是用来住的、不是用来炒的"定位，以及住房限购、限售等房地产交易管理制度，显而易见，对不动产价格特别是住房价格有很大影响。

#### （二）金融制度政策

不动产价值较高，其开发、投资和消费都需要大量的资金支持，因此往往需要进行融资。因此，金融制度政策，尤其是货币政策和房地产信贷政策，对不动产价格具有显著的影响。

**1. 货币政策**

货币政策通过调节货币供应量和利率等手段，直接影响不动产市场的资金流动和借贷成本。当货币政策宽松时，市场上货币的流动性增加，借贷成本降低，这将刺激投资者和消费者进行不动产投资和购买，从而推高不动产价格。相反，紧缩的货币政策可能会导致市场资金紧张，借贷成本上升，进而抑制不动产市场的需求，导致不动产价格下跌。

例如，我国经历了 2009 年、2012 年、2014 年三次货币政策大宽松，房价在 2010 年至 2018 年期间也出现了持续过快上涨。再如，2020 年下半年至 2021 年上半年，受新冠疫情冲击，许多国家的经济增长大跳水，但因主要发达经济体实施极度宽松的货币政策，全球房价反而在疫情防控期间逆势上涨。而彼时我国因坚持实施正常的货币政策，并坚持"房子是用来住的、不是用来炒的"定位，坚持不将房地产作为短期刺激经济的手段，坚持稳地价、稳房价、稳预期，房价没有像人们预期的那样普遍出现大涨。可以看到，各国在经济发展过程中的历次货币政策选择，充分反映了货币政策对不动产价格的影响力。

**2. 房地产信贷政策**

货币政策对不动产价格的影响程度，还受到房地产信贷政策的制约。如果信贷政策收紧，严格控制资金流向房地产行业，并采取多项措施防止信贷资金违规流入房地产领域，那么宽松的货币政策对不动产价格的影响将相对有限。

房地产信贷政策包括对房地产信贷规模、贷款条件和投向的调整。例如，严格控制房地产开发贷款会减少未来的商品房供给，从而推高未来的商品房价格。相反，放松对房地产开发贷款的限制可能会导致未来的商品房供应增加，从而压低未来的商品房价格。再如，提高个人购房最低首付款比例、降低最高贷款额度、上调个人购房贷款利率或缩短最长贷款期限等措施，会提高购房门槛和增加购房支出，降低购房支付能力，从而减少住房需求，进而导致住房价格下降。反之，降低首付款比例、提高最高贷款额度、下调个人购房贷款利率或延长最长贷款期限等措施可能会刺激住房需求，从而推高住房价格。

总体来说，房地产信贷政策是调控房地产市场的重要手段之一，其影响程度取决于政策的具体内容和执行力度。

**（三）税收制度政策**

新开征、恢复征收、暂停征收或取消某种房地产税收，提高或降低房地产税收的税率（或税额标准），调整房地产税收的计税依据，以及实行或取消房地产税收优惠等，均会对不动产价格产生一定的影响。

**1. 房地产开发建设环节的税收**

该环节涉及的税种主要有耕地占用税、城镇土地使用税以及企业所得税等。在通常情况下，增加房地产开发环节的税收会导致房地产开发成本上升，从而从供给端推动不动产价格上涨。反之，减少房地产开发环节的税收会使不动产价格下降。

然而，短期内增加（或减少）房地产开发环节的税收是否会导致不动产价格上涨（或下降），主要取决于当前房地产市场是卖方市场还是买方市场。在卖方市场下，房地产开发企业通常可以通过提高房地产价格将增加的税收转嫁给消费者，因此税负的增加会导致房地产价格上涨，而税收的减少则主要转化为房地产开发企业的"超额利润"。在买方市场下，增加的税收难以转移给消费者，房地产开发企业通常需要降低开发利润、节省开发成本以"内部消化"，而税收的减少会导致房地产价格下降。

**2. 房地产流转环节的税收**

该环节的税收通常被称为房地产交易税，涉及的税种主要有契税、增值税、城市维护建设税、教育费附加、土地增值税、个人所得税（或企业所得税）和印花税。为了分析这些税收对不动产价格的影响，可以将其分为转让环节的税收（向卖方征收）和取得环节的税收（向买方征收）。在上述税种中，增值税、城市维护建设税、教育费附加、土地增值税和个人所得税是向卖方征收的税，契税是向买方征收的税，而印花税则是向买卖双方均征收的税。一般来说，增加卖方的税收，如减少或取消增值税和个人所得税的减免优惠，开征土地增值税，会导致不动产价格上涨。相反，减少卖方的税收，如减免增值税和个人所得税，会导致不动产价格下降。增加买方的税收，如提高契税税率，可能会抑制房地产需求，从而降低不动产价格。相反，减少买方的税收，如减免契税，可能会刺激房地产需求，从而推高不动产价格。

但是，在短期内，与房地产开发建设环节相似，流转环节中买卖双方的税收变化是否会导致不动产价格上涨（或下降），同样主要取决于房地产市场是卖方市场还是买方市场。

综上所述，房地产流转环节的税收对不动产价格的影响较为复杂，具体效果还需考虑市场供需关系、政策执行力度等多个因素。

**3. 房地产持有环节的税收**

该环节涉及的税种主要包括房产税和城镇土地使用税。增加房地产持有环节的税收，将增加持有房地产的成本，降低收益性房地产的净收益，从而促使自用型需求者倾向于购买面积较小的房地产，有利于抑制不动产投资和投机行为。此外，持有环节税收的上升还能减少存量房地产的囤积，增加存量房地产的供给，进而导致不动产价格下降。相反，减少房地产持有环节的税收，将推动不动产价格上涨。

**（四）相关规划和计划**

国民经济和社会发展规划、国土空间规划、土地供应计划、住房发展规划等规划和计划的编制与修改，会对未来的房地产市场供求关系和价格预期产生影响，进而对不动产价格产生波及效应。例如，《中华人民共和国国民经济和社会发展第十四个五年规划和2035年远景目标纲要》（简称"十四五"规划）明确提出，坚持房子是用来住的、不是用来炒的定位，租购并举，探索利用集体建设用地和企事业单位自有闲置土地建设租赁住房，完善长租房政策，扩大保障性租赁住房供给。从住房供求的角度分析，这一规划的实施有助于抑制商品住房价格的上涨。

国土空间规划是对一定区域内的国土空间开发保护进行的战略性安排，涵盖了总体规划、详细规划和相关专项规划等多个层面。这一规划对不动产的价格，尤其是土地的价格产生了直接的影响。例如，当国土空间规划将某一区域列为重点发展区域时，该区域的不动产价格通常会随之上涨。此外，国土空间规划所设定的建设用地规模、用途、容积率、密度等控制指标，以及高度、风貌等空间形态要求，对不动产价格的影响会更加直接且明显。

土地供应计划是政府针对行政辖区内的国有建设用地供应作出的具体安排，涉及供应数量、用途结构、空间布局等方面的内容。该计划中确定的土地供应计划指标，决定了国有建设用地供应状况,对房地产开发用地和商品房的价格产生了显著影响。当房地产开发用地的供应量减少时,相应的地价和房价往往会上涨;反之,供应量增加则会导致价格下降。

住房发展规划作为指导住房建设的蓝图,明确了住房建设的目标、总量、结构比例、建设时序和空间布局。特别是关于普通商品住房和保障性住房的建设规模及比重,这些因素对商品住房价格产生了显著影响。例如,当住房建设总量增加时,尤其是保障性住房的建设规模增加或比重提高时,通常会导致商品住房价格下降。反之,如果保障性住房的建设规模减少或比重降低,则商品住房的价格可能会上涨。

### (五)其他相关特殊制度政策

中共中央、国务院曾经在鼓励东部地区率先发展、实施西部大开发、振兴东北地区等老工业基地、促进中部地区崛起等方面做出重大决策部署,同时,还设立了沿海开放城市、经济特区、经济技术开发区、自由贸易区等特殊区域,并为这些区域提供了特殊的体制机制、政策支持、对外开放措施以及必要的国家扶持。这些特殊的政策安排在促进特定地区的发展中发挥了至关重要的作用,有效地吸引了大量投资和人才流入,从而显著提升了当地房地产市场的需求和价格。

近年来,我国政府通过一系列重大决策,持续为特定地区提供特殊政策支持和发展机遇。例如,雄安新区的设立、粤港澳大湾区的建设以及海南自由贸易港的推进,均预示着这些地区将迎来投资的显著增长、经济的迅速发展以及不动产需求的增加。这些因素共同促使这些地区的不动产价格持续上涨,甚至出现了跳跃式的涨幅。

## 四、心理因素

在不动产市场中,价格的形成并不仅仅取决于交易当事人的个体心理状况,还受市场参与者普遍心理倾向的影响。具体来说,市场参与者的信心、预期、情绪和态度等心理因素都在无形中塑造着不动产的价格。例如,当市场参与者对经济前景持有乐观预期时,他们会更加积极地参与交易,推动不动产价格上涨;相反,如果市场弥漫着悲观情绪,人们对未来的经济前景持怀疑态度,在这样一种氛围下,交易量会减少,市场活动趋于保守,从而导致不动产价格下跌。影响不动产价格的心理因素有很多,主要包括炫耀心理、从众心理、迷信心理、交易心态和特殊偏好等。

### (一)炫耀心理

人们的内心深处往往有着一种对关注、尊重和赞誉的渴望,这种渴望有时会导致炫耀心理的产生。在这种心理的驱使下,人们可能会为了展示自己的社会地位、财富和实力而购买或投资不动产。因此,那些能够满足人们炫耀心理的不动产,往往会成为社会地位、事业成就或综合实力的象征,其价格也相应较高。例如,有些人愿意花费巨资购买名人故居或与名人、明星为邻的住宅;而一些公司则愿意支付高额租金和价格,只为租用当地的地标性建筑或最高档的写字楼。这类能够满足人们炫耀心理的不动产,其价格明显高于市场平均水平,其中包含所谓的知名度、品牌或无形资产的成分。

### (二)从众心理

从众心理是一种广泛存在的社会心理现象,它描述了个体在群体压力下,在认知、判断、信念和行为等方面倾向于与群体中的多数人保持一致的现象。具体来说,人们往往会追随多数人的意见、流行的做法和潮流趋势。

在不动产领域,从众心理的影响是复杂且深远的。一方面,它有可能推动不动产价格的上升。例如,建筑流行风格对不动产价格有着显著影响。当某种建筑风格在社会上流行或被人们推崇时,其相关的不动产价格往往较高;相反,那些被视为过时或落伍的建筑风格,其相应的不动产价格则可能较低。此外,群体的非理性抢购行为也可能带来虚高的不动产市场价格,甚至导致不动产泡沫的形成。在市场情绪高涨、投资者过度乐观的时期,人们预期不动产价格会持续上涨,于是争相购买,这使得市场供求关系失衡,价格脱离了实际价值基础。

另一方面,从众心理也可能导致不动产价格的下跌。例如,当市场出现恐慌性抛售时,由于投资者信心的丧失和对未来的市场走势的担忧,大量的人会选择出售手中的不动产,这会导致市场供求关系失衡,进而使得不动产价格显著低于其实际价值。这种恐慌性抛售不仅可能进一步加剧不动产市场的波动和不稳定性,还可能通过金融系统的传导和扩散,对整个社会经济产生影响。

了解和掌握从众心理在不动产领域的作用机制和影响方式,对理解不动产价格的市场表现具有重要意义。

### (三)迷信心理

迷信是指盲目地信仰崇拜,对某种理论或事物缺乏理性的思考和批判性的分析。在不动产领域,迷信心理主要表现在对风水的重视和吉凶的考虑上。

2015年,我国国家工商行政管理总局发布了《房地产广告发布规定》,明确规定"房地产广告不得含有风水、占卜等封建迷信内容"。然而,不能否认的是,在现实生活中,某些人在选择不动产时仍然会考虑风水因素。这种对风水的关注,使得风水之说在一定程度上影响了某些不动产的价格。例如,一方面,某些人在购买住宅、办公楼、商铺等房屋时,讲究门牌号码、楼层数字,忌讳数字为4、13、14的楼层。许多住宅楼、写字楼、酒店等还因此没有这些数字的楼层设置,或以5A、12B、15A代之。另一方面,那些被认为寓意好或吉祥的门牌号码、楼层数字,比如,数字为88、168的门牌号,往往有人愿意出较高的价格购买。

### (四)交易心态

交易心态是不动产交易者在交易过程中内心的态度,包括急售心态、惜售心态、急买心态、必得心态和观望心态等。例如,当不动产持有者面临资金周转困难时,他们可能会产生急售心态,急于出售自己的不动产。在这种情况下,由于急于套现,通常会导致成交价格明显低于市场正常水平。再如,当不动产需求者迫切需要找到合适的不动产时,如果遇到持有惜售心态的不动产持有者,而需求者又表现出强烈的必得心态,那么为了促成交易,需求者可能不得不付出更高的价格。

了解和掌握交易心态在不动产交易中的作用，对于更好地评估交易的合理性和理解成交价格具有重要意义。

### （五）特殊偏好

在不动产领域，特殊偏好是指个人或单位对某一特定不动产产生的特殊情感或价值认同。这种偏好通常源于该不动产对个人或单位所具有的特殊意义、作用或价值。这些意义、作用或价值可能是承载着个人、家庭或家族的情感、历史或回忆，能引起美好的感受，具有纪念意义。

特殊偏好在不动产领域中非常常见，它使得某些不动产的成交价格高于市场平均水平。这些不动产包括家族祠堂、先祖故居、本企业创业旧址等。

  **关键词**

不动产价格　土地价格　建筑物价格　房地价格　楼面价格　单位价格　理论价格
成交价格　评估价格　政府指导价格　区位因素　权益因素　实物因素

  **即测即练**

自学自测　扫描此码

# 第三章 不动产估价概述

## 第一节 不动产估价的定义

不动产，如房屋和土地，是家庭与社会的宝贵财富，具有多重属性且影响深远。它不仅是自然资源、生产要素和商品，还是高价值的非标准投资品。不动产与金融紧密相连，也是税收的关键领域，其交易、投资等活动中都需精确估价。由于其价值直接关系到大众利益，因此，不动产估价知识广受追捧，逐渐发展成专业学问和行业。在社会主义市场经济中，不动产估价作为中介服务行业的核心，对金融安全、税收公平、财产征收和产权交易都起着至关重要的作用，是经济社会活动中不可或缺的一环。

### 一、不动产估价的内涵

不动产估价，英文为 Real Property Appraisal 或 Real Property Valuation。对不动产估价的通俗解释，就是对不动产的价值或价格进行评估。这种评估是每个人都可以进行的，无论个人的评估结果是否准确或被他人信任。例如，当你对某处房屋或土地感兴趣，想了解其价值，或者想判断卖方的报价是否合理、自己的出价是否合适时，你可以自行进行评估，或者询问亲友的意见。这种非专业的评估方式被称为非专业估价。

然而，为了获得相对科学、客观且令人信服的估价结果，仅仅依靠非专业估价是不够的，这就需要依赖专业估价来实现这一目标。本书所称不动产估价，主要是作为专业服务行为的估价，被称为不动产专业估价，简称不动产估价。不动产估价是指不动产估价机构接受他人委托，选派注册不动产估价师，根据特定目的，遵循公认的原则，按照严谨的程序，依据有关文件、标准和资料，在合理的假设下，采用科学的方法，对特定不动产在特定时间的特定价值或价格进行分析、测算和判断，并出具提供相关专业意见的估价报告的专业服务行为。

上述概念中的分析、测算和判断，还可以用估计、估算、推测、测量、计量、度量、评定、判定、鉴定等词语来理解、说明或替代。这些词语的含义基本相同或相近。但是，同时使用分析、测算和判断来表达，要更全面、更具体，并且更易于理解。其中，分析即价值价格分析，主要是对影响估价对象价值价格的各种因素进行分析，包括对估价对象自身状况的分析，对制度、政策、人口、经济、社会、心理等外部因素的分析，对估价对象所在地房地产市场状况（或市场条件、市场行情）的分析，等等；测算即价值价格测算，主要是利用有关数据、公式和模型，对估价对象的价值价格进行计算；判断即价值价格判断，主要是根据测算结果以及市场行情和估价实践经验等，对估价对象的价值价格做出判定。分析、测算、判断三者之间通常有一定的逻辑关系，其中，分析是测算和判断的基础，而测算又是判断的基础。

## 二、不动产估价的要素

估价当事人、估价目的、估价对象、价值时点、价值类型、估价原则、估价程序、估价依据、估价假设、估价方法和估价结果,可以说是构成不动产估价活动的必要因素,即不动产估价要素。在开始对价值进行深入分析、测算和判断之前,必须首先明确估价目的、估价对象、价值时点和价值类型这四个基础要素,它们被统称为估价基本事项。

### (一)估价当事人

估价当事人是与不动产估价活动紧密相关的组织或个人,包括房地产估价机构、注册房地产估价师以及估价委托人。房地产估价机构和注册房地产估价师作为不动产估价服务的主要提供者,构成了估价活动的核心主体,通常被称为估价主体。而估价委托人则是直接需求者、对象、客户或消费者,他们对不动产估价服务有明确的需求。

#### 1. 房地产估价机构

房地产估价机构简称估价机构或评估机构,是依法设立并按照有关规定备案,从事不动产估价活动的专业服务机构。《中华人民共和国资产评估法》(以下简称《资产评估法》)第十五条规定:"评估机构应当依法采用合伙或者公司形式,聘用评估专业人员开展评估业务。合伙形式的评估机构,应当有两名以上评估师;其合伙人三分之二以上应当是具有三年以上从业经历且最近三年内未受停止从业处罚的评估师。公司形式的评估机构,应当有八名以上评估师和两名以上股东,其中三分之二以上股东应当是具有三年以上从业经历且最近三年内未受停止从业处罚的评估师。评估机构的合伙人或者股东为两名的,两名合伙人或者股东都应当是具有三年以上从业经历且最近三年内未受停止从业处罚的评估师。"

#### 2. 注册房地产估价师

我国实行房地产估价师注册制度。注册房地产估价师是经过严格选拔,取得房地产估价师执业资格,并申请房地产估价师注册的专业人员。获得房地产估价师执业资格的方式有多种,包括资格考试、资格互认以及资格认定。其中,通过全国统一的房地产估价师执业资格考试是最常见的途径。

根据国家规定,注册房地产估价师应受聘于一个房地产估价机构,在同一时间只能在一个房地产估价机构从事房地产估价业务;他们不得以个人名义承接业务,所有的估价业务和收费都应由其所在的机构统一管理和收取。

#### 3. 估价委托人

估价委托人,简称委托人,是指那些寻求估价机构为其提供估价服务的组织或个人。他们可能是为了满足自身的需求,例如人民法院在处理房地产案件时,需要估价机构为其提供估价报告以确定财产的处置参考价;也可能是为了满足特定第三方的需求,例如借款人为了获得贷款人的信任,会委托估价机构进行房地产抵押估价;还有可能是为了满足不特定第三方的需求,例如上市公司在涉及不动产的关联交易中,需要公开披露相关的估价报告。

《资产评估法》等法律法规规定了估价委托人的权利和义务,如估价委托人有权依法自主选择估价机构，任何组织或个人不得非法限制或干预；估价委托人应与估价机构订立委托合同，约定双方的权利和义务，并按照合同约定向估价机构支付费用，不得索要、收受或变相索要、收受回扣；估价委托人应向估价机构和估价师提供执行估价业务所需的权属证明、财务会计信息和其他资料，并对其提供的资料的真实性、完整性和合法性负责，有义务协助估价师对估价对象进行实地查勘（也称现场调查、现场勘验）及搜集估价所需资料；委托人不得串通、唆使估价机构或估价专业人员出具虚假估价报告或有其他非法干预估价的活动。

需要注意的是，与估价相关的当事人除了估价当事人，还有估价对象权利人、估价利害关系人、估价报告使用人。估价对象权利人是指估价对象的所有权人、使用权人、抵押权人等权利人。估价利害关系人是指估价结果会直接影响其合法权益的组织和个人，除估价对象权利人外，还有估价对象的投资者、受让人、申请执行人等。估价报告使用人也称估价报告使用者，简称报告使用人，是指依法使用估价报告的组织和个人，包括法律法规明确规定或估价委托合同约定、估价报告载明的有权使用估价报告的组织和个人。估价报告使用人可能是估价对象权利人、投资者、受让人、债权人、政府及其有关部门和社会公众等。

估价委托人可能是也可能不是估价对象权利人、估价利害关系人、估价报告使用人。估价对象权利人是估价利害关系人，但可能是也可能不是估价委托人、估价报告使用人。例如，在房地产抵押估价中，估价委托人可能是房屋所有权人和土地使用权人以外的贷款人，也可能是以其房地产抵押的借款人，他们都是估价利害关系人，估价报告使用人是贷款人；在房屋征收评估中，估价委托人一般是房屋征收部门，被征收人是估价利害关系人，房屋征收部门在一定程度上也是估价利害关系人，他们都是估价报告使用人；在房地产司法估价中，人民法院是估价委托人和估价报告使用人，但不是估价对象权利人，也不是估价利害关系人，被执行人、申请执行人以及竞买人是估价利害关系人。

### （二）估价目的

估价目的是估价委托人对估价报告预期用途的明确。它直接反映了委托人对估价的实际需求，也就是他们希望如何使用未来完成的估价报告或结果。例如，是为了给不动产交易的双方提供一个公平的价格参考，还是在房屋征收过程中，为征收部门和被征收人提供一个合理的补偿金额，或者在贷款业务中，为银行判断抵押不动产的价值或确定贷款额度提供依据。

由于估价目的的不同，同一不动产的评估价值可能会有所差异，甚至可能出现巨大的差异。这是因为不同的估价目的可能会导致价值类型、价值时点、估价对象、估价原则、估价依据、估价前提和估价假设等方面的不同。例如，当基于三种不同的估价目的评估同一不动产的市场价值时，结果可能会有显著的差异。

①在正常转让目的下，评估价值通常会处于中间水平，这是因为这一目的的估价前提是自愿转让，它假定市场条件是正常的，没有受到其他外部压力的影响。

②在司法处置目的下，评估价值可能会偏低，这是因为这一目的的估价前提是"被迫转让"，可能涉及法律程序或纠纷，导致价值降低。

③在房屋征收目的下，评估价值可能会偏高，这是因为被征收房屋价值评估应符合"对被征收房屋价值的补偿，不得低于房屋征收决定公告之日被征收房屋类似房地产的市场价格"的规定。

此外，估价目的还限制了估价报告和估价结果的用途，针对某一特定估价目的所生成的估价报告和估价结果，不能随意用于其他用途。需要说明的是，一个估价项目应只有一个估价目的。当委托人对同一估价对象有多个估价目的时，应当将其视为不同的估价项目，并为每个项目单独出具估价报告。

### （三）估价对象

估价对象是不动产估价的客体，因此也被称为估价客体、估价标的，是指待估价的不动产等财产或权利。估价对象由委托人指定，但并非完全取决于委托人的意愿。也就是说，估价对象的确定不仅仅是根据委托人的需求来确定，而是估价师在委托人提供的基础信息和资料基础上，结合已确定的估价目的，先初步规划和描述估价对象的主要范围和基本状况。随后，估价师会与委托人进行沟通，确保所选定的估价对象得到委托人的认可。具体来看，在确定估价对象时应注意以下几点。

（1）要弄清哪些资产不应作为估价对象，哪些资产可以作为估价对象。根据有关法律法规，有些资产不应作为某些估价目的的估价对象。例如，不得抵押的不动产，不应作为抵押估价的对象；房屋征收不予补偿的不动产，不应作为房屋征收估价的对象；不得买卖的不动产，不应作为买卖估价的对象。因此，对于作为估价对象的资产，应在估价报告中根据相应的抵押、房屋征收、买卖、租赁、作价出资等估价目的，分析、说明其进行相应活动的合法性或者不违反法律法规的有关规定。

（2）要明确估价对象状况是何时的状况，即是现在还是过去、未来的状况。例如，评估 5 年前受贿所收受一套住宅的市场价值，现在的状况为精装修，5 年前收受时为毛坯房，则估价对象状况一般应是 5 年前的毛坯房状况。

（3）要明确估价对象的财产范围，不得遗漏财产或超出财产范围。现实中一个不动产估价项目的估价对象不一定是纯粹、完整的一宗不动产，可能是以不动产为主的整体资产，也可能是部分或局部不动产，还可能是多宗不动产。因此，对于估价对象的财产范围为不动产的，要说明它是一宗不动产，还是多宗不动产，是既包含建筑物又包含土地，还是仅为建筑物或仅为土地，或是一幢（或套、间等）建筑物或一宗土地中的某个部分或局部。对于估价对象是以不动产为主的资产，应说明在不动产、动产、债权债务、特许经营权等不同类型的资产中，估价对象包含哪类资产。特别是对于正在使用或经营的不动产，如存量住宅、酒店、商场、餐馆、影剧院、游乐场、高尔夫球场、汽车加油站、码头、厂房等，应明确是否包含室内家具、电器、货柜、机器设备、债权债务、特许经营权等不动产以外的资产。例如，评估某套存量住宅，应说明是否包含室内家具、家电、装饰品等动产，以及水、电、燃气、供暖、物业服务等费用结余或欠交的债权债务；评估汽车加油站，应说明是否包含专业设备、特许经营权以及债权债务等。

（4）要明确估价对象的坐落和空间范围，即要说明估价对象中的不动产的坐落和界址或四至，有的不动产还需要说明高度、深度等。

（5）要明确估价对象范围内的各项资产状况。其中的不动产状况包括权益状况、实物状况和区位状况。

在明确不动产的权益状况时，首先，需要清晰地了解不动产的当前法定权益状况。其次，基于估价目的，明确是要评估不动产在现实法定权益状况下的价值，还是在设定权益状况下的价值。在大多数情况下，评估的是不动产在现实法定权益状况下的价值，但在某些情况下，根据估价目的的要求，应以设定的权益状况来估价。例如，被征收房屋价值评估时，不应考虑被征收房屋租赁、抵押、查封等因素的影响，应评估被征收房屋在完全产权下的价值。其中，不考虑租赁因素的影响，是评估无租约限制价值而不是评估出租人权益价值；不考虑抵押、查封因素的影响，是评估价值中不扣除被征收房屋已抵押担保的债权数额、拖欠的建设工程价款和其他法定优先受偿款。这是因为被征收房屋无论是否租赁、抵押、查封等，政府都应付出足额的补偿。至于被征收房屋租赁、抵押、查封等问题，属于被征收人与被征收房屋承租人、抵押权人等有关单位和个人的债权债务等关系问题，应由相关当事人或有关管理部门解决。如果评估的是在设定权益状况下的价值价格，应在估价报告中清晰说明所设定的权益状况及其设定的依据和理由，并应在估价报告"估价假设和限制条件"文字部分作出相应说明，对估价报告用途作出相应限制，避免被误认为是虚假估价报告、有重大遗漏或重大差错的估价报告。

此外，一个估价项目的估价对象可能是房屋所有权、土地使用权，也可能是租赁权、地役权、居住权等其他不动产权利。

在明确不动产的实物状况和区位状况时，要弄清并说明相应的状况。例如，对于不动产开发用地，应明确其开发程度等。再如，对于商业地产，应明确其所处的商圈，以及该商圈的辐射范围等。

### （四）价值时点

价值时点是所评估的估价对象价值价格所对应的特定时间点，通常为某个日期，通常用公历年、月、日来表示。由于同一估价对象在不同的时间通常会有不同的价值价格表现，有时甚至差距较大，所以估价时点应明确是评估估价对象在哪个时间的价值价格，即要确定价值时点。价值时点可能是现在、过去或将来的某个时间，而最终选择哪个时间，不是由估价师或者是估价委托人随意决定的，而应根据估价目的来确定。

### （五）价值类型

价值类型是指所评估的估价对象的特定价值价格，包括其名称、定义和内涵。在不动产估价中，存在多种可评估的价值价格类型，如市场价值和投资价值等，这些不同类型的价值价格可能会有所不同，甚至存在显著的差异。即使采用相同的估价方法，例如收益法或假设开发法，但不同价值类型的估价参数，如报酬率或折现率等，通常也会有不同的取值。因此，对于一个具体的估价项目，如果不明确要评估哪种价值价格，就很难进行后续的估价工作。与价值时点的确定一样，价值类型的确定并不是由委托人或估价师单方面决定的，而是基于估价目的来确定的。

根据价值的定义或内涵等实质内容来划分的不动产价值类型，主要有市场价值、投资价值、现状价值、谨慎价值、清算价值、残余价值。其中，市场价值是不动产估价实务中最基本、最主要、最常用的价值类型。多数估价目的要求评估的是市场价值，但有些估价目的要求评估的是投资价值、现状价值、谨慎价值、清算价值、残余价值等。究竟应评估何种价值价格，不能只看表面上的估价目的，还要根据法律法规的相关规定。例如，房屋征收虽然是强制性的，不符合市场价值形成的不受强迫条件，但根据有关法律法规，因为要给予公平、合理的补偿，并对被征收房屋价值的补偿，不得低于房屋征收决定公告之日被征收房屋类似房地产的市场价格，所以被征收房屋价值评估应评估市场价值或市场价格，而不是被迫转让价值。不动产司法拍卖估价，根据最高人民法院的相关规定，以及为抵押不动产折价、变卖服务的估价，根据《民法典》第四百一十条"抵押财产折价或者变卖的，应当参照市场价格"，一般应评估市场价格或市场价值，而不是清算价值。不动产抵押估价，应评估抵押价值或抵押净值，其本质是谨慎价值。

### （六）估价原则

估价原则是从事估价活动所依据的法则或标准，主要有独立、客观、公正原则，合法原则，价值时点原则，替代原则，最高最佳利用原则，谨慎原则。估价原则使得不同的估价机构和估价师在相同的估价背景（例如同一估价目的、同一不动产）下对某些重大估价问题的处理趋于一致（例如对估价基本前提条件的确定或设定趋于一致），最终使得不同的估价机构和估价师评估出的价值价格基本相同或相近。

### （七）估价程序

估价程序是完成一个估价项目所需做的各项工作进行的先后顺序，一般包括以下11项基本工作步骤：①受理估价委托；②确定估价基本事项；③编制估价作业方案；④搜集估价所需资料；⑤实地查勘估价对象；⑥选用估价方法测算；⑦确定估价结果；⑧撰写估价报告；⑨内部审核估价报告；⑩交付估价报告；⑪保存估价资料。通过估价程序，我们可以全面了解一个估价项目的整个过程，了解其中的各项工作及其相互之间的联系。遵循科学、完整、严谨的估价程序，有条不紊地开展估价工作，有助于规范估价行为、提高估价效率、降低估价成本、确保估价质量，并有效防范估价风险。

### （八）估价依据

估价依据是作为估价基础和前提的文件、标准和资料，主要包括以下五类。

（1）有关法律法规：这是估价工作的重要依据，包括国家颁布的土地管理、房地产管理、资产评估等方面的法律法规，以及地方颁布的相关实施细则和规定，如《民法典》《土地管理法》《城市房地产管理法》《资产评估法》《国有土地上房屋征收与补偿条例》等。

（2）有关估价技术标准和规范：包括房地产估价的国家标准、行业标准、指导意见和估价对象所在地的地方标准等，例如，《房地产估价规范》《房地产估价基本术语标准》《房地产抵押估价指导意见》《房地产投资信托基金物业评估指引（试行）》以及《北京市房屋质量缺陷损失评估规程》等。

（3）估价委托书和估价委托合同：估价委托书是委托人向估价机构出具的要求估价机构

提供估价服务的文件。估价委托合同是委托人和估价机构之间就估价服务事宜订立的协议。

（4）市场数据和信息：包括房地产市场的价格指数、交易实例、租金水平、基准地价[①]等，这些数据和信息是估价的基础，对于确定估价对象的价值具有重要意义。

（5）估价对象的相关资料和文件：包括估价对象的面积、用途、权属证明、历史成交价格、运营收益（收入和费用）、开发建设成本（费用、税金和利润等）以及相关财务会计信息等资料。估价机构和估价师应要求委托人如实提供其知悉的估价所需资料，并保证其提供资料的真实、完整、合法及准确性，没有隐匿或虚报的情况；此外，估价机构和估价师还应对委托人提供的作为估价依据的资料持有专业怀疑态度，并依法进行核查验证或审慎检查。

其中，《城市房地产管理法》《资产评估法》《房地产估价规范》和《房地产估价基本术语标准》等是所有不动产估价项目都应有的估价依据。除此之外，不同估价目的和估价对象的估价依据应有所不同，如不动产抵押估价的估价依据还应有《房地产抵押估价指导意见》，房屋征收评估的估价依据还应有《国有土地上房屋征收与补偿条例》《国有土地上房屋征收评估办法》以及估价对象所在地的相关规定。同时需要指出的是，在不动产估价标准中，国家标准《房地产估价规范》是效力最高而要求最低的，即其要求是估价的"底线"。鼓励估价机构制定严于国家标准、行业标准的企业标准，即可以比《房地产估价规范》等的要求更严、更高、更细，而不是必须与其完全一致。

### （九）估价假设

估价假设是针对估价对象状况等估价前提所做的必要、合理且有依据的假定，通常包括一般假设、不相一致假设、背离假设、未定事项假设、依据不足假设和其他特殊假设。例如，在不知道且无理由怀疑估价对象存在房屋结构安全、有环境污染、面积不真实的情况下，假定在其房屋结构安全、未受环境污染、面积真实的前提下对其进行估价；在评估某宗不动产开发用地的价值价格时，在该地块的规划用途、容积率等规划条件尚未明确的情况下，对其规划用途、容积率等所做的合理且最可能的假定；在估价委托人不是估价对象权利人且不能提供估价对象权属证明原件的情况下，对估价对象权属状况所做的合理假定。

合理且有依据地做出估价假设并在估价报告中予以说明，其作用主要有以下四个方面：①使估价项目能够进行下去；②得出科学合理的评估价值；③提示估价委托人或估价报告使用人在使用估价报告时注意相关事项，保护估价委托人和估价报告使用人的合法权益；④合理规避相关估价风险，保护估价师和估价机构的合法权益。

### （十）估价方法

估价方法是测算估价对象价值价格所采用的方法。一宗不动产的价值价格通常可以通

---

① 基准地价是指在城镇规划区范围内，区分商业、居住、工业等用途，对现状利用条件下不同级别或不同均质地域的土地，分别评估确定区域内某一估价时点上法定最高出让年限下土地使用权的平均价格。由于篇幅有限，本书未单独介绍地价的评估方法，基准地价的具体介绍可参见中国土地估价师与土地登记代理人协会编写的《土地估价原理与方法》。

第三章　不动产估价概述

过以下三个主要路径或途径来测算。

（1）市场路径：在当前的房地产市场中，与待评估不动产相似的物业是以何种价格进行交易的。理性的购买者在决定其愿意支付的价格时，通常会参考其他购买者当前购买相似物业的价格。这意味着，我们可以通过比较相似物业的成交价格来估算待评估不动产的价值价格。

（2）收益路径：如果将待评估的不动产用于出租，预计可以获得多少收益。理性的购买者在决定其愿意支付的价格时，通常会考虑该不动产的预期未来收益。这意味着，我们可以通过分析不动产的预期未来收益来估算其价值价格。

（3）成本路径：如果需要重新开发建设与待评估不动产相似的物业，预计需要投入多少费用。理性的购买者在决定其愿意支付的价格时，通常会考虑重新开发相似物业所需的代价。这意味着，我们可以通过分析不动产的重新开发建设成本来估算其价值价格。

由上述三个主要路径相应地产生了三种基本估价方法，即市场比较法（也称为市场法、交易实例比较法）、收益法（也称为收益资本化法、收益还原法）、成本法（也称为重置成本法、重建成本法）。这三种方法加上假设开发法（也称为剩余法、倒算法或余值法），是常规的不动产估价方法，也是目前最常用的估价方法。此外，还有一些其他的估价方法，如土地估价特有的路线价法[1]、基准地价系数修正法[2]，主要用于批量估价的回归分析法，主要用于价值损失评估的修复成本法、收益损失资本化法等。

每种估价方法都有其适用的估价对象和估价所需具备的条件。不同的估价方法是相互印证或相互补缺的，而不是相互替代的。就相互印证来看，例如商品住宅、写字楼、商铺，一般可同时采用市场比较法、收益法估价；新开发的净地、熟地和在建工程，一般可同时采用成本法、假设开发法估价。就相互补缺来看，例如特殊厂房一般不适用市场比较法估价，但适用成本法估价；待开发的生地、毛地不适用成本法估价，但适用假设开发法估价；行政办公楼不适用收益法估价，但适用成本法估价。

### （十一）估价结果

估价结果，也被称为评估结果或评估结论。广义的估价结果是指通过估价活动得出的估价对象价值价格和其他相关专业意见，即包括评估价值和其他相关专业意见。而狭义的估价结果仅指评估价值，这是估价结果的核心内容。通常情况下，估价结果会以一个明确的数字形式呈现。对于提供咨询意见和建议的不动产估价项目，则可能会给出一个最可能或合理的数字区间。

由于估价结果，特别是评估价值，对于估价委托人或估价利害关系人而言非常重要，

---

[1] 路线价法是在城镇街道上划分路线价区段，设定标准临街深度，在每个路线价区段内选取标准临街宗地并测算其价值价格得出路线价，再利用有关价格修正率将路线价调整为各宗临街土地价值价格的方法。由于篇幅有限，本书未单独介绍地价的评估方法，路线价法的具体介绍可参见中国土地估价师与土地登记代理人协会编写的《土地估价原理与方法》。

[2] 基准地价修正法是按照替代原则，将待估宗地的条件等与其所处区域的平均条件相比较，对基准地价进行修正，从而求取待估宗地在估价时点价值价格的方法。由于篇幅有限，本书未单独介绍地价的评估方法，基准地价修正法的具体介绍可参见中国土地估价师与土地登记代理人协会编写的《土地估价原理与方法》。

他们可能会对估价结果有所期待和要求,甚至试图进行干预。估价机构和估价师应在估价服务上让客户满意,但不能在评估价值的高低或大小上为了让客户满意而影响评估价值的客观合理性,更不得为了招揽或争抢业务而迎合委托人的高估或低估要求。除房屋征收分户初步评估结果根据规定应向被征收人公示外,一般不能在正式出具估价报告之前与委托人或估价利害关系人讨论交流评估价值,也不能征求或听取他们对评估价值的意见。这是因为这样的做法可能会影响估价的独立性、客观性和公正性,甚至可能导致与委托人串通评估价值的情况,从而带来极大的估价风险。

## 三、不动产估价相关概念的区分

### (一)专业估价与非专业估价

专业估价与非专业估价有本质不同,主要表现在以下五个方面。

(1)专业估价由估价专业人员和专业机构从事。估价专业人员是具备估价专业知识和实践经验的个人,专门从事估价活动;而估价专业机构则是具备足够数量的估价专业人员和其他必要条件,依法设立并向有关估价行政管理部门备案的独立法人或非法人组织。这些机构通常拥有完善的内部管理机制和质量控制体系,确保估价的准确性和公正性。

专业估价的重要性不仅在于提供价值参考,更在于其结果往往直接关系到相关当事人和利害关系人的重大权益。例如,在房屋征收评估中,估价结果直接关系到被征收人的经济利益和社会稳定;在不动产司法评估中,估价结果为人民法院确定财产处置参考价等提供依据,直接关系到司法公正和被执行人、申请执行人的合法权益;在不动产抵押评估中,估价结果为银行等金融机构确定贷款额度提供参考依据,关系到房地产信贷风险和国家金融安全。因此,专业估价是一项高度严肃和责任重大的工作,必须由具备专业资质和经验的估价人员和机构来承担。任何单位和个人不得擅自从事估价活动,以免给当事人和社会造成不必要的损失和风险。

(2)专业估价提供的是专业意见。专业估价提供的价值价格等意见不是凭直觉、常识或日常生活经验得出的,而是按照严谨的程序,根据有关证明、信息和数据等资料,采用科学的方法,经过审慎的分析、测算和判断得出的,不仅较科学准确、客观合理,而且有支持的理论依据、相关证据和分析测算过程,并通过出具书面形式的估价报告将其系统地展现出来。

(3)专业估价的估价结果具有公信力。专业估价由独立的第三方估价专业人员和专业机构从事,估价结果较科学准确、客观合理,且有支持的理论依据、相关证据和分析测算过程,具有独立性、专业性、权威性和说服力,能令人信服、认可或接受。

(4)专业估价要依法承担相关责任。专业估价人员和专业机构在从事估价活动时,受到行政监督管理和行业自律管理的双重制约,对其提供的价值、价格等意见以及出具的估价报告负有严格的责任。一旦违反相关法律法规,不仅会被要求限期改正,还可能面临行政处罚、民事赔偿,甚至刑事追究。

(5)专业估价实行有偿服务。专业估价师作为一个专门的职业和行业,接受客户的委托,承担着为客户提供准确估价服务的职责。作为有偿服务的提供者,专业估价师向客户收取一定的费用作为回报。这个费用也就是服务价格，它应当根据法律法规和行业规定来制定，确保合理性和公平性。为了保障客户的权益和行业的健康发展，专业估价师应该遵循明码标价的原则，明确告知客户服务的项目和收费标准等相关情况。

### （二）不动产估价与不动产评估

在一般语境中，我们常常将不动产估价和不动产评估视为同义词，彼此替换使用。但严格来说，这两个术语的内涵存在一定的差异。

针对价值价格的分析、测算和判断活动来说，不动产估价的含义更加精准、明确，就是指对价值价格进行评估。而不动产评估则是一个更广泛的概念，不仅包括价值评估，还包括对不动产的综合评价。评估过程中除考虑价值因素外，还会考虑不动产的质量、功能、环境等多方面因素。评估结果通常用于投资决策、城市规划、环境评估等领域，为相关决策提供全面的信息支持。如《国有土地上房屋征收与补偿条例》规定，"市、县级人民政府做出房屋征收决定前，应当按照有关规定进行社会稳定风险评估"。

需要指出的是，区分不动产估价和不动产评估，并不意味着不动产估价机构和不动产估价师只能从事不动产价值价格评估业务，实际上不动产估价机构和不动产估价师有能力，也应该出于业务拓展的需要积极开展其他不动产相关评估业务。

### （三）鉴证性估价与咨询性估价

鉴证性估价一般是估价报告或估价结果供委托人给第三方使用或说服第三方，起着价值价格证明作用的估价，如借款人委托的不动产抵押估价、为出国移民提供财产证明的估价、服务于上市公司关联交易的估价。有的估价报告或估价结果虽然是供委托人自己使用，但因评估价值的高低直接关系有关当事人、利害关系人的切身利益，需要有关当事人、利害关系人认可或说服他们，如房屋征收部门委托的房屋征收评估、银行委托的不动产抵押估价、人民法院委托的不动产司法估价、税务机关委托的不动产税收估价，也属于鉴证性估价。咨询性估价一般是估价报告或估价结果仅供委托人自己使用，为其做出相关决策或判断提供参考依据的估价，如为委托人出售不动产确定要价、购买不动产确定出价服务的估价。简言之，鉴证性估价主要是对价值或价格进行确认和证明，而咨询性估价则侧重于提供参考意见和建议。在实际的估价工作中，估价机构和估价师需要明确区分鉴证性估价和咨询性估价这两种角色和立场。属于鉴证性估价的，应依法独立、客观、公正地评估，并出具正式的估价报告。这种估价工作要求估价师以第三方的身份，不受其他因素干扰，对价值或价格进行客观、准确的判断；属于咨询性估价的，可以站在委托人的立场，依法为委托人争取最大的合法权益。由于这两种类型的估价工作在目的、立场和作用上存在显著差异，因此所应承担的法律责任也有所不同。一般来说，鉴证性估价所承担的法律责任要大于咨询性估价。

一项估价业务是鉴证性估价还是咨询性估价，不是由估价机构、估价师或者估价委托人随意确定的，本质上取决于估价目的。不得故意用出具咨询报告、咨询意见书等形式来规避相关责任。不论是鉴证性估价还是咨询性估价，也不论所应承担的法律责任大小，估价机构和估价师都应认真对待，勤勉尽责地估价，特别是不得出具虚假或有重大遗漏、错误的估价报告，确保估价的真实性和公信力。

## 第二节 对不动产估价认识的深化

为了深入理解不动产估价的内涵和实质，避免对其产生误解，特别是防止因误解而导致的误导，需要进一步深化对不动产估价的认识。

### 一、不动产估价是模拟市场进行估价

估价行为看似是估价师在给不动产定价，是对不动产的某种主观心理评价，是一种主观性较强的活动。但实际上，对于某个市场参与者和估价师来说，不动产价值价格的高低仍然是不以其个人的意志为转移，不由其个人的价值价格判断所决定的，而是相对客观的，主要取决于市场供求关系，由众多市场参与者的价值价格判断共同形成。

因此，除针对特定市场主体的投资价值评估等特殊估价以外，不动产估价一般应当假设待评估不动产处于交易之中，按照一定的交易条件，在一定的市场状况下，模拟大多数不动产市场参与者的定价思维和行为，考虑市场参与者普遍是如何思考和决定不动产价格的，在认识不动产价格形成机制的基础之上，通过科学深入的分析、认真严谨的测算和合理准确的判断，把不动产价值价格揭示出来。而不应无视市场存在，甚至抛开市场，按照个别市场参与者的价格意愿或估价师的个人偏好来估价。简言之，不动产价值价格是客观存在的，估价只是运用估价专业知识及实践经验把它"发现"或"探测"出来。

### 二、不动产估价是科学与艺术的结合

除了具备估价专业知识，良好的实践经验对于做好不动产估价也是至关重要的，主要原因如下。

（1）不同估价项目的具体情况千差万别，包括估价对象、估价目的、所需资料的完整程度等。而且，不同类型、地区和时期的不动产市场状况和价值价格影响因素都存在差异。这意味着每个估价项目都具有其独特性。估价师需要根据具体情况，结合估价实践经验，选择最合适的估价方法。

（2）许多因素对不动产价值价格的影响并非简单地通过公式或模型就能计算得出。公式或模型中的一些参数（或系数）往往也需要结合估价实践经验进行反复测算与判断，才能最终确定。这是因为估价实践经验能够帮助估价师更好地理解市场动态、掌握影响因素，并准确判断相关参数的取值。

（3）不同的估价方法从不同的角度来测算不动产的价值价格。例如，市场比较法基于当前的市场成交价格，收益法基于预期的未来收益，成本法基于现行的重新开发建设成本，而假设开发法基于预期的未来剩余开发价值。然而，这些方法都存在一定的局限性，导致测算结果之间存在差异，有时甚至差异较大。为了解决这一问题，通常会同时采用多种估价方法。这样做不仅考虑到了不同方法的局限性，还能相互参考和检验不同测算结果。在此基础上，结合估价实践经验对不同测算结果进行取舍、调整和综合，得出一个科学合理

的评估价值。

从过去的估价实践情况来看，实践经验的重要性甚至超过了专业知识，这导致估价行业中流传着"估价既是科学也是艺术"的说法。然而，我们不能将估价艺术的一面误解为估价师可以随意发挥。这里所提到的艺术是指估价师在面对特殊问题时，可以在符合估价标准的前提下进行适当的灵活处理。这种灵活性建立在遵循行业标准和专业原则的基础之上，本质上是估价师积累的丰富实践经验在具体估价中的运用和体现。

还应当看到，随着信息化、数字化、大数据时代的到来，数据变成了像昔日的土地、机器那样的重要资源和关键要素，人们越来越注重数据，要求估价有大量的数据支持和分析。因此，估价机构和估价师应更加积极主动、持之以恒地搜集有关数据，建立健全相关数据系统，在此基础上运用统计分析等科学方法得出估价参数和评估价值，实现从主要依靠经验估价转向主要依靠数据估价。例如，由于地段、楼层、朝向、房型、面积、房龄等影响因素的不同而产生的不动产价值价格差异，不是仅凭经验推测的，而是通过对大量不同地段、楼层、朝向等的不动产成交价格（包括租金）的统计分析得到的，并能将相关估价测算原理、过程等适当展现出来，增加估价的可视化程度，增强估价的说服力和可信度。事实上，拥有大量的估价相关数据，"用数据估价"，已成为估价机构的核心竞争力之一。但用数据估价并不是要取代估价师的估价，主要是强调估价师要更多地利用有关数据及其分析技术，进行更加科学精准且高效的估价。

## 三、不动产估价有一定的规则和标准

不动产估价虽然依赖于实践经验，从某种意义上讲也是艺术，估价师在估价过程中需灵活处理各种问题，但同时也强调科学性和规范性。这一领域不仅形成了系统、科学且成熟的估价理论和方法体系，还设定了一套严谨的程序和严格的职业道德要求。为了减少估价工作的主观性，避免不同估价师对同一不动产的评估价值出现过大差异，相关的估价行政管理部门和行业组织制定了估价标准或类似文件，以规范和指引估价行为。这些标准对估价理论、方法、程序和职业道德要求等作出了明确规定，确保估价的准确性和一致性。更为重要的是，这些估价规则和标准随着相关理论、实践和时代的发展而不断演进和完善，以适应不断变化的市场需求和时代要求。

例如，我国制定了《房地产估价规范》和《房地产估价基本术语标准》两个国家标准，以及《房地产抵押估价指导意见》《国有土地上房屋征收评估办法》《房地产投资信托基金物业评估指引（试行）》等多个专项估价标准。

有关国际、区域和国家的估价组织或政府部门也制定了相关估价标准。例如，国际估价标准理事会（International Valuation Standards Council，IVSC）制定了《国际估价标准》（International Valuation Standards，IVS），美国估价促进会估价准则委员会（The Appraisal Standard Board of the Appraisal Foundation，ASB）制定了《专业估价执业统一标准》（Uniform Standards of Professional Appraisal Practice，USPAP），英国皇家特许测量师学会（Royal Institution of Chartered Surveyors，RICS）制定了《RICS估价——全球标准》（RICS Valuation—Global Standards）等。

## 四、不动产估价结果难免存在误差

尽管人们普遍认为,对于同一不动产,不同的估价机构和估价师应得出相同或相近的评估价值,且如果估价是为交易服务,其价值应通过事后成交价格来验证。但在实际操作中,即使对同一不动产在同一时间的同种价值价格类型进行评估,不同的估价机构和估价师得出的结果也可能存在差异,与后续的成交价格也不尽相同。这种情况引发了关于估价结果合理性和准确性的质疑。对于这个问题的全面正确认识,主要包括以下五个方面。

(1)即使是经验丰富且合格的估价机构和估价师,也难以得出完全相同的评估价值,而只能获得基本一致或接近的评估结果。这主要是因为在估价过程中,信息的不完整性和各种不确定性是难以避免的。不同的估价机构和估价师所掌握的相关信息往往不完全相同,而这种信息差异往往会影响评估价值的确定。此外,即使估价师的经验和技能水平相似,在估价技术应用上也可能存在微妙的差异。因此,评估价值存在合理差异是正常的现象。

(2)任何评估价值都只能逼近真实价值,并且存在一定的误差。这意味着评估价值是由真实价值与误差两部分组成的。某一不动产的真实价值仅存在于理论上,由于不可观察,现实中我们无法直接得知。估价工作只是尽可能地接近这一真实价值。事实上,即使是对于长度、面积等物理量的测量,虽然被测量对象和测量工具都是客观存在的有形实物,但测量结果也难以避免误差。而对于不动产估价,其被测量对象是无形的价值,测量工具是主观的、无形的。因此,作为测量结果的评估价值存在一定的误差也就变得不难理解了。

(3)不能简单地用一般物理量的测量误差标准来评价和要求不动产估价的合理误差,而应允许不动产估价存在一定的合理误差范围。在美英等国的相关案例中,法官通常会考虑一个±10%的误差范围,有时甚至放宽到±15%或±20%。如果评估价值超出了这一合理范围,那么估价师可能会被视为存在专业疏忽。关于是否采用误差范围来判断估价结果的合理性,在国内外估价行业中一直存在争议。尽管如此,确定合理的估价误差范围仍然是有必要的,而上述美英司法判例中使用的误差范围可以作为一个参考。

(4)为了评判某一评估价值的合理性与准确性,通常会将其与更为可靠的重新评估价值进行比较。理论上,这一评估价值应与真实价值进行比较,但在现实中,由于真实价值无法直接得知,因此出现了两种替代真实价值的可能选择:一是正常成交价格,二是多名高水平的估价师或估价专家(通常是估价专家委员会或专家组)的重新评估价值。由于实际交易时的市场状况和交易情况可能并不正常,所以实际成交价格并不一定是正常成交价格。此外,实际成交日期与评估价值对应的日期(价值时点)之间往往存在"时间差",这使得直接采用实际成交价格作为评判依据并不合适。因此,更常见的做法是采用估价专家委员会或专家组对同一不动产在同一估价目的和同一估价时点的重新评估价值作为参考。

(5)即使可以使用上述方法来评判评估价值的合理性和准确性,我们也不应轻易地给出重新评估价值,或者直接判断评估价值的对错或误差大小,而是通过检查估价程序是否得到充分履行,估价原则、前提和依据是否正确,估价假设是否合理,估价方法是否适用,以及估价参数是否恰当等方式,间接地对评估价值进行肯定或否定。

## 五、不动产估价并不作价格实现保证

估价委托人通常认为，如果评估价值在市场上无法实现，则视为估价错误，并要求相应的赔偿。尽管这种认识在一定程度上是可以理解的，但并不完全正确。估价是估价师和估价机构以独立的第三方身份提供的专业意见，代表了在特定时点、假定正常市场状况和正常交易情况下的最可能价值。因此，估价结果不应被视为对估价对象在任何时间、任何市场状况或任何交易情况下可实现价格的保证。理解不动产估价，要明确估价的局限性和假设条件，以避免对估价结果的误解和过度依赖。

然而，这也不能被误解为估价师和估价机构可以随意出具估价报告、随意提供价值价格意见和建议，并且可以不负责任。目前，《中华人民共和国刑法》《资产评估法》《中华人民共和国公司法》(以下简称《公司法》)、《中华人民共和国证券法》(以下简称《证券法》)、《中华人民共和国企业国有资产法》《国有土地上房屋征收与补偿条例》等法律法规，均明确规定了估价专业人员和机构的行政、民事、刑事等法律责任，不仅包括警告、罚款、没收违法所得、责令停业、吊销营业执照等行政处罚；给委托人或其他相关当事人造成损失的，还应依法承担赔偿责任；构成犯罪的，还会依法追究刑事责任，终身不得从事评估业务。

## 第三节　不动产估价的主要应用领域

作为房地产行业不可或缺的一环，不动产估价行业展现了其专业性和服务精神。回顾我国的改革开放历程，可以清晰地看到，不动产评估在众多领域中都扮演着日益重要的角色。

### 一、为城镇国有土地有偿使用提供依据

自 1987 年实行土地使用制度改革以来，土地有偿使用已经成为我国城镇国有土地使用制度的核心。《城市房地产管理法》明确规定，国家依法实行国有土地有偿、有限期使用制度。不动产估价为政府确定土地使用权出让底价、基准地价、标定地价提供了重要的参考依据。

《城市房地产管理法》第十三条规定："采取双方协议方式出让土地使用权的出让金不低于按国家规定所确定的最低价。"第十八条规定："土地使用者需要改变土地使用权出让合同约定的土地用途的，必须取得出让方和市、县人民政府城市规划行政主管部门的同意，签订土地使用权出让合同变更协议或者重新签订土地使用权出让合同，相应调整土地使用权出让金。"第二十条规定："国家对土地使用者依法取得的土地使用权，在出让合同约定的使用年限届满前不收回；在特殊情况下，根据社会公共利益的需要，可以依照法律程序提前收回，并根据土地使用者使用土地的实际年限和开发土地的实际情况给予相应的补偿。"第三十三条规定："基准地价、标定地价和各类房屋的重置价格应当定期确定并公布。"第四十条规定："以划拨方式取得土地使用权的，转让房地产时，应当按照国务院规定，报有批准权的人民政府审批。有批准权的人民政府准予转让的，应当由受让方办理土地使用

权出让手续，并依照国家有关规定缴纳土地使用权出让金。"或"转让方应当按照国务院规定将转让房地产所获收益中的土地收益上缴国家或者作其他处理。"第五十一条规定："设定房地产抵押权的土地使用权是以划拨方式取得的，依法拍卖该房地产后，应当从拍卖所得的价款中缴纳相当于应缴纳的土地使用权出让金的款额后，抵押权人方可优先受偿。"

## 二、为不动产转让提供依据

不动产转让是不动产权利人（房屋所有权人、土地使用权人）以买卖、作价出资、作价入股、抵偿债务（抵债）等方式，将其不动产权属（房屋所有权、房屋使用权、土地使用权）转移给他人的行为，包括存量房买卖、新建商品房销售、房屋租赁、土地使用权转让、房地产开发项目转让等。在转让不动产的过程中，价格的确定无疑是至关重要的。考虑到不动产的独特性和复杂性，许多当事人可能缺乏相关的专业知识和经验。他们可能对房地产市场动态、转让标的物的具体情况并不熟悉。因此，为了确保交易的顺利进行并避免不必要的经济损失，双方都需要一个科学、客观、合理的不动产估价作为决策的依据。此外，为了有效防止国有单位与私有单位或个人在不动产转让中可能出现的利益输送问题，避免国有资产流失，同时防止上市公司等在涉及不动产的关联交易中产生不公平交易，进而保障投资者的利益，同时，国有单位、上市公司等交易当事人为了避免存在利益输送、不公平交易的嫌疑等，也都需要通过不动产估价为确定客观合理的转让价格提供参考依据。

## 三、为不动产抵押提供依据

不动产具有不可移动、寿命长久、保值增值、价值较高等特性，有良好的债权保障作用。不动产抵押是债务人或第三人不转移不动产的占有，将该不动产作为履行债务的担保，当债务人不履行到期债务或发生当事人约定的实现抵押权的情形时，债权人有权依照法律规定以该不动产折价或以拍卖、变卖该不动产所得的价款优先受偿。在利用不动产进行抵押贷款的过程中，不动产是保障债权实现的一种重要方式和一道有效防线，贷款额度的确定很大程度上依赖于不动产抵押价值的评估。

归纳起来，不动产抵押对估价的需要，从抵押贷款过程来看，可分为抵押贷款前估价、抵押期间估价和抵押权实现的估价三类。抵押贷款前估价，俗称贷前估价，主要是对抵押不动产的抵押价值、抵押净值、市场价值、市场价格等价值价格进行评估，为商业银行等贷款人确定抵押贷款额度提供参考依据。抵押贷款前估价又可分为以下三种情形：①初次抵押估价，即对未抵押的不动产抵押贷款的估价；②再次抵押估价，即对已抵押的不动产再次抵押贷款的估价；③续贷抵押估价，即抵押贷款到期后继续以该不动产向同一抵押权人（如同一商业银行）抵押贷款的估价。

抵押期间估价，其中最主要的是对抵押不动产的价值进行重估，称为押品价值重估。贷款发放后，当因市场发生变化、押品发生毁损等导致押品的市场价格或价值低于贷款余额时，借款人违约的可能性增大，从而给贷款人带来风险。因此，在不动产抵押期间，需要对不动产押品的市场价格或市场价值等进行监测，动态评估不动产押品价值，掌握不动产押品价值变化情况。

抵押权实现估价，也称为押品处置估价，是指当某些不测事件导致借款人不能如期偿还贷款或发生当事人约定的实现抵押权的情形时，最终不得不通过变卖、拍卖、折价等合法方式处置不动产押品的，对该不动产的市场价格或市场价值、清算价值等进行评估，为确定变卖、拍卖、折价等的价格或保留价（底价）等提供参考依据。

如何对抵押不动产进行合理的评估，是借贷双方都非常关心的重大问题。一方面，抵押资产价值高估，使得贷款金额上升，提高企业融资能力的同时不免会扩大银行的信贷风险；另一方面，抵押资产价值低估，又会降低企业的融资能力，不利于企业正常经营活动的开展，同时影响银行的信贷规模和融资作用的发挥。因此，不动产抵押价值的评估是不动产评估业务中非常重要的一个领域，对不动产抵押价值进行客观公正合理的评估，不仅关系到借贷双方的经济利益，同时也是金融系统的安全保障。

## 四、为不动产征收和征用提供依据

不动产作为人类活动所必需的场所或资源，其不可移动性成为其独特的属性。也正是由于这一特性，政府在某些情况下可能需要征收或征用单位、个人的房屋以及集体所有的土地等不动产，以满足公共利益的需要。征收和征用行为在某些方面具有相似性，但也有显著的区别。首先，它们的共同点在于都是为了满足公共利益的需要，具有强制性，并且必须依照法定的权限和程序进行。在执行过程中，都应给予被征收或征用的单位、个人或集体公平、合理的补偿。其次，征收和征用的核心差异在于财产所有权的改变。征收是将单位、个人或集体的财产从其所有者手中强制征为国有，这意味着所有权从原所有者转移到国家。与此不同，征用仅仅是使用权的改变，它强制使用单位、个人或集体的财产，但并不改变所有权。在使用完毕后，被征用的财产应立即归还给原所有者。

《民法典》第一百一十七条规定："为了公共利益的需要，依照法律规定的权限和程序征收、征用不动产或者动产的，应当给予公平、合理的补偿。"第二百四十三条规定："征收集体所有的土地，应当依法及时足额支付土地补偿费、安置补助费以及农村村民住宅、其他地上附着物和青苗等的补偿费用，并安排被征地农民的社会保障费用，保障被征地农民的生活，维护被征地农民的合法权益。征收组织、个人的房屋以及其他不动产，应当依法给予征收补偿，维护被征收人的合法权益；征收个人住宅的，还应当保障被征收人的居住条件。"第三百二十七条规定："因不动产或者动产被征收、征用致使用益物权消灭或者影响用益物权行使的，用益物权人有权依据本法第二百四十三条、第二百四十五条的规定获得相应补偿。"第三百五十八条规定："建设用地使用权期限届满前，因公共利益需要提前收回该土地的，应当依据本法第二百四十三条的规定对该土地上的房屋以及其他不动产给予补偿，并退还相应的出让金。"《国有土地上房屋征收与补偿条例》第二条规定："为了公共利益的需要，征收国有土地上单位、个人的房屋，应当对被征收房屋所有权人（以下称被征收人）给予公平补偿。"第十七条规定："对被征收人给予的补偿包括：（一）被征收房屋价值的补偿；（二）因征收房屋造成的搬迁、临时安置的补偿；（三）因征收房屋造成的停产停业损失的补偿。"

《民法典》第二百四十五条规定："组织、个人的不动产或者动产被征用或者征用后毁损、灭失的，应当给予补偿。"因此，征用不动产不仅应给予使用上的补偿（补偿金额相当于被征用房地产的实际租金或"虚拟租金"），如果不动产被征用或征用后毁损、灭失的，还应根据实际损失给予补偿。

要科学合理地确定上述不动产征收和征用的补偿金额，就需要专业估价。例如，《国有土地上房屋征收与补偿条例》第十九条规定："对被征收房屋价值的补偿，不得低于房屋征收决定公告之日被征收房屋类似房地产的市场价格。被征收房屋的价值，由具有相应资质的房地产价格评估机构按照房屋征收评估办法评估确定。"又如，《国有土地上房屋征收评估办法》第十四条规定："被征收房屋室内装饰装修价值，机器设备、物资等搬迁费用，以及停产停业损失等补偿，由征收当事人协商确定；协商不成的，可以委托房地产价格评估机构通过评估确定。"

在不动产的征收和征用过程中，有时还需要房地产估价机构和房地产估价师开展拟征收房屋现状调查、征收概算评估（征收预评估）、社会稳定风险评估等，为征收项目可行性分析与决策（是否启动征收工作）、拟定征收补偿方案、编制征收补偿费用（资金）预算等提供参考依据。

## 五、为不动产司法处置提供依据

不动产司法处置是人民法院对查封的不动产依法采取拍卖、变卖等方式予以处置变现。它所需要的估价，主要是为人民法院确定不动产处置参考价提供参考依据。

《最高人民法院关于人民法院确定财产处置参考价若干问题的规定》第一条规定："人民法院查封、扣押、冻结财产后，对需要拍卖、变卖的财产，应当在三十日内启动确定财产处置参考价程序。"第二条规定："人民法院确定财产处置参考价，可以采取当事人议价、定向询价、网络询价、委托评估等方式。"据此，人民法院查封不动产后，对需要拍卖、变卖的不动产要确定参考价，进而参照参考价确定拍卖的起拍价或直接变卖的变卖价。而无论采取何种方式确定参考价，都不仅要防止因议价、询价、评估价过低造成参考价定得过低，导致不动产被低价处置，使得被执行人的合法权益受损，还要防止因议价、询价、评估价过高造成参考价定得过高，导致不动产处置不成功（如流拍），使得申请执行人的债权难以实现或只得接受高价抵债。

因此，对于人民法院采取"委托评估"方式确定参考价的，房地产估价机构和估价师就需要根据相关规定，科学合理地评估被处置不动产的市场价格或市场价值等，为人民法院公平、公正确定参考价提供参考依据。

## 六、为企业各项经济活动提供依据

在企业的经济活动中，涉及不动产的情况十分常见。在这些情况下通常要求对所涉及的不动产或包含不动产在内的企业整体资产进行估价。估价的目的在于为企业提供决策依据、确定交易价格，并支持相关信息披露、会计计量和监督管理等活动。

在企业改制和公司上市中，土地价值的评估和确定是非常重要的环节。1994年12月3日，国家土地管理局、国家经济体制改革委员会联合发布《股份有限公司土地使用权管理暂行规定》，其中第六条明确要求："由国务院授权部门批准设立的公司，其地价评估结果，向国家土地管理局申请确认；由省级人民政府批准设立的公司，其地价评估结果，向省级人民政府土地管理部门申请确认。"2001年2月13日，国土资源部发布《关于改革土地估价结果确认和土地资产处置审批办法的通知》，要求："改革土地估价确认管理，取消确认审批，建立土地估价报告备案制度。企业改制需要进行土地估价的，应由企业自主选择土地估价机构进行评估。土地行政主管部门不再对土地估价结果进行确认。"2009年4月21日，国土资源部办公厅发布的《国土资源部办公厅关于完善企业改制土地估价报告备案有关事宜的通知》明确规定："划拨土地需要转为有偿使用土地的，应按出让土地使用权价格与划拨土地使用权价格差额部分核算出让金，并以此计算租金或增加国家资本金、国家股本金。""企业改制上报备案的土地估价报告必须同时包含划拨土地使用权价格和出让土地使用权价格，只上报一种评估价格的，不再受理，不予备案。"

在企业筹资过程中，涉及以不动产或不动产为主的非货币资产出资的，通常需要不动产估价服务，从而为确定各方的经济利益分配比例提供参考依据。例如，《公司法》第四十八条规定："股东可以用货币出资，也可以用实物、知识产权、土地使用权、股权、债权等可以用货币估价并可以依法转让的非货币财产作价出资；但是，法律、行政法规规定不得作为出资的财产除外。对作为出资的非货币财产应当评估作价，核实财产，不得高估或者低估作价。法律、行政法规对评估作价有规定的，从其规定。"

在企业产权转让、企业吸收合并中，根据具体情况，需要评估产权转让企业、被吸收企业的不动产或包含不动产的整体资产的价值。《上市公司重大资产重组管理办法》第十七条规定："资产交易定价以资产评估结果为依据的，上市公司应当聘请符合《证券法》规定的资产评估机构出具资产评估报告。"第二十条规定："重大资产重组中相关资产以资产评估结果作为定价依据的，资产评估机构应当按照资产评估相关准则和规范开展执业活动；上市公司董事会应当对评估机构的独立性、评估假设前提的合理性、评估方法与评估目的的相关性以及评估定价的公允性发表明确意见。"

此外，在一方提供场地（土地或房屋），另一方提供货币资金或经营管理技术，合作开展房地产开发建设或租赁经营等，然后分配开发建设完成的房地产或经营利润的情况下，双方都需要通过估价了解所提供场地的市场价格。

## 七、其他作用

不动产估价的其他作用还包括为不动产税收、不动产保险、不动产分割、不动产损害赔偿、不动产租赁、财务报告、财产证明、解决价格和价值纠纷、纪检监察和刑事案件处理需要的不动产估价提供服务。

### 1. 不动产税收需要的估价

不动产估价在税收服务中扮演着重要的角色。事实上，大多数房地产税种，如房产税、土地使用税、土地增值税和契税等，都是以房地产价值作为课税基础的。通常，这个课税基础是通过估价来确定的。

## 2. 不动产保险需要的估价

不动产，尤其是房屋，可能会因各种自然灾害或意外事故遭受损坏或灭失。为应对这些潜在风险，保险成为一种必要的保障手段。在不动产保险中，估价发挥着关键的作用。首先，在投保阶段，需要对保险标的的实际价值进行评估。这一评估不仅有助于投保人了解所需支付的保费金额，也为保险人提供了确定保险价值和保险金额的参考依据；其次，在保险事故发生后，需要评估因保险事故发生而造成的财产损失，为保险人确定赔偿保险金的数额提供参考依据。此外，在保险期间，如果保险标的的保险价值出现明显减少的情况，也需要进行评估，为采取有关补救措施提供参考依据。

## 3. 不动产分割需要的估价

不动产是家庭的重要财产，通常在离婚、分家、继承遗产等情境中涉及不动产分割。企业单位在股东、股权变更或分立、拆分时，也可能涉及不动产分割。然而，不动产的实物分割并不常见，因为这会导致其使用价值或经济价值严重受损。因此，通常采取折价、拍卖或变卖的方式，然后分配所得价款。有时，尽管可以采取实物分割的方法，但由于不动产的非均质性，分割后可能存在面积、质量等方面的差异。为了实现公平性，还需要对现金或等价物进行找补。显然，无论采用哪种处理方式，都需要估价提供有关价值价格的参考依据。

## 4. 不动产损害赔偿需要的估价

不动产量大面广，在日常生产和生活中，难免发生损害事件。现实中的不动产损害情形复杂多样，例如：建筑施工不慎使邻近建筑物受到损害；房屋质量缺陷或在保修期内维修给购买人造成损失；建设高架桥、铁路、机场等使周边房屋受到噪声、振动等影响；架设高压线、建造变电站等使附近房屋遭受辐射等污染或影响；排放或泄漏有害物质使他人不动产中的土壤、水体等受到污染等。这些不动产损害，无论是通过和解、调解，还是通过仲裁、诉讼等途径来解决赔偿问题，都需要对受损不动产的价值损失进行评估。

## 5. 不动产租赁需要的估价

与不动产转让需要估价的原理相同，在不动产租赁活动中，为了避免租赁当事人遭受经济损失，为了防止国有单位、上市公司等租赁当事人之间进行利益输送，或者这类租赁当事人为了规避利益输送嫌疑，以及为了对不动产类国有资产租赁经营状况进行有关考核等，都需要不动产估价为确定客观合理的租金（或租赁价格）提供参考依据。在不动产租赁中，不仅在最初出租或承租确定租金时需要不动产估价提供参考依据，而且在租赁期限内调整租金[①]，租赁期限届满续订或重新签订租赁合同时重新确定租金，以及承租人经出租人同意将不动产转租（或租赁权转让）给第三人的租金，出租人需要提前收回租赁不动产时应给予承租人多少补偿等情况下，都需要不动产估价提供参考依据。

---

[①] 长期租赁合同中，因租赁双方对未来的市场租金变化难以预测，为了稳定租赁关系，同时避免租金涨跌带来损失，通常有租金调整的条款。例如，租赁合同约定租赁期限为 10 年，在此期限内每满 2 年时，租金按市场租金重新调整。

#### 6. 财务报告需要的估价

财务报告所需要的估价，也称为服务于财务报告的估价或以财务报告为目的的估价，是进行会计计量、编制财务报告时需要的不动产估价。根据有关会计准则、财务报告信息披露以及相关监督管理等的要求或允许，需要对不动产的公允价值或市场价值等价值进行评估。例如，《企业会计准则第 3 号——投资性房地产》第十条规定："有确凿证据表明投资性房地产的公允价值能够持续可靠取得的，可以对投资性房地产采用公允价值模式进行后续计量。"这里所说的投资性房地产，是指为赚取租金或资本增值，或两者兼有而持有的房地产。《证券法》第一百三十九条规定："国务院证券监督管理机构认为有必要时，可以委托会计师事务所、资产评估机构对证券公司的财务状况、内部控制状况、资产价值进行审计或者评估。"《行政事业性国有资产管理条例》第三十二条规定："各部门及其所属单位对无法进行会计确认入账的资产，可以根据需要组织专家参照资产评估方法进行估价，并作为反映资产状况的依据。"

#### 7. 财产证明需要的估价

财产证明需要的估价，如在申请出国投资移民或技术移民时，一些接收国为了保证所接收的移民属于在移出国有一定经济实力、能为接收国创造社会财富的人员，需要对移民申请人的财产进行审查，要求移民申请人提供相关财产证明。不动产是居民家庭财产的重要组成部分，为了让接收国了解移民申请人的不动产财产状况，仅提供不动产权属证明通常还不够。由于接收国的移民部门可能不熟悉移出国的房地产市场价格水平等情况，移民申请人需要委托接收国移民部门认可的、具有相应资质的估价机构，对不动产出具符合相关要求的估价报告或估价结果，对市场价值、市场价格以及不动产净值进行评估。

#### 8. 解决价格和价值纠纷需要的估价

不动产单价高、总价大，在不动产转让、租赁等民事活动，征收、征税等行政管理活动，以及案件审理和拍卖、变卖等民事诉讼活动中，各方当事人容易对相关成交价格、市场价格、成本价格、市场租金等产生争议、异议甚至发生纠纷。为了较好地解决这类纠纷，妥善处理争议和异议，需要借助第三方独立、客观、公正的专业估价服务，委托不动产估价机构或估价专家委员会对不动产的相关价格、价值等进行评估或鉴定、评审，从而为通过和解、调解、仲裁、诉讼等途径解决纠纷提供参考依据。

#### 9. 纪检监察和刑事案件处理需要的估价

在查处涉及不动产的渎职、行贿受贿等违纪违法行为时，不仅要考虑不动产的实物量，如面积，还需要关注其价值量，如市场价格、市场价值或价格差额。通过估价，可以为纪检监察机关的立案调查、公安机关的立案侦查、检察机关的审查起诉以及人民法院的审判等提供有关参考依据。例如，国家机关工作人员涉嫌非法低价出让国有土地使用权，需要认定是否存在低价出让行为，以及该行为导致国家或集体利益遭受损失的程度；领导干部涉嫌利用职权和职务影响，在商品房买卖中为谋取不正当利益而以明显低于市场价格购置商品房，需要认定商品房的购置价格是否明显低于市场价格。

## 第四节　不动产估价行业发展的回望与展望

不动产估价行业是一个兼具古老与年轻特质的行业，随着经济社会的高质量发展和精细化管理，未来不动产估价将更加注重专业性和精细化，以满足人们不断增长的多样化需求。

### 一、不动产估价行业发展历程的回望

在我国，不动产估价的历史悠远，可以追溯到公元前21世纪夏禹时代的土地税收制度，其中对田赋或农业税的估算，应该是有历史记载的最早的不动产估价。在封建社会时期，土地作为主要的生产要素占据了核心地位，其作为财产的重要性也得到了显著提升。这一变化不仅深刻影响了当时的社会经济结构，还激发了人们对不动产估价理论及方法的研究。这个时期的不动产估价多是对田宅进行估价。在元朝，社会上出现了专门从事房地产估价的人员，被称为"评议人"，这可以说是我国估价师的雏形。

在数千年的时间里，伴随着房屋和土地的租赁、买卖、典当和税收等经济活动，我国的不动产估价实践不断发展。然而，在20世纪50年代至70年代，随着对房地产私有制的逐步废除，我国的房地产交易活动开始减少，甚至被禁止。这一时期的不动产估价活动几乎陷入了停滞状态。在1978年改革开放后，随着城镇住房制度的改革、房屋商品化的推进以及国有土地有偿使用政策的实施，不动产估价活动开始重新焕发生机。1993年，我国建立了房地产估价师职业资格制度，经过严格的考核程序，首批140名优秀的房地产估价师得以认定；1994年颁布的《城市房地产管理法》规定，国家实行房地产价格评估制度，明确赋予了房地产估价的法律地位，使房地产估价成为国家法定制度。同年，全国性房地产估价行业组织中国房地产估价师学会成立，并于2004年7月更名为中国房地产估价师与房地产经纪人学会（简称中房学，英文名称为 China Institute of Real Estate Appraisers and Agents，缩写为 CIREA）。现代不动产估价行业快速发展，法律法规逐渐完善，标准体系不断健全，理论方法日趋成熟，业务领域稳步拓展，行业影响持续扩大，逐步建立了以《城市房地产管理法》和《资产评估法》为法律依据，以房地产估价师职业资格制度为重要基础，以国家标准《房地产估价规范》为基本准则的法律保障、政府监管、行业自律、企业自治和社会监督相结合的房地产估价行业管理机制，形成了全国统一、开放有序、公平竞争、监管有力的房地产估价市场。

不动产估价业务在估价目的、估价对象、价值类型等多个维度上不断进行深化，包括为了转让、租赁、抵押、征收、税收、司法处置、分割、损害赔偿、土地有偿使用，以及企业经济行为（如资产置换、资产重组、债券发行、产权转让、改制、合并、分立、清算）等的需要，对房屋、土地、在建房地产、未建房地产、已毁损或灭失房地产、部分或局部房地产、整体资产中的房地产、以房地产为主的整体资产等财产或权利的市场价值、市场价格、投资价值、抵押价值、抵押净值、计税价值、现状价值、清算价值、残余价值等进行评估。

## 二、不动产估价业务多元化的必要性

业务多元化是不动产估价机构提升市场竞争力和影响力，做大做强的战略性选择。不动产估价的基本业务是基于各种估价目的，对各种不动产在各个时间的各种价值价格进行评估。但这并不意味着不动产估价机构和不动产估价师只能或只会从事这类业务。早在1995年，建设部、人事部印发的《房地产估价师执业资格制度暂行规定》中就明确，"房地产估价师的作业范围包括房地产估价、房地产咨询以及与房地产估价有关的其他业务"。随着经济的发展和城市化进程的推进，房地产市场的活跃度不断提升，从而激发了对不动产估价的各种衍生性需求的增长。

此外，随着大数据、云计算和人工智能等科技的快速发展，它们逐渐替代了估价师的某些重复性工作。对于成套住宅等可比性较强、交易量较大的不动产，采用自动估价和智能估价等工具来辅助或验证估价师的结果，甚至替代传统的估价作业方式，已成为一种大势。例如，人民法院确定财产处置参考价时已部分采取了网络询价方式。

因此，估价机构和估价师应当紧跟时代步伐，发挥专业优势，不断拓展和深化估价相关业务，在提供精准价值评估的同时，还需根据客户需求，提供更多具有针对性的专业意见，通过不断丰富估价报告的内容和提高估价结果的深度，进一步提升估价业务的附加价值。

## 三、不动产估价业务拓展的方向

近年来，不动产估价领域又出现了新的变化。在估价目的方面，已经从传统的房屋征收补偿、抵押贷款等，拓展到了城市更新、老旧小区改造、不动产证券化、不良资产处置等领域；在估价对象方面，除传统的城镇不动产估价外，农村不动产估价也逐渐受到重视。此外，对于特殊类型的不动产，如保障性住房、历史建筑、军队房地产、人防工程等，也有了更为专业的估价服务；在价值类型方面，除传统的市场价值和价格评估外，市场租金评估等也逐渐成为重要的评估内容。

例如，变更房屋用途或土地用途、增加建筑容积率、城镇老旧小区改造、存量房屋改造提升、改进物业管理、相邻不动产合并、搬迁旧机场释放禁空等带来的不动产增值评估；在城镇老旧小区改造中，测算改造给整个小区及小区每户居民家庭带来的不动产增值，并可提供改造带来的不动产增值等效益是否大于改造费用的可行性研究，改造费用公平合理分摊方案等专业服务。

此外，房地产估价机构和估价师还可以提供不动产市场调研（包括调查、分析、预测等）报告；编制不动产项目（包括新建、扩建、改建等）建议书；开展不动产状况评价、尽职调查、市场竞争力分析、现金流分析、预期收益评估、项目定位与策划，提供不动产保值增值方案、购买分析、定价建议、合理营销时间预测以及不同的可能交易价格对应的营销时间分析等；对国有企业等单位散落在各处的不动产进行深入的摸底调查，提供完善产权以避免潜在的权属纠纷、优化利用、保值增值等专业建议，建立有关不动产信息系统，对不动产进行可视化展示、动态监测等。

**关键词**

不动产估价　估价当事人　估价目的　估价对象　价值时点　价值类型　估价原则
估价程序　估价依据　估价假设　估价方法　估价结果　专业估价　不动产评估
鉴证性估价　咨询性估价

  **即测即练**

自学自测　扫描此码

# 第四章 不动产估价的原则、程序与报告撰写

## 第一节 不动产估价的原则

不动产估价的原则是指在不动产估价的反复实践和理论探索中，在认识不动产价格形成和客观变动规律的基础上，总结和提炼出的一些简明扼要的进行不动产估价所依据的法则或标准。目前，不动产估价原则主要有独立、客观、公正原则，合法原则，价值时点原则，替代原则，最高最佳利用原则，此外还有谨慎原则、一致性原则、一贯性原则等。

### 一、不动产估价原则的作用及其选择

估价原则的主要作用是使不同的估价机构和估价师在相同的估价背景（如同一估价目的、同一估价对象）下对某些重大估价问题的处理趋于一致，最终使不同的估价机构和估价师评估出的价值价格基本相同或相近。具体地说，一是可使估价行为类型趋于一致，如在应遵循独立客观公正原则的情况下，无论哪个估价机构和估价师，无论在什么情形下，都应站在中立的立场进行估价，而不是站在委托人等某个特定单位和个人的立场进行估价；二是可使所确定或设定的估价基本前提条件趋于一致，如在应遵循合法原则、最高最佳利用原则、价值时点原则的情况下，不同的估价机构和估价师对估价对象的产权性质、用途、容积率以及评估哪个时间的价值价格等的界定都是相同或基本相同的；三是可使估价对象的价值价格与类似不动产的价值价格基本相同或相近，如在应遵循替代原则的情况下，如何考量估价对象的价值价格，并把该价值价格先框定在一个基本合理的区间内，然后结合估价方法的测算而评估出一个更加精准的价值价格。此外，在应遵循一致性原则的情况下，还可使处于不同区位的类似不动产，从空间上看表现出合理的区位价差；在应遵循一贯性原则的情况下，还可使处于不同时间的同一不动产，从时间上看表现出合理的时间价差。

并非所有的不动产估价活动都应当遵循所有的或相同的估价原则。有的估价原则是所有不动产估价活动都应遵循的，如价值时点原则、替代原则；而有的估价原则只是从事某种估价目的、某种价值类型的不动产估价活动时才应遵循的。在实际估价中，应根据估价目的和价值类型恰当选择应当遵循的估价原则。

例如，市场价值评估一般应同时遵循独立、客观、公正原则，合法原则，价值时点原则，替代原则，最高最佳利用原则。其他价值价格评估和少数特殊估价，不一定要遵循市场价值评估应遵循的所有估价原则。其中，投资价值评估和某些咨询性估价，通常要站在某个特定单位或个人的立场而非站在中立的立场进行估价，严格地说无须遵循独立客观公

正原则；现状价值评估是按照估价对象在某一特定时间（通常是现在）的实际利用状况而非最高最佳利用状况进行估价，因此无须遵循最高最佳利用原则；对于擅自改变用途、增加容积率、改扩建等违规行为，为依法确定应补地价、罚款金额等违规成本提供参考依据的估价，一般需要按照估价对象现在的实际利用状况而非合法利用状况（如按照实际用途而非规划用途和登记用途，按照实际面积而非产权登记面积）进行估价，因此可不遵循合法原则。

有的估价目的和价值价格评估，除了应遵循市场价值评估应遵循的所有估价原则，还应遵循其他估价原则。例如，抵押价值和抵押净值评估，除了应遵循市场价值评估应遵循的所有估价原则，还应遵循谨慎原则；同一房屋征收范围内有两个或两个以上被征收人的房屋征收评估，还应遵循一致性原则；服务于财务报告的估价一般还应遵循一贯性原则。

## 二、独立、客观、公正原则

独立性原则是指评估机构应始终坚持第三者立场,不受资产业务当事人的利益所影响。评估机构应是独立的社会公正性机构，不为资产业务中任何一方所拥有，也不隶属于任何一方。在不动产估价过程中，对独立性原则的遵循可以从组织上保证估价工作不受有关利益方的干扰和委托者意图的影响。

客观性原则和公正性原则要求估价结果以充分的事实为依据。这就要求评估者在评估过程中以客观、公正的态度搜集有关数据与资料，并要求评估过程中的预测、推算等主观判断建立在市场与现实的基础之上。此外，为了保证估价的客观性和公正性，按照国际惯例，资产评估机构收取的劳务费用应当只与工作量相关，不与被评估资产的价值挂钩。

## 三、合法原则

此处的"法"为广义的"法"，包括有关法律、行政法规以及最高人民法院和最高人民检察院发布的有关司法解释；国务院所属部门颁发的有关部门规章和政策；估价对象所在地人民政府颁发的有关地方政府规章和政策；估价对象的不动产登记簿、权属证书、有关批文和合同等。

遵循合法原则是指依法判定估价对象是何种状况的不动产，就应将其作为该状况的不动产来估价。依法判定的估价对象状况通常是估价对象的实际状况，或者是有关合同、招标文件等约定的状况或者根据估价目的的需要设定的状况。

## 四、价值时点原则

价值时点原则要求估价结果是根据估价目的确定的某一特定时间的价值或价格。不动产估价之所以要遵循价值时点原则，是因为市场是动态的，从而不动产价格和价值也是不断变化的。估价时点既不是委托人也不是估价师可以随意假定的，而应根据估价目的来确定，一般用公历年、月、日来表示。价值时点是现在的估价，称为现时价值评估或现时性估价；价值时点是过去的估价，称为回顾性估价或回溯性估价；价值时点是将来的估价，称为未来价值评估或预测性估价。

评估估价对象价值价格所依据的市场状况始终是估价时点的状况，但估价对象状况不一定是估价时点的状况。在不动产估价业务中，估价时点、估价对象状况和房地产市场状况的关系通常有以下五种情形（见表4-1）。

表 4-1　估价时点、估价对象状况和房地产市场状况

| 情形 | 估价时点 | 估价对象状况 | 房地产市场状况 | 估价类型 |
| --- | --- | --- | --- | --- |
| 1 | 现在 | 现在 | 现在 | 不动产抵押估价、房屋征收评估、司法拍卖估价、在建工程估价 |
| 2 | 现在 | 过去 | 现在 | 不动产损害赔偿和保险理赔案件中的估价 |
| 3 | 现在 | 将来 | 现在 | 期房价值评估 |
| 4 | 过去 | 过去 | 过去 | 回顾性估价或回溯性估价，如不动产纠纷中估价鉴定或复核估价、重新估价，以及对过去的不动产抵押价值评估结果的鉴定 |
| 5 | 将来 | 将来 | 将来 | 未来价值评估或预测性估价，如假设开发法中预测不动产在未来开发完成后的价值 |

## 五、替代原则

在经济学中，替代原则是一个重要的概念，主要涉及商品、服务和资产之间的比较和选择。根据这一原则，当几种商品、服务或资产提供相同或类似的效用时，价格最低的商品、服务或资产最具有吸引力。

不动产之间在物理属性和地理位置上总是存在着差异，但是在一定条件下它们仍然是可以相互替代的（如在提供的效用或获得的收益上）。审慎的购买者为一宗不动产支付的价格不会比建造或购买类似不动产所支付的价格更高。遵循替代原则，估价结果应与类似不动产在同等条件下的价值价格相近或者偏差在合理范围内。

替代原则为在不动产评估中使用可比案例提供了基础。例如，在收益法中，估价对象的租金水平和回报率往往是由同等效用的替代不动产的现行租金和回报率决定的。

## 六、最高最佳利用原则

我国《资产评估职业准则——不动产》第八条规定："当不动产存在多种利用方式时，应当在合法的前提下，结合经济行为、评估目的、价值类型等情况，选择和使用最优利用方式进行评估。"

最高最佳利用原则要求估价结果是在估价对象最高最佳利用状况下的价值或价格。所谓最高最佳利用，是指法律上允许、技术上可能、财务上可行，并使价值最大化的合理、可能的利用。不动产的最高最佳利用状况包括最佳的用途、规模和档次等，应按法律上允许、技术上可能、财务上可行、价值最大化的顺序进行分析、筛选和判断确定。

在现实的不动产利用中，每个不动产拥有者都试图采取最高最佳利用原则充分发挥其不动产的潜力，以获取最大的经济利益。这一原则是不动产利用竞争与优选的结果。

当估价对象权利人和意向取得者对估价对象依法享有的开发利用权利不同时，应根据估价目的确定是从估价对象权利人的角度还是从意向取得者的角度进行估价，再根据其对

估价对象依法享有的开发利用权利,确定估价对象的最高最佳利用状况。

当估价对象已做了某种使用时,应在调查及分析其利用现状的基础上,对其最高最佳利用和相应的估价前提做出相应的判断和选择,并在估价报告中说明最为合理利用的前提,包括维持现状前提、更新改造前提、改变用途前提、扩大规模前提、重新开发前提等。

当估价对象的实际用途、登记用途与规划用途之间不一致时,政府或其有关部门对估价对象的用途有认定或处理的,应按其认定或处理结果进行估价;政府或其有关部门对估价对象的用途没有认定或处理的,应按下列规定执行:登记用途与规划用途不一致的,可根据估价目的或最高最佳利用原则选择其中一种用途;实际用途与登记用途、规划用途均不一致的,应根据估价目的确定估价所依据的用途。

## 七、谨慎原则

谨慎原则是在不动产抵押价值评估中应遵循的一项重要原则。《房地产抵押估价指导意见》指出,房地产抵押价值为抵押房地产在估价时点的市场价值,等于假定未设立法定优先受偿权利下的市场价值减去房地产估价师知悉的法定优先受偿款;并明确法定优先受偿款是指假定在估价时点实现抵押权时,法律规定优先于本次抵押贷款受偿的款额,包括发包人拖欠承包人的建筑工程价款、已抵押担保的债权数额,以及其他法定优先受偿款。

谨慎原则要求在影响估价对象价值的因素存在不确定性的情况下,应充分考虑其导致估价对象价值偏低的一面,慎重考虑其导致估价对象价值偏高的一面。即在存在不确定因素的情况下做出估价相关判断时,应保持必要的谨慎,充分估计抵押不动产在抵押权实现时可能受到的限制、未来可能的风险和损失,不高估假定未设立法定优先受偿权下的价值,不低估房地产估价师知悉的法定优先受偿款。

《房地产抵押估价指导意见》针对不同的估价方法,对于如何遵守谨慎原则提出了具体要求:在运用收益法估价时,不应高估收入或者低估运营费用,选取的报酬率或者资本化率不应偏低;在运用市场比较法估价时,不应选取成交价格明显高于市场价格的交易实例作为可比实例,并应对可比实例进行必要的实地查勘;在运用假设开发法估价时,不应高估未来开发完成后的价值,不应低估开发成本、有关税费和利润;在运用成本法估价时,不应高估土地取得成本、开发成本、有关税费和利润,不应低估折旧。

## 八、一致性原则和一贯性原则

一致性原则是指为了同一估价目的对同一或相关估价项目所涉及的各宗同类不动产进行估价时,应采用相同的估价方法或对待方式,即横向一致。对于应遵循一致性原则而确因特殊情况未采用相同的估价方法或对待方式进行估价的,应在估价报告中予以说明并陈述理由。

例如,为征收不动产持有环节的税收服务的估价,公平相对来说比精准更为重要。因此,为了保证税收的公平性,通常要遵循一致性原则,即对各个不同纳税人的同类不动产,应采用相同的估价方法或对待方式进行估价。再如,同一房屋征收范围内有两个或两个以上被征收人的房屋征收评估，也应遵循一致性原则，即对同一房屋征收评估项目所涉及的各个（或各户、各幢、各间、各套等）同类被征收房屋应一视同仁，采用相同的估价方法或对待方式进行估价；不动产投资信托基金等不动产证券化产品资产价值评估也应遵循一致性原则，即为了同一估价目的对同一不动产证券化产品涉及的同类不动产在同一价值时点的价值价格进行评估时，应采用相同的估价方法；在不动产置换（或互换、产权调换）估价中，一般也要遵循一致性原则，即对置换双方的同类不动产应采用相同的估价方法或对待方式进行估价。此外，批量估价本身就是一致性原则的体现。

一贯性原则是指在不同时间为了同一估价目的对同一或同类不动产再次或多次进行估价时，应采用相同的估价方法或对待方式，即纵向一致。一贯性原则要求现在采用的估价方法或对待方式应与过去所采用的估价方法或对待方式相同，以保持估价方法或对待方式的连续性、稳定性，不得随意变更。对于应遵循一贯性原则，但确因特殊情况，比如，过去的估价方法选择不当、适用的条件发生了变化、相关估价标准出台或修订对估价方法选择有新要求，导致估价方法或对待方式必须变更的，应在估价报告中予以说明并陈述理由。

例如，不动产投资信托基金物业价值评估应遵循一贯性原则，即为了同一估价目的对同一不动产证券化产品的同一或同类不动产在不同价值时点的价值价格进行评估时，应采用相同的估价方法；服务于财务报告的估价，一般也应遵循一贯性原则，即对同一公司、企业等单位的同一或同类不动产在不同价值时点的公允价值或市场价值进行评估时，应采用相同的估价方法。

## 第二节　不动产估价的程序

不动产估价的程序详细规划了每个具体工作的先后顺序，是确保估价工作科学有序进行的关键，不仅可以提高工作效率，还能确保结果的准确性。不动产估价程序一般包括：受理估价委托，确定估价基本事项；编制估价作业方案；搜集估价所需资料；实地查勘估价对象；选用估价方法进行计算；确定估价结果；撰写估价报告；内部审核估价报告；交付估价报告；保存估价资料。

### 一、受理估价委托及确定估价基本事项

获取估价业务是进行不动产估价的前提。无论是被动接受委托，还是主动争取业务，如果委托人有意愿将估价业务交给估价人员或估价机构，且估价人员也有意愿受理，那么估价人员应与委托人进行商议和沟通。在这个过程中，双方需要明确估价的收费标准、收费依据、支付方式、完成时间及有关估价的基本事项等，以确保估价工作的顺利进行。

《房地产估价规范》规定，估价委托应由房地产估价机构统一受理，在接受估价委托时，应要求估价委托人出具估价委托书；受理估价委托后，应根据估价项目的规模、难度和完成时间确定参加估价的注册房地产估价师的数量，并至少选派两名能胜任该估价工作的注册房地产估价师共同进行估价，且应明确其中一人为项目负责人。除应采用批量估价的项

目外,每个估价项目应至少有一名注册房地产估价师全程参与受理估价委托、实地查勘估价、拟定估价报告等工作。

**(一)明确估价基本要件**

受理了估价委托后,估价机构就要开始确定估价的基本事项。具体包括以下四个方面。

(1)明确估价目的。所谓估价目的,是指估价结果的期望用途。估价目的一般由委托方提出,主要包括土地使用权出让价格评估、不动产转让价格评估、不动产租赁价格评估、不动产抵押价值评估、不动产保险价值评估、不动产课税估价、征地和房屋征收补偿估价、不动产分割合并估价、不动产纠纷仲裁估价、不动产拍卖底价评估等。估价目的不同,估价时需要考虑的因素也有所差异,估价结果也就不同。

(2)明确估价对象。估价对象是指一个具体估价项目中需要估价的不动产,通常也被称为评估标的。明确估价对象包括明确估价对象的物质实体状况和权益状况等,不动产的物质实体和权益与估价目的之间具有内在的必然联系。估价对象的物质实体范围由委托方提供,但由估价目的决定。有些不动产由于受权益状况所限不能用于某些估价目的,例如部队营房、公益性学校的校舍等,通常不能用于以不动产抵押贷款为目的的估价。

(3)明确估价时点。估价时点是指估价结果对应的日期。由于不动产价格总是变化的,因此,在估价时必须明确估价结论对应的是具体的某年、某月、某日。

(4)明确价值类型。明确价值类型就是确定评估的是何种具体价值或价格,包括其名称、定义或内涵。同一不动产的不同类型的价值或价格会有所不同,即使采用相同的估价方法,其中有关参数的取值等也可能有所不同。因此,如果不确定价值类型,那么将无法进行估价。价值类型一般是由估价目的决定的。

**(二)签订书面委托估价合同**

委托估价合同是委托人和估价机构之间就估价事宜的相互约定。委托估价合同的内容一般包括:委托人、估价机构(包括名称或者姓名和住所);估价目的;估价对象;估价时点;委托人应提供的资料以及对提供资料的真实性、合法性的承诺;估价服务费用及其支付方式;估价报告交付日期;违约责任和解决争议的方法;委托人和估价机构认为需要约定的其他事项。

## 二、编制估价作业方案

估价作业方案是为保质按时完成某个特定估价项目而预先拟定的用于指导该项目未来估价工作的计划。估价作业方案实际上是把确定估价基本事项后的估价程序落实到具体的估价项目,因此应在确定了估价基本事项、估价报告交付期限或估价完成期限等有关事项的基础上编制。

估价作业方案的主要内容包括拟采用的估价技术路线和估价方法、估价工作的实施步骤及时间进度、估价工作的人员安排和费用预算等。

**(一)初选估价技术路线和估价方法**

估价人员应熟知、理解并正确运用各种估价方法并能够对其进行综合运用。初步选用何种估价方法取决于作为估价对象的不动产类型、估价目的、估价方法的适用条件等。

### （二）估价工作的实施步骤及时间进度

这是对估价作业方案编制后所需做的各项工作进行合理的先后顺序安排，并设定相应的作业时间（起止时间）。对于大型、复杂的估价项目，这种安排尤为重要。为了更直观地表示这些安排，可以使用流程图或进度表，并附上必要的文字说明。这样可以帮助估价团队更好地理解工作流程，确保每一步工作都能得到妥善执行，从而提高整个估价工作的效率和质量。

拟定估价工作的实施步骤及时间进度，除了采用较简单的流程图、进度表，还可以采用线条图（也称为横道图、甘特图）。

### （三）估价工作的人员安排和费用预算

根据估价基本事项、估价报告交付期限、估价工作的实施步骤及时间进度等，可以更加清楚地估计项目的大小、难易和紧急程度，从而可以进一步确定需要哪些专业人员、需要多少人员、何时需要他们，以及费用预算。这有助于确保资源的合理配置，提高工作效率，并确保估价工作的顺利进行。

随着估价目的和对象的日益复杂化，以及对估价精度要求的提高，为确保估价工作的高效与质量，可对估价师进行专业分工。有些估价师在特定估价目的（如抵押估价、征收评估、司法估价等）或特定类型不动产（如住宅、商场、酒店、厂房、在建工程等）的估价方面具备专长。同时，还有些估价师擅长运用特定的估价方法（如市场比较法、收益法、成本法、假设开发法等）。在明确估价目的、对象以及初步选择估价方法后，可以确定哪些估价师最适合承担哪些工作。此外，为更好地支持估价师的工作，还可以配备一定数量的辅助人员或助理人员，协助估价师完成各项任务。这种专业分工与团队配置，将有助于提高工作效率，确保估价工作的精确性与专业性。

在某些特殊情况下，为了满足估价项目的特定需求，还应聘请相关领域的专家提供专业支持。这些专家可能包括估价专家、城市规划师、建筑师、设备工程师、造价工程师、注册会计师或律师等。他们的专业知识和经验将为估价工作提供重要的补充和支持，确保估价结果的准确性和可靠性。

## 三、搜集估价所需资料

如果缺少进行估价所必需的资料（包括数据），就无法准确评估估价对象的价值。关于获取估价所需资料，《房地产估价规范》采用的是"搜集"一词，而非"收集"。根据《现代汉语词典》[1]的解释，搜集是指到处寻找（事物）并聚集在一起，收集是指使聚集在一起。可见，搜集比收集要积极、主动、努力。因此，搜集估价所需资料相较于收集估价所需资料，要求更高、更严格。它不仅强调了资料收集的过程，更突出了估价机构和估价师在寻找估价所需资料时的积极主动性。

---

[1] 中国社会科学院语言研究所词典编辑室. 现代汉语词典[M]. 7 版. 北京：商务印书馆，2019.

### （一）估价所需资料的形式和内容

估价所需资料的形式上有证书、证明、文件、合同、报表、数据、图纸、照片、图像等。内容主要包括：反映估价对象状况的资料；反映估价对象及其同类不动产的交易（如成交价格）、收益（如运营收入和运营费用）、成本（如开发建设成本）等的资料；反映对估价对象所在地区的不动产价值价格有影响的因素的资料；反映对不动产价值价格有普遍影响的因素的资料等。

在估价项目中，所需资料的种类因估价对象、估价目的、估价方法等的不同而有所差异。除所有项目都需要的反映估价对象状况的资料外，还需要根据特定项目的特点来确定所需搜集的资料。例如，如果选择市场比较法进行估价，就需要搜集类似不动产的交易实例资料；如果选择收益法，则需要搜集类似不动产的收益实例资料；如果选择成本法或假设开发法，则需要搜集类似不动产的成本实例资料。具体需要搜集的内容应根据估价方法中的计算需求来确定。例如，对于写字楼，如果选择收益法进行估价，就需要搜集租金水平、出租率或空置率、运营费用等方面的资料；对于房地产开发用地，如果选择假设开发法，则需要搜集开发建设成本，与开发完成的不动产相似的不动产过去和现在的市场价格水平及其未来变动趋势等方面的资料。

在搜集这些资料时，还需要特别注意它们是否受到非正常或人为因素的影响。对于受到这些因素影响的资料，只有在能够确定其受影响程度并能够进行修正的情况下才能采用。

### （二）估价所需资料的搜集方式和渠道

在受理估价委托、确定估价基本事项时，应要求委托人尽量提供估价所需的资料。这些资料不仅包括反映估价对象状况的资料，还包括与估价对象相关的交易、收益、成本等方面的资料。随后，在实地查勘估价对象时，需要进一步补充和核实这些资料，以确保其准确性和完整性。

具体来看，搜集估价所需资料主要包括以下渠道：要求委托人提供；实地查勘估价对象时获取；查阅估价机构的资料库；依法向有关国家机关或其他组织查阅；向有关知情人士或单位调查了解；到有关网站、报刊等媒体上查找。其中，估价师依法要求委托人提供真实、完整、合法及准确的估价所需资料，是搜集估价所需资料最有效、最直接的方法。根据《资产评估法》第十二条："要求委托人提供相关的权属证明、财务会计信息和其他资料，以及为执行公允的评估程序所需的必要协助。"根据《资产评估法》第十八条："委托人拒绝提供或者不如实提供执行评估业务所需的权属证明、财务会计信息和其他资料的，评估机构有权依法拒绝其履行合同的要求。"

### （三）估价所需资料的检查和整理

估价委托合同通常会约定委托人应如实提供其知悉的估价所需资料，并保证所提供的资料是真实、完整、合法及准确的，没有隐匿或虚报的情况；同时，《资产评估法》第二十三条规定："委托人应当对其提供的权属证明、财务会计信息和其他资料的真实性、完整性和合法性负责。"但是，估价机构和估价师仍然应对委托人提供的作为估价依据的资料持有专业怀疑态度，并进行审慎检查。估价机构和估价师对自己搜集的资料也应进行审慎检查。

当委托人是估价对象权利人的,还应查看估价对象的权属证明原件,并将复印件与原件核对,不得仅凭未经核对无误的复印件来判断或假定估价对象的权属状况。

在搜集到估价所需资料后,进行登记、整理、分类和妥善保管是至关重要的步骤。这样做不仅有助于确保资料的完整性和准确性,还便于日后的查阅和使用。特别是对于委托人提供的资料,应及时进行清点,并做好交接手续。如果需要退还委托人,应确保资料的安全返回。对于可以当场核对的资料,如复印件与原件,应及时核对并退还原件,只保留复印件作为估价工作的参考。

此外,为了提高估价工作的效率和准确性,还可以利用现代信息技术对资料进行数字化处理和存储。这样可以方便资料的检索、分享和使用,提高工作效率。同时,数字化存储也有助于资料的长期保存和安全管理。

## 四、实地查勘估价对象

实地查勘是估价过程中不可省略的关键环节,也是估价师获取估价所需资料的重要手段。通过实地查勘,估价师可以亲身感受估价对象的位置、周围环境、景观等,查勘其外观、建筑结构、装修、设备等状况,并对事先搜集的资料进行核实。此外,实地查勘还可以帮助估价师了解估价对象及其周围环境或临路状况,并对其进行拍照等记录。

实地查勘的重要性还在于,它是验证资料真实性的必要手段,也是确保估价结果准确性的关键因素。如果估价师未能严格按照法律法规和估价标准进行实地查勘,或者未认真审查资料即出具估价报告,可能会承担出具证明文件重大失实罪的法律责任。因此,除少数特殊情况外,任何不动产估价项目,都必须对估价对象进行实地查勘。

### (一)实地查勘估价对象的工作内容

在实地查勘估价对象时,工作内容主要包括以下七个方面。①核对、检查此前搜集的估价对象的名称、坐落(如地址、门牌号)、范围(如界址、四至)、规模(如面积、体积)、用途等基本情况。②检查、询问估价对象的占有使用状况,包括实际用途及其与登记用途、规划用途等是否一致;是正在使用还是处于空置状态;正在使用的,是自用还是出租、出借或被侵占,以及是否存在查封、征收等权利限制情况(如查看现场是否张贴查封、征收公告等)。③感知、调查估价对象的实物状况,如建筑结构、设施设备、装饰装修、新旧程度(包括工程质量、维护状况等)、土地形状、地形地貌等。④感知、体验估价对象的位置、交通、外部配套设施、周围环境等区位状况。⑤检查、询问估价对象是否存在违法建设和质量缺陷,以及历史使用状况,如是否曾经受到污染。⑥拍摄能反映估价对象内部状况、外部状况(包括外观、周围环境状况)的照片、视频等影像资料。⑦补充搜集估价所需的其他资料,包括调查、搜集估价对象周边和当地同类不动产的市场行情等。

### (二)实地查勘估价对象的实施

实地查勘工作应由至少一名估价师来执行,一般还应依法要求委托人提供实地查勘所需的必要协助并到场或指派、委托人员到场介绍有关情况、解答相关问题及见证。委托人不是估价对象权利人的,一般还应要求委托人通知估价对象权利人等当事人到场;当事人不到场的，一般应有第三方见证人见证。法律法规对参加实地查勘的人员有特别规定的，还应从其规定。

在委托人是估价对象权利人的情况下，估价专业人员开展实地查勘通常比较顺利。但当委托人不是估价对象权利人，甚至估价对象权利人与其有利益冲突时，如房屋征收评估中委托人是房屋征收部门，房地产司法评估中委托人是人民法院，估价对象权利人（如被征收人、被执行人）可能会对估价及实地查勘有抵触情绪。在这种情况下，开展实地查勘可能会遇到困难甚至阻挠。对此，估价机构和估价师应有一定的预判，做好相应预案，可事先要求委托人尽量与估价对象权利人做好沟通协调，也可以自己直接向估价对象权利人说明来意，做好解释工作，向其讲明估价是依法独立、客观、公正的，以争取估价对象权利人或使用人（如承租人）的理解与配合。

在科技不断发展的今天，我们可以借助现代化科技手段来辅助完成实地查勘工作。例如，利用电子地图等工具，可以更快速地了解估价对象的区位状况，搜集周边商业、教育、医疗、体育等公共服务设施情况，对估价对象的地理位置和周边环境有一个初步的了解，为后续的实地查勘工作提供参考；对于一些地形地貌复杂、难以进行全面人工查勘的估价对象，无人机可以发挥其独特的优势。

### （三）估价对象实地查勘记录

为了避免实地查勘时遗漏必要的工作内容，保证实地查勘工作质量，提高实地查勘工作效率，应事先制作估价对象实地查勘记录表，在实地查勘时再按照记录表查勘和填写。实地查勘记录的内容应全面，一般包括实地查勘的对象、内容、结果、时间、人员（包括估价专业人员、委托人、估价对象权利人或见证人等）以及特殊情况或事项。不同估价目的、不同用途或类型的不动产，由于实地查勘的关注点、侧重点及深度有所不同，可分别制作相应的实地查勘记录表。

实地查勘记录内容的记载应真实、完整、客观、准确、清晰。记录除采取笔记方式之外，还可以采取录音、录像、拍照等方式。执行实地查勘的估价师也可以采取现场拍照等方式证明自己进行了实地查勘。

实地查勘记录应由实地查勘的估价师等估价专业人员签字，并按照有关规定要求委托人及估价对象权利人等当事人或见证人签字或盖章确认。例如，关于房屋征收评估，《国有土地上房屋征收评估办法》第十二条规定："房屋征收部门、被征收人和注册房地产估价师应当在实地查勘记录上签字或者盖章确认。被征收人拒绝在实地查勘记录上签字或者盖章的，应当由房屋征收部门、注册房地产估价师和无利害关系的第三人见证，有关情况应当在评估报告中说明。"再如，关于房地产司法评估，《最高人民法院关于人民法院委托评估、拍卖和变卖工作的若干规定》第十二条规定："评估机构勘验现场，应当制作现场勘验笔录。勘验现场人员、当事人或见证人应当在勘验笔录上签字或盖章确认。"

### （四）非常规情况下的实地查勘问题

在估价实践中，可能因某些非常规情况，不能完成上述完整的实地查勘，甚至无法进行实地查勘。此类主要情形和相应处理如下。

（1）当估价对象状况为非现在状况时，例如已经毁损、灭失的不动产，或者因改建而"面目全非"的不动产，估价人员虽然不能到现场对其原状进行核对、检查，但应到其原址进行必要的感知和调查，特别是应对其区位状况进行实地查勘。

（2）在某些情况下，由于客观原因无法进入估价对象内部，估价人员应对其外部状况进行查勘。例如，在征收、司法处置的过程中，被征收人、被执行人拒绝或阻止估价人员进入估价对象内部。在这种情况下，虽然无法实地查勘估价对象的内部状况，但估价人员仍需依法对估价对象的外观、区位等外部状况进行实地查勘。同时，对于未能实地查勘的估价对象内部状况，应根据有关资料和情况介绍等进行合理假定。在估价报告中，应对此假定进行说明，并明确标注为"依据不足假设"。

（3）在非常时期，如传染病暴发、戒严等情况下，估价人员可能无法进入估价对象内部或其所在区域进行实地查勘。此时，经过委托人及估价对象权利人的同意，可以采用远程在线查勘的方式进行估价对象的查勘，对估价对象进行远程观察和记录。这种方法可以确保在无法实地查勘的情况下，仍然能够获取到估价对象的相关信息。然而，由于远程在线查勘的局限性，其无法完全替代实地查勘，因此应在估价报告中做出相应的说明。如果估价对象权利人或使用人不配合远程在线查勘，导致无法获取足够的信息，一般不宜受理该项估价业务。值得注意的是，即使采取了远程在线查勘，由于未对估价对象进行实地查勘，仍然存在出具虚假估价报告、有重大遗漏或重大差错的法律责任风险。这种法律责任不因采取远程在线查勘而豁免，而是由出具估价报告的估价机构和估价师依法承担。

（4）某些特殊估价项目可不实地查勘，但仍应注意防范相关估价风险。例如，应采用批量估价的不动产税收估价、网络询价，以及某些房屋征收预评估等少数特殊目的下的估价，可以根据估价委托不对估价对象进行实地查勘。然而，需要注意的是，目前尚无法律法规明确规定这类估价不需要实地查勘。因此，估价机构和估价师在未进行实地查勘的情况下，应特别注意防范可能带来的估价风险和法律责任。

## 五、选用估价方法进行计算及确定估价结果

### （一）选择合适的估价方法

在编制估价作业方案时，虽然已初步选择了估价方法，但在实际估价中，每种估价方法的适用性还需根据具体情况进行评估。除适用的估价对象外，每种估价方法还需要具备适用的条件。例如，市场比较法在理论上适用于某些估价对象，但如果所在地的同类不动产交易不够活跃等客观因素存在，就会限制市场比较法的实际运用。因此，在正式选择估价方法时，应根据估价对象及其所在地的房地产市场状况等客观条件，包括搜集到的估价所需资料的数量和质量、当地同类房地产市场状况等情况，对市场比较法、收益法、成本法、假设开发法等估价方法进行适用性分析，然后根据分析结果，确定最适合的估价方法，用于评估估价对象的价值。

《资产评估法》第二十六条规定："评估专业人员应当恰当选择评估方法，除依据评估执业准则只能选择一种评估方法的外，应当选择两种以上评估方法。"根据《房地产估价规范》的有关规定，估价对象的同类不动产有较多交易的，应选用市场比较法；估价对象或

其同类不动产通常有租金等经济收入的，应选用收益法；估价对象可假定为独立的开发建设项目进行重新开发建设的，应选用成本法；当估价对象的同类不动产没有交易或交易很少，且估价对象或其同类不动产没有租金等经济收入时，应选用成本法；估价对象具有开发或再开发潜力且开发完成的价值可采用除成本法以外的方法测算的，应选用假设开发法。当估价对象适用两种或两种以上估价方法进行估价时，应同时选用所有适用的估价方法进行估价，不得随意取舍；若必须取舍，应在估价报告中说明并陈述理由。当估价对象仅适用一种估价方法估价时，可只选用一种估价方法估价，但必须在估价报告中充分说明理由。

需要注意的是，同一估价对象选用了两种以上估价方法估价，是指该两种以上估价方法均是用于直接得出估价对象的价值价格，而不包括估价方法之间引用或一种估价方法中包含另一种估价方法的情况。例如，某个在建工程采用假设开发法估价，其中开发完成的价值采用市场比较法或收益法评估，则该在建工程实际上只采用了假设开发法一种方法估价。

### （二）确定估价结果

确定估价结果可细分为以下三个步骤：测算结果的校核和比较分析、综合测算结果的求取、最终评估价值的确定。

**1. 测算结果的校核和比较分析**

在确定评估价值之前，应对所选用的估价方法的测算结果进行校核。同时选用两种或两种以上估价方法测算的，还应对不同估价方法的测算结果进行比较分析。校核和比较分析的目的是找出测算结果可能存在的差错和造成各个测算结果之间差异的原因。为此，一般需要进行以下检查：估价计算过程是否存在错误；估价测算中所使用的面积、容积率、房龄、土地使用期限等反映估价对象状况的基础数据是否正确；估价对象及其类似不动产的成交价格、运营收益、开发建设成本等数据是否正常合理；用于测算估价对象价值价格的调整系数、报酬率、利润率等估价参数是否合理；选取的估价计算公式是否合适；不同估价方法下估价对象财产范围是否一致；不同估价方法所选择或隐含的估价前提是否相同；估价方法是否适用；估价假设是否合理；估价依据是否正确；应遵循的估价原则是否存在重大遗漏或错误添加。

通过上述检查，如果发现有错误或不合理差异，应进行相应的纠正和消除。在检查过程中，应特别注意，测算中的估价基础数据和估价参数等每个数据都应有其来源或确定的依据和方法。对于不动产估价行业组织公布的标准和参数，应优先考虑使用。

**2. 综合测算结果的求取**

选用一种估价方法估价的，应在确认测算结果无差错后，将其作为综合测算结果；同时选用两种或两种以上估价方法估价的，应在确认各个测算结果无差错及其之间差异的合理性后，根据估价目的及不同估价方法的适用程度、数据可靠程度、测算结果之间差异程度等情况，选用简单算术平均或加权算术平均等方法得出一个综合测算结果。当选用加权算术平均法时，通常是根据估价方法的适用性、占有数据资料的全面准确性来分配权重的。估价师不得通过随意调整权重来调整综合测算结果。

当各种估价方法的测算结果无差错时,由于估价时点房地产市场状况的特殊性,不同估价方法的测算结果之间仍然可能出现较大差异。例如,在房地产市场过热的时期,不动产价格往往被市场高估,导致市场比较法的测算结果明显高于其他方法的测算结果。相反,在房地产市场严重不景气的时期,不动产价格可能被市场低估,导致市场比较法的测算结果明显低于其他方法的测算结果。在这种情况下,不能简单地采用算术平均值来得出综合测算结果。需要根据具体情况和估价目的进行判断和取舍。例如,在市场过热、存在泡沫的情况下,如果是不动产抵押估价,需要遵循谨慎原则,那么估价结果不宜采用市场比较法的测算结果,而应采用收益法或成本法的测算结果,或者结合这三种方法的测算结果得出最终结果;但如果是被征收房屋价值评估,为了保障被征收房屋所有权人的合法权益,补偿不得低于类似不动产的市场价格,那么估价结果应采用市场比较法的测算结果。反之,在房地产市场不景气的情况下,不动产抵押估价应优先考虑较低的市场比较法测算结果,而被征收房屋价值评估则应采用较高的成本法测算结果。

### 3. 最终评估价值的确定

由于不动产价值价格的影响因素繁多且复杂,许多因素对不动产价值价格的影响不易量化,难以反映在传统的估价公式中。因此,估价师在得出一个综合测算结果后,为了确保评估价值的准确性和公正性,还需要结合自己的估价实践经验和对估价对象状况、房地产市场行情的深入了解,并充分考虑有关专家的意见来把握最终的评估价值,根据未能在综合测算结果中反映的价值价格影响因素,对综合测算结果进行适当的调整。

当确认不存在未能在综合测算结果中反映的价值价格影响因素时,可以直接将综合测算结果确定为最终的评估价值。

## 六、撰写估价报告、内部审核估价报告、交付估价报告及保存估价资料

### (一)撰写估价报告

估价人员在确定了最终的估价结果后,应撰写正式的估价报告。书面报告按照格式可分为表格式报告和叙述式报告。在实务中,通常采用叙述式报告,即文字说明的形式。对于成片多宗不动产的同时估价,且单宗不动产的价值较低时,估价报告可以采用表格的形式,如旧城区居民房屋征收补偿估价、二手房交易时商品住宅的抵押估价报告等。此外,估价报告按照内容又可分为估价结果报告和估价技术报告,按照作用又可分为鉴证性估价报告和咨询性估价报告,按照不动产的实物形式又可分为土地评估报告和房地产评估报告。

### (二)内部审核估价报告

在把估价报告交付给估价委托人前,估价机构应对其内容和形式等进行审查核定,并形成审核记录,记载审核的意见、结论、日期和人员及其签名。为了确保出具的每份估价报告都是合格的,估价机构应建立并不断完善估价报告的内部审核制度,由本机构业务水平高、为人正直、责任心强的房地产估价师或者外聘房地产估价专家担任审核人员,按照合格估价报告的要求,对撰写完成但尚未出具的报告从形式到内容进行全面、认真、细致的审查与核定,确定估价结果是否合理,提出审核意见。审核意见应尽可能具体地指出估价报告中存在的问题,审核结论可为下列之一:①可以出具;②适当修改后出具;③应重

新撰写；④应重新估价。

### （三）交付估价报告

估价报告经内部审核合格后，应由不少于两名注册房地产估价师签名并加盖房地产估价机构公章，并应按有关规定和估价委托合同约定交付估价委托人。估价人员完成估价报告后，应及时将估价报告交付给委托人。在交付估价报告时，还可就估价中的某些问题做口头说明，至此便完成了对委托人的估价服务。

估价报告交付估价委托人后，估价人员和估价机构不得擅自改动、更换、删除或销毁以下估价资料：估价报告、估价委托书和估价委托合同、估价所依据的估价委托人提供的资料、估价项目来源和沟通情况记录、估价对象实地查勘记录、估价报告内部审核记录、估价中的不同意见记录、外部专业帮助的专业意见等。

### （四）保存估价资料

保存估价资料，也就是将估价资料归档保存，主要是为了便于今后的估价和管理，有助于估价机构和估价人员不断提高估价水平，同时也有助于解决将来可能发生的估价纠纷，还有助于政府主管部门和行业自律性组织对估价机构进行资质审查和考核。应归档的估价资料包括：委托估价合同，向委托人出具的估价报告（包括附件）；实地查勘记录表；估价项目来源和接洽情况，估价中的不同意见和估价报告定稿之前的重大调整或修改意见；估价人员和估价机构认为有必要保存的其他估价资料。对估价资料的保存时间一般应在 10 年以上，保存期限应自估价报告出具之日起计算。

## 第三节　不动产估价报告的撰写

不动产估价是一项专业服务，其成果的有形和集中表现即是估价报告。具体来说，估价报告是估价机构和估价师向委托人提供的关于估价过程和结果的正式陈述，是履行估价委托合同的重要文件。它不仅反映了估价对象的价值和价格，还包含了与估价对象相关问题的专业意见和建议。

### 一、不动产估价报告的目的

一般来说，撰写不动产估价报告的目的主要有以下四个方面。

（1）结束估价委托，向委托方表明估价工作已经完成。

（2）估价报告中的估价结果是双方都最为关心的敏感问题。估价报告则是提供给委托方的符合专业标准的评估结果。

（3）对估价过程、资料的搜集与分析、方法选择与测算、估价结果的确定等方面加以详细记载，能够使委托方及与估价相关的其他各方了解估价工作的过程、依据、测算方法、体现估价结果的科学性，增强可信度，并且可以为估价机构的申诉提供依据。

（4）估价报告中的有关估价结果的情况说明，既限定了估价结果的应用条件，也明确了估价机构和估价人员的责任界限。

## 二、不动产估价报告的内容

《房地产估价规范》规定，估价报告应采取书面形式，并应真实、客观、准确、清晰、规范。一份完整的叙述式估价报告应包括封面、致估价委托人函、目录、估价师声明、估价的假设和限制条件、估价结果报告、估价技术报告、附件八个部分。

### （一）封面

封面一般包括以下内容。

（1）标题。标题即估价报告的名称，如"房地产估价报告""房地产抵押估价报告"。

（2）估价项目名称。封面上的估价项目名称要写清项目的全称，其中重点要突出估价对象所在的区位及物业名称，如"××市××区××广场×号"为估价对象的区位，"××大厦"为估价对象的物业名称。

（3）委托人。封面上的委托人，只要准确无误地写明其全称即可，如××市××区人民法院为委托人的全称。如果是个人委托评估，要写明委托人的姓名。

（4）估价机构。封面上的估价机构，同委托人相对应，只要准确无误地写明估价机构的全称即可，如"××房地产估价有限责任公司"为估价机构的全称。

（5）估价人员证书号。封面上所写的估价人员，主要是指参加本次评估的项目负责人或主要估价师，要写明注册房地产估价师的注册号。

（6）估价作业日期。封面上的估价作业日期，是指本次估价的起止年月日，即正式接受估价委托的年月日至完成估价报告的年月日。需要注意的是，封面上的估价作业日期要与估价结果报告中的估价作业日期相一致。

（7）估价报告编号。封面上的估价报告编号是本估价报告在本估价机构内的报告编号。将估价报告编号写在封面上便于估价报告的查阅及档案管理。估价报告编号应反映估价机构简称、估价报告出具年份，并应按顺序编号数，不得重复、遗漏、跳号。

### （二）致估价委托人函

致估价委托人函是正式将估价报告呈送给委托人的信函，在不遗漏必要事项的基础上应尽量简洁。其内容一般包括以下九项。

（1）致函对象。应写明估价委托人的名称或姓名。

（2）估价目的。应写明估价委托人对估价报告的预期用途，或估价报告所满足的估价委托人的具体需要。

（3）估价对象。应写明估价对象的财产范围及名称、坐落、规模、用途、权属等基本状况。

（4）价值时点。应写明所评估的估价对象价值或价格对应的时间。

（5）价值类型。应写明所评估的估价对象价值或价格的名称。当所评估的估价对象价值或价格无规范的名称时，应写明其定义或内涵。

（6）估价方法。应写明选择的估价方法的名称。

（7）估价结果。应写明最终评估价值的总价，并应注明其大写金额；除估价对象无法用单价表示外,还应写明最终评估价值的单价。

(8)特别提示。应写明与评估价值和使用估价报告、估价结果有关的引起估价委托人和估价报告使用者注意的事项。

(9)致函日期。致函日期指致函时的年月日。

此外,致估价委托人函上应加盖估价机构公章,不得以其他印章代替公章,法定代表人或执行合伙人宜在其上签名或盖章。

## (三)目录

估价报告目录部分的编写,需要注意与后面的报告内容相匹配,特别是所对应的估价报告的页码应准确无误。目录中通常按前后顺序列出估价报告的各个组成部分的名称、副标题及其对应的页码,以使委托人或估价报告使用者对估价报告的框架和内容有一个总体了解,并容易找到其感兴趣的内容。

## (四)估价师声明

在估价报告中应包含一份由估价师签名、盖章的声明,写明所有参加估价的注册房地产估价师对其估价职业道德、专业胜任能力和勤勉尽责估价的承诺和保证。估价师声明的目的是告知估价委托人和估价报告使用者,估价师是以客观无偏见的方式进行估价的,同时也是对签名的估价师的一种警示。不得将估价师声明变成注册房地产估价师和评估机构的免责声明。

估价师声明通常包括以下五个方面的内容。

(1)估价报告中估价人员陈述的事实是真实和准确的。

(2)估价报告中的分析、意见和结论是估价人员自己公正的专业分析、意见和结论,但受估价报告中已说明的假设和限制条件的限制和影响。

(3)估价人员与估价对象没有(或有,已载明的)利害关系,也与有关当事人没有(或有,已载明的)个人利害关系或偏见。

(4)估价人员是依照中华人民共和国国家标准《房地产估价规范》进行分析,形成意见和结论,撰写估价报告。

(5)估价人员已(或没有)对估价对象进行实地查勘,并应列出对估价对象进行实地查勘的估价人员的姓名。

## (五)估价的假设和限制条件

(1)一般假设。应说明对估价所依据的估价对象权属、面积、用途等资料进行了检查,在无理由怀疑其合法性、真实性、准确性和完整性且未予以核实的情况下,对其合法性、真实性、准确性和完整性的合理假定;对房屋安全、环境污染等影响估价对象价值或价格的因素予以关注,在无理由怀疑存在安全隐患且无相应的专业机构检测或鉴定的情况下,对其安全性等的合理假定。

(2)未确定事项假设。应说明对估价所必需的尚未明确或不够明确的土地用途、容积率等事项所做的合理的、最可能的假定;当估价对象无未确定事项时,应无未确定事项假设。

(3)背离实际情况假设。应说明因估价目的的特殊需要、交易条件设定或约定,对估价对象所做的与实际情况不一致的合理假定。

（4）不相一致假设。应说明在估价对象的实际用途、登记用途、规划用途等用途之间不一致，或不同权属证明上的权利人之间不一致，估价对象的名称或地址不一致等情况下，对估价所依据的用途或权利人、名称、地址等的合理假定。

（5）依据不足假设。应说明在估价委托人无法提供估价所必需的反映估价对象状况的资料及注册房地产估价师进行尽职调查仍然难以取得该资料的情况下，缺少该资料及对相应估价对象状况的合理假定。

（6）估价报告使用限制。应说明估价报告和估价结果的用途、使用者、使用期限等使用范围及在使用估价报告及估价结果时需注意的其他事项。其中，估价报告使用期限应自估价报告出具之日起计算，根据估价目的和预计估价对象的市场价格变化程度来确定，不宜超过一年。

### （六）估价结果报告

估价结果报告需要说明以下内容。

（1）标题。估价结果报告的标题要表述完整，即要写明是关于哪个估价项目的估价结果报告。

（2）委托人。估价结果报告上的委托人，不仅要写明本估价项目的委托单位的全称，还要写明委托单位的法定代表人和住所；如果是个人委托评估，不仅要写明委托人的姓名，还要写明其住所和身份证号码。

（3）估价机构。估价结果报告上的估价机构，与委托人相对应，不仅要写明本估价项目的估价机构的全称，还要写明估价机构的法定代表人、住所，以及估价机构的资格等级。

（4）估价对象。需概要说明估价对象的状况，包括物质实体状况和权益状况。其中，对土地的说明应包括：宗地名称、《国有土地使用证》编号或《不动产权证书》不动产单元号[①]、坐落、面积、形状、土地是出让的还是划拨的、土地用途、四至、周围环境、景观、基础设施完备程度、土地平整程度、地势、地质、水文状况、规划限制条件、利用现状、权属状况。此外，还需要表述宗地容积率、覆盖率等。对于多宗地，应按宗地分别叙述各宗地及其地上附着物的情况。对建筑物的说明应包括：建筑结构、装修、设施设备、平面布置、工程质量、建成年月、维护保养和使用情况、公共配套设施完备程度、利用现状、权属状况等。

（5）估价目的。说明本次估价的目的和应用方向。

（6）估价时点。说明所评估的估价项目客观合理价格或价值对应的年月日。

（7）价值定义。价值定义要说明本次估价所采用的价值标准或价值内涵，如公开市场价值、投资价值等。

（8）估价依据。估价依据要说明估价所依据的法律法规和标准，委托人提供的有关资料，估价机构和估价人员掌握、收集的有关资料。

---

[①] 2015年3月1日，我国全面启用统一的不动产登记簿证样式，《不动产权证书》正式取代《房屋所有权证》和《国有土地使用证》，实行双证合一。按照"不变不换"的原则，权利不变动，簿证不更换。

（9）估价原则。估价原则要说明本次估价所遵循的房地产估价原则。

（10）估价方法。估价方法要说明本次估价所采用的方法以及这些估价方法的定义及公式。

（11）估价结果。估价结果是本次估价的最终结果，应包括总价和单价，并附人民币大写。若估价对象为多宗地，应分别说明各建筑物总价和单价。若用外币表示，应说明估价时点的中国人民银行公布的人民币市场汇率中间价，并注明所折合的人民币价格。

（12）估价人员。列出所有参加该估价项目的估价人员的姓名及资格证书号，并由本人签名、盖章。

（13）实地查勘期。说明实地查勘估价对象的起止日期，具体为进入估价对象现场之日起至完成实地查勘之日止。

（14）估价作业日期。估价作业日期是本次估价的起止日期，需要注意的是要与封面上的估价作业日期相一致。

### （七）估价技术报告

估价技术报告一般包括以下内容。

（1）个别因素分析。估价对象描述与分析，应有针对性地较详细说明、分析估价对象的实物状况和权益状况。土地实物状况应包括土地面积、形状、地势、地质、土壤、开发程度等；建筑物实物状况应包括建筑规模、建筑结构、设施设备、装饰装修、空间布局、建筑功能、外观、新旧程度等；权益状况应包括用途、规划条件、所有权、土地使用权、共有情况、用益物权设立情况、担保物权设立情况、租赁或占用情况、拖欠税费情况、查封等形式限制权利情况、权属清晰情况等。

（2）区域因素分析。详细分析估价对象的区位状况，包括位置、交通、外部配套设施、周围环境等，单套住宅的区位状况还应包括所处楼幢、楼层和朝向。

（3）市场背景分析。市场背景分析是要说明和分析类似不动产的市场状况，包括过去、现在和可以预见的未来，分析影响类似不动产价格的主要因素。由于估价对象的类型不同、估价的目的不同，影响估价对象市场价格变动的主要因素也会有所不同。

（4）最高最佳利用状况分析。以估价对象的最高最佳利用状况为估价前提，并有针对性地较详细分析、说明估价对象的最高最佳利用状况。当估价对象已为某种利用时，应从维持现状、更新改造、改变用途、改变规模、重新开发及它们的某种组合或其他特殊利用中分析、判断何种利用为最高最佳利用。

（5）估价方法选用。逐一分析市场比较法、收益法、成本法、假设开发法等方法是否适用于估价对象。对于理论上不适用的，简述理由；对于理论上适用但客观条件不具备而不能选用的，充分陈述不选用的理由；对于选用的估价方法，简述选用的理由并说明估价技术路线。

（6）估价测算过程。估价测算过程就是要详细说明运用某种估价方法的全部测算过程及相关参数的确定。尤其是技术复杂的估价报告，要在准确掌握各种估价方法的基础上，按照估价方法的操作步骤，因果关系明确、条理清楚地表述每种估价方法的测算过程，对于相关参数的确定既要符合有关数学公式的要求，又要符合逻辑推理。

（7）估价结果确定。估价结果确定就是要说明本次估价的最终结果。在估价实务中，一般要求采用两种或两种以上的方法进行估价测算，而采用不同估价方法得出的结果会有一定的差异，因此最终选用何种估价方法确定估价结果或对其进行进一步调整都需在此部分说明理由。

### （八）附件

在撰写估价报告的过程中，需要把可能会打断报告叙述部分的一些重要资料放入附件。附件通常包括估价对象的位置图、四至和周围环境的图片、土地形状图、建筑平面图、建筑物外观和内部状况的图片、项目有关批准文件、估价对象的产权证明、估价中引用的其他专用文件资料、估价人员和估价机构的资格证明，以及专业经历和业绩等。

  **关键词**

不动产估价原则　　独立、客观、公正原则　　合法原则　　价值时点原则　　替代原则
最高最佳利用原则　　谨慎原则　　一致性原则　　一贯性原则　　估价程序
估价基本事项　　不动产估价报告　　估价技术报告

  **即测即练**

自学自测　扫描此码

# 第五章 市场比较法

## 第一节 市场比较法概述

市场比较法，又称市场法、交易实例比较法、比较法、现行市价法等。采用市场比较法，是在评估一宗待估不动产的价格时，依据替代原理，将待估不动产与类似不动产的近期交易价格进行对照比较，通过对交易情况、交易日期、区域因素和个别因素等的修正，得出待估不动产在评估基准日的合理价格。

### 一、市场比较法的基本原理

市场比较法的基本原理是经济学中的替代原理。在市场经济中，经济主体的行为决策普遍追求效用最大化，即在同一时间、同一地点出现两种或两种以上效用相同或者可以替代的商品时，理性消费者会选择价格相对较低的商品。

根据替代原理，消费者或投资者在选购不动产时必定会与其他不动产相比较，市场供需双方的博弈和竞争，导致效用相等或相似的不动产的价格最终会趋于一致。市场比较法通过比较进行定价，符合消费者或投资者的行为规律，切实可行。

在不动产实际交易中，由于每一宗不动产的独特性、异质性，导致不动产之间并不具有完全可替代性。此外，由于市场信息的不对称、不充分，不动产交易的个别性等因素，也可能导致不动产交易价格发生异常偏离。但是，不动产评估人员基于专业知识和实践经验，通过对交易情况、交易日期、区域因素、个别因素等一系列因素的调整修正，可以使待评估不动产与类似不动产交易案例之间基本满足替代关系存在的条件。

### 二、市场比较法的适用范围

市场比较法以替代原理为理论依据，只要有类似不动产的适合的交易实例即可应用。因此一般来说，在成熟的、交易案例丰富的房地产市场中，市场比较法的应用非常广泛；相应地，在不动产交易不够活跃或类似不动产交易很少的地区，就难以采用市场比较法估价。值得注意的是，即使在不动产交易总体活跃的地区，市场比较法也可能在特殊情况下不适用。例如，由于临时交易管制等，可能导致不动产交易在一段时间内暂停或减少。在实务中，获取不动产的真实成交价以及相应的估价所需的不动产状况等信息，是运用市场比较法估价的主要难点和重点之一。

综上所述，市场比较法适用的估价对象是同类型不动产数量较多、有较多交易案例、相互之间可比性较高的不动产。具体来看，下列不动产，适宜采用市场比较法估价：①住宅，包括普通住宅、高档公寓、别墅等，特别是数量较多、可比性较好的成套住宅；②写字楼；③商铺；④标准厂房；⑤房地产开发用地。

相应地，下列不动产，就难以采用市场比较法估价：①数量很少的不动产，如特殊厂房、机场、码头、博物馆、教堂、寺庙、古建筑等；②很少发生交易的不动产，如学校、医院、行政办公楼等；③可比性很差的不动产，如在建工程等。

使用市场比较法评估不动产价格，直观易懂，易于掌握。与其他估价方法相比，市场比较法直接依赖于房地产市场中的实际成交价格资料，更接近市场真实情况。因此，市场比较法被认为是一种可靠且说服力强的基本评估方法。市场比较法的原理和技术，也广泛用于收益法、成本法、假设开发法中市场租金、运营收入、运营费用、空置率、入住率、资本化率、报酬率、重置成本、不动产价格各个组成部分（如土地成本、建设成本、管理费用、销售费用、销售税费、开发利润）、开发完成后的价值、开发经营期等指标值的求取。因此，市场比较法可以说是不动产估价实践中最常用的基本方法。

## 三、市场比较法的基本步骤

市场比较法基本步骤如图5-1所示。

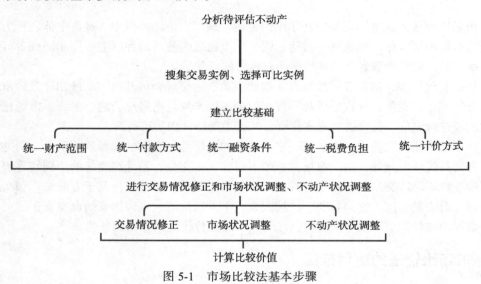

图5-1 市场比较法基本步骤

### （一）搜集交易实例

搜集交易实例的基本状况、成交日期、成交价格、交易情况等信息。

### （二）选取可比实例

可比实例应当满足以下条件：交易类型与评估目的相适合；在区位、用途、规模、建筑结构、档次、权利性质等方面与评估对象相同或相似；成交日期与评估基准日接近；成交价格为正常价格或者可以修正为正常价格。

### （三）建立比较基础

选取可比实例后，应建立比较基础，对可比实例的成交价格进行标准化处理。标准化处理应包括统一财产范围、统一付款方式、统一融资条件、统一税费负担和统一计价方式。

## （四）进行交易情况修正

交易情况修正是将可比实例实际交易情况下的价格修正为正常交易情况下的价格。

## （五）进行市场状况调整

市场状况调整是将可比实例在其成交日期的价格调整为在价值时点的价格，旨在消除由于成交日期的市场状况与价值时点的市场状况不同而产生的价格差异。

## （六）进行不动产状况调整

不动产状况调整旨在消除因可比实例状况与估价对象状况不同而造成的价格差异，具体包括区位状况调整、实物状况调整和权益状况调整。

## （七）计算比较价值

根据可比实例不动产与估价对象不动产之间的相似程度、可比实例资料的可靠程度等情况，对经修正和调整后的各个可比实例价格，采用简单算术平均、加权算术平均等方法求取比较价值。

# 第二节　搜集交易实例与选择可比实例

运用市场比较法估价要有符合一定数量和质量要求的可比实例，这就需要有大量的交易实例可供选择。因此，搜集交易实例和选择可比实例对市场比较法而言是一项极为重要的工作，是市场比较法估价正常开展和估价结果精准性的重要保障。

## 一、搜集交易实例

### （一）交易实例的重要性

首先，拥有大量的交易实例可以为评估人员提供丰富的可比案例选择。通过从众多选项中筛选出与待评估不动产在关键因素上最为接近、差异最小的可比实例，评估人员能够更高效地完成评估过程，从而提高评估结果的精确度。其次，大量的交易实例对于评估人员全面了解待评估不动产所在的市场情况至关重要。通过对这些实例的分析，评估人员可以更好地把握市场动态、趋势和规律，从而确保评估结果与市场实际情况相符合，避免与合理范围产生较大的偏差。最后，搜集交易实例不仅是针对单个评估项目的短期行为，更是估价机构和估价师长期积累和建立交易实例库的重要途径。通过持续地搜集和整理交易实例，估价机构和估价师可以不断完善和更新实例库，为未来的评估项目提供更为全面和准确的参考依据。

### （二）交易实例的搜集途径

评估人员通常可以通过以下途径搜集交易实例。

（1）查阅政府有关部门关于不动产交易的资料。不动产产权的取得与变更等都需要到相关部门登记。此外,政府出让建设用地使用权的价格资料,政府或其授权的部门确定、公布的基准地价、房屋重置价格及房地产市场价格资料,都是交易实例的来源。

(2)估价机构自建的交易实例库。建立不动产交易实例库(包括买卖、租赁),有利于交易实例资料的保存和后续使用中的查找、调用,能够保证在进行估价时有丰富的案例可供参考,有效提高估价工作效率。房地产估价机构建立不动产交易实例库,不仅是从事不动产估价及相关咨询业务的一项基础性工作,同时也是形成房地产估价机构核心竞争力的重要手段之一。

(3)向不动产交易当事人(如业主、开发商等),以及参与不动产交易的相关人员(如律师、经纪人等)了解交易信息。与不动产业主、开发商、经纪人员等不动产出售人或其代理人洽谈,获取不动产的成交价、挂牌价、报价、标价、要价等信息,是一种比较直接的获得交易信息的方式。通常,估价师应尽量调查了解真实成交价。但是,完全真实的成交价一般只有交易当事人和促成交易的经纪人员知道,在难以调查了解真实成交价的情况下,挂牌价、报价、标价、要价等非成交价,虽不应作为交易实例,但与成交价之间有一定的关系,在一定程度上可以作为了解市场价格行情的参考。

(4)查阅网站、报刊等上的不动产交易信息,订阅行业协会或者行业咨询机构的分析报告,参加不动产交易展示会等交易活动。许多房地产交易网站都提供了大量房地产交易信息,包括房屋的面积、位置、价格、成交日期等。评估人员可以通过这些网站获取相关信息,了解房地产市场价格行情。

(5)实现估价机构、估价人员之间的信息共享。同行业之间各自拥有的交易实例可以通过协作方式进行交流,成为交易实例的来源。实务中,可由估价行业协会牵头或估价机构、估价师之间自发建立交换机制,相互提供所搜集的交易实例。

### (三)交易实例的搜集内容

通过以上多种途径接触交易实例时,要有针对性地搜集相关数据资料,重点搜集那些影响价格的、易量化可比的、能体现与待估不动产之间差异的项目。

(1)交易实例不动产的基本状况,主要包括名称、坐落、四至、面积、用途、产权状况、土地形状、土地使用期限、建筑物建成日期、建筑结构、周围环境等。

(2)成交价格,包括单价、总价以及计价方式(如按建筑面积、套内建筑面积计价或者按套计价等)。

(3)成交日期,指交易的具体日期。

(4)付款方式,主要包括一次性付款或分期付款(包括付款期限、每期付款额或付款比率)、贷款方式付款。

(5)交易情况,主要包括交易双方、交易目的、交易方式(如土地出让的协议、招标、拍卖、挂牌等)、交易正常情况(如是否急于出售、有无利害关系人等)、交易税费负担方式(如双方是按照规定或惯例各自缴纳税费还是全部费用由一方承担等)。

## 二、选择可比实例

在积累了大量的交易实例后,选择与待估不动产最具有可比性的交易实例会变得更加容易和高效。从理论上讲，即使只有一个可比实例，只要对其成交价格处理得当，就可以得出估价对象的价值价格。但在实际估价中，由于信息不完全等因素的影响，对可比实例成交价格的处理难以做到完全恰当。为了减少估价误差和提高估价的可信度，通常需要选取多个可比实例。理论上，选取的可比实例越多越好，但实际上，如果选取过多，可能会面临交易实例数量有限的问题，同时也增加了不必要的估价工作量和成本。因此，选取的可比实例应注重精炼而非数量，一般选取 3～5 个即可，但通常不应少于 3 个。

为了使比较价值尽可能准确，作为可比实例的交易案例必须经过筛选，使其更具针对性，更便于作为待评估不动产的估价参照。选取的可比实例通常要满足以下四个条件。

### （一）可比实例的交易类型与评估目的相适合

在选取可比实例时，应确保其与估价对象的交易类型相同。这是因为不同类型的交易价格影响因素不同，例如买卖和租赁的价格影响因素存在差异，因此它们之间不具有直接的可比性。

### （二）可比实例在区位、用途、规模、建筑结构、档次、权利性质等方面与评估对象相同或相似

（1）区位。不动产交易受到当地经济繁荣程度、交通便利情况、各种配套设施、附近商圈等因素的影响。因此，在选择可比实例时要注意选择同一商圈的交易实例，考虑道路、临街等因素。

（2）建筑结构。不同结构的不动产在造价、功能、质量方面是不同的，应尽量选择相同建筑结构的交易实例来比较。此外，对于居住型不动产来说，户型等房屋结构也是不可忽视的，它是影响居住质量的重要因素。

（3）规模。一般选取的可比实例与待评估对象的规模不能相差太大，必须在一定范围内。从估价实践来看，可比实例规模一般应在估价对象规模的 1/2～2 倍。

（4）权利性质。权利性质不同的不动产不具有可比性。例如，经济适用房和商品住宅的权利性质不同，并且这种差异不能简单地靠修正调整来得到合适的价格，因此不应该将前者作为后者的可比实例。

（5）用途和档次。当同一宗不动产被用于不同的用途时，其价值会产生变化。例如，作为住宅用途的不动产与作为商业用途的不动产所能产生的收益有着显著差异。即使是同样用于居住，经济适用房和高端酒店式公寓的价值也有所不同。同样地，不同档次的宾馆和写字楼也不具备直接的可比性。

### （三）可比实例的成交日期与评估基准日接近

不动产市场价格随着时间的变化而不断变动，没有一个完美的模型能够完全模拟这一过程。因此，只能尽量依靠时间上的接近来保证所估价与估价时点的市场价格相近。具体来说，所选择的可比实例的成交日期与估价时点越接近，评估出来的价格就越能反映当前的市场水平。

估价人员通常会选取最近一年内成交的交易实例作为可比实例，然后根据自己的估价

经验来确定时间上的差距具体对应的参数调整比例。然而，如果最近一年内没有足够的交易实例，或者某些交易实例由于特殊情况而不具有代表性，那么就需要考虑选择更早一些的交易实例。

### （四）可比实例的成交价格为正常价格或者可以修正为正常价格

在公开的不动产市场上，买卖双方对市场信息充分了解，以平等自愿的方式达成交易，这种情况下的价格最能反映市场状况。但是，买卖双方难免会因为种种因素进行非正常交易，比如，因资金周转困难而急于出售不动产、因买卖双方利益关联而采取非正常的交易价格（偏高或偏低），此时估价人员需要对非正常价格进行修正和调整，以得到正常交易情况下的价格。如果非正常交易比较复杂，交易价格不易转换为正常价格，则不宜作为可比实例。

下列特殊交易情形下的交易实例通常不适合选为可比实例：利害关系人之间的交易；对交易对象或市场行情缺乏了解的交易；被迫出售或被迫购买的交易；人为哄抬价格的交易；对交易对象有特殊偏好的交易；相邻不动产合并的交易；受迷信影响的交易等。

此外，选取可比实例时还应当注意以下两点。

（1）选取可比实例可以采用所谓的分配法。在选择可比实例时，如果估价对象是房地产，应选择类似的房地产交易实例；如果估价对象是土地，应选择类似的土地交易实例；如果估价对象是建筑物，应选择类似的建筑物交易实例。然而，在某些情况下，单独的土地或建筑物的交易实例可能较少或不存在。在这种情况下，可以将房地划分为土地和建筑物两个部分，将成交价格分别分配到土地和建筑物上，提取出与估价对象相对应的部分及其价格，然后将其作为可比实例。例如，评估某宗办公用地的价值，该地块附近有一幢办公楼买卖，成交总价为2000万元，其中建筑物价格为1200万元，则土地价格为800万元，可以以800万元的地价为基础，经过处理后得到待评估办公用地的价值。

（2）在可选择的交易实例丰富的情况下，应优先选择与估价对象特性最为吻合，且成交日期与价值时点最为接近的实例作为可比实例。应避免舍近求远，不得为了满足委托人的主观期望而选择成交价格明显偏高或偏低的实例。同时，必须保证所选实例的真实性，严禁虚构或编造可比实例，确保评估的公正性和准确性。

## 三、建立比较基础

建立比较基础主要是对可比实例的成交价格进行标准化处理，确保经过标准化处理后的成交价格与估价对象价格之间具有一致性和可比性，有助于后续对可比实例成交价格的修正和调整。根据我国《房地产估价规范》，标准化处理应至少实现以下五个统一。

### （一）统一财产范围

应对可比实例与估价对象的财产范围进行对比，消除因财产范围差异所导致的价格差异。财产范围不同主要有以下四种情形。①不动产的实物范围不同。例如，估价对象为土地，而可比实例是含有类似土地的房地交易实例；估价对象是不含装饰装修、带有储藏室或停车位的住宅，而可比实例是精装修、不带储藏室或停车位的住宅；估价对象是封阳台的住宅，而可比实例是未封阳台的住宅。②含有不动产以外的资产。例如，估价对象是含有家具、家电、汽车等动产或特许经营权等无形资产的以不动产为主的资产，而可比实例是"纯粹"的不动产。③带有债权债务的不动产。例如，估价对象是有水电费等余款或欠费、欠缴房产税等税费、拖欠建设工程价款的不动产，而可比实例是"干净"的不动产。④带有其他权益或负担的不动产。例如，估价对象是附带入学指标、户口指标等，设立了居住权、地役权等或已出租的不动产，而可比实例是不带这些权益或负担的不动产。

若估价对象与可比实例的不动产实物范围不同（上述第①种情况），统一财产范围一般是统一到估价对象的不动产实物范围，补充可比实例缺少的实物范围，扣除可比实例多出的实物范围，相应地对可比实例的成交价格进行加价或减价处理。

对含有不动产以外资产的不动产（上述第②种情况），统一财产范围一般是统一到"纯粹"的不动产范围。如果可比实例含有不动产以外的资产，可以利用下列公式对价格进行换算处理。

不动产价格 ＝ 含有不动产以外资产的不动产的价格 − 不动产以外的资产的价值

如果估价对象含有不动产以外的资产，则一般是在市场比较法最后步骤求出不含不动产以外的资产的不动产价值后，再加上不动产以外的资产的价值，这样就可得到估价对象的价值。

对带有债权债务和其他权益或负担的不动产（上述第③和第④种情况），统一财产范围一般是统一到不带债权债务和其他权益或负担的不动产范围。如果可比实例带有债权债务和其他权益或负担，可以利用下列公式对价格进行换算处理。

不带债权债务和其他权益或负担的不动产价值
＝带有债权债务和其他权债权益或负担的不动产价值 −
债权和其他权益价值 ＋ 债务和其他负担价值

如果估价对象带有债权债务和其他权益或负担，则一般是在市场比较法最后步骤求出不带债权债务和其他权益或负担的不动产价值后，再加上债权和其他权益价值，然后减去债务和其他负担价值，就可得到估价对象的价值。

### （二）统一付款方式

由于不动产交易涉及的金额较大，许多交易采用分期付款方式进行。在分期付款中，付款期限的长短、付款次数以及每笔付款金额在付款期限内的分布都会影响实际交易价格。为了便于比较，估价过程中通常以在成交日期一次性付清所需支付的金额为基础进行评估。因此，统一付款方式是将可比实例非成交日期一次性付清的价格，调整为在成交日期一次性付清的价格。

【例 5-1】 某宗不动产的成交总价为 300 万元，首付款 30%，余款于 3 个月后一次性支付。假设月利率为 0.5%，求该不动产在其成交日期一次性付清的价格。

【解】 $300 \times 30\% + \dfrac{300 \times (1-30\%)}{(1+0.5\%)^3} = 296.88$（万元）

### （三）统一融资条件

统一融资条件是将可比实例在非常规融资条件下的价格调整为常规融资条件下的价

格。融资条件的差异通常表现为首付款比例、贷款利率和贷款期限的不同。

【例 5-2】 某宗不动产的成交总价为 120 万元,卖方为买方提供了 84 万元的 10 年期贷款,利率为 5.0%,每月还款一次,采用等额本息还款方式。已知当前市场上相同贷款条款的贷款利率一般为 5.5%。求该不动产在常规的融资条件下的正常价格。

【解】

在等额本息还款方式贷款下,

$$V_M = \frac{A_M}{(1+Y_M)} + \frac{A_M}{(1+Y_M)^2} + \cdots + \frac{A_M}{(1+Y_M)^n}$$

式中,$A_M$——每期的等额本息还款额;$V_M$——抵押贷款金额;$Y_M$——每期的抵押贷款报酬率,即抵押贷款利率;$n$——抵押贷款还款期数,等于抵押贷款期限乘以每年的还款次数。

对上述公式进行整理,可得每期等额还款额 $A_M$ 为

$$A_M = \frac{V_M \times Y_M}{1 - \dfrac{1}{(1+Y_M)^n}}$$

卖方提供的利率为5.0%的贷款每期等额还款额

$$= \frac{840000 \times (5\%/12)}{1 - \dfrac{1}{(1+5\%/12)^{12*10}}} = 8909.50 \,(元)$$

在5.5%的贷款利率下,该笔利率为5.0%的贷款的现值

$$= \frac{8909.50}{(1+5.5\%/12)} + \frac{8909.50}{(1+5.5\%/12)^2} + \cdots + \frac{8909.50}{(1+5.5\%/12)^{120}}$$
$$= 820953.55 \,(元)$$

贷款的现值,加上首付款的金额,即可以得到该宗不动产在常规融资条件下的正常价格 $V$

$$V = 1200000 - 840000 + 820953.55 = 118.10 \,(万元)$$

### (四)统一税费负担

可比实例的成交价格可能是正常负担价,也可能是卖方净得价或买方实付价。在实际估价中,应根据估价目的、交易条件设定或约定、当地交易习惯等确定交易税费负担情况,将可比实例成交价格统一为正常负担价或卖方净得价、买方实付价。一般情况下是统一为正常负担价,即评估的不动产价值价格是基于买卖双方各自缴纳自己应缴纳的交易税费下的价值价格。

然而,如果当地不动产交易习惯中,普遍采取的是卖方净得价(例如在我国许多城市,二手住宅成交价格基本上是卖方净得价),并且估价目的、交易条件设定或约定没有特殊要求,那么应将正常负担价和买方实付价的可比实例成交价格统一为卖方净得价。

【例 5-3】 某宗不动产在交易税费正常负担下的成交价格为 15000 元/平方米,卖方和买方应缴纳的税费分别为交易税费正常负担下的成交价格的 7%和 5%。请计算卖方净得价

和买方实付价。

【解】
$$卖方净得价 = 正常负担价 - 卖方应缴纳的税费$$
$$= 15000 - 15000 \times 7\% = 13950（元/平方米）$$
$$买方实付价 = 正常负担价 + 买方应缴纳的税费$$
$$= 15000 + 15000 \times 5\% = 15750（元/平方米）$$

【例 5-4】 某宗不动产买卖合同约定成交价格为 13950 元/平方米，买卖中涉及的税费均由买方负担。已知不动产买卖中卖方和买方应缴纳的税费分别为交易税费正常负担下的成交价格的 7% 和 5%。请计算该不动产的正常负担价。

【解】 已知卖方净得价为 13950 元/平方米，则该不动产的正常负担价计算如下。

$$正常负担价 = \frac{卖方净得价}{1 - 卖方应缴纳的税费比率} = \frac{13950}{1 - 7\%} = 15000（元/平方米）$$

### （五）统一计价方式

统一计价方式包括统一价格表示方式、统一币种和货币单位、统一面积或体积等的内涵及计量单位三个方面。

**1. 统一价格表示方式**

统一价格表示方式可统一为单价，也可统一为总价。统一为单价时，通常是单位面积的价格。例如，建筑物通常为单位建筑面积（或套内建筑面积、使用面积）的价格。土地除了单位土地面积的价格，还可为单位建筑面积的价格，即通常所说的楼面地价。此外，根据估价对象的具体情况，还可以有其他比较单位。例如，仓库通常以单位体积为比较单位，停车场（库）通常以一个车位为比较单位，旅馆通常以一间客房（或床位）为比较单位，影剧院通常以一个座位为比较单位，医院通常以一个床位为比较单位，保龄球馆则通常以一个球道为比较单位等。

**2. 统一币种和货币单位**

统一币种是指将某一币种（如美元或港币）的不动产价格换算为另一币种（如人民币）的不动产价格。统一币种通常是采用该价格对应成交日期的汇率，一般按国务院金融主管部门公布的市场汇率中间价计算。但是，如果先按照原币种的价格进行市场状况调整，则对进行了市场状况调整后的价格应采用价值时点的汇率进行换算。

在统一货币单位方面，按照使用习惯，通常都采用元或万元。

**3. 统一面积或体积等的内涵及计量单位**

统一面积内涵是指在建筑面积、套内建筑面积、使用面积等的价格之间进行换算。以单价为例，相关公式为

$$建筑面积的单价 = 套内建筑面积的单价 \times \frac{套内建筑面积}{建筑面积}$$

$$套内建筑面积的单价 = 使用面积的单价 \times \frac{使用面积}{套内建筑面积}$$

$$使用面积的单价 = 建筑面积的单价 \times \frac{建筑面积}{使用面积}$$

统一面积计量单位是指在平方米、公顷、亩、平方英尺、坪等的价格之间进行换算。其中,将公顷、亩、平方英尺、坪的单价换算为平方米的单价公式为

$$平方米的单价 = 公顷的单价 \div 10000$$

$$平方米的单价 = 亩的单价 \div 666.6667$$

$$平方米的单价 = 平方英尺的单价 \times 10.7639$$

$$平方米的单价 = 坪的单价 \div 3.3058$$

【例 5-5】 某评估师搜集了甲、乙两个交易实例。交易实例甲的建筑面积为 200 平方米,成交总价为 800 万元人民币,分 3 期付款,成交日首付款 160 万元人民币,于成交日半年后支付第二期价款 320 万元人民币,于成交日 1 年后支付余款 320 万元人民币;交易实例乙的使用面积为 2100 平方英尺,成交总价为 125 万美元,于成交时一次性付清。如果选取这两个交易实例为可比实例,请在对它们的成交价格进行有关修正和调整之前,进行建立比较基础处理。

【解】 对这两个交易实例的成交价格进行建立比较基础处理,需要统一付款方式和统一计价方式,具体如下。

首先,统一付款方式。如果以在成交日期一次性付清为基准,假设当时人民币的年利率为 8%,则:

$$交易实例甲总价 = 160 + \frac{320}{(1+8\%)^{0.5}} + \frac{320}{(1+8\%)^{1}} = 764.22 （万元人民币）$$

$$交易实例乙总价 = 125.00 （万美元）$$

其次,统一计价方式。

①统一为单价:

$$交易实例甲单价 = \frac{7642200}{200} = 38211.00 （元人民币/平方米建筑面积）$$

$$交易实例乙单价 = \frac{1250000}{2100} = 595.24 （美元/平方英尺使用面积）$$

②统一币种和货币单位。已知交易实例乙成交时,人民币与美元的市场汇率为 1 美元折合人民币 6.8395 元,则:

$$交易实例甲单价 = 38211.00 （元人民币/平方米建筑面积）$$

交易实例乙单价 = 595.24×6.8395 = 4071.14 （元人民币/平方英尺使用面积）

③统一面积内涵。如果以建筑面积为基准,已知交易实例乙的建筑面积与使用面积的关系为 1 平方英尺建筑面积等于 0.75 平方英尺使用面积,则:

交易实例甲单价 = 38211.00 （元人民币/平方米建筑面积）

交易实例乙单价 = 4071.14×0.75 = 3053.36 （元人民币/平方英尺建筑面积）

④统一面积计量单位。如果以平方米为基准,因 1 平方英尺 = 0.0929 平方米,则:

交易实例甲单价 = 38211.00（元人民币/平方米建筑面积）

交易实例乙单价 = 3053.36 ÷ 0.0929 = 32867.17（元人民币/平方米建筑面积）

# 第三节　交易情况修正与状况调整

市场比较法是通过一系列因素的修正和调整，来获取在特定时点下的待评估不动产的交易价格。这些修正和调整包括交易情况修正、市场状况调整和不动产状况调整。在处理可比实例的成交价格时，可以根据具体情况基于总价或单价，采用金额或百分比的形式，通过直接比较或间接比较来进行。

## 一、交易情况修正

交易情况修正旨在将可比实例的非正常成交价格转化为正常价格。不动产估价要求被评估不动产的价值是客观合理的。然而，在实际的市场经济活动中，不动产成交价格可能会受到一些特殊因素的影响，导致价格偏离正常市场水平。这些因素可能包括利害关系人之间的交易、强迫出售或购买的交易，以及交易双方或某一方对市场行情缺乏了解。由于这些特殊因素的存在，即使可比实例的成交价格是实际发生的，但它可能是正常的，也可能是非正常的。如果可比实例的成交价格是非正常的，那么需要将其修正为正常的市场价格，以确保评估结果的准确性和合理性。

交易情况修正的方法可以分为总价修正和单价修正，分别是基于总价或单价对可比实例的成交价格进行交易情况修正。

交易情况修正的方法还可以分为金额修正和百分比修正。金额修正是采用金额对可比实例的成交价格进行交易情况修正，其基本公式为

可比实例正常价格 = 可比实例成交价格 ± 交易情况修正金额

百分比修正是采用百分比对可比实例的成交价格进行交易情况修正，其基本公式为

可比实例正常价格 = 可比实例成交价格 × 交易情况修正系数（A）

如果可比实例的成交价格高出或低于其正常价格的百分率为 S%，则交易情况修正系数 A 为

$$A = \frac{100}{(\quad)} = \frac{正常交易情况指数}{可比实例交易情况指数} = \frac{1}{1 \pm S\%}$$

**【例 5-6】** 某不动产的可比实例的成交价格为 9000 元/平方米，比其正常价格低 10%，求交易情况修正后的价格。

**【解】**

$$可比实例正常价格 = 可比实例成交价格 \times \frac{1}{1-S\%} = 9000 \times \frac{1}{1-10\%} = 10000（元/平方米）$$

此时交易情况修正系数 $A = \frac{1}{1-10\%} = 1.11$

## 二、市场状况调整

市场状况调整是指在调查及分析可比实例所在地类似不动产价格变动情况的基础上，采用可比实例所在地类似不动产的价格变动率或价格指数进行调整，将可比实例在其成交日期的价格调整为在价值时点的价格的一种处理。

由于市场供求、利率、通货膨胀水平、财政政策等因素的影响，不同时点的不动产市场状况会有所不同，因此需要按照市场行情对可比实例在交易日期的价格进行调整，使其成为与待评估对象有可比性的同一时点价格。市场状况调整多采用百分比调整的方法，其一般公式为

可比实例在价值时点的价格 = 可比实例在成交日期的价格 × 市场状况调整系数

市场状况调整系数一般应以成交日期的价格为基准来确定，计算成交日到价值时点的市场价格变化百分比。

**【例 5-7】** 现选取一可比不动产实例，成交价格为 16000 元/平方米，成交日期为 2018 年 7 月。假设 2018 年 1 月至 2019 年 7 月，该类不动产价格平均每月上涨 1%，2019 年 8 月至 2020 年 1 月，该类不动产价格平均每月下降 0.2%，求该可比实例进行交易日期修正后 2020 年 1 月的价格。

**【解】** 该可比实例进行交易日期修正后的价格为

$P = 16000 \times (1+1\%)^{12} \times (1-0.2\%)^6 = 16000 \times 1.127 \times 0.988 = 17815.62$（元/平方米）

此时市场状况调整系数 = $1.127 \times 0.988 = 1.113$

市场状况调整也可以采用价格指数法。价格指数包括定基价格指数和环比价格指数。其中，以某个固定时期作为基期的，为定基价格指数；以上一时期作为基期的，则为环比价格指数。采用定基价格指数和环比价格指数进行市场状况调整的公式分别为

$$市场状况调整系数（定基）= \frac{价值时点的定基价格指数}{成交日期的定基价格指数}$$

市场状况调整系数（环比）= 成交日期下一时期的环比价格指数 × 再下一时期的环比价格指数 × … × 价值时点的环比价格指数

**【例 5-8】** 某宗不动产 2021 年 6 月 1 日的市场价格为 13800 元/平方米，现需要将其调整到 2021 年 10 月 1 日的价格。已知该类不动产 2021 年 4 月 1 日至 10 月 1 日的市场价格指数分别为 110.6，110.0，109.7，109.5，108.9，108.5，108.3（以 2019 年 1 月 1 日为基期，基期价格指数为 100）。求该不动产 2021 年 10 月 1 日的市场价格。

**【解】** 已知 2021 年 10 月的定基价格指数为 108.3，2021 年 6 月的定基价格指数为 109.7，则：

$$13800 \times \frac{108.3}{109.7} = 13623.88 \text{（元/平方米）}$$

**【例 5-9】** 某宗不动产 2021 年 6 月 1 日的市场价格为 12500 元/平方米，现需要将其调整到 2021 年 10 月 1 日的价格。已知该类不动产 2021 年 4 月 1 日至 10 月 1 日的市场价格指数分别为 99.6，98.7，97.5，98.0，99.2，101.5，101.8（均以上个月为基期，基期价格指数为 100）。求该不动产 2021 年 10 月 1 日的市场价格。

**【解】** $12500 \times \frac{98.0}{100} \times \frac{99.2}{100} \times \frac{101.5}{100} \times \frac{101.8}{100} = 12556.30$（元/平方米）

## 三、不动产状况调整

不动产状况调整，旨在确保可比实例的价格真实反映其在估价对象状况下的价值。除了外部环境的影响，不动产的价值也与其自身状况紧密相关。因此，要将可比实例状况与估价对象状况进行比较，如果二者存在差异，则需要对可比实例的成交价格进行不动产状况调整，以消除由于不动产状况差异所导致的价格偏差。

### （一）不动产状况调整的内容

不动产状况调整的内容包括区位状况调整、实物状况调整和权益状况调整。具体来看，是将可比实例与估价对象的区位、实物和权益状况因素逐项进行比较，找出它们之间的差异，量化状况差异造成的价格差异，然后对可比实例的价格进行相应调整。

**1. 区位状况调整的内容**

区位状况是对不动产价格有影响的不动产区位因素的状况。相应的，区位状况调整是使可比实例在其自身区位状况下的价格成为在估价对象区位状况下的价格的一种处理。

区位状况调整的内容主要有位置（包括所处的方位、与相关重要场所的距离、临街或临路状况、朝向、楼层等）、交通（包括进出、停车的便利程度等）、外部配套设施（包括基础设施和公共服务设施）、周围环境（包括自然环境、人文环境）等影响不动产价格的区位因素。

**2. 实物状况调整的内容**

实物状况是对不动产价格有影响的不动产实物因素的状况。相应的，实物状况调整是使可比实例在其自身实物状况下的价格成为在估价对象实物状况下的价格的一种处理。

实物状况调整涉及的内容广，其中，就建筑物来看，主要有建筑规模、建筑外观、建筑结构、设施设备、装饰装修、建筑性能（如防水、保温、隔热、隔声、通风、采光、日照）、空间布局、新旧程度等影响不动产价格的建筑物实物因素；就土地来看，主要有土地面积、形状、地形、地势、地质、开发程度等影响不动产价格的土地实物因素。

**3. 权益状况调整的内容**

权益状况是对不动产价格有影响的不动产权益因素的状况。相应的，权益状况调整是使可比实例在其自身权益状况下的价格成为在估价对象权益状况下的价格的一种处理。

由于在选取可比实例时就要求其权益状况中的权利性质、用途与估价对象的权利性质、用途相同，所以权益状况调整的内容一般不包括权利性质和用途，主要包括土地使用期限、共有等产权关系复杂状况、居住权或地役权等其他物权的设立状况、出租或占用状况、容积率等使用管制状况，以及额外利益、债权债务、物业管理等其他不动产权益状况。

### （二）不动产状况调整的主要方法

不动产状况调整的基本思路是：就需要调整的不动产状况内容，将可比实例状况与估价对象状况进行比较，如果可比实例状况比估价对象状况好，则应对可比实例的成交价格进行减价调整；反之，则应对可比实例的成交价格进行加价调整。

不动产状况调整的具体方法有：①直接比较调整和间接比较调整；②总价调整和单价调整；③金额调整和百分比调整。

**1. 直接比较调整和间接比较调整**

直接比较调整法是以估价对象状况为基准，将可比实例状况与估价对象状况进行比较，根据二者的差异对可比实例的成交价格进行调整。

直接比较调整法的一般步骤如表 5-1 所示：①确定若干种对不动产价格有影响的不动产状况方面的因素，如选取或分为 10 种因素；②根据每种因素对不动产价格的影响程度确定其权重；③以估价对象状况为基准（通常采用百分制，将估价对象在每种因素上的得分设定为 100），针对各个因素，将可比实例与估价对象逐一进行比较、评分。如果在某个因素上可比实例状况比估价对象状况好，则所得分数应高于 100 分，反之，则所得分数应低于 100 分；④将累计所得的分数转化为调整价格的比率，并利用该比率对可比实例价格进行调整。

表 5-1 不动产状况直接比较调整

| 不动产状况 | 权重（%） | 估价对象 | 可比实例 1 | 可比实例 2 | 可比实例 $n$ |
|---|---|---|---|---|---|
| 因素 1 | $f_1$ | 100 | | | |
| 因素 2 | $f_2$ | 100 | | | |
| …… | …… | …… | | | |
| 因素 $n$ | $f_n$ | 100 | | | |
| 综合 | 100% | 100 | | | |

因此，采用直接比较调整法，可比实例进行不动产状况调整后的价格表达式为

$$可比实例在估价对象状况下的价格 = 可比实例在自身状况下的价格 \times \frac{100}{(\quad)}$$

上式中，括号内应填写的数字是可比实例状况相对于估价对象状况的得分。可比实例状况优于估价对象状况的，该得分大于 100；否则，小于 100。

间接比较调整法是选定或设定"标准不动产"，以该标准不动产状况为基准，将可比实例状况与估价对象状况间接进行比较（见表 5-2），即先将可比实例在自身状况下的价格调整为在标准不动产状况下的价格$\left[修正系数为\frac{100}{(\quad)}\right]$，然后将可比实例在标准不动产状况下的价格调整为在估价对象状况下的价格$\left[修正系数为\frac{(\quad)}{100}\right]$。

表 5-2 不动产状况间接比较调整

| 不动产状况 | 权重（%） | 标准状况 | 估价对象 | 可比实例 1 | 可比实例 2 | 可比实例 $n$ |
|---|---|---|---|---|---|---|
| 因素 1 | $f_1$ | 100 | | | | |
| 因素 2 | $f_2$ | 100 | | | | |
| …… | …… | …… | | | | |
| 因素 $n$ | $f_n$ | 100 | | | | |
| 综合 | 100% | 100 | | | | |

因此，采用间接比较调整法，可比实例进行不动产状况调整后的价格表达式为

可比实例在估价对象状况下的价格 = 可比实例在自身状况下的价格 $\times \dfrac{100}{(\ \ )} \times \dfrac{(\ \ )}{100}$

上式中，位于分母和分子的括号内应填写的数字，分别是可比实例状况和估价对象状况相对于标准不动产状况的得分。即前者是把可比实例在其自身状况下的价格调整为标准不动产状况下的价格的"标准化修正系数"，后者是将可比实例在标准不动产状况下的价格调整为在估价对象状况下的价格的"不动产状况调整系数"。

【例 5-10】 现有一可比实例，成交价格为 15000 元/平方米，该可比实例所处区域的环境优于待评估对象，经分析，该可比实例在商服繁华程度、交通条件、基础设施规划条件、文体设施等方面综合起来需修正 2%，求经不动产状况修正后的可比实例价格。

【解】采用直接比较调整法，则：

不动产状况修正后的可比实例价格 = $15000 \times \dfrac{100}{102} = 14705.88$（元/平方米）

**2. 总价调整和单价调整**

总价调整是基于总价对可比实例的成交价格进行不动产状况调整，即以可比实例总价为基数，按照一定金额或者按一定比例加价或减价。例如，可比实例住宅配置了现值 5 万元的厨房设备，而估价对象住宅没有厨房设备，则需要对该可比实例成交价格进行不动产状况调整，即应在其成交总价的基础上减价 5 万元。

单价调整则是基于单价对可比实例成交价格进行不动产状况调整（如例 5-10 所示）。

**3. 金额调整和百分比调整**

金额调整是采用金额对可比实例的成交价格进行不动产状况调整，其基本公式为

可比实例在估价对象状况下的价格
= 可比实例在其自身状况下的价格 ± 不动产状况调整金额

百分比调整是采用百分比对可比实例的成交价格进行不动产状况调整，其基本公式为

可比实例在估价对象状况下的价格
= 可比实例在其自身状况下的价格 × 不动产状况调整系数

在实务中，有些价格影响因素多采用金额调整，如室内装修的不同（比如，有装修的住宅比没有装修的住宅每平方米价格上涨 4000 元）；有些价格影响因素多采用百分比调整，如区位、房屋结构、质量、性能、新旧的不同（比如房龄每增加一年价格下降 1%）；而有些价格影响因素则是两种调整方法均可，如楼层的不同（比如，高层住宅每增加一层每平方米价格上涨 1000 元或 2%）。具体是采取金额调整还是百分比调整，需要估价师在估价过程中根据经验来判断选择。

## 第四节  计算比较价值

经过上述的交易情况修正、市场状况调整和不动产状况调整，得到的是可比实例的比较价值。这一比较价值，实质上是基于一个假设，即假设可比实例与估价对象在交易情况、

市场状况和不动产状况方面都一致。

## 一、计算单个可比实例的比较价值

对选取的每个可比实例，在进行交易情况、市场状况、不动产状况三个方面的修正或调整后，需要把这些修正和调整综合在一起，则有下列公式。

**1. 金额修正和调整下的公式**

比较价值＝可比实例成交价格±交易情况修正金额±市场状况调整金额±不动产状况调整金额

**2. 百分比修正和调整下的加法公式**

比较价值＝可比实例成交价格×(1＋交易情况修正系数＋市场状况调整系数＋不动产状况调整系数)

**3. 百分比修正和调整下的乘法公式**

比较价值＝可比实例成交价格×交易情况修正系数×市场状况调整系数×不动产状况调整系数

在实际估价中，具体的公式要比上述公式更加复杂，因为建立比较基础，进行交易情况修正、市场状况调整、不动产状况调整，可视具体情况采用总价、单价、金额、百分比、加法、乘法等调整方法，不同的处理方式在实务中往往是混合使用的。

下面以百分比修正和调整下的乘法公式为例，进一步说明在市场比较法中分别采用直接比较修正法和间接比较修正法的综合修正调整计算过程。

**1. 采用直接比较法的综合修正和调整**

$$比较价值 = 可比实例成交价格 \times \frac{\overset{交易情况修正}{100}}{(\ )} \times \frac{\overset{市场状况调整}{(\ )}}{100} \times \frac{\overset{不动产状况调整}{100}}{(\ )}$$

$$= 可比实例成交价格 \times \frac{正常价格}{实际成交价格} \times \frac{价值时点价格}{成交日期价格} \times \frac{估价对象状况价格}{可比实例状况价格}$$

上式中，交易情况修正的分子为 100，表示以正常价格为基准；市场状况调整的分母为 100，表示以成交日期的价格为基准；不动产状况调整的分子为 100，表示以估价对象状况为基准。

**2. 采用间接比较法的综合修正和调整**

$$比较价值 = 可比实例成交价格 \times \frac{\overset{交易情况修正}{100}}{(\ )} \times \frac{\overset{市场状况调整}{(\ )}}{100} \times \frac{\overset{标准化修正}{100}}{(\ )} \times \frac{\overset{不动产状况调整}{(\ )}}{100}$$

$$= 可比实例成交价格 \times \frac{正常价格}{实际成交价格} \times \frac{价值时点价格}{成交日期价格} \times \frac{标准状况价格}{可比实例状况价格} \times \frac{估价对象状况价格}{可比实例状况价格}$$

上式中，标准化修正的分子为 100，表示以标准不动产状况为基准，分母是可比实例状况相对于标准不动产状况的得分；不动产状况调整的分母为 100，表示以标准不动产状况为基准，分子是估价对象状况相对于标准不动产状况的得分。

需要指出的是，《房地产估价规范》规定：在进行交易情况修正、市场状况调整、区位状况调整、实物状况调整、权益状况调整时，分别对可比实例成交价格的单项修正或调整幅度不宜超过20%，共同对可比实例成交价格的修正和调整幅度不宜超过30%。经修正和调整后的各个可比实例价格中，最高价与最低价的比值不宜大于1.2。当幅度或比值超出上述规定时，应更换可比实例；当因估价对象或市场状况特殊，无更合适的可比实例替换时，应在估价报告中说明并陈述理由。这一规定，一是限制估价师在修正、调整上的自由裁量权，防止出现随意修正、调整的情况；二是防止随意选取可比实例，如果可比实例不满足上述要求，则说明其与估价对象的相似度不够，应更换。

## 二、计算最终的比较价值

各个可比实例得出的比较价值通常是不同的，需要把它们综合成一个比较价值，以得出市场比较法的最终比较价值或测算结果。一般可选用各个比较价值的平均数或中位数、众数作为最终的比较价值。

### （一）平均数

平均数包括简单算术平均数和加权算术平均数。简单算术平均数是把修正和调整后的各个比较价值直接相加，再除以这些比较价值的个数，所得的数值即为最终的比较价值。设 $V_1, V_2, \cdots, V_n$ 为根据 $n$ 个可比实例分别修正和调整出的 $n$ 个比较价值，则其简单算术平均数的计算公式为

$$V = \frac{V_1 + V_2 + \cdots + V_n}{n} = \frac{1}{n}\sum_{i=1}^{n} V_i$$

加权算术平均数则是在将修正和调整后的各个比较价值综合成一个比较价值时，需要根据每个比较价值的重要程度，先赋予它们不同的权数或权重，然后综合出一个最终的比较价值。通常对与估价对象最相似的可比实例所修正和调整后的比较价值，赋予最大的权数或权重；反之，则赋予最小的权数或权重。设 $V_1, V_2, \cdots, V_n$ 为根据 $n$ 个可比实例分别修正和调整出的 $n$ 个比较价值，$f_1, f_2, \cdots, f_n$ 依次为 $V_1, V_2, \cdots, V_n$ 的权数，则其加权算术平均数的计算公式为

$$V = \frac{V_1 f_1 + V_2 f_2 + \cdots + V_n f_n}{f_1 + f_2 + \cdots + f_n} = \sum_{i=1}^{n} V_i f_i \Big/ \sum_{i=1}^{n} f_i$$

**【例 5-11】** 对 3 个可比实例的成交价格进行修正和调整得到的 3 个比较价值分别为 15200 元/平方米、15600 元/平方米和 15300 元/平方米，分别赋予权重 0.5、0.3 和 0.2。请采用"加权算术平均数"求取一个最终的比较价值。

**【解】**

$$15200 \times 0.5 + 15600 \times 0.3 + 15300 \times 0.2 = 15340（元/平方米）$$

### （二）中位数

中位数是一组数据中居于中间位置的数，它是将数据按照大小排序后，位于中间位置

的数值。如果数据中有偶数个数值，那么中位数定义为中间两个数的平均值。可见，在不动产估价中，中位数可以用于描述一组比较价值的中心趋势。在一组比较价值中，有一半的比较价值比中位数大，同时也有一半的比较价值比中位数小。例如，12600，12650，12800，12860，12950 这组数值的中位数为 12800；而 12200，12300，12400，12600，12750，12800 这组数值的中位数则为 12500 [（12400 + 12600）÷ 2 = 12500]。

### （三）众数

众数是一组数值中出现频数最多的那个数值，即出现最频繁的那个数值就是众数。例如，12200，12600，12300，12600，12300，12600 这组数值的众数是 12600。一组数值可能有不止一个众数，也可能没有众数。

对经过修正和调整后的各个比较价值，应根据它们之间的差异程度、可比实例状况与估价对象状况的相似程度、可比实例资料的可靠程度等实际情况，恰当选择平均数、中位数或众数等方法计算出最终的比较价值。从理论上讲，平均数易受其中极端数值的影响，尤其是在样本数量不大的情况下。如果一组数值中含有极端的数值，采用平均数就有可能得到非典型的甚至是误导性的结果。在此情况下，采用中位数较为合适；也可采取去掉一个最大数值和一个最小数值的方式，然后再将余下的数值进行简单算术平均。然而，在实际估价中，由于比较价值的个数通常较少，常用的仍然是平均数，其次是中位数，甚少采用众数。

【例 5-12】 为评估某写字楼 2023 年 5 月 1 日的市场价值，在该写字楼附近选取了三个与其相似的写字楼的交易实例作为可比实例，通过搜集整理估价对象和可比实例基本情况，并对估价对象和可比实例在交易情况、市场状况、不动产状况等方面的差异进行了分项目的详细比较，得出了可比实例价格修正和调整结果（见表 5-3）。

表 5-3　可比实例价格修正和调整结果

| 项目 | 可比实例 1 | 可比实例 2 | 可比实例 3 |
| --- | --- | --- | --- |
| 成交价格 | 16000 元人民币/平方米 | 2600 美元/平方米 | 17600 元人民币/平方米 |
| 成交日期 | 2023 年 1 月 1 日 | 2023 年 3 月 1 日 | 2023 年 4 月 1 日 |
| 交易情况 | +2% | +3% | −3% |
| 不动产状况 | −8% | −5% | +6% |

在表 5-3 的交易情况中，正（负）值表示可比实例成交价格高（低）于其正常价格的幅度；在不动产状况中，正（负）值表示可比实例状况优（劣）于估价对象状况导致的价格差异幅度。假设 2023 年 3 月 1 日，人民币汇率中间价为 1 美元折合人民币 6.5706 元，2023 年 5 月 1 日为 1 美元折合人民币 6.4990 元；该类写字楼以人民币为基准的市场价格从 2023 年 1 月至 2023 年 3 月平均每月比上月上涨 1%，从 2023 年 4 月至 2023 年 5 月平均每月比上月下滑 0.5%。请利用上述资料测算该写字楼 2023 年 5 月 1 日的市场价值。

【解】 该写字楼 2023 年 5 月 1 日的市场价值测算如下。

（1）测算公式：

$$比较价值 = 可比实例成交价格 \times 交易情况修正系数 \times 市场状况调整系数 \times 不动产状况调整系数$$

（2）求取可比实例 1 的比较价值 $V_1$：

$$V_1 = 16000 \times \frac{1}{1+2\%} \times (1+1\%)^2 \times (1-0.5\%)^2 \times \frac{1}{1-8\%} = 17219.51（元人民币/平方米）$$

其中，交易情况修正系数为 $\frac{1}{1+2\%}$；市场状况调整系数为 $(1+1\%)^2 \times (1-0.5\%)^2$；不动产状况调整系数为 $\frac{1}{1-8\%}$。

（3）求取可比实例 2 的比较价值 $V_2$：

$$V_2 = 2600 \times 6.5706 \times \frac{1}{1+3\%} \times (1-0.5\%)^2 \times \frac{1}{1-5\%} = 17284.77（元人民币/平方米）$$

其中，交易情况修正系数为 $\frac{1}{1+3\%}$；市场状况调整系数为 $(1-0.5\%)^2$；不动产状况调整系数为 $\frac{1}{1-5\%}$。

（4）求取可比实例 3 的比较价值 $V_3$：

$$V_3 = 17600 \times \frac{1}{1-3\%} \times (1-0.5\%) \times \frac{1}{1+6\%} = 17031.71（元人民币/平方米）$$

其中，交易情况修正系数为 $\frac{1}{1-3\%}$；市场状况调整系数为 $(1-0.5\%)$；不动产状况调整系数为 $\frac{1}{1+6\%}$。

（5）将上述三个比较价值的简单算术平均数作为市场比较法的测算结果，则该写字楼 2023 年 5 月 1 日的市场价值为

$$估价对象的市场价值（单价） = (17219.51 + 17284.77 + 17031.71) \div 3$$
$$= 17178.66（元人民币/平方米）$$

【例 5-13】为评估某套住宅 2022 年 8 月 15 日的市场价值，在该住宅附近选取了三个与其相似的住宅的交易实例作为可比实例，有关资料如表 5-4～表 5-7 所示。

表 5-4 可比实例成交价格及成交日期

| 项目 | 可比实例 1 | 可比实例 2 | 可比实例 3 |
| --- | --- | --- | --- |
| 成交价格 | 13700 元/平方米 | 14200 元/平方米 | 14500 元/平方米 |
| 成交日期 | 2022 年 3 月 15 日 | 2022 年 6 月 15 日 | 2022 年 7 月 15 日 |

**表 5-5　可比实例交易情况分析判断结果**

| 项目 | 可比实例 1 | 可比实例 2 | 可比实例 3 |
|---|---|---|---|
| 交易情况 | -2% | 0% | +5% |

注：以正常价格为基准，正值表示可比实例成交价格高于其正常价格的幅度，负值表示可比实例成交价格低于其正常价格的幅度。

**表 5-6　同类不动产 2022 年的价格变动情况（定基价格指数）**

| 月份 | 2 | 3 | 4 | 5 | 6 | 7 | 8 |
|---|---|---|---|---|---|---|---|
| 价格指数 | 100 | 92.4 | 98.3 | 98.6 | 100.3 | 109.0 | 106.8 |

**表 5-7　不动产状况比较判断结果**

| 不动产状况 | 权重 | 估价对象 | 可比实例 1 | 可比实例 2 | 可比实例 3 |
|---|---|---|---|---|---|
| 区位状况 | 0.3 | 100 | 100 | 110 | 120 |
| 实物状况 | 0.2 | 100 | 120 | 100 | 100 |
| 权益状况 | 0.5 | 100 | 105 | 100 | 85 |

请利用上述资料测算该住宅 2022 年 8 月 15 日的市场价值。

【解】该住宅 2022 年 8 月 15 日的市场价值测算如下。

（1）测算公式：

$$比较价值 = 可比实例成交价格 \times 交易情况修正系数 \times 市场状况调整系数 \times 不动产状况调整系数$$

（2）求取交易情况修正系数：

可比实例 1 的交易情况修正系数为 $\dfrac{1}{1-2\%}$；可比实例 2 的交易情况修正系数为 $\dfrac{1}{1-0\%}$；可比实例 3 的交易情况修正系数为 $\dfrac{1}{1+5\%}$。

（3）求取市场状况调整系数：

可比实例 1 的市场状况调整系数为 $\dfrac{106.8}{92.4}$；可比实例 2 的市场状况调整系数为 $\dfrac{106.8}{100.3}$；可比实例 3 的市场状况调整系数为 $\dfrac{106.8}{109.0}$。

（4）求取不动产状况调整系数：

可比实例 1 的房地产状况调整系数 $= \dfrac{100}{100 \times 0.3 + 120 \times 0.2 + 105 \times 0.5} = \dfrac{100}{106.5}$

可比实例 2 的房地产状况调整系数 $= \dfrac{100}{110 \times 0.3 + 100 \times 0.2 + 100 \times 0.5} = \dfrac{100}{103.0}$

可比实例 3 的房地产状况调整系数 $= \dfrac{100}{120 \times 0.3 + 100 \times 0.2 + 85 \times 0.5} = \dfrac{100}{98.5}$

（5）求取可比实例 1、2 和 3 的比较价值 $V_1$、$V_2$ 和 $V_3$（单价）：

$$V_1 = 13700 \times \frac{1}{1-2\%} \times \frac{106.8}{92.4} \times \frac{100}{106.5} = 15172.05（元/平方米）$$

$$V_2 = 14200 \times \frac{1}{1-0\%} \times \frac{106.8}{100.3} \times \frac{100}{103.0} = 14679.84（元/平方米）$$

$$V_3 = 14500 \times \frac{1}{1+5\%} \times \frac{106.8}{109.0} \times \frac{100}{98.5} = 13736.85（元/平方米）$$

（6）将上述三个比较价值的简单算术平均数作为比较法的测算结果，则该住宅 2022 年 8 月 15 日的市场价值为

$$估价对象的市场价值（单价）= (15172.05 + 14679.84 + 13736.85) \div 3 = 14529.58（元/平方米）$$

**关键词**

市场比较法　替代原理　建立比较基础　交易情况修正　市场状况调整
不动产状况调整　可比实例　直接比较调整　间接比较调整　金额调整
百分比调整　比较价值

自学自测　扫描此码

# 第六章 收益法

## 第一节 收益法概述

收益法，又称为收益资本化法、收益还原法。采用收益法，是预测估价对象的未来收益，利用报酬率或资本化率、收益乘数，把未来收益转换为估价对象价值价格。

### 一、收益法的基本原理

收益法以预期原理为基础。不动产的寿命长久，拥有一宗收益性不动产，不仅能够在当前获得收益，而且可以在未来相当长的时间内不断地获取收益。因此，购买收益性不动产实际上是一种相对长期的投资行为。投资者购买收益性不动产的目的不是获得不动产本身，而是获得不动产未来所能产生的一系列收益，即以现在的一笔资金去换取未来的一系列现金流。

收益法原理可以具体表述为：假设价值时点为现在，那么在现在购买一宗有一定收益期的不动产，则意味着在未来的收益期内可以持续不断地获取净收益。如果现有一笔资金可与这未来一系列净收益的现值之和相等，那么这笔资金的金额就是该不动产的价值。

收益法是建立在资金的时间价值观念基础之上的。资金的时间价值，是指现在的资金比将来的等量资金具有更高的价值。通俗地说，就是现在的钱比将来的钱更值钱。俗话"多得不如现得"也是这一观念的反映。资金时间价值的金额是等量资金在两个不同时点的价值之差，用绝对量来反映为利息，用相对量来反映则为利率。也可以将利息理解为使用资金的租金，如同租用房屋或土地的房租、地租。

理解了资金的时间价值这一概念后，就不难理解为什么收益性不动产的价值就是其未来净收益的现值之和。这一现值的高低直接取决于以下三个主要变量：①未来净收益的大小——未来净收益越大，不动产价值就越高，反之就越低；②获取净收益期限的长短——获取净收益的期限越长，不动产价值就越高，反之就越低；③获取净收益的可靠程度——获取净收益越可靠，不动产价值就越高，反之就越低。

### 二、收益法的适用范围

收益法适用的待评估对象是有经济收益或有潜在经济收益的不动产，如公寓、写字楼、旅馆、商店、餐馆、用于出租的厂房、仓库等。它并不局限于估价对象当前是否已经产生收益，只要估价对象所属类型有获取收益的能力即可。

采用收益法估价的一个重要前提条件是代入收益法公式的各个参数可以量化，否则将无法得到最终的估值。具体来讲，所需的条件如下：

（1）评估对象使用时间较长且具有连续性。

（2）评估对象能在未来若干年内取得一定收益，且该收益可以用货币来度量。

（3）评估对象的未来收益和评估对象的所有者所承担的风险可以量化。风险的确定与报酬率、资本化率以及收益乘数的合理选用直接相关。

（4）存在一定规模的类似房产或土地市场，以便开展深入的市场调查和市场分析。因为尽管过去不能代表未来，但未来的预期通常是基于过去的经验和对现实的认识做出的。

基于上述条件，不难发现，收益法一般不适用于行政办公楼、学校、公园等公用、公益性不动产的估价。

## 三、收益法的基本步骤

运用收益法估价的基本步骤是：①搜集有关收益和费用的资料，并且选择具体的估价方法，即是选择报酬资本化法还是选择直接资本化法；②估算未来收益期或持有期，并测算期间的净收益；③确定适当的报酬率、资本化率或收益乘数；④计算不动产价值价格（见图6-1）。

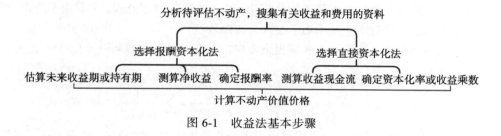

图6-1　收益法基本步骤

# 第二节　报酬资本化法的公式[①]

预测估价对象的未来收益，利用报酬率把未来收益转换为估价对象价值价格的方法被称为报酬资本化法。应用报酬资本化法求取不动产价值价格，是对未来若干年净收益的贴现，而净收益现金流模式和收益年限的变化，会演变出许多具体的公式形式，需要估价师灵活地运用到估价实务中去。

## 一、报酬资本化法的一般公式

$$V_0 = \frac{A_1}{(1+Y_1)} + \frac{A_2}{(1+Y_1)(1+Y_2)} + \cdots + \frac{A_n}{(1+Y_1)(1+Y_2)\cdots(1+Y_n)} = \sum_{i=1}^{n} \frac{A_i}{\prod_{j=1}^{i}(1+Y_j)}$$

式中：$V_0$——估价对象在价值时点的价值；$A_i$——估价对象未来第 $i$ 期的净运营收益，简称净收益。其中，$A_1, A_2, \cdots, A_n$ 分别为相对于价值时点而言的未来第 $1, 2, \cdots, n$ 期期末的

---

[①] 本节在介绍报酬资本化法的各种公式时，假设净收益、报酬率和收益期或持有期均已知。这些变量的具体求取方法，将在本章后续小节做详细介绍。

净收益；$Y_j$——估价对象未来第 $j$ 期的报酬率，也称为贴现率、折现率。其中，$Y_1$，$Y_2$，…，$Y_n$ 分别为相对于价值时点而言的未来第 1，2，…，$n$ 期的报酬率；$n$——估价对象的收益期或持有期，是自价值时点起至估价对象未来因达到经济寿命或转售而不能获取净收益时止的时间。

为了便于直观地理解报酬资本化法，帮助估价师进行有关计算，可借助现金流量示意图，如图 6-2 所示。

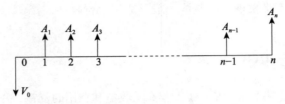

图 6-2　报酬资本化法的现金流量示意图

进一步地，可以对上述公式及相关问题作出以下四点说明。

（1）上述公式是收益法基本原理的公式化，是收益法的原理公式，主要用于理论分析。从公式可以看出，报酬资本化法本质上是现金流贴现法。

（2）在实际估价中，通常假设各期报酬率保持不变，即 $Y_1 = Y_2 = \cdots = Y_n = Y$。因此，上述公式可简化为

$$V_0 = \frac{A_1}{(1+Y)} + \frac{A_2}{(1+Y)^2} + \cdots + \frac{A_n}{(1+Y)^n} = \sum_{i=1}^{n} \frac{A_i}{(1+Y)^i}$$

（3）报酬资本化法的所有公式均假设未来净收益发生在各期期末。在现实中，如果净收益发生的时间相对于价值时点而言不是在期末，而是在期初或期中，则应对净收益或报酬资本化法公式进行相应的调整。假设净收益发生在期初为 $A_{初}$，对该净收益进行调整是将其转换为发生在期末，调整的公式为

$$A_{末} = A_{初} \times (1+Y)$$

如果对报酬资本化法公式进行调整，则调整后的报酬资本化法公式为

$$V_0 = A_1 + \frac{A_2}{(1+Y)} + \cdots + \frac{A_n}{(1+Y)^{n-1}} = \sum_{i=1}^{n} \frac{A_i}{(1+Y)^{i-1}}$$

（4）式中，$A_i$，$Y$，$n$ 的时间单位是一致的，通常为年，也可以为月、季、半年等。例如，房租通常按月计取，那么基于月房租求取的是月净收益。在现实中，如果 $A_i$，$Y$，$n$ 之间的时间单位不一致，比如，$A_i$ 的时间单位为月，而 $Y$ 的时间单位为年，则应对净收益或报酬率、报酬资本化法公式进行相应的调整。由于实务中习惯上是采用年报酬率，所以一般是将月或季、半年的净收益调整为年净收益。

在报酬资本化法的应用中，一般较少直接采用其一般公式，因为对不动产未来 $n$ 年的净收益进行逐一预测是非常不现实的。通常的做法是，根据估价对象的净收益过去、现在和未来的变动情况以及测算的收益期或持有期，判断确定一个未来净收益流量的模式，以便进一步简化测算过程。未来净收益流量的模式主要包括以下五类：①净收益每年不变；

②净收益每年按同一金额递增或递减；③净收益每年按同一比率递增或递减；④净收益在收益期前后两段变化规律不同；⑤预知未来若干年后价格的持有加转售模式。

## 二、净收益每年不变的公式

根据收益期的不同，净收益每年不变的公式分为无限年和有限年两种。

### （一）收益期为无限年的公式

$$V_0 = \frac{A}{(1+Y)} + \frac{A}{(1+Y)^2} + \cdots + \frac{A}{(1+Y)^n}$$

公式可简化为

$$V_0 = \frac{A}{Y}$$

此公式的假设前提是：①净收益每年不变，为 $A$；②报酬率为 $Y$，且 $Y>0$；③收益期为无限年，即 $n \to \infty$。

报酬率 $Y$ 在现实中是大于零的，因为报酬率包含了对资金的时间价值以及机会成本的补偿。

【例 6-1】 某宗不动产的收益期可视作无限年，预测其未来每年的净收益为 100 万元，该类不动产的报酬率为 10%。求该不动产的价值。

【解】 $V_0 = \dfrac{A}{Y} = \dfrac{100}{10\%} = 1000$（万元）

### （二）收益期为有限年的公式

$$V_0 = \frac{A}{(1+Y)} + \frac{A}{(1+Y)^2} + \cdots + \frac{A}{(1+Y)^n}$$

公式可简化为

$$V_0 = \frac{A}{Y}\left[1 - \frac{1}{(1+Y)^n}\right]$$

此公式的假设前提是：①净收益每年不变，为 $A$；②报酬率为 $Y$，且 $Y>0$；③收益期为有限年 $n$。

有限年内净收益每年不变的公式除可直接用于不动产价值的测算外，还常被用于在不同使用期限的土地或不同收益期的不动产（简称不同期限不动产）价格之间进行换算和对比。例如，在市场比较法中，当可比实例的土地使用期限或收益期与估价对象的土地使用期限或收益期存在差异时，需要对可比实例价格进行调整，使其成为与估价对象相同的土地使用期限或收益期之下的价格。

#### 1. 在不动产价值测算中的应用

【例 6-2】 某写字楼的土地是 5 年前以出让方式取得的建设用地使用权，出让合同载明使用期限为 50 年，不可续期。预测该写字楼正常情况下每年的净收益为 100 万元，该类不动产的报酬率为 10%。求该写字楼的价值。

**【解】**

$$V_0 = \frac{A}{Y}\left[1 - \frac{1}{1+Y^n}\right] = \frac{100}{10\%} \times \left[1 - \frac{1}{(1+10\%)^{50-5}}\right] = 986.28(万元)$$

与【例6-1】中无限年土地使用期限的写字楼价值1000万元相比,【例6-2】中45年的不动产价值要小13.72（1000 − 986.28 = 13.72）万元。

**【例6-3】** 6年前，甲单位提供一块面积为1000平方米、使用期限为50年的土地，乙企业出资300万元，合作建设一幢建筑面积为3000平方米的钢筋混凝土结构办公楼。建设期为2年。建成后的办公楼建筑面积中，1000平方米归甲单位所有，2000平方米由乙企业使用20年，使用期满后无偿归甲单位所有。现在，乙企业有意将其使用部分的办公楼在使用期满后的剩余期限买下来，甲单位也愿意出卖。但双方对价格把握不准并有争议，共同委托不动产估价机构评估。

**【解】** 本题中的估价对象是未来16年后（乙企业的使用期限为20年，扣除已经使用的4年，剩余期限为16年）的28年建设用地使用权（土地使用期限为50年，扣除建设期2年和乙企业的使用期限20年，剩余期限为28年，具体见图6-3）和房屋所有权在现在的价值。采取收益法进行估价的两种思路如下：一是先求取未来44年的净收益的现值之和及未来16年的净收益的现值之和，然后将两者相减；二是直接求取未来16年后的28年的净收益的现值之和。以第一种为例。

据调查得知，当前与该办公楼相似的写字楼每平方米建筑面积的月租金平均为80元，据估价师分析测算，该写字楼正常情况下每年的净收益为120万元，该类不动产的报酬率为12%。此类钢筋混凝土结构办公楼的使用年限为60年，建筑物使用年限晚于土地使用期限结束，收益期根据建设用地使用权剩余期限确定，价值时点以后的建设用地使用权剩余期限为50 − 6 = 44（年）。

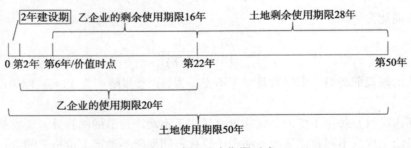

图6-3　例6-3中期限示意

（1）求取未来44年的净收益的现值之和

$$V_{44} = \frac{A}{Y}\left[1 - \frac{1}{(1+Y)^n}\right] = \frac{120}{12\%} \times \left[1 - \frac{1}{(1+12\%)^{44}}\right] = 993.17(万元)$$

（2）求取未来16年的净收益的现值之和

$$V_{16} = \frac{A}{Y}\left[1 - \frac{1}{(1+Y)^n}\right] = \frac{120}{12\%} \times \left[1 - \frac{1}{(1+12\%)^{16}}\right] = 836.88(万元)$$

（3）求取未来16年后的28年建设用地使用权和房屋所有权在现在的价值：
$$V_{28} = V_{44} - V_{16} = 993.17 - 836.88 = 156.29(万元)$$

**2. 在不同期限不动产价格之间进行换算和对比中的应用**

为了叙述上简便，现以 $K_n$ 代表上述收益期为有限年公式中的 "$1 - \dfrac{1}{(1+Y)^n}$"，即

$$K_n = 1 - \frac{1}{(1+Y)^n} = \frac{(1+Y)^n - 1}{(1+Y)^n}$$

例如，$K_{70}$ 表示 $n$ 为 70 年时的 $K$ 值。如果用 $V_n$ 表示收益期为 $n$ 年的价格，则 $V_{50}$ 表示收益期为 50 年的价格，$V_{70}$ 表示收益期为 70 年的价格，$V_\infty$ 表示收益期为无限年的价格。于是，不同期限不动产价格之间的换算思路如下。

由于

$$V_{70} = \frac{A}{Y}\left[1 - \frac{1}{(1+Y)^{70}}\right] = \frac{A}{Y} \times K_{70}$$

$$V_{50} = \frac{A}{Y}\left[1 - \frac{1}{(1+Y)^{50}}\right] = \frac{A}{Y} \times K_{50}$$

$$V_\infty = \frac{A}{Y}$$

若已知 $V_\infty$，求 $V_{70}$、$V_{50}$ 如下。

$$V_{70} = V_\infty \times K_{70}$$
$$V_{50} = V_\infty \times K_{50}$$

若已知 $V_{50}$，求 $V_\infty$、$V_{70}$ 如下。

$$V_\infty = V_{50} \times \frac{1}{K_{50}}$$

$$V_{70} = V_{50} \times \frac{K_{70}}{K_{50}}$$

如果将上述公式一般化，则有

$$V_n = V_m \times \frac{K_n}{K_m} = V_m \times \frac{(1+Y)^{m-n}\left[(1+Y)^n - 1\right]}{(1+Y)^m - 1}$$

值得注意的是，上述不同期限不动产价格之间的换算隐含着以下两个前提：①不同期限不动产对应的报酬率相同；②不同期限不动产对应的净收益相同或可转化为相同（如单位面积的净收益相同）。

当不同期限不动产对应的报酬率不相同时，假如 $V_n$ 对应的报酬率为 $Y_n$，而 $V_m$ 对应的报酬率为 $Y_m$，其他方面仍符合上述前提，则可通过公式

$$V_n = \frac{A}{Y_n}\left[1 - \frac{1}{(1+Y)_n{}^n}\right]$$

与公式

$$V_m = \frac{A}{Y_m}\left[1 - \frac{1}{(1+Y_m)^m}\right]$$

相除，推导出下列不同期限不动产价格之间的换算公式

$$V_n = V_m \times \frac{Y_m(1+Y_m)^m[(1+Y_n)^n - 1]}{Y_n(1+Y_n)^n[(1+Y_m)^m - 1]}$$

**【例6-4】** 已知某宗收益性不动产的收益期为40年，单价为12500元/平方米，报酬率为10%。求30年收益期对应的该不动产价格。

**【解】** $V_n = V_m \times \dfrac{(1+Y)^{m-n}[(1+Y)^n - 1]}{(1+Y)^m - 1}$

$$V_{30} = 12500 \times \frac{(1+10\%)^{40-30} \times [(1+10\%)^{30} - 1]}{(1+10\%)^{40} - 1} = 12049.88 \text{（元/平方米）}$$

**【例6-5】** 甲不动产的收益期为50年，单价为12000元/平方米；乙不动产的收益期为30年，单价为10800元/平方米。报酬率均为6%，其他条件相同。请比较这两宗不动产的价格高低。

**【解】** 比较该两宗不动产的价格高低，需要把它们转换为相同期限下的不动产。为了计算方便，将它们统一转换为收益期为无限年情况下的价格。

甲不动产 $V_\infty = V_{50} \div K_{50} = 12000 \div \left[1 - \dfrac{1}{(1+6\%)^{50}}\right] = 12688.86$（元/平方米）

乙不动产 $V_\infty = V_{30} \div K_{30} = 10800 \div \left[1 - \dfrac{1}{(1+6\%)^{30}}\right] = 13076.80$（元/平方米）

由上例可知，表面上看，乙不动产的价格低于甲不动产的价格（10800＜12000），而实际上，在统一了收益期之后，乙不动产的价格高于甲不动产的价格（13076.80＞12688.86）。

**【例6-6】** 某宗5年前以出让方式取得的使用期限为50年的工业用地，目前所处地段的基准地价为2000元/平方米。该基准地价在评估时设定的使用期限为法定最高年限。除使用期限不同外，该工业用地的其他状况与评估基准地价时设定的状况相同。现行的土地报酬率为10%。请通过基准地价求取该工业用地目前的价格。

**【解】** 本例题通过基准地价求取工业用地目前的价格，实际上是将使用期限为法定最高年限（50年）的基准地价转换为45年（原取得的50年使用期限减去已经使用的5年）的基准地价。具体计算如下。

$$V_{45} = V_{50} \times \frac{K_{45}}{K_{50}} = 2000 \times \frac{(1+10\%)^{50-45} \times [(1+10\%)^{45} - 1]}{(1+10\%)^{50} - 1} = 1989.51 \text{（元/平方米）}$$

## 三、净收益按一定金额递增的公式

根据收益期的不同,净收益按一定金额递增的公式分为无限年和有限年两种。

### (一)收益期为无限年的公式

$$V_0 = \frac{A}{(1+Y)} + \frac{A+b}{(1+Y)^2} + \frac{A+2b}{(1+Y)^3} + \cdots + \frac{A+(n-1)b}{(1+Y)^n}$$

公式可简化为

$$V_0 = \frac{A}{Y} + \frac{b}{Y^2}$$

此公式的假设前提是:①净收益未来第 1 年为 $A$,此后按金额 $b$ 逐年递增;②报酬率为 $Y$,且 $Y>0$;③收益期为无限年,即 $n \to \infty$。

**【例 6-7】** 预测某宗不动产未来第一年的净收益为 20 万元,此后每年的净收益在上一年的基础上增加 3 万元,收益期可视作无限年,已知该类不动产的报酬率为 9%。求该不动产的价值。

**【解】** $V_0 = \dfrac{A}{Y} + \dfrac{b}{Y^2} = \dfrac{20}{9\%} + \dfrac{3}{9\%^2} = 592.59$(万元)

### (二)收益期为有限年的公式

$$V_0 = \frac{A}{(1+Y)} + \frac{A+b}{(1+Y)^2} + \frac{A+2b}{(1+Y)^3} + \cdots + \frac{A+(n-1)b}{(1+Y)^n}$$

式中:$b$——净收益逐年递增的金额,其中,净收益未来第 1 年为 $A$,第 2 年为 $(A+b)$,第 3 年为 $(A+2b)$,依此类推,第 $n$ 年为 $[A+(n-1)b]$。

公式可简化为

$$V_0 = \left(\frac{A}{Y} + \frac{b}{Y^2}\right)\left[1 - \frac{1}{(1+Y)^n}\right] - \frac{b}{Y} \times \frac{n}{(1+Y)^n}$$

此公式的假设前提是:①净收益未来第 1 年为 $A$,此后按金额 $b$ 逐年递增;②报酬率为 $Y$,且 $Y>0$;③收益期为有限年 $n$。

## 四、净收益按一定金额递减的公式

净收益按一定金额逐年递减会导致估价对象在一定年限后的净收益为负值,所以净收益按一定金额递减的公式实际上只有收益期为有限年一种。该公式为

$$V_0 = \frac{A}{(1+Y)} + \frac{A-b}{(1+Y)^2} + \frac{A-2b}{(1+Y)^3} + \cdots + \frac{A-(n-1)b}{(1+Y)^n}$$

式中:$b$——净收益逐年递减的金额,其中,净收益未来第 1 年为 $A$,第 2 年为 $(A-b)$,第 3 年为 $(A-2b)$,依此类推,第 $n$ 年为 $[A-(n-1)b]$。

公式可简化为

$$V_0 = \left(\frac{A}{Y} - \frac{b}{Y^2}\right)\left[1 - \frac{1}{(1+Y)^n}\right] + \frac{b}{Y} \times \frac{n}{(1+Y)^n}$$

第六章 收 益 法

此公式的假设前提是：①净收益未来第 1 年为 $A$，此后按金额 $b$ 逐年递减；②报酬率为 $Y$，且 $Y>0$；③收益期为有限年 $n$，且 $n \leqslant \frac{A}{b}+1$[①]。

**【例 6-8】** 预测某宗不动产未来第一年的净收益为 25 万元，此后每年的净收益在上一年的基础上减少 2 万元。求该不动产的合理经营期限、其于合理经营期限结束前和结束后一年（假定持续经营情况下）的净收益，以及在报酬率为 6%的情况下该不动产的价值。

**【解】** 设该不动产的合理经营期限为 $n$，则其计算如下。

$$令\ A-(n-1)b=0$$

$$则有\ 25-(n-1)\times 2=0$$

$$n=25\div 2+1=13.5（年）$$

该不动产合理经营期限结束前一年（第 13 年）的净收益为

$$A-(n-1)b=25-(13-1)\times 2=1（万元）$$

该不动产合理经营期限结束后一年（第 14 年）的净收益为

$$A-(n-1)b=25-(14-1)\times 2=-1（万元）$$

该不动产的价值计算如下。

$$V_0=\left(\frac{A}{Y}-\frac{b}{Y^2}\right)\left[1-\frac{1}{(1+Y)^n}\right]+\frac{b}{Y}\times\frac{n}{(1+Y)^n}$$

$$=\left(\frac{25}{6\%}-\frac{2}{6\%^2}\right)\times\left[1-\frac{1}{(1+6)\%^{13.5}}\right]+\frac{2}{6\%}\times\frac{13.5}{(1+6\%)^{13.5}}=129.28（万元）$$

## 五、净收益按一定比率递增的公式

根据收益期的不同，净收益按一定比率递增的公式分为无限年和有限年两种。

### （一）收益期为无限年的公式

$$V_0=\frac{A}{(1+Y)}+\frac{A(1+g)}{(1+Y)^2}+\frac{A(1+g)^2}{(1+Y)^3}+\cdots+\frac{A(1+g)^{n-1}}{(1+Y)^n}$$

公式可简化为

$$V_0=\frac{A}{Y-g}$$

此公式的假设前提是：①净收益未来第 1 年为 $A$，此后按比率 $g$ 逐年递增；②报酬率为 $Y$，且 $Y>0$，$g<Y$；③收益期为无限年，即 $n\to\infty$。

此公式之所以要求 $g<Y$，是因为从数学上看，若 $g=Y$，$V$ 为无穷大，而若 $g>Y$，$V$ 就为负。在现实中，通常 $g<Y$：一是因为任何不动产的净收益都不可能以极快的速度无限

---

[①] 这一假设前提可以通过令第 $n$ 年的净收益 $<0$ 推导出，由 $A-(n-1)b<0$，整理得到 $n>\frac{A}{b}+1$。即，在 $\frac{A}{b}+1$ 年后，各年的净收益均为负值。在这种情况下，作为追求自身经济利益最大化的理性"经济人"将不会经营下去。

递增下去；二是因为较快的递增速度通常意味着较大的风险，从而要求提高风险报酬，导致报酬率大于递增比率。

**【例6-9】** 预测某宗不动产未来第一年的净收益为20万元，此后每年的净收益在上一年的基础上增长2%，收益期可视作无限年，该类不动产的报酬率为10%。求该不动产的价值。

**【解】** $V_0 = \dfrac{A}{Y-g} = \dfrac{20}{10\%-2\%} = 250$（万元）

### （二）收益期为有限年的公式

$$V_0 = \frac{A}{(1+Y)} + \frac{A(1+g)}{(1+Y)^2} + \frac{A(1+g)^2}{(1+Y)^3} + \cdots + \frac{A(1+g)^{n-1}}{(1+Y)^n}$$

式中：$g$——净收益逐年递增的比率，其中，净收益未来第1年为$A$，第2年为$A(1+g)$，第3年为$A(1+g)^2$，依此类推，第$n$年为$A(1+g)^{n-1}$。

公式可简化为

$$V_0 = \frac{A}{Y-g}\left[1-\left(\frac{1+g}{1+Y}\right)^n\right]$$

此公式的假设前提是：①净收益未来第1年为$A$，此后按比率$g$逐年递增；②报酬率为$Y$，且$Y>0$，$g \neq Y$［当$g=Y$时，上述公式可进一步简化为$V_0 = \dfrac{A \times n}{(1+Y)}$］；③收益期为有限年$n$。

**【例6-10】** 某宗不动产的收益期为48年；未来第一年的净收益为20万元，此后每年的净收益在上一年的基础上增长2%；该类不动产的报酬率为10%。求该不动产的价值。

**【解】** $V_0 = \dfrac{A}{Y-g}\left[1-\left(\dfrac{1+g}{1+Y}\right)^n\right] = \dfrac{20}{10\%-2\%} \times \left[1-\left(\dfrac{1+2\%}{1+10\%}\right)^{48}\right] = 243.33$（万元）

## 六、净收益按一定比率递减的公式

根据收益期的不同，净收益按一定比率递减的公式分为无限年和有限年两种。

### （一）收益期为无限年的公式

$$V_0 = \frac{A}{(1+Y)} + \frac{A(1-g)}{(1+Y)^2} + \frac{A(1-g)^2}{(1+Y)^3} + \cdots + \frac{A(1-g)^{n-1}}{(1+Y)^n}$$

公式可简化为

$$V_0 = \frac{A}{Y+g}$$

此公式的假设前提是：①净收益未来第1年为$A$，此后按比率$g$逐年递减；②报酬率为$Y$，且$Y>0$；③收益期限为无限年，即$n \to \infty$。

## （二）收益期为有限年的公式

$$V_0 = \frac{A}{(1+Y)} + \frac{A(1-g)}{(1+Y)^2} + \frac{A(1-g)^2}{(1+Y)^3} + \cdots + \frac{A(1-g)^{n-1}}{(1+Y)^n}$$

式中：$g$——净收益逐年递减的比率，其中，净收益未来第 1 年为 $A$，第 2 年为 $A(1-g)$，第 3 年为 $A(1-g)^2$，依此类推，第 $n$ 年为 $A(1-g)^{n-1}$。

公式可简化为

$$V_0 = \frac{A}{Y+g}\left[1 - \left(\frac{1-g}{1+Y}\right)^n\right]$$

此公式的假设前提是：①净收益未来第 1 年为 $A$，此后按比率 $g$ 逐年递减；②报酬率为 $Y$，且 $Y > 0$；③收益期为有限年 $n$。

## 七、净收益在收益期前后两段变化规律不同的公式

净收益在收益期前后两段变化规律不同的公式，前段净收益的变化有无规律变化、每年不变、按一定金额递增、按一定金额递减、按一定比率递增、按一定比率递减等情形；后段净收益的变化，在实际估价中主要是假定每年不变，也可据具体情况设定为按一定金额递增、按一定金额递减、按一定比率递增、按一定比率递减等情形；后段的收益期，同样可以分为无限年和有限年两种。

净收益在前后两段变化规律不同的公式很有实用价值。这是因为，实务中每年的净收益通常是不同的。如果采用前述所介绍的净收益每年不变或有规律变化的公式来估价，有时未免太片面；但如果按净收益无规律变化的情况来估价，除非收益期较短，否则又不具备可操作性。为了解决这一矛盾，一般是根据估价对象的经营状况和市场环境，预测其未来 5 年至 10 年的净收益，并假设此后的净收益每年不变或按一定的规律变动，然后对这两段时期的净收益进行折现处理，进而得到待评估不动产的价值。事实上，经营性不动产在建成后的头几年由于试营业、试运营等，其收益通常并不平稳，然后才逐渐趋于稳定，这也为这类公式的应用提供了现实基础。

下面以其中的后段净收益假定每年不变的情形来说明。

### （一）收益期为无限年的公式

$$V_0 = \frac{A_1}{(1+Y)} + \frac{A_2}{(1+Y)^2} + \cdots + \frac{A_t}{(1+Y)^t} + \frac{A}{(1+Y)^{t+1}} + \frac{A}{(1+Y)^{t+2}} + \cdots + \frac{A}{(1+Y)^n}$$

式中：$t$——净收益有变化的期限。

公式可简化为

$$V_0 = \sum_{i=1}^{t} \frac{A_i}{(1+Y)^i} + \frac{A}{Y(1+Y)^t}$$

此公式的假设前提是：①净收益在未来 $t$ 年（含第 $t$ 年）有变化，分别为 $A_1$，$A_2$，…，$A_t$，在第 $t$ 年以后保持不变，为 $A$；②报酬率为 $Y$，且 $Y>0$；③收益期为无限年，即 $n \to \infty$。

【例6-11】 预测某宗不动产未来5年的净收益分别为24万元、27万元、30万元、35万元、40万元,从未来第6年到无穷远每年的净收益将稳定在42万元左右,市场上该类不动产的报酬率为10%。求该不动产的价值。

【解】

$$V_0 = \sum_{i=1}^{t} \frac{A_i}{(1+Y)^i} + \frac{A}{Y(1+Y)^t} = \frac{24}{(1+10\%)} + \frac{27}{(1+10\%)^2} + \frac{30}{(1+10\%)^3} +$$

$$\frac{35}{(1+10\%)^4} + \frac{40}{(1+10\%)^5} + \frac{42}{10\%(1+10\%)^5} = 376.20(万元)$$

### (二)收益期为有限年的公式

$$V_0 = \frac{A_1}{(1+Y)} + \frac{A_2}{(1+Y)^2} + \cdots + \frac{A_t}{(1+Y)^t} + \frac{A}{(1+Y)^{t+1}} + \frac{A}{(1+Y)^{t+2}} + \cdots + \frac{A}{(1+Y)^n}$$

式中:$t$——净收益有变化的期限。

公式可简化为

$$V_0 = \sum_{i=1}^{t} \frac{A_i}{(1+Y)^i} + \frac{A}{Y(1+Y)^t}\left[1 - \frac{1}{(1+Y)^{n-t}}\right]$$

此公式的假设前提是:①净收益在未来 $t$ 年(含第 $t$ 年)有变化,分别为 $A_1$,$A_2$,…,$A_t$,在第 $t$ 年以后保持不变,为 $A$;②报酬率为 $Y$,且 $Y>0$;③收益期为有限年 $n$。

【例6-12】 某宗不动产的收益期为38年,预测其未来5年的净收益分别为24万元、27万元、30万元、35万元、40万元,从未来第6年到第38年每年的净收益将稳定在42万元左右,市场上该类不动产的报酬率为10%。求该不动产的价值。

【解】

$$V_0 = \sum_{i=1}^{t} \frac{A_i}{(1+Y)^i} + \frac{A}{Y(1+Y)^t}\left[1 - \frac{1}{(1+Y)^{n-t}}\right] = \frac{24}{(1+10\%)} + \frac{27}{(1+10\%)^2} + \frac{30}{(1+10\%)^3} +$$

$$\frac{35}{(1+10\%)^4} + \frac{40}{(1+10\%)^5} + \frac{42}{10\%(1+10\%)^5} \times \left[1 - \frac{1}{(1+10\%)^{38-5}}\right] = 364.97(万元)$$

与【例6-11】中收益期为无限年的不动产相比,【例6-12】中38年收益期的不动产价格要低11.23(376.20-364.97=11.23)万元。

## 八、预知未来若干年后价格的公式

通过测算待评估不动产的收益期,选择前述收益法公式进行估价,被称为全剩余寿命模式。但是在实务中,最常用的模式是通过测算持有期,以及预测未来若干年后不动产的转让价格进行估价,被称为持有加转售模式。持有加转售模式主要适用于以下两种情况:一是待评估收益性不动产的剩余寿命或未来收益期很长,未来一定年限(如5~10年)之后的净收益难以预测;二是因优化资产配置等仅需要持有一段时间后转售。此时,就不宜按照全剩余寿命模式来估价,而是应该先确定一个合理的预测净收益的期限或持有期,然后预测持有期间收益和持有期期末转售收益或期末价格,再将它们折算为现值。尽管持有加转售模式在实务中的可操作性更强,但有其应用的前提条件,即虽然不动产当前的价格未知,但可以预测其未来的价格或未来价格相对于现在价格的变化率。

预测不动产未来 $t$ 年内每年的净收益分别为 $A_1, A_2, \cdots, A_t$,第 $t$ 年末的价格为 $V_t$,则其当前的价格为

$$V_0 = \frac{A_1}{(1+Y)} + \frac{A_2}{(1+Y)^2} + \cdots + \frac{A_t}{(1+Y)^t} + \frac{V_t}{(1+Y)^t}$$

式中:$V_0$——不动产当前的价格;$t$——预测净收益的期限。如果购买不动产的目的是持有一段时间后转售,则 $t$ 为持有期;$A_i$——不动产未来第 $i$ 年的净收益,即在预测净收益的期限内或在持有期内各年可获得的净收益,简称期间收益;$V_t$——不动产未来第 $t$ 年年末的价格,即不动产第 $t$ 年年末的市场价格或市场价值。如果购买不动产的目的是持有一段时间后转售,则为持有期末的转售价格减去转售成本后的收益,即在持有期末转售不动产时可获得的净收益,简称期末转售收益。持有期末的转售价格简称期末转售价格或期末转售价值,可采用直接资本化法[①]、市场比较法等方法测算,或者通过预期年增长率计算得到。持有期末的转售成本简称期末转售成本,是转让人转售不动产时应负担的销售费用、销售税费等费用和税金。

公式可简化为

$$V_0 = \sum_{i=1}^{t} \frac{A_i}{(1+Y)^i} + \frac{V_t}{(1+Y)^t}$$

此公式的假设前提是:期间报酬率和期末报酬率均为 $Y$。上述公式根据期间收益的变化情形,可具体化为下列公式。

**1. 期间收益每年不变的公式**

上述公式中,如果期间收益每年不变,为 $A$,则公式为

$$V_0 = \frac{A}{Y}\left[1 - \frac{1}{(1+Y)^t}\right] + \frac{V_t}{(1+Y)^t}$$

**2. 期间收益按一定金额递增的公式**

上述公式中,如果期间收益按金额 $b$ 逐年递增,则公式为

$$V_0 = \left(\frac{A}{Y} + \frac{b}{Y^2}\right)\left[1 - \frac{1}{(1+Y)^t}\right] - \frac{b}{Y} \times \frac{t}{(1+Y)^t} + \frac{V_t}{(1+Y)^t}$$

**3. 期间收益按一定金额递减的公式**

上述公式中,如果期间收益按金额 $b$ 逐年递减,则公式为

$$V_0 = \left(\frac{A}{Y} - \frac{b}{Y^2}\right)\left[1 - \frac{1}{(1+Y)^t}\right] + \frac{b}{Y} \times \frac{t}{(1+Y)^t} + \frac{V_t}{(1+Y)^t}$$

---

① 参见第六章第五节"直接资本化法"的内容。

**4. 期间收益按一定比率递增的公式**

上述公式中，如果期间收益按比率 $g$ 逐年递增，则公式为

$$V_0 = \frac{A}{(Y-g)}\left[1-\left(\frac{1+g}{1+Y}\right)^t\right] + \frac{V_t}{(1+Y)^t}$$

**5. 期间收益按一定比率递减的公式**

上述公式中，如果期间收益按比率 $g$ 逐年递减，则公式为

$$V_0 = \frac{A}{(Y+g)}\left[1-\left(\frac{1-g}{1+Y}\right)^t\right] + \frac{V_t}{(1+Y)^t}$$

**【例 6-13】** 某写字楼所处地区的正常租金水平为每天 4 元/平方米。由于目前房地产市场不景气，该写字楼的净收益仅为正常租金水平的 80%。预测本地的房地产市场 2 年后会回升，届时该类写字楼的市场价格将达到 15000 元/平方米，转让该类写字楼的税费为市场价格的 8%。如果投资者对该类投资的报酬率要求为 10%，求该写字楼现在的价格。

**【解】**

已知每天的租金为 4 元/平方米，按一年 365 天计，则

$$V_0 = \frac{A}{Y}\left[1-\frac{1}{(1+Y)^t}\right] + \frac{V_t}{(1+Y)^t} = \frac{4\times 365 \times 80\%}{10\%}\times\left[1-\frac{1}{(1+10\%)^2}\right] +$$

$$\frac{15000\times(1-8\%)}{(1+10\%)^2} = 13432.07(元/平方米)$$

**【例 6-14】** 某出租的旧办公楼的租约尚有 3 年到期，在这 3 年的剩余租期中，每年可获得净租金 100 万元，到期后要将该旧办公楼拆除作为商业用地。预计作为商业用地的价值为 1200 万元，拆除费用为 80 万元，不考虑改变土地用途所需支付的土地出让金等费用。该类不动产的报酬率为 10%。求该旧办公楼现在的价格。

**【解】**

$$V_0 = \frac{A}{Y}\left[1-\frac{1}{(1+Y)^t}\right] + \frac{V_t}{(1+Y)^t} = \frac{100}{10\%}\times\left[1-\frac{1}{(1+10\%)^3}\right] + \frac{1200-80}{(1+10\%)^3} = 1090.16（万元）$$

**【例 6-15】** 预测某宗不动产未来两年的净收益分别为 55 万元和 60 万元。与当前的价格相比，该不动产两年后的价格预计将上涨 5%。该类不动产的报酬率为 10%。求该不动产现在的价格。

**【解】**

$$V_0 = \sum_{i=1}^{t}\frac{A_i}{(1+Y)^i} + \frac{V_t}{(1+Y)^t} = \frac{55}{(1+10\%)} + \frac{60}{(1+10\%)^2} + \frac{V_0\times(1+5\%)}{(1+10\%)^2}$$

$$V_0 = 753.13（万元）$$

**【例 6-16】** 预测某宗收益性不动产未来第一年的净收益为 24000 元，未来 5 年的净收益每年增加 1000 元。预计该类不动产的价格每年上涨 3%，报酬率为 9.5%。求该不动产当前的价格。

【解】选用下列公式计算该不动产当前的价格。

$$V_0 = \left(\frac{A}{Y} + \frac{b}{Y^2}\right)\left[1 - \frac{1}{(1+Y)^t}\right] - \frac{b}{Y} \times \frac{t}{(1+Y)^t} + \frac{V_t}{(1+Y)^t}$$

根据题意可知：

$$A = 24000$$
$$b = 1000$$
$$t = 5$$
$$V_t = V_0 \times (1+3\%)^5$$
$$Y = 9.5\%$$

将上述数据代入公式后计算如下。

$$V_0 = \left(\frac{24000}{9.5\%} + \frac{1000}{9.5\%^2}\right) \times \left[1 - \frac{1}{(1+9.5\%)^5}\right] - \frac{1000}{9.5\%} \times \frac{5}{(1+9.5\%)^5} + \frac{V_0(1+3\%)^5}{(1+9.5\%)^5}$$

对上述公式进行合并同类项并计算后得到

$$V_0 = 376096.65（元）$$

## 第三节 净收益的测算

利用报酬资本化法估价，需要预测估价对象未来的净收益，这也是实务中收益法运用的重点和主要难点之一。针对不同用途（如住房、写字楼、酒店、商场、汽车加油站、游乐场、农用地等）、不同收益类型（如出租、自营、自用等）、不同运营费用负担主体（如房屋维修费、物业费、供暖费、水电费等，由出租人全包，或者由承租人全部负担或分担）的估价对象，测算净收益时哪些需要从总收入中扣除、哪些不需要扣除，并不能一概而论，需要结合收入的内涵等实际情况来确定。

### 一、净收益测算的基本原理

用于租赁的不动产是收益法估价的典型对象。因此，通过租赁收入来求取净收益，是收益法的主要形式。

在基于租赁收入的净收益测算中，净收益全称净运营收益（net operating income，NOI），是相关收入减去相应费用后归因于估价对象的收益。

其基本思路为

潜在毛收入 − 空置损失 − 收租损失 = 有效毛收入

有效毛收入 − 运营费用 = 净运营收益

实务中，测算待评估不动产的潜在毛收入（potential gross income，PGI）、有效毛收入（effective gross income，EGI）、运营费用（operating expenses，OE）、净运营收益等，通常以年度计，并假设现金流发生在年末。

## (一)潜在毛收入

潜在毛收入是估价对象在充分利用、没有空置(满租状态)和收租损失情况下所能获得的归因于估价对象的总收入。

$$潜在毛收入 = 潜在毛租金收入 + 其他收入$$

潜在毛收入的主要组成部分通常是租金,即租户或承租人为获得在一定时间内使用物业的权利而支付的金额。潜在毛租金收入等于所有可出租单位与其最可能的租金水平(例如市场租金)的乘积。例如,假设一套两居室公寓的租金为每月4200元,那么一宗拥有10套两居室公寓的收益性不动产每年将产生的潜在毛收入为50.40万元(4200×12×10=504000)。

在计算租金收入时,应注意区分合同租金和市场租金。在大多数情况下,当一宗收益性不动产受到现有租赁合同的约束时,估价师将根据合同租金确定其潜在毛租金收入水平。例如,某宗收益性不动产如果空置并以当前市场租金出租,每年可获得50.40万元的租金。然而,该不动产受现存长期租赁协议的限制,每年租金仅为45万元。在这种情况下,估价师将按照合同租金,即每年45万元来确认该不动产的潜在毛租金收入。

对于不受现有租赁协议限制的物业(空置或业主自用物业),潜在毛租金收入是根据市场租金水平来确定的,即租户在当前市场条件下愿意支付的平均租金金额。在大多数情况下,估价师需要同时确定待评估不动产的合同租金和市场租金水平。例如,待评估不动产是一宗大型物业,既有空置待出租的空间,又有已签订了租赁合同的空间;再如,在待评估不动产受到现存租赁协议的限制的情况下,若现有租赁协议即将到期,估价师也需要同时考虑合同租金和市场租金来估算不动产在持有期内的潜在毛租金收入情况。

除租金以外,潜在毛收入还包括不动产能够带来的与租赁相关的各种其他收入,通常包括车位出租收入、停车费、租赁押金或保证金、预订金的利息收入,以及自动售货机、洗衣房等产生的收入。

## (二)有效毛收入

有效毛收入是潜在毛收入减去空置和收租损失后的收入。空置和收租损失是因空置、承租人拖欠租金等情况而造成的租金收入损失。空置的部分不产生租金收入,因空置而造成的租金收入损失(简称空置损失),通常按照潜在毛租金收入的一定比例(如空置率)测算;收租损失是因承租人不付租金、少付租金(包括少交租金、租金折扣等)、拖延支付租金以及免租期等而造成的租金收入损失,可以按照应收毛租金收入的一定比例(如收租损失率,即收租损失与应收毛租金收入的百分比)测算,也可以按照潜在毛租金收入的一定比例计算。

$$有效毛收入 = 潜在毛租金收入 - 空置和收租损失 + 其他收入$$
$$= 潜在毛租金收入 \times (1-空置率) - 收租损失 + 其他收入$$
$$= 应收毛租金收入 - 收租损失 + 其他收入$$
$$= 应收毛租金收入 \times (1-收租损失率) + 其他收入$$

空置和收租损失的估算通常取决于当地经济条件、类似租赁的供需关系,以及现有租赁合同的条款。例如,一栋公寓楼每年的潜在毛租金收入为40万元,假设其他收入为0,公寓的空置和收租损失通常相当于潜在毛租金收入的5%。在这种情况下,该公寓楼每年的有效毛收入的计算思路如下。

|  |  |
| --- | --- |
| 潜在毛租金收入 | 400000 |
| －空置损失和收租损失 | 20000 |
| ＋其他收入 | 0 |
| ＝有效毛收入 | 380000 |

在实务中，如果一宗不动产现有租赁合约均是与高质量租户签订的长期租赁合同，那么此时可能就不需要为空置和收租损失作出备抵。在这种情况下，有效毛收入等于潜在毛收入。

### （三）运营费用

要确定净运营收益，需要从有效毛收入中扣除不动产的所有运营费用。运营费用是维持估价对象正常使用或运营的必要支出，通常包括水电气费、房地产税（如房产税、城镇土地使用税等）、房屋保险费、房屋日常的维修费、物业管理费等。由于运营费用的差异，具有类似毛收入的收益性不动产可能会有迥然不同的净运营收益。

基于评估的目的，运营费用一般分为固定性运营费用和变动性运营费用两大类。固定性运营费用不会随着不动产的使用情况（如出租率）而变化。无论不动产是否已租赁或者仍空置，这些费用都必须支付。典型的固定性运营费用包括房产税和房屋保险；变动性运营费用，顾名思义，会随着不动产的使用情况而变化，不动产的使用率上升时，费用随之增加，反之则会下降，例如水电气费、清洁和维护费用等。

运营费用与有效毛收入的百分比，称为运营费用率（operating expenses ratio，OER）。特定类型的不动产，其运营费用率通常有一个相对固定合理的范围，因此可以采用市场提取法找出该类型不动产的运营费用率，以作为具体估价时测算估价对象的运营费用的参考。市场提取法是通过可比实例的有关数据测算相关估价参数的方法。具体来看，采用市场提取法找出某种类型不动产的运营费用率，是调查同一市场上相似的不动产的运营费用和有效毛收入，从而估算得出一个运营费用率的合理区间。

对运营费用还需要进一步说明。

（1）运营费用中不包含抵押贷款。抵押贷款并不影响不动产整体的收益。对于同一宗不动产而言，抵押贷款金额和偿还方式不同，其每期的抵押贷款还本付息额会有所不同，而运营费用中如果包含抵押贷款还本付息额，就会使不同抵押贷款额和偿还方式下的净运营收益出现差异，从而影响不动产估价的客观性。以净运营收益为基础，不考虑不动产抵押贷款还本付息额，是以测算包含自有资金和抵押贷款价值在内的整体不动产价值为前提的。如果在扣除运营费用后得到的净运营收益基础上再扣除抵押贷款还本付息额，此时的收益称为税前现金流量（before tax cash flow，BTCF）。税前现金流量是不动产所有者（权益投资者）所得的收益金额，因此被用于评估不动产自有资金（权益资金）的价值。例如，某宗不动产每年有 45 万元的净运营收益，年度还款（包括本金和利息）为 20 万元。在这种情况下，税前现金流量应等于 25 万元。

（2）运营费用中不包含所得税。所得税与特定的不动产所有者的经营状况直接相关。如果运营费用中包含所得税，那么估价就会失去作为客观价值指导的普遍适用性。但是，在评估针对特定投资者的投资价值时，通常应采用扣除所得税后的收益，此时的收益称为税后现金流量（after tax cash flow，ATCF）。

（3）运营费用应该包括维持不动产正常使用所需发生的各项费用，不区分费用负担主体。在商业租赁中，一个重要的考虑因素是由出租方还是承租方来承担运营费用的风险。净租赁方式和毛租赁方式是两个极端，前者要求承租方负担所有的运营费用，而后者规定由出租方支付所有的运营费用。实务中，具体的运营费用负担主体取决于出租方和承租方的商业谈判，一些收益性不动产可能会由出租方预支运营费用，然后要求承租方返还出租方部分或全部运营费用。例如，租约中可能对出租方负担的所有或者某项运营费用设定金额上限，超出该上限后的运营费用都将由承租方来负担。这些来自承租方的运营费用的返还在收益性不动产的现金流量分析中通常显示为"费用返还"，并在计算有效毛收入时与其他收入一起加总。即考虑到运营费用存在承租方返还的情况下，净运营收益的求取可以进一步细化为

潜在毛租金收入 − 空置损失 − 收租损失 + 其他收入 + 费用返还 = 有效毛收入

有效毛收入 − 运营费用 = 净运营收益

（4）运营费用有别于资本性支出[①]。建筑物的一些组成部分（如电梯、空调、锅炉等）的经济寿命比整体建筑物的经济寿命短，它们在自身经济寿命结束后要重新购置或更换才能继续维持不动产的正常使用（如电梯的经济寿命结束后如果不更换，不动产就不能正常运营）。由于它们的购置成本是确实发生的，这一成本通常反映在资本性支出中。与运营费用不同，资本性支出用于对建筑物的重置和改建，通常能够有效地延长不动产的整体经济寿命并提升其价值，例如更换屋顶、增加楼层、铺设地面、更换厨房设备、更换供暖和空调设备、更换电气和管道装置以及修整停车场地面等。

在估价实践中，年度净收益估算中资本性支出的处理方式不尽相同。一些估价师在计算净运营收益时，已经扣减了这部分支出。而其他的一些估价师或不动产投资分析师，可能在计算净运营收益时未考虑，而是从净运营收益中减去资本性支出以获得税前现金流量的金额。因此，不动产估价师在工作中需要重点明确资本性支出在估价对象和可比实例中的处理，并且保持一致。在本书中，资本性支出在净运营收益之后扣减，即在考虑资本性支出的情况下，税前现金流量的求取可以进一步细化为

潜在毛租金收入 − 空置损失 − 收租损失 + 其他收入 + 费用返还 = 有效毛收入

有效毛收入 − 运营费用 = 净运营收益

净运营收益 − 资本性支出 − 抵押贷款还本付息额 = 税前现金流量

【例 6-17】某幢公寓楼有租赁住房 100 间，平均每间的月租金为 4000 元，自动售货机、洗衣房等其他收入扣除相关直接成本后的月均收入为 1.5 万元。该公寓楼的年均空置率为 10%，收租损失为应收毛租金收入的 5%，运营费用率为 25%。求该公寓楼的年潜在毛租金收入、年应收毛租金收入、年潜在毛收入、年有效毛收入和年净运营收益。

【解】（1）该公寓楼的年潜在毛租金收入计算如下。

---

[①] 其他书中可能将该项称为预留重置费用、重置准备金或其他类似项。

潜在毛租金收入 = 所有可出租房间数×每间房的租金水平 = 100×0.4×12 = 480（万元）

（2）该公寓楼的年应收毛租金收入计算如下。

应收毛租金收入 = 潜在毛租金收入 − 空置损失 = 潜在毛租金收入×(1−空置率) = 480×(1−10%) = 432(万元)

（3）该公寓楼的年潜在毛收入计算如下。

潜在毛收入 = 潜在毛租金收入 + 其他收入 = 480 + 1.5×12 = 498（万元）

（4）该公寓楼的年有效毛收入计算如下。

有效毛收入 = 潜在毛收入 − 空置和收租损失
= 潜在毛租金收入 − 空置和收租损失 + 其他收入
= 潜收毛租金收入（1−收租损失率）+ 其他收入
= 432×(1−5%) + 1.5×12 = 410.4 + 18 = 428.40（万元）

（5）该公寓楼的年净运营收益计算如下。

净运营收益 = 有效毛收入 − 运营费用 = 有效毛收入×(1−运营费用率)
= 428.40×(1−25%) = 321.30（万元）

## 二、净收益测算中应注意的问题

### （一）有形收益和无形收益

估价对象的收益可分为有形收益和无形收益。有形收益主要是指估价对象带来的直接货币收益，这是显而易见的收益形式。而无形收益则是指估价对象带来的间接利益，包括间接经济利益和非经济利益。例如，融资能力的提升、社会信誉的增强以及由此产生的自豪感等。在计算不动产净收益时，不仅要考虑有形收益，还要充分考虑无形收益。这是因为无形收益对于估价对象的整体价值具有重要影响。如果处理不当，可能会对评估的准确性造成影响。

由于无形收益通常难以货币化，因此在测算净收益时不易量化，此时可以通过选取较低的报酬率予以适当考虑。此外，如果无形收益已经通过有形收益得到了体现，就不应再单独考虑，以避免重复计算。例如，一幢高档写字楼因其能彰显承租人的形象、实力和地位，其间接的利益因素通常已经体现在该写字楼较高的租金水平中。在这种情况下，只需根据实际情况将有形收益纳入考虑范围即可。

### （二）实际收益和客观收益

估价对象的收益可分为实际收益和客观收益。实际收益是估价对象实际获得的收益，除有租约限制的情况外，它一般不能直接用于估价。例如，在城市中，有一块尚未利用的空地，其实际收益为零甚至为负数，例如需要支付看管费用和城镇土地使用税等。但这并不意味着该地块没有价值。此外，一宗不动产的实际经营管理者能力等因素对其实际收益有重大影响。如果直接利用实际收益进行估值，可能会得出不符合估价对象正常客观状况的结果。以一个交通便利的商场或酒店为例,由于经营不善,其收入在扣除费用后的金额可能为负数。但这并不意味着该不动产没有价值。相反,一个交通不便、设施设备老旧的宾馆,由于特殊的客户关系或特殊规定,能够吸引一些会议和活动在该宾馆举办,从而获得较高的净收益。但这并不意味着该宾馆本身的价值较高。

客观收益是估价对象在正常情况下所能获得的收益,或是实际收益剔除不正常和偶然因素后的收益。通常只有这种收益才能用于估价。因此,估价中采用的潜在毛收入、有效毛收入、运营费用或者净运营收益,除有租约限制外,一般应采用正常客观的数据。除有租约限制外,利用估价对象本身的数据资料直接测算出其潜在毛收入、有效毛收入、运营费用或者净运营收益后,还应将它们与类似不动产在正常情况下的潜在毛收入、有效毛收入、运营费用或者净运营收益进行比较。如果与正常客观的情况不符,应对它们进行适当的修正,使其充分反映正常客观的情况。

评估有租约限制的不动产价值时,在租赁期限内,应采用合同中约定的租金。而在租赁期限届满后和未出租的部分,则应以市场租金作为评估依据。合同租金与市场租金的差异会对不动产价值产生影响。如果合同租金高于市场租金,那么不动产的价值可能会相应提高。相反,如果合同租金低于市场租金,不动产的价值可能会降低。需要注意的是,当合同租金与市场租金的差异较大时,毁约的可能性也会增加。这种情况可以被视为一种风险,并在评估时体现在较高的报酬率中。

【例6-18】 某商铺为上下两层,每层的可出租面积均为300平方米,土地使用期限自2018年8月1日起,为40年。一层于2019年8月1日租出,租赁期限为5年,可出租面积的月租金为200元/平方米,且每年不变;二层目前暂时空置。附近相似的商铺一、二层可出租面积的正常月租金分别为220元/平方米和150元/平方米,运营费用率为25%。该类不动产的出租率为100%,报酬率为9%。求该商铺2022年8月1日带租约出售的正常价格。

【解】(1)商铺一层价格的测算:

租赁期限内的年净收益 = $300 \times 200 \times (1-25\%) \times 12 = 54$(万元)

租赁期限届满后的年净收益 = $300 \times 220 \times (1-25\%) \times 12 = 59.40$(万元)

$$V_0 = \sum_{i=1}^{t} \frac{A_i}{(1+Y)^i} + \frac{A}{Y(1+Y)^t}\left[1 - \frac{1}{(1+Y)^{n-t}}\right]$$

$$= \frac{54}{1+9\%} + \frac{54}{(1+9\%)^2} + \frac{59.40}{9\%(1+9\%)^2} \times \left[1 - \frac{1}{(1+9\%)^{40-4-2}}\right] = 620.84 \text{(万元)}$$

(2)商铺二层价格的测算:

年净收益 = $300 \times 150 \times (1-25\%) \times 12 = 40.50$(万元)

$$V_0 = \frac{A}{Y}\left[1 - \frac{1}{(1+Y)^n}\right] = \frac{40.50}{9\%} \times \left[1 - \frac{1}{(1+9\%)^{40-4}}\right] = 429.78 \text{(万元)}$$

(3)该商铺2022年8月1日带租约出售的正常价格:

$$该商铺的正常价格 = 商铺一层的价格 + 商铺二层的价格$$
$$= 620.84 + 429.78 = 1050.62（万元）$$

在不动产估价的实际操作中，收益法有一种灵活的运用方式，即"成本节约资本化法"。某种权益或资产虽然不产生收入，但当其可以避免原本会发生的成本时，就可以采用"成本节约资本化法"评估其价值。该方法的核心思想是：这类权益或资产的价值，等同于其在未来有效期间内能够节省下来的成本总额的现值。承租人权益价值的评估就是这种方法的一个典型应用案例。具体来说，承租人权益的价值可以通过计算剩余租赁期内每期合同租金与市场租金之间的差额，并将这些差额的现值进行累加来得出。如果合同租金低于市场租金，那么意味着承租人在租金上获得了实际的节省，从而使其权益具有正价值。相反，如果合同租金高于市场租金，那么承租人在租金上则处于不利位置，其权益就呈现出负价值。

**【例 6-19】** 某公司 3 年前租用了某幢写字楼中的 600 平方米面积，约定租赁期限为 8 年，月租金固定不变，为 80 元/平方米。现市场上相似的写字楼月租金为 100 元/平方米。假设折现率为 10%，求目前承租人权益的价值。

**【解】** 可采用下列公式计算目前承租人权益的价值：

$$V_0 = \frac{A}{Y}\left[1 - \frac{1}{(1+Y)^n}\right]$$

根据题意已知：

$$A = (100 - 80) \times 600 \times 12 = 144000（元）$$
$$Y = 10\%$$
$$n = 8 - 3 = 5（年）$$

将上述数字代入公式中计算如下。

$$V_0 = \frac{14.40}{10\%} \times \left[1 - \frac{1}{(1+10\%)^5}\right] = 54.59（万元）$$

## （三）乐观估计、保守估计和最可能估计

求取净收益实际上是对未来净收益的预测，这一过程不可避免地面临不确定性。因此，预测会有三种情境：乐观估计、保守估计和最可能（或折中）估计。在实际估价中，估价师可能会因为各种因素影响，如有意高估或低估估价对象的价值，而作出过于乐观或过于保守的净收益估计。为了避免这种情况，估价师应同时给出未来净收益在三种估计情境下的估值，即较乐观的估计值、较保守的估计值和最可能的估计值。

在进行抵押价值和抵押净值的评估时，由于需要遵循谨慎原则，应选用较保守的估计值。而对于投资价值的评估，由于投资者的风险偏好不同，可能选用较乐观的估计值或较保守的估计值。除上述情况外，其他目的的估价一般应选用既不乐观也不保守的估计值，即最可能的估计值。这样可以确保评估结果更加客观和准确，从而为相关决策提供有力的支持。

### (四)估价对象收益类型的差异

根据估价对象的收益类型不同,可将净收益的测算归纳为以下四种情况:①出租的不动产;②自营的不动产;③自用或尚未使用的不动产;④混合收益的不动产。在实际估价中,如果能够通过租赁收入来求取净收益,应优先选择这种方式,因为这种方式更为直接、简洁,有助于我们更准确地评估不动产的价值。

**1. 自营不动产的净收益测算**

有些收益性不动产不是以租赁方式获取收益而是以营业方式获取收益,业主与经营者合二为一,如购物中心、酒店、高尔夫球场、汽车加油站等。对于这类自营不动产,不动产所有者同时也是经营者,不动产租金收益与经营者利润没有分开,与基于租赁收入的净收益测算相比,其净收益测算的差异主要体现在以下两个方面:一是用经营收入代替潜在毛收入或有效毛收入来测算现金流;二是要扣除归属于待估不动产之外的其他资本或经营产生的收益,如要扣除商业、服务业、娱乐业、工业、农业等经营者的正常利润。例如,某养殖场正常经营的收入、费用和利润分别为100万元、36万元和24万元,则基于营业收入测算的不动产净收益为40万元(100−36−24=40万元)。在英国,这一种情况下的收益法也称为利润法。

**2. 自用或尚未使用不动产的净收益测算**

自用或尚未使用的不动产是指住房、写字楼等目前为业主自用或暂时空置的不动产,而不是指酒店或写字楼的大堂、管理用房等必要的"空置"或自用部分。酒店或写字楼的大堂、管理用房等的价值是通过客房、会议室等其他用房的收益体现出来的,因此其净收益不应单独计算,否则就存在重复计算。自用或尚未使用的不动产的净收益,可比照有收益的类似不动产的有关资料按上述租赁型不动产的方式来测算。

**3. 混合收益不动产的净收益测算**

现实中包含上述多种收益类型的不动产,如酒店一般有客房、会议室、餐厅、商场、商务中心、娱乐中心等,其净收益视具体情况采用以下三种方式之一求取。

(1)把费用分为变动费用和固定费用,将测算出的各种类型的收入分别减去相应的变动费用,予以加总后再减去总的固定费用。变动费用是指其总额随着业务量的变动而变动的费用。以一个有客房、会议室、餐厅、商场、商务中心、娱乐中心的酒店为例来进行说明,客房部分的变动费用是与住客人数多少直接相关的费用,会议室部分的变动费用是与使用会议室的次数直接相关的费用,餐厅部分的变动费用是与用餐人数直接相关的费用,商场部分的变动费用是与商品销售额直接相关的费用等;固定费用是指其总额不随业务量的变动而变动的费用,通常包括人员工资、固定资产折旧费、房地产税、保险费等,不管客房是否有客人入住、会议室是否有人租用、餐厅是否有人就餐、商场是否有人购物等,都会产生的费用。

(2)首先测算各种类型的收入,然后测算各种类型的费用,再将总收入减去总费用。

(3)把混合收益的不动产看作各种单一收益类型不动产的简单组合,先分别根据各自的收入和费用求出各自的净收益,然后将所有的净收益相加。

## 三、净收益测算中收益期或持有期的确定

在净收益的测算过程中，收益期或持有期的确定是必不可少的。收益期是预计在正常市场和运营状况下估价对象未来可获取净收益的时间，即自价值时点起至估价对象未来不能获取净收益时止的时间。收益期并不是由估价师随意确定的，而是根据估价对象的土地使用权剩余期限和建筑物剩余经济寿命确定的。

土地使用权剩余期限是自价值时点起至土地使用权使用期限结束时止的时间。建筑物经济寿命是建筑物对不动产价值有贡献的时间，即建筑物自竣工时起至其对不动产价值不再有贡献时止的时间。对收益性不动产来说，建筑物经济寿命具体是建筑物自竣工时起，在正常市场和运营状况下，不动产产生的收入大于运营费用，即净收益大于零的持续时间（见图6-4）。建筑物经济寿命一般在建筑物设计使用年限的基础上，根据建筑物的施工、使用、维护和更新改造等状况，以及周围环境、房地产市场状况等进行综合分析判断得出。同类建筑物在不同地区的经济寿命可能不同。而建筑物剩余经济寿命则是自价值时点起至建筑物经济寿命结束时止的时间。

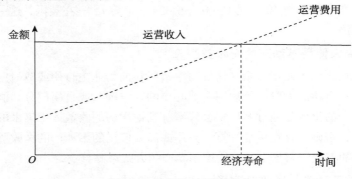

图6-4 建筑物的经济寿命

就一宗不动产而言，其建筑物剩余经济寿命与土地使用权剩余期限可能相同，也可能不同，归纳起来有以下三种情形。

（1）建筑物剩余经济寿命与土地使用权剩余期限相同。在这种情形下，收益期为土地使用权剩余期限或建筑物剩余经济寿命。

（2）建筑物剩余经济寿命早于土地使用权剩余期限结束。在这种情形下，不动产价值等于以建筑物剩余经济寿命为收益期计算的房地价值，加上自收益期结束时起计算的剩余期限土地使用权在价值时点的价值。

自收益期结束时起计算的剩余期限土地使用权在价值时点的价值，可以用自价值时点起计算的剩余期限土地使用权在价值时点的价值，减去以收益期为使用期限的土地使用权在价值时点的价值来计算。例如，某宗收益性不动产的建筑物剩余经济寿命为30年，土地使用权剩余期限为40年，求取该不动产现在的价值。可先求取该不动产30年收益期的价值，然后加上30年后的10年使用期限土地使用权的现值。而30年后的10年使用期限土地使用权的现值，等于40年使用期限的土地使用权的现值减去30年使用期限的土地使用

权的现值。

（3）建筑物剩余经济寿命晚于土地使用权剩余期限结束。具体又可以分为两种情况：①出让合同等约定土地使用权期限届满后无偿收回土地使用权及地上建筑物；②出让合同等未约定土地使用权期限届满后无偿收回土地使用权及地上建筑物。对于第一种情况，不动产价值等于以土地使用权剩余期限为收益期计算的价值；对于第二种情况，不动产价值等于以土地使用权剩余期限为收益期计算的价值，加上建筑物在收益期结束时的价值折现到价值时点的价值。

利用预知未来若干年后价格的公式求取不动产价值价格，应估计不动产持有期。持有期是预计正常情况下持有估价对象的时间，即自价值时点起至估价对象未来转售时止的时间。持有期应根据市场上投资者对同类不动产的典型持有时间，以及能够合理预测期间收益的一般期限来确定，通常为 5～10 年。持有期期末转售收益可以是减去抵押贷款余额前的收益，也可以是减去抵押贷款余额后的收益。在估价中，不动产期末转售收益与期间收益要注意匹配使用：如果是评估不动产自有资金（权益资金）的价值，则期间收益应选择从净运营收益中减去抵押贷款还本付息额的税前现金流量，而期末转售收益相应地应选择扣减抵押贷款余额的收益；如果是评估不动产的价值，则期间收益应选择使用净运营收益现金流，而期末转售收益相应地应选择未扣减抵押贷款余额的收益。

## 第四节　报酬率的确定

报酬率是将估价对象未来各年的净运营收益和期末转售收益转换为估价对象价值价格的折现率。不动产的价值价格对报酬率最为敏感，报酬率的每一个微小变动，都会使评估值发生显著变化。因此，报酬率是决定不动产评估价值价格的关键因素，这就要求不动产估价人员必须高度重视并认真对待报酬率的求取工作。

### 一、报酬率的内涵

报酬率也称为回报率、收益率、折现率。将购买收益性不动产当作一项投资，这一投资所投入的资金是购买不动产时所支付的价格，预期获取的回报是不动产的期间收益和期末转售收益。本质上，使未来获得的期间收益和期末转售收益的现值，与投入的资金相等的折现率，就是报酬率。

投资的目的无疑是获取收益，但不可避免地要承担相应的风险。理性的投资者总是期望以最小的风险获取最大的收益。然而，在完全竞争的市场环境中，投资者之间的竞争导致了"收益与风险的正比关系"。这意味着，想要获得较高的收益，就必须承担较大的风险。反之，只有当预期的收益足够吸引人时，投资者才愿意进行风险较大的投资。从整个社会的角度来看，投资遵循收益与风险相匹配的原则。具体来说，投资报酬率与投资风险是正相关的。例如，将资金投入国债投资，虽然风险较低，但相应的收益率也相对较低。而如果将资金用于股票投资或投机活动，虽然收益率较高，但伴随的风险也相应增大。这种关系是投资领域的基本原则，为投资者进行决策时提供了重要的参考依据。报酬率和投资风险的关系如图 6-5 所示。

在理解了报酬率的本质以及它与投资风险的关系后，就在定性的层面上掌握了求取报酬率的思路，即估价采用的报酬率应等同于与获取估价对象净收益具有同等风险的投资的报酬率。以甲、乙两宗不动产为例，假设它们的净收益相等，但由于甲不动产获取净收益的不确定性较高，风险较大，因此要求的报酬率也相应较高。相反，乙不动产获取净收益的不确定性较小，风险较小，因此要求的报酬率也相应较低。由于不动产价值与报酬率呈

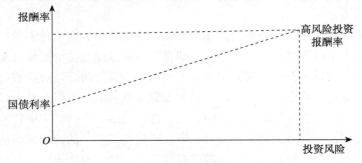

图 6-5　报酬率和投资风险的关系[①]

负相关关系，甲不动产的价值会相对较低，而乙不动产的价值则较高。这表明，在预期收益能力相同的情况下，风险较大的不动产价值较低，而风险较小的不动产价值较高。

不同地区、不同时期、不同用途或不同类型的不动产，同一类型不动产的不同收益类型（如期间收益和期末转售收益，基于合同租金的收益和基于市场租金的收益，土地收益和建筑物收益，抵押贷款收益和自有资金收益等），收益的获取所承担的风险大小并不相同，因此不能简单地使用一个统一的报酬率来评估所有不动产。在实际估价中并不存在着一个统一不变的报酬率数值。不动产估价师应该根据市场现实，结合理论分析，进行横向和纵向的比较，以确定每个特定情况的报酬率。

## 二、报酬率的求取

报酬率的求取，通常可以采用累加法、投资收益率排序插入法和市场提取法。这三种方法的实施在理论上都是可行的，但从实际操作的角度来看，它们都依赖于一个活跃的房地产市场和资本市场。

### （一）累加法

累加法是一种确定报酬率的方法，它基于安全利率，并在此基础上加上风险调整值。安全利率是指无风险或低风险的投资报酬率。风险调整值是指投资者为补偿所承担的较高风险而要求的额外报酬率，即超过安全利率以上部分的投资报酬率，也称为风险报酬率。风险调整值应根据估价对象及其所在地区、行业、市场等存在的风险来确定。

---

① 此图旨在说明风险与报酬率的正相关性。为了简化，二者的关系用一条直线来描绘。但是，实务中，二者通常并非呈现简单的线性正相关，即在一定的风险水平上，每一单位风险的上升所要求得到的报酬率并不相同。

可见，累加法本质上是将报酬率进行分解，即把报酬率分为无风险（或低风险）报酬率和风险（或较高风险）报酬率两大部分，然后分别求出每一部分的数值，再将它们相加得到报酬率。实务中，风险报酬率可以进一步细分，例如，一个广泛采用的报酬率细化公式为

$$报酬率 = 安全利率 + 投资风险补偿率 + 管理负担补偿率 + 缺乏流动性补偿率 - 投资带来的优惠率$$

其中：投资风险补偿率，是指与安全利率相比，投资于收益较不确定、有较高风险的不动产时，投资者要求的对所承担的额外风险的补偿。管理负担补偿率，是指投资者在投资过程中为了补偿其所承担的管理负担而期望得到的额外回报率。这个额外回报率通常基于投资者对管理负担的评估和预期。不动产投资所要求的管理工作远超过存款、股票或债券等有价证券，相应地不动产投资者要求对其所承担的额外管理工作有所补偿。缺乏流动性补偿率，是指投资者对所投入的资金因缺乏流动性所要求的补偿。不动产与存款、股票或债券等有价证券相比，变现能力较差，理应得到相应的流动性风险的补偿。投资带来的优惠率，是指由于投资不动产可能获得某些额外利益，例如缓解融资约束（如不动产可用于抵押贷款，且抵押贷款利率较低）、享受税收优惠、获得投资组合效应等，这些投资带来的额外收益会降低投资者所要求的报酬率。

严格来说，现实中没有绝对无风险的投资，因此安全利率一般是选取那些受到市场广泛认可、流动性好、可近似地认为无风险或风险相对较低的投资收益率，通常以国债收益率来代替，有时也采用银行定期存款利率。在安全利率的基础上，每增加一分潜在风险，投资者就会要求增加一分预期收益。因此，投资风险补偿率、管理负担补偿率、缺乏流动性补偿率和投资带来的优惠率，是与所选取的安全利率相比较而言的，例如，相对于将资金投入国债或存款，投资估价对象承担了较高风险、负担了较多管理、流动性更差，但是能享受一定的优惠条件。同时需要注意的是，上述安全利率和收益率、报酬率，一般均是名义上的，即并未剔除通货膨胀的影响。这是因为在收益法估价中，广泛采用的是名义净收益，因而根据"匹配原则"，应采用与之对应的名义报酬率。

累加法的应用举例如表 6-1 所示。

表 6-1  累加法应用举例

| 项目 | 数值 |
| --- | --- |
| 安全利率 | 2.5% |
| 投资风险补偿率 | 4.0% |
| 管理负担补偿率 | 1.5% |
| 缺乏流动性补偿率 | 2.0% |
| 投资带来的优惠率 | (−1.0%) |
| 报酬率 | 9.0% |

（二）投资收益率排序插入法

在收益法估价中，报酬率反映的是典型投资者在不动产投资中的预期收益率。根据理

论，如果投资标的具有相同的或相似的风险，那么它们的预期收益率应该是相近的。因此，可以通过比较与估价对象净收益风险相当的其他投资标的的收益率，来推导出估价对象的报酬率。投资收益率排序插入法的思路由此产生。投资收益率排序插入法的基本步骤和主要内容如下。

（1）调查、搜集有关不同类型的投资的收益率、风险程度等数据资料，如各种类型的政府债券利率、银行存款利率、公司债券利率、基金收益率、股票收益率、估价对象所在地不动产投资和其他投资的收益率、风险程度等。

（2）将所搜集的不同类型的投资按风险大小进行排序（或根据收益率从低到高的顺序排列），并绘制成图表（见图6-6）。

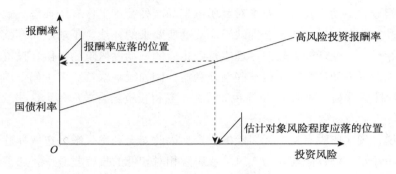

图6-6　投资收益率排序插入法示意图

（3）将估价对象与这些投资的风险程度进行比较分析，考虑管理的难易、投资的流动性以及资产的安全性等，判断出同等风险的投资，确定估价对象风险程度应落的位置。

（4）根据估价对象风险程度所落的位置，在图表上找到对应的收益率区间，从而求出估价对象的报酬率。

（三）市场提取法

采用市场提取法来确定报酬率，是利用与估价对象具有相似收益特征的可比实例的价格、净收益、收益期或持有期等数据，并使用相应的报酬资本化法公式来推导其报酬率。为了确保结果的准确性和可靠性，应尽量收集更多的可比实例，并对它们的报酬率进行平均处理，以避免单一实例的偶然性影响。

例如，在 $V_0 = \dfrac{A}{Y-g}$ 的情况下（净收益按一定比率递增，且收益期为无限年），可以通过 $Y = \dfrac{A}{V_0} + g$ 来求取可比实例的报酬率 $Y$。又如，在 $V = \dfrac{A}{Y}$ 的情况下（净收益每年不变，且收益期为无限年），可以通过 $Y = \dfrac{A}{V}$ 来求取可比实例的报酬率 $Y$。下面以 $V = \dfrac{A}{Y}$ 的情况举例说明，具体如表6-2所示。

表 6-2　选取的 5 个可比实例及其相关资料

| 可比实例 | 净收益（万元/年） | 价格（万元） | 报酬率（%） |
|---|---|---|---|
| 1 | 13 | 120 | 10.8 |
| 2 | 22 | 200 | 11.0 |
| 3 | 15 | 130 | 11.5 |
| 4 | 28 | 245 | 11.4 |
| 5 | 25 | 210 | 11.9 |

表 6-2 中 5 个可比实例报酬率的简单算术平均数为

$$(10.8\% + 11.0\% + 11.5\% + 11.4\% + 11.9\%) \div 5 = 11.3\%$$

由上式求出的 11.3%可以作为估价对象的报酬率。此外，若各可比实例与估价对象之间的相似度存在着一定程度的差异，还可以采用更精准的加权算术平均数。

需要明确的是，市场提取法是基于可比实例的历史数据来推导报酬率，它反映的是过去某个时点的市场状况下人们的风险判断。然而，这种报酬率可能不完全适用于估价对象未来的收益风险评估。为了更准确地判断估价对象的报酬率，还应考虑当前市场环境下典型买家和卖家对该类不动产的预期或期望报酬率，并对通过市场提取法求出的报酬率进行适当的调整。

此外，尽管存在多种求取报酬率的方法，但这些方法并不能确切地给出估价师合理的报酬率具体是多少。例如，为什么报酬率是 8%，而不是 8.5%？因此，这些方法在确定报酬率时都不可避免地带有一定的主观选择性。这就需要估价师运用专业知识，结合实践经验，以及对当地房地产市场和相关投资、金融、资本市场的深入了解来进行判断。由此可见，报酬率的确定与整个不动产估价活动一样，都需要专业知识和实践经验的有机结合。然而，在一定时期和某个地区，报酬率通常有一个合理区间。从长期正常水平来看，报酬率一般为 8%~10%。

# 第五节　直接资本化法

除了报酬资本化法，收益法还包括直接资本化法。与报酬资本化法相比，直接资本化法更为简便，因此在收益性不动产的估价实务中得到了广泛应用。

## 一、直接资本化法概述

直接资本化法是在估价时点，预测估价对象未来第 1 年的收益，将其除以资本化率（capitalization rate，cap rate）或乘以收益乘数（income multiplier），求取估价对象价值价格的方法。其中，利用资本化率将估价对象未来第 1 年的预期运营收益转换为价值价格的直接资本化法的公式为

$$V_0 = \frac{\text{NOI}_1}{\text{cap rate}}$$

式中：$V_0$——估价对象不动产在价值时点的价值；$NOI_1$——估价对象未来第 1 年的预期净运营收益，简称年净收益；cap rate——资本化率。

利用收益乘数将未来第 1 年的预期收益转换为价值价格的直接资本化法（具体可称为收益乘数法）的公式为

$$不动产价值价格 = 不动产年收益 \times 收益乘数$$

收益乘数是不动产的价值价格与其未来第 1 年的预期收益的比值。收益乘数法中未来第 1 年的预期收益简称年收益，包括但不限于年净运营收益，即当年净运营收益数据出于某些原因难以获取时，也可以采用其他的收益类型。

资本化率和收益乘数都可以采用市场提取法求取，即通过市场上近期交易的类似不动产的收益现金流和价格的信息，求取其对应的资本化率或收益乘数。

## 二、收益乘数法的种类

用于收益乘数法的收益类型主要有潜在毛收入、有效毛收入和净运营收益，相应的收益乘数分别为潜在毛收入乘数（potential gross income multiplier，PGIM）、有效毛收入乘数（effective gross income multiplier，EGIM）和净运营收益乘数（net income multiplier，NIM）。

### （一）潜在毛收入乘数法

潜在毛收入乘数法是将估价对象未来第一年的潜在毛收入乘以潜在毛收入乘数来求取估价对象价值价格的方法，即

$$V_0 = PGI_1 \times PGIM$$

潜在毛收入乘数通常采用市场提取法求取，是类似不动产的价格除以其年潜在毛收入所得的倍数，即

$$PGIM = \frac{V_0}{PGI_1}$$

例如，如表 6-3 所示，估价师收集了四个与估价对象类似的不动产的收益和价格信息，经过交易情况修正和状况调整[①]之后，这些可比实例的比较价格在 440 万元至 1250 万元之间，通过计算，可得到其 PGIM 处于 5.21～5.67。假设对可比实例的 PGIM 取算术平均

表 6-3 潜在毛收入乘数应用举例

| 可比实例 | 可比实例比较价值（万元） | 年潜在毛收入（万元/年） | PGIM |
|---|---|---|---|
| 1 | 510 | 90 | 5.67 |
| 2 | 950 | 170 | 5.59 |
| 3 | 440 | 80 | 5.50 |
| 4 | 1250 | 240 | 5.21 |
| 估价对象 | ? | 100 | ? |

---

① 不动产交易情况修正和状况调整的详细介绍参见本书第五章第三节"交易情况修正与状况调整"的相关内容。

数,即

$$(5.67+5.59+5.50+5.21)\div 4=5.49$$

由上式求出的 5.49 可以作为估价对象的潜在毛收入乘数,利用潜在毛收入乘数法,可得出估价对象的价值为 549 万元（5.49×100=549 万元）。此外,若各可比实例与估价对象之间的相似度存在着差异,还可以采用更精准的加权算术平均数。

潜在毛收入是在不动产得到充分利用、无空置和收租损失的情况下所能获得的收入。这种方法没有考虑到不同不动产之间可能存在的空置率、运营费用率和收租损失率的差异。因此,在估价对象与可比实例在这些方面的差异较小,并且可以忽略不计的情况下,潜在毛收入乘数法是一种简单而实用的方法。然而,总体而言,这种方法较为粗略,仅适用于资料不充分或对估价精度要求不高的估价场景,例如投资者对拟投资不动产标的的初步分析与筛选。

### （二）有效毛收入乘数法

有效毛收入乘数法是将估价对象未来第一年的有效毛收入乘以有效毛收入乘数来求取估价对象价值价格的方法,即

$$V_0 = \text{EGI}_1 \times \text{EGIM}$$

有效毛收入乘数通常采用市场提取法求取,是类似不动产的价格除以其年有效毛收入所得的倍数,即

$$\text{EGIM} = \frac{V_0}{\text{EGI}_1}$$

在评估不动产价值时,投资者会考虑不同不动产之间的空置率差异。通常,空置率较高的不动产价值较低。有效毛收入是潜在毛收入减去空置和收租损失后的收入,因此有效毛收入乘数法考虑了不同不动产之间空置和收租损失的差异。当估价对象与可比实例的空置率存在较大差异,并且预计这种差异将持续存在时,采用有效毛收入乘数法比潜在毛收入乘数法更为合适。然而,有效毛收入乘数法的缺点是它没有考虑不动产之间运营费用的差异。例如,两宗有效毛收入相同的不动产,采用有效毛收入乘数法求取的价值是相同的。但如果它们之间的运营费用差异很大,那么它们的价值也应该有较大的差异。因此,与潜在毛收入乘数法相似,有效毛收入乘数法通常也仅适用于粗略的估价,例如投资者对拟投资不动产标的的初步分析与筛选。

### （三）净运营收益乘数法

净运营收益乘数法是将估价对象未来第一年的净运营收益乘以净运营收益乘数来求取估价对象价值价格的方法,即

$$V_0 = \text{NOI}_1 \times \text{NIM}$$

净运营收益乘数通常采用市场提取法求取,是类似不动产的价格除以其年净运营收益所得的倍数,即

$$\text{NIM} = \frac{V_0}{\text{NOI}_1}$$

与潜在毛收入和有效毛收入相比，净运营收益无疑更准确地反映了不动产产生收益现金流的能力，因此，净运营收益乘数法能提供更准确可靠的价值价格测算。

不难发现，净运营收益乘数与资本化率实际上只是同一概念的不同表现形式，二者互为倒数的关系。实务中，通常很少直接采用净运营收益乘数法形式，而是采用资本化率将净运营收益转换为价值价格的形式，即

$$V_0 = \frac{\text{NOI}_1}{\text{cap rate}}$$

## 三、直接资本化法与报酬资本化法的对比

### （一）直接资本化法与报酬资本化法的优缺点

**1. 直接资本化法的优缺点**

直接资本化法的优点：首先，它不需要预测未来多年的净收益，只需要预测未来第一年的收益，有时还可以用近期的历史年收益进行替代；其次，资本化率或收益乘数直接来源于市场上所显示的不动产收益与价值价格之间的关系，能够更好地反映不动产市场的实际情况；最后，计算过程相对简单。

直接资本化法的缺点：它仅使用未来第一年的收益来进行资本化，因此需要拥有大量与估价对象净收益流模式相同的不动产来计算资本化率或收益乘数。这使得对可比实例的要求较高，并具有较强的依赖性。例如，要求选取的可比实例不动产的净收益变化与估价对象的净收益变化相一致，否则估价结果可能会出现误差。如果估价对象的净收益每年上涨 2%，而选取的可比实例不动产的净收益每年上涨 3%，如果使用可比实例的资本化率为 8%，将估价对象的净收益转换为价值，则会明显高估估价对象的价值。

**2. 报酬资本化法的优缺点**

报酬资本化法的优点：首先，它明确指出不动产的价值是其未来各期净收益的现值之和，这不仅形象地体现了预期原理，还充分考虑了资金的时间价值，该方法的逻辑严密，具有强大的理论基础；其次，通过预测，可以明确未来每期的净收益或现金流量，使得估价过程直观且易于理解；最后，由于具有同等风险的任何投资的收益率都应该是相近的，因此不必直接依赖于与估价对象净收益流模式相同的不动产来求取报酬率，而是可以通过其他具有同等风险的投资的收益率来求取报酬率。

报酬资本化法的缺点：该方法需要预测未来各期的净收益，这种预测具有一定的难度，并且在一定程度上依赖于估价师的主观判断。此外，各种简化的净收益流模式可能并不完全符合实际情况，这增加了产生估值误差的可能性。

综上所述，当存在大量相似的预期未来收益的市场可比信息时，直接资本化法是一种可靠的价值评估方法。在市场可比案例信息不足的情况下，报酬资本化法成为一种相对可行的价值评估方法。此时，估价师可以通过投资市场上与估价对象具有同等风险的不动产的投资收益率来确定估价对象的报酬率。

### （二）资本化率与报酬率的区别和联系

表面上，资本化率和报酬率都是将不动产的预期未来收益转换为价值价格的比率，但两者有很大区别。资本化率是在直接资本化法中采用的，是一步就将不动产的预期未来收益转换为价值价格的比率；报酬率是在报酬资本化法中采用的，是通过折现的方式将不动产的预期未来收益转换为价值价格的比率。本质上，资本化率是不动产的某种年收益与其价值价格的比率（通常用未来第一年的净收益除以价格来计算），仅表示从收益到价值价格的比率，并不能够明确地表示获利能力；而报酬率是用来贴现未来各期净收益，以求取未来各期净收益的现值的比率，是获利能力的体现。

在报酬资本化法中，如前文所述，如果净收益流模式不同，具体的计算公式会有所不同。例如，在净收益每年不变且收益期为无限年的情况下，报酬资本化法的公式为

$$V_0 = \frac{A}{Y}$$

在净收益每年不变但收益期为有限年的情况下，报酬资本化法的公式为

$$V_0 = \frac{A}{Y}\left[1 - \frac{1}{(1+Y)^n}\right]$$

在净收益按比率 $g$ 逐年递增且收益期为无限年的情况下，报酬资本化法的公式为

$$V_0 = \frac{A}{Y-g}$$

在上述三种情况下的报酬资本化法公式中，$Y$ 均为报酬率；而资本化率公式未直接区分净收益流模式[①]，在所有情况下的未来第一年的净收益与价格的比率（$A/V$）都是资本化率。因此，在上述第一种情况下，资本化率 Cap rate 正好等于报酬率 $Y$，即

$$\text{cap rate} = Y$$

在上述第二种情况下，资本化率就不等于报酬率。此时，资本化率与报酬率的关系为

$$\text{cap rate} = \frac{Y(1+Y)^n}{(1+Y)^n - 1}$$

在上述第三种情况下，资本化率与报酬率的关系为

$$\text{cap rate} = Y - g$$

如果净收益流模式是无规则变动的，那么资本化率与报酬率之间就没有明显的严格数学关系。

【例 6-20】某宗不动产未来净收益的预测情况见表 6-4（为了简化，其中第 5 年的净收益包括了当年的净运营收益和年末的不动产转售收益），报酬率为 8%。求该不动产的资本化率。

表 6-4　某宗不动产未来净收益的预测情况

| 年份 | 1 | 2 | 3 | 4 | 5 |
|---|---|---|---|---|---|
| 净收益（元） | 6000 | 6300 | 6720 | 7020 | 78000 |

---

① 严格来说，不动产收益现金流模式不同，资本化率也会有所不同。

【解】先求取该不动产的价值 $V_0$。该不动产的价值为其未来各年净收益在 8% 的报酬率下的现值之和，计算结果见表 6-5。

表 6-5 某宗不动产未来净收益的现值

| 年份 | 1 | 2 | 3 | 4 | 5 | 合计 |
|---|---|---|---|---|---|---|
| 净收益（元） | 6000 | 6300 | 6720 | 7020 | 78000 | |
| 现值（元） | 5555.56 | 5401.23 | 5334.55 | 5159.91 | 53085.49 | 74536.74 |

求出了该不动产的价值 $V_0$ 之后，其资本化率为其未来第一年的净运营收益与价值的比率，即

$$\text{cap rate} = \frac{\text{NOI}_1}{V_0} = \frac{6000}{74536.74} = 8.05\%$$

## 第六节 投资组合技术和剩余技术

基于收益法的应用原理，可以通过不动产的物理组成部分（土地与建筑物）或资金组成部分（抵押贷款与自有资金）的组合，得到不动产的整体报酬率和价值价格，或者通过对不动产整体收益的拆分，测算其组成部分的价值。

### 一、投资组合技术

投资组合技术主要有土地与建筑物的组合、抵押贷款与自有资金的组合。

#### （一）土地与建筑物的组合

在运用直接资本化法进行估价时，根据估价对象的不同，如评估的是房地价值、土地价值或建筑物价值，所采用的资本化率应该有所差异。对应的资本化率分别是综合资本化率、土地资本化率和建筑物资本化率。

综合资本化率是求取房地价值时应采用的资本化率，其对应的净收益是建筑物及其占用范围内的土地共同产生的净收益。也就是说，在评估建筑物和土地综合体的价值时，应采用建筑物及其占用范围内的土地共同产生的净收益，同时应选用综合资本化率将其资本化。

土地资本化率是求取土地价值时应采用的资本化率，其对应的净收益是土地产生的净收益（仅归因于土地的净收益，不含建筑物带来的净收益）。也就是说，在评估土地的价值时，应采用土地产生的净收益，同时应选用土地资本化率将其资本化。

建筑物资本化率是求取建筑物价值时应采用的资本化率，其对应的净收益应是建筑物产生的净收益（仅归因于建筑物的净收益，不含土地带来的净收益）。也就是说，在评估建筑物的价值时，应采用建筑物产生的净收益，同时应选用建筑物资本化率将其资本化。

综合资本化率、土地资本化率和建筑物资本化率虽然有严格的区分，但它们之间是相

互关联的。如果已知其中两种资本化率,便可以利用以下公式来推导另一种资本化率。

$$R_O = \frac{V_L \times R_L + V_B \times R_B}{V_L + V_B}$$

$$R_L = \frac{(V_L + V_B)R_O - V_B \times R_B}{V_L}$$

$$R_B = \frac{(V_L + V_B)R_O - V_L \times R_L}{V_B}$$

式中:$R_O$——综合资本化率;$R_L$——土地资本化率;$R_B$——建筑物资本化率;$V_L$——土地价值;$V_B$——建筑物价值。

若已知土地价值或建筑物价值占房地价值的比率,可得

$$R_O = L \times R_L + B \times R_B = L \times R_L + (1-L) \times R_B = (1-B) \times R_L + B \times R_B$$

式中:$L$——土地价值占房地价值的比率;$B$——建筑物价值占房地价值的比率;$L + B = 100\%$。

**【例 6-21】** 某宗不动产的土地价值占总价值的 40%,通过可比实例已知土地资本化率和建筑物资本化率分别为 8%和 10%。求该不动产的综合资本化率。

**【解】** $R_O = L \times R_L + (1-L) \times R_B = 40\% \times 8\% + (1-40\%) \times 10\% = 9.20\%$

### (二)抵押贷款与自有资金的组合

不动产与金融息息相关,购买不动产的资金通常由两部分组成:自有资金(或称为权益资金)和抵押贷款,即

$$\text{不动产价格} = \text{自有资金金额} + \text{抵押贷款金额}$$

购买收益性不动产是一种投资行为,不动产价格为投资额,不动产净运营收益为投资收益。相应地,不动产净运营收益应当由自有资金和抵押贷款这两部分资金来分享,同时满足自有资金投资者对税前现金流量(从净收益中扣除抵押贷款还本付息额后的余额)的要求和抵押贷款人对还本付息额的要求,即

$$\text{不动产净运营收益} = \text{自有资金收益} + \text{抵押贷款收益}$$
$$= \text{税前现金流量} + \text{抵押贷款还本付息额}$$

在等额本息还款方式贷款下,由于每期的等额还款额 $A_M$ 为

$$A_M = \frac{V_M \times Y_M}{1 - \dfrac{1}{(1+Y_M)^n}}$$

则抵押贷款常数 $R_M$ 的计算公式为

$$R_M = \frac{A_M}{V_M} = \frac{Y_M(1+Y_M)^n}{(1+Y_M)^n - 1} = Y_M + \frac{Y_M}{(1+Y_M)^n - 1}$$

式中:$A_M$——每期的等额本息还款额;$V_M$——抵押贷款金额;$Y_M$——每期的抵押贷款报酬率,即抵押贷款利率;$n$——抵押贷款还款期数,等于抵押贷款期限乘以每年的还款次数。

自有资金资本化率是税前现金流量与自有资金金额的比率，通常为未来第一年的税前现金流量与自有资金金额的比率，可以采用市场提取法，由可比实例的税前现金流量除以自有资金金额得到。

综上所述，可以得到

$$综合资本化率 = \frac{不动产净运营收益}{不动产价格}$$

$$自有资金资本化率 = \frac{税前现金流量}{自有资金金额}$$

$$抵押贷款常数 = \frac{抵押贷款还本付息额}{抵押贷款金额}$$

将上述公式进行整理，代入公式

$$不动产净运营收益 = 税前现金流量 + 抵押贷款还本付息额$$

于是又有

$$不动产价格 \times 综合资本化率 = 抵押贷款金额 \times 抵押贷款常数 + 自有资金金额 \times 自有资金资本化率$$

实际上，综合资本化率为抵押贷款资本化率与自有资金资本化率的加权平均数，即

$$综合资本化率 = \frac{抵押贷款金额}{不动产价格} \times 抵押贷款常数 + \frac{自有资金金额}{不动产价格} \times 自有资金资本化率$$

$$= 抵押贷款比率 \times 抵押贷款常数 + (1 - 抵押贷款比率) \times 自有资金资本化率$$

即

$$R_O = M \times R_M + (1 - M) R_E$$

式中：$M$——贷款价值比（LTV），是抵押贷款金额与不动产价格的比率；$R_M$——抵押贷款资本化率，等于抵押贷款常数；$R_E$——自有资金资本化率。

**【例 6-22】** 购买某类不动产，其抵押贷款占比通常为六成，贷款年利率为 6%，贷款期限为 20 年，按月等额偿还贷款本息。通过可比实例已知此类不动产投资的自有资金资本化率为 10%。求该不动产的综合资本化率。

**【解】**

$$R_M = \left[ Y_M + \frac{Y_M}{(1+Y_M)^n - 1} \right] \times 12 = \left[ 6\%/12 + \frac{6\%/12}{(1+6\%/12)^{20 \times 12} - 1} \right] \times 12 = 8.60\%$$

$$R_O = M \times R_M + (1 - M) \times R_E = 60\% \times 8.60\% + (1 - 60\%) \times 10\% = 9.16\%$$

## 二、剩余技术

剩余技术是当已知整体不动产的净收益、其中某个组成部分的价值和各个组成部分的资本化率或报酬率时，从整体不动产的净收益中减去已知组成部分的净收益，分离出归因于另外组成部分的净收益，再利用相应的资本化率或报酬率进行资本化，得出未知组成部分的价值的方法。还可把得出的未知组成部分的价值加上已知组成部分的价值，得到整体不动产的价值。剩余技术主要有土地剩余技术和建筑物剩余技术、自有资金剩余技术和抵

押贷款剩余技术。

### （一）土地剩余技术

建筑物和土地共同产生收益。如果能采用收益法以外的方法（多数情况下是采用成本法）求得不动产中的建筑物价值，则可利用收益法公式推导得到归因于建筑物的净收益，然后从建筑物和土地共同产生的净收益（通常是通过房租求取的净收益）中减去建筑物的净收益，分离出归因于土地的净收益，再利用土地资本化率或土地报酬率进行资本化，即可求得土地的价值。这种剩余技术被称为土地剩余技术。

基于直接资本化法，土地剩余技术的公式为

$$V_L = \frac{A_O - V_B \times R_B}{R_L}$$

式中：$A_O$——建筑物和土地共同产生的净收益。

基于报酬资本化法，在净收益每年不变、收益期为有限年的情况下的土地剩余技术的公式为

$$V_L = \frac{A_O - \dfrac{V_B \times Y_B}{1 - \dfrac{1}{(1+Y_B)^n}}}{Y_L} \left[ 1 - \frac{1}{(1+Y_L)^n} \right]$$

式中：$Y_B$——建筑物报酬率；$Y_L$——土地报酬率。

**【例 6-23】** 某宗不动产每年的净收益为 50 万元，建筑物价值为 300 万元，建筑物资本化率为 10%，土地资本化率为 8%。求土地的价值和不动产的整体价值。

**【解】** $V_L = \dfrac{A_O - V_B \times R_B}{R_L} = \dfrac{50 - 300 \times 10\%}{8\%} = 250$（万元）

$$V_O = V_L + V_B = 250 + 300 = 550（万元）$$

在难以采用其他方法对土地进行估价的情况下，土地剩余技术是一种有效的估价方法。例如，在评估城市现有商业区内的土地价值时，如果没有可参照的土地交易实例，市场比较法估价难以应用，成本法通常也不适用。但是，如果存在大量的房屋出租和商业经营行为，此时可以采用土地剩余技术进行估价。此外，在对地上有老旧建筑物的土地进行估价时，虽然可以采用市场比较法求取假设该老旧建筑物不存在时的空地价值，但是由老旧建筑物导致的土地减值金额具体是多少，使用市场比较法通常难以得出。此时，土地剩余技术也是一种有效的方法。

### （二）建筑物剩余技术

建筑物和土地共同产生收益。如果能采用收益法以外的方法（如市场比较法）求得不动产中的土地价值，则可利用收益法公式推导得到归因于土地的净收益，然后从建筑物和土地共同产生的净收益中减去土地的净收益，分离出归因于建筑物的净收益，再利用建筑物资本化率或建筑物报酬率进行资本化，即可求得建筑物的价值。这种剩余技术被称为建筑物剩余技术。

基于直接资本化法，建筑物剩余技术的公式为

$$V_B = \frac{A_O - V_L \times R_L}{R_B}$$

基于报酬资本化法,在净收益每年不变、收益期为有限年的情况下的建筑物剩余技术的公式为

$$V_B = \frac{A_O - \dfrac{V_L \times Y_L}{1 - \dfrac{1}{(1+Y_L)^n}}}{\dfrac{Y_B}{1 - \dfrac{1}{(1+Y_B)^n}}}$$

建筑物剩余技术对于检验建筑物是否相对于土地规模过小或过大非常有帮助。此外,它还可以用来计算建筑物的折旧,即用建筑物的重置成本或重建成本减去运用建筑物剩余技术求得的建筑物价值,可以得到建筑物的折旧金额。

### (三)自有资金剩余技术

自有资金剩余技术是在已知不动产抵押贷款金额的情况下,求取自有资金(权益价值)的剩余技术。它是先根据从市场上得到的抵押贷款条件(包括贷款金额、利率、贷款期限等)计算出年还款额,再把它从净收益中扣除,得到税前现金流,然后除以自有资金资本化率就可以得到权益价值。

基于直接资本化法,自有资金剩余技术的公式为

$$V_E = \frac{A_O - V_M \times R_M}{R_E}$$

式中:$V_E$——权益价值。

自有资金剩余技术对测算抵押不动产的权益价值特别有用。

### (四)抵押贷款剩余技术

抵押贷款剩余技术是在已知自有资金金额的情况下,求取抵押贷款金额或价值的剩余技术。它是先从净收益中减去在自有资金资本化率下能满足自有资金的收益,从而得到属于抵押贷款部分的收益,然后除以抵押贷款常数得到抵押贷款金额或价值。

基于直接资本化法,抵押贷款剩余技术的公式为

$$V_M = \frac{A_O - V_E \times R_E}{R_M}$$

抵押贷款剩余技术假设投资者愿意投在不动产上的自有资金金额和自有资金资本化率已确定,则贷款金额取决于不动产能够产生的可用于抵押贷款还款额的剩余现金流量和抵押贷款常数。

通常,抵押贷款剩余技术不适用于对已设立其他抵押的不动产进行估价,因为此时剩余的现金流量并不完全归自有资金投资者所有,而是必须先偿还原有抵押贷款的债务。

**【例 6-24】** 某宗不动产的年净运营收益为 10 万元,购买者的自有资金为 50 万元,自有资金资本化率为 10%,抵押贷款常数为 8.5%。求该不动产能够承担的抵押贷款的金额,以及该不动产的价格。

**【解】** 购买者要求的税前现金流量 = 50×10% = 5(万元)

该宗不动产可用于偿还抵押贷款的现金流 = 10 − 5 = 5（万元）

抵押贷款金额 = 5 ÷ 8.5% = 58.82（万元）

该不动产的价格 = 自有资金金额 + 抵押贷款金额 = 50 + 58.82 = 108.82（万元）

 关键词

收益法　报酬资本化法　收益期　持有期　净运营收益　潜在毛收入　有效毛收入
空置损失　收租损失　运营费用　资本性支出　收益乘数法　资本化率
投资组合技术　剩余技术

 即测即练

自学自测　扫描此码

# 第七章 成本法

## 第一节 成本法概述

成本法，也被称为重置成本法、重建成本法或承包商法，是不动产估价的基本方法之一。该方法基于在估价时点重新购建估价对象的必要支出，扣除因时间流逝和其他原因造成的折旧，以确定估价对象的客观合理价格或价值。其中，重新购建价格是指假设在估价时点重新购置全新的估价对象所需的必要支出，或者重新开发建设全新的估价对象所需的必要支出及应得利润。而折旧则是指由于各种原因造成的不动产价值的减损，其金额为不动产在估价时点的重新购建价格与其在估价时点的市场价值之差。

### 一、成本法的基本原理

成本法是一种基于不动产价格各个组成部分的累加来求取不动产价格的方法，即分别计算不动产价格的各个组成部分，然后将各个部分相加。因此，成本法也被称为积算法，基于成本法测算出来的价格也被称为积算价格。

成本法的理论依据是生产费用价值论，即商品的价格是由生产其所必要的费用所决定的。从买方的角度来看，不动产的价格是基于社会上的生产费用，即买方愿意支付的最高价格。在确定自己为一宗不动产支付的合理价格时，买方通常会考虑重新购买类似土地的现时价格以及在该土地上建造类似建筑物的现时费用，此二者之和即为买方愿意支付的最高价格。从卖方的角度来看，不动产的价格是基于其过去的生产费用，重在过去的投入，是卖方愿意接受的最低价格。正是由于买卖双方均有上述共同的意愿，以建造开发该不动产所需的各项必要费用为基础，再加上正常的利润和税金来估价是可行且符合逻辑的，因此成本法估价得以成立。

### 二、成本法的适用范围

新近开发建设完成的不动产（新的不动产）、可假设重新开发建设的既有不动产（旧的不动产）、正在开发建设的不动产（在建工程）、计划开发建设的不动产（如期房），都可以采用成本法估价。成本法特别适用于两类不动产：一是很少发生交易因此限制了市场比较法运用，又没有现实或潜在的经济收益因此限制了收益法运用的不动产，如行政办公楼、学校、医院、图书馆、体育场馆、公园、军事设施等以公用、公益为目的的不动产；二是特殊厂房（如化工厂、钢铁厂、发电厂等）、油田、码头、机场之类有独特设计或者只针对特定使用者的特殊需要而建设的不动产。

单独的建筑物或其装饰装修部分通常是采用成本法估价。在保险事故或其他损害事件中，不动产的损毁往往是建筑物的部分或不动产局部，需要将其恢复到原来或完好的状况；

对于建筑物全部损毁或灭失的，有时也需要采取重建方式来解决。以上都是成本法的适用情境。另外，在不动产交易不活跃或估价对象的类似不动产交易很少的地区，难以采用市场比较法估价时，通常也只能采用成本法估价。

成本法的优点在于其能够清晰地揭示不动产价值的构成，使人们能够直观地了解各部分或项目的成本，并有助于发现任何多余或遗漏的部分。此外，这种方法还有助于识别哪些部分被高估或低估，并找出影响不动产价值的关键因素。然而，需要注意的是，成本法估价需要耗费较多的时间和精力，因为重新购建价格的测算和建筑物折旧的计算都有一定的难度。因此，成本法主要适用于评估新建筑物或相对较新的不动产的价值，而不适用于评估过于老旧的不动产的价值。如果建筑物已经非常破旧，几乎失去了使用价值，那么采用成本法进行估价可能意义不大。在这种情况下，通常是根据拆除后的残余价值来进行估价。

### 三、成本法的基本步骤

运用成本法估价的基本操作步骤是：①搜集成本、税费、开发利润等相关资料；②估算重新购建成本，可以采用房地合估，或者房地分估的思路；③估算建筑物的折旧，包括物理折旧、功能折旧，以及外部折旧三类；④计算不动产积算价格（见图7-1）。

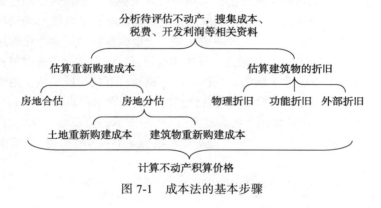

图7-1　成本法的基本步骤

## 第二节　不动产价格的构成

成本法是以不动产价格的各个组成部分之和为基础来求取不动产的价值价格。因此，应用成本法的前提是要明确不动产价格的构成。在实际操作中，不动产的价格构成比较复杂，不同地区、不同时期、不同用途或不同类型的不动产的价格构成可能有所不同。为了准确应用成本法进行估价，需要模拟估价对象所在地的开发经营过程，深入调查从取得土地到房屋竣工验收乃至完成商品房销售的全过程中所需进行的各项工作。在不动产开发经营过程中，通常要经过取得土地、前期工作、施工建设、竣工验收、商品房销售等阶段。我们需要整理出在这一过程中发生的各项成本、费用、税金等支出及其支付或缴纳的标准、时间和依据，以及开发利润等的清单，确保既没有多余的项目也没有遗漏的项目。在此基础上，结合估价对象的实际情况，确定估价对象的价格构成，并测算各个构成项目的金额。

在典型的不动产开发经营活动中，房地产开发企业首先获取土地，并进行基础设施建设和房屋建设。随后，企业将建成的不动产（商品房）进行销售。基于这一过程，可以将不动产价格划分为七个主要组成部分：土地成本、建设成本、管理费用、销售费用、投资利息、销售税费及开发利润。

## 一、土地成本

土地成本也称为土地取得成本、土地费用，是购置土地的必要支出，或开发土地的必要支出及应得利润，其构成因土地的开发程度（如是净地、熟地还是生地、毛地）及取得渠道的不同而不同。目前，取得土地的渠道主要有市场购置、征收集体土地、征收国有土地上房屋。在实际估价中，应根据估价对象所在地在价值时点的类似不动产开发建设活动取得土地的通常渠道，从上述渠道中恰当选取其一来求取。由于上述渠道的土地成本内涵和构成不同，求得的土地成本可能差异较大，所以应注意弄清、说明土地成本的内涵和构成，并在求取时与之对应，后续的建设成本测算等也要与之对应。

### （一）市场购置的土地成本

目前，土地购置主要是购买政府出让或房地产开发企业等单位转让的已完成土地房屋征收补偿的建设用地使用权。在土地使用权出让或转让活动较活跃的市场情况下，土地成本通常由土地购置价格和土地取得税费两项构成。土地购置价格通常为建设用地使用权价格（简称地价款），主要采用市场比较法、基准地价修正法求取；而土地取得税费是应由土地购置者（如房地产开发企业）缴纳的契税、印花税及可直接归属于该土地的其他支出，通常是根据税法等有关规定，按照土地购置价格的一定比例来测算。

【例 7-1】 某宗不动产开发用地的面积为 8000 平方米，容积率为 2.0，市场价格（楼面地价）为 3000 元/平方米，受让人需按照受让价格的 4.05%缴纳契税、印花税等税费，求土地成本。

【解】 $8000 \times 2 \times 3000 \times (1 + 4.05\%) = 4994.40$（万元）

### （二）征收集体土地的土地成本

**1. 土地征收补偿费用**

（1）征收农用地的土地补偿费、安置补助费标准：根据《土地管理法》第四十八条第三款，"征收农用地的土地补偿费、安置补助费标准由省、自治区、直辖市通过制定公布区片综合地价确定。制定区片综合地价应当综合考虑土地原用途、土地资源条件、土地产值、土地区位、土地供求关系、人口以及经济社会发展水平等因素，并至少每三年调整或者重新公布一次"。

（2）征收农用地以外的其他土地、地上附着物和青苗等的补偿标准：根据《土地管理法》第四十八条第四款，"征收农用地以外的其他土地、地上附着物和青苗等的补偿标准，由省、自治区、直辖市制定。对其中的农村村民住宅，应当按照先补偿后搬迁、居住条件有改善的原则，尊重农村村民意愿，采取重新安排宅基地建房、提供安置房或者货币补偿等方式给予公平、合理的补偿,并对因征收造成的搬迁、临时安置等费用予以补偿,保障农村村民居住的权利和合法的住房财产权益"。

其他地上附着物补偿费用是对被征收土地上农村村民住宅以外的建筑物、构筑物、树木、鱼塘、农田水利设施、蔬菜大棚等给予的补偿费用,一般为重置价格减去折旧后的余额。青苗补偿费用是对被征收土地上尚未成熟、不能收获的诸如水稻、小麦、蔬菜、水果等给予的补偿费用。可以移植的苗木、花草以及多年生经济林木等,一般是支付移植费用;不能移植的,给予合理补偿或作价收购。其他地上附着物和青苗等的补偿标准,由省、自治区、直辖市制定。

(3)社会保障费用:根据《土地管理法》第四十八条第五款,"县级以上地方人民政府应当将被征地农民纳入相应的养老等社会保障体系。被征地农民的社会保障费用主要用于符合条件的被征地农民的养老保险等社会保险缴费补贴。被征地农民社会保障费用的筹集、管理和使用办法,由省、自治区、直辖市制定"。

**2. 相关税费**

(1)耕地开垦费(占用耕地的):根据《土地管理法》第三十条,"国家实行占用耕地补偿制度。非农业建设经批准占用耕地的,按照'占多少,垦多少'的原则,由占用耕地的单位负责开垦与所占用耕地的数量和质量相当的耕地;没有条件开垦或者开垦的耕地不符合要求的,应当按照省、自治区、直辖市的规定缴纳耕地开垦费,专款用于开垦新的耕地"。

(2)耕地占用税(占用农用地的):根据《中华人民共和国耕地占用税法》(以下简称《耕地占用税法》)第二条的规定,"在中华人民共和国境内占用耕地建设建筑物、构筑物或者从事非农业建设的单位和个人,为耕地占用税的纳税人,应当依照本法规定缴纳耕地占用税"。根据《耕地占用税法》第三条,"耕地占用税以纳税人实际占用的耕地面积为计税依据,按照规定的适用税额一次性征收,应纳税额为纳税人实际占用的耕地面积(平方米)乘以适用税额"。耕地占用税的适用税额因地区间人均耕地水平的差异而有所不同,处于每平方米5元至50元的范围内。此外,《耕地占用税法》第十二条还规定了,"占用园地、林地、草地、农田水利用地、养殖水面、渔业水域滩涂以及其他农用地建设建筑物、构筑物或者从事非农业建设的,依照本法的规定缴纳耕地占用税"。

(3)其他相关费用:包括征收评估费、征收服务费、地上物拆除费、废弃物和渣土清运费、场地平整费、市政基础设施配套费等,通常依照规定的标准或采用市场比较法求取。

### (三)征收国有土地上房屋的土地成本

**1. 房屋征收补偿费用**

根据《国有土地上房屋征收与补偿条例》第十七条的规定,房屋征收补偿费用包括以下内容。

(1)被征收房屋价值的补偿:是对被征收房屋及其占用范围内的土地使用权和其他不动产的价值的补偿。《国有土地上房屋征收与补偿条例》第十九条规定,"对被征收房屋价值的补偿,不得低于房屋征收决定公告之日被征收房屋类似房地产的市场价格。被征收房屋的价值,由具有相应资质的房地产价格评估机构按照房屋征收评估办法评估确定"。

（2）因征收房屋造成的搬迁、临时安置的补偿：搬迁费根据需要搬迁的家具、家电（如分体式空调、热水器）、机器设备等动产的拆除、运输和重新安装调试等费用给予补偿。对征收后虽未到使用寿命但不可继续利用的动产，根据其残余价值给予补偿。而临时安置费则是根据被征收房屋的区位、用途、面积等因素，按照类似不动产的市场租金结合过渡期限确定。

（3）因征收房屋造成的停产停业损失的补偿：根据《国有土地上房屋征收与补偿条例》第二十三条，"对因征收房屋造成停产停业损失的补偿，根据房屋被征收前的效益、停产停业期限等因素确定。具体办法由省、自治区、直辖市制定"。

（4）相关补助和奖励：是给予被征收人的补助和奖励，如市区搬迁到郊区的补助、提前搬家奖等。《国有土地上房屋征收与补偿条例》第十七条规定，"市、县级人民政府应当制定补助和奖励办法，对被征收人给予补助和奖励"。

**2. 其他相关费用**

其他相关费用包括房屋征收评估费、房屋征收服务费、地上物拆除费、废弃物和渣土清运费、场地平整费、市政基础设施配套费、建设用地使用权出让金等，通常按照规定的标准或采用市场比较法求取。

## 二、建设成本

建设成本是指在取得了具备一定开发程度的土地（与上述土地成本对应）之后，在该土地上进行基础设施建设、房屋建设所必要的费用等，主要包括下列 6 项。

**1. 前期费用**

前期费用是指因进行市场调研、可行性研究、工程勘察、测量、规划及建筑设计、环境影响评价、交通影响评价、工程造价咨询、建设工程招标等，在不动产开发项目正式建设之前需要支付的必要支出。

**2. 建筑安装工程费**

建筑安装工程费包括建造商品房及附属工程所发生的建筑工程费、安装工程费、装饰装修工程费等费用。其中，附属工程是指房屋周围的围墙、水池、建筑小品、绿化等。要注意与下文的基础设施建设、公共服务设施建设等工程建设内容区分，避免重复计算或漏算。

**3. 基础设施建设费**

基础设施建设费是指建筑物外墙外边线 2 米以外和项目规划红线范围内的道路、供水、排水、供电、通信、供燃气、供热、绿化、环卫、室外照明等设施的建设费用，以及各项设施与市政干道、干管、干线等的接口费用。需要注意的是，要明确这些费用是否已包含在上述土地成本中，如果已包含，则不应再重复计入。如果取得的土地是生地，基础设施建设费还应包括城市规划要求配套的项目红线外的道路、供水、排水、供电、通信、供燃气、供热等设施的建设费用。

**4. 公共服务设施建设费**

公共服务设施建设费包括城市规划要求配套的教育（如幼儿园、中小学）、医疗卫生（如卫生院）、文化体育（如文化站）、社区服务（如居委会）等非营利性公共服务设施的建设费用。对工业类不动产开发项目来说，公共服务设施建设费用通常较少发生或不发生，测算时应据实计取。但是，工业类不动产开发项目中通常有较多构筑物，在估价实务中，构筑物的建设费用可计入附属工程建设费，也可计入公共服务设施建设费，务必注意避免重复计算或漏算。

### 5. 其他工程费

其他工程费包括工程监理费、工程检测费、竣工验收费等。

### 6. 开发期间税费

开发期间税费包括有关税收和地方政府或其有关部门收取的费用，如城市基础设施配套费、绿化建设费、人防工程费、水电增容费等。

在实际估价中，有时需要将上述建设成本划分为土地开发成本和建筑物建设成本，或者在单纯土地开发的情况下采用成本法测算土地价值价格时只有土地开发成本，没有建筑物建设成本。在这种情况下，首先应界定土地和建筑物的财产范围（主要是对实物状况进行划分），即不动产实物状况中哪些属于土地的财产范围，哪些属于建筑物的财产范围，再将其相应的建设成本分别归入土地开发成本和建筑物建设成本。一般可将基础设施建设费归入土地开发成本；建筑安装工程费归入建筑物建设成本；公共服务设施建设费视土地开发程度、地块大小、周边公共服务设施完备程度等情况，归入土地开发成本或建筑物建设成本，或者在两者之间进行合理分配；前期费用等其他费用一般在两者之间进行合理分配。

## 三、管理费用

管理费用是房地产开发企业在组织和管理房地产开发经营活动时所必需的支出，包括企业员工的工资及福利费、办公费、差旅费等。在估价实务中，管理费用的测算通常是根据过往不动产开发项目的相关资料，按照土地成本与建设成本之和的一定比例（例如3%～4%）来推算。

## 四、销售费用

销售费用，也称为销售成本，包括企业在销售（包括预售或现售）所建成的不动产过程中产生的必要支出。这些费用涵盖了广告宣传费用、销售资料的制作成本、售楼处的建设费用、样板房或样板间的建设费用，以及销售人员或销售代理的费用。在估价实务中，销售费用的测算通常是根据所建成的不动产价格的一定比例（例如3%～5%）来推算的。

## 五、投资利息

### （一）投资利息的含义

投资利息与财务费用或融资成本有所不同，它是指在不动产开发完成或实现销售之前发生的所有必要费用应计算的正常利息，而不只是借款部分的利息。这意味着土地成本、建设成本、管理费用和销售费用,无论它们是来自借贷资金还是自有资金,都应计算相应的利息。因为借贷资金需要支付贷款利息,而自有资金则放弃了可得的存款利息,即自有资金存在机会成本。此外,从估价的角度来看,为了使评估价值客观合理,通常需要将房地产开发企业的自有资金应获得的利息与其应获得的开发利润分开计算,不能把自有资金应获得的利息算作开发利润,自有资金应获得的利息也不应受到不同房地产开发企业的自有资金比例、融资成本等因素的影响。

### (二)投资利息的计算

计算投资利息时需要明确下列5个变量。

(1)应计息项目:包括土地成本、建设成本、管理费用和销售费用。销售税费一般不计算利息。

(2)计息周期:是指计算利息的单位时间,可以是年、半年、季、月等,通常为年。

(3)计息期:是指某项费用应计息的时间长度,如24个月、8个季度、4个半年度、2年等。

为确定每项费用的计息期,首先要测算整个不动产开发项目的建设期。建设期也称为开发期或开发周期,在成本法中,其起点一般是取得不动产开发用地的日期,其终点是达到全新状况的估价对象的日期。

以在土地上进行房屋建设为例,建设期可分为前期和建造期:前期是自取得不动产开发用地日期起至开工(动工开发)日期止的时间;建造期是自开工日期起至房屋竣工日期止的时间。建造期一般能较准确测算,通常可参照建筑安装工程工期定额,并结合不动产开发项目具体情况(如用途、结构类型、层数、建筑面积、地区类别)来确定。

建设期还可以采用类似于市场比较法的方法来确定,即通过类似不动产已发生的建设期的比较、修正或调整来求取。例如,测算某幢旧写字楼现在的建设期,已知目前建设类似的新写字楼从取得土地到竣工验收完成通常需要24个月,则该旧写字楼的建设期也可设定为24个月。

明确了建设期之后,便可估计土地成本、建设成本、管理费用、销售费用在该建设期间发生的时间及对应的金额。土地成本、建设成本、管理费用、销售费用等的金额,均应按照它们在价值时点的正常水平来测算,而不是按照它们在过去修建时的实际或正常水平来测算。

一项费用的计息期的起点是该项费用发生的时点,终点通常是建设期的终点,一般不考虑商品房预售和延迟销售的情况。另外需要说明的是,在实务中,有些费用通常不是集中在一个时点发生,而是分散在一段时间内不断发生,但在计息时,通常将这些费用假设为在所发生的时间段内均匀投入,并在计算中计为集中发生在该时间段的期中。

(4)利率:是单位时间内的利息和投入资金(本金)的比率。在成本法估价中,投资利息通常采用价值时点的类似房地产开发贷款的正常或一般、平均利率。

(5)计息方式:投资利息的计算有单利和复利两种方式。单利计息是每个计息期均按原始本金计算利息,即只有原始本金计算利息,本金所产生的利息不再计算利息。在单利计息下，每个计息期的利息是相等的。如果用 $P$ 表示本金，$i$ 表示利率，$n$ 表示计息期，$I$ 表示总利息，$F$ 表示计息期末的本利和，则有

$$I = P \times i \times n$$
$$F = P + I = P \times (1 + i \times n)$$

复利计息是以上一个计息期的利息加上本金为基数计算当期的利息。在复利计息下，不仅原始本金要计算利息，而且前期产生的所有利息都要计算利息，即所谓的"利滚利"。复利的本利和计算公式为

$$F = P \times (1+i)^n$$

复利的总利息计算公式为

$$I = P \times [(1+i)^n - 1]$$

在本金相等、计息期相同时，如果利率相同，则在通常情况下（计息期大于1），单利计息方式产生的利息少，复利计息方式产生的利息多。在不动产估价实务中，一般采用复利计息方式。

**【例 7-2】** 某不动产开发项目建设成本总投资为 6000 万元，开发建设期为 3 年，第一年投入总投资的 40%，第二年投入总投资的 30%，第三年投入总投资的 30%，在各年内均匀投入，同期银行贷款年利率为 6%。求开发费用的利息。

**【解】** 第一年的投资可看成是在开发开始半年时一次性投入，则计息期为 2.5 年；第二年的投资可看成是在开发开始一年半时一次性投入，则计息期为 1.5 年；第三年的投资可看成是在开发开始两年半时一次性投入，则计息期为 0.5 年。则有

建设成本的利息 $= 6000 \times 40\% \times [(1+6\%)^{2.5} - 1] + 6000 \times 30\% \times [(1+6\%)^{1.5} - 1] + 6000 \times 30\% \times [(1+6\%)^{0.5} - 1] = 593.98$（万元）

## 六、销售税费

销售税费是销售所建成的不动产时应由卖方（在此为房地产开发企业）缴纳的税费，可分为以下两类：一是销售税金及附加，如增值税、城市维护建设税和教育费附加，通常简称"两税一费"；二是其他销售税费，如印花税。

销售税费，如"两税一费"，一般是按照售价的一定比例收取的。因此，销售税费通常按照所建成的不动产价格的一定比例来测算。值得指出的是，因所建成的不动产价格中含销售税费，如果有关销售税费的计税依据为不含税价格，则还应进行相关计税价格换算。此外，这里的销售税费不含应由卖方缴纳的土地增值税、企业所得税以及应由买方缴纳的契税等税费。不含应由卖方缴纳的土地增值税、企业所得税，是便于在实际估价中对正常开发利润率的调查、估计。因为土地增值税是以纳税人转让不动产取得的增值额为计税依据的，每笔转让不动产取得的增值额可能不同，从而应缴纳的土地增值税会有所不同；企业所得税是以企业为对象缴纳的，一个企业可能同时有多种业务或多个房地产开发项目，有的业务或项目可能盈利较多，有的业务或项目可能盈利较少，有的业务或项目甚至亏损，从而导致不同的企业缴纳的企业所得税会有所不同。不含应由买方缴纳的契税等税费，是因为评估价值一般是建立在买卖双方各自缴纳自己应缴纳的交易税费下的价值价格。

## 七、开发利润

开发利润是典型的房地产开发企业进行特定的不动产开发所期望获得的利润,也即平均利润、客观利润,通常通过不动产的开发利润率来测算。不动产开发利润率主要有四种,相应的公式如下。

（1）直接成本利润率 $= \dfrac{\text{开发利润}}{\text{土地成本}+\text{建设成本}}$

（2）投资利润率 $= \dfrac{\text{开发利润}}{\text{土地成本}+\text{建设成本}+\text{管理费用}+\text{销售费用}}$

（3）成本利润率 $= \dfrac{\text{开发利润}}{\text{土地成本}+\text{建设成本}+\text{管理费用}+\text{销售费用}+\text{投资利息}}$

（4）销售利润率 $= \dfrac{\text{开发利润}}{\text{所建成的不动产价格}}$

$\qquad = \dfrac{\text{开发利润}}{\text{土地成本}+\text{建设成本}+\text{管理费用}+\text{销售费用}+\text{投资利息}+\text{销售税费}+\text{开发利润}}$

上述开发利润率的分子都是相同的,仅分母不同,估价师在测算开发利润时要弄清利润率的内涵,注意利润率和分母的计算基数相互匹配。这些开发利润率由大到小依次为直接成本利润率、投资利润率、成本利润率、销售利润率。从理论上讲,同一个不动产开发项目的开发利润,无论是采用何种利润率和与之对应的计算基数来测算,所得出的结果都应该是相同或相近的。

测算开发利润时还应注意把握以下四点。

（1）开发利润是房地产开发企业的开发利润,注意与建筑施工企业的利润区分,后者已包含在建筑安装工程费等费用中。

（2）开发利润是未扣除土地增值税和企业所得税的税前利润,即

$$\text{开发利润}=\text{所建成的不动产价格}-\text{土地成本}-\text{建设成本}-$$
$$\text{管理费用}-\text{销售费用}-\text{投资利息}-\text{销售税费}$$

开发利润之所以为税前利润,是为了与不含应由卖方缴纳的土地增值税、企业所得税的销售税费的口径一致,并得到相对客观合理的开发利润。

（3）开发利润是该类不动产开发项目在正常情况下房地产开发企业所能获得的平均利润,而不是个别房地产开发企业最终实际获得的利润,也不是个别房地产开发企业期望获得的利润。

（4）开发利润率通常是通过调查同一市场上类似不动产开发项目的平均利润率来确定的。根据不同类型不动产开发项目的投资风险差异,开发利润率也会有所不同。例如,一般来说,商业不动产开发项目的开发经营中不确定因素较多,投资风险较大,开发利润率应相对较高;普通商品住宅开发项目的开发经营中不确定因素较少,投资风险较小,开发利润率应相对较低。

## 第三节　成本法的基本公式

在不动产估价中，成本法主要应用于旧的不动产、新的不动产和在建工程这三种典型对象的价值计算。由于三者所处的状况不同，其基本公式的应用也有所差异。

### 一、适用于旧的不动产的基本公式

旧的不动产是成本法估价的典型对象，又可分为旧的房地（如通常所说的旧房，包含房屋占用范围内的土地）、旧的建筑物（不包含建筑物占用范围内的土地）两类。

#### （一）适用于旧的房地的基本公式

旧的房地，可以采用房地合估的方式，即把土地和其上的建筑物看作一个整体来求取重新购建成本。

旧的房地价值 = 旧的房地重新购建成本 − 旧的房地折旧 = (土地成本 + 建设成本 + 管理费用 + 销售费用 + 投资利息 + 销售税费 + 开发利润) − 旧的房地折旧

上述公式中的土地成本是净地成本、熟地成本还是生地成本、毛地成本，应根据旧的房地所在地在价值时点的同类新的房地产开发建设活动取得土地的通常开发程度来确定。如果当地同类新的房地产开发建设活动一般是在取得净地或熟地的基础上进行的，则土地成本应为净地成本或熟地成本；如果一般是在取得生地或毛地的基础上进行的，则土地成本应为生地成本或毛地成本，并且建设成本中相应地应该包含从生地或毛地变为净地或熟地的土地开发成本。

采用成本法评估旧的房地价值，也可以把不动产当作土地和建筑物两个相对独立的部分，先分别求取土地和建筑物的重新购建成本，然后将两者相加，即房地分估：

旧的房地价值 = 土地重新购建成本 + 建筑物重新购建成本 − 建筑物折旧

在实际估价中，应根据估价对象状况和土地市场状况，选择求取重新购建成本的路径，并应优先选择房地合估路径，即适用房地合估路径求取的，应采用房地合估路径求取。

#### （二）适用于旧的建筑物的基本公式

旧的建筑物价值 = 旧的建筑物重新购建成本 − 旧的建筑物折旧

### 二、适用于新的不动产的基本公式

新的不动产可分为新的房地（如新建商品房）、新开发的土地、新的建筑物三类。

#### （一）适用于新的房地的基本公式

新的房地价值 = 土地成本 + 建设成本 + 管理费用 + 销售费用 + 投资利息 + 销售税费 + 开发利润

上式与旧的房地公式相比，除了没有房地折旧，其他事项均相同。

## （二）适用于新开发的土地的基本公式

新开发的土地有征收集体土地并进行"三通一平"等基础设施建设和场地平整、征收国有土地上房屋并进行基础设施改造和场地平整、填海造地、开山造地等土地一级开发完成的净地或熟地。其采用成本法估价的基本公式为

新开发的土地价值＝待开发土地成本＋土地开发成本＋管理费用＋
销售费用＋投资利息＋销售税费＋开发利润

上式中的土地开发成本是狭义的，是在已取得的待开发土地上进行基础设施建设或改造、场地平整等的必要支出，其具体构成与待开发土地和开发完成的土地（估价对象为土地）的开发程度有关，比如，有将农用地、旧城区、滩涂、山地等待开发土地，开发为"三通一平""五通一平""七通一平"等净地或熟地等多种不同情形。

以土地成片开发完成后或新开发区的某宗土地单价（还可为楼面地价、土地总价）为例，其采用成本法估价的公式为

新开发区某宗土地单价＝(开发区用地取得总成本＋土地开发总成本＋总管理费用＋总销售费用＋
总投资利息＋总销售税费＋总开发利润)÷(开发区用地总面积×开发完成
的可转让土地面积的比率)×宗地区位、用途、使用期限、容积率、形状
等因素调整系数

式中：

$$开发完成的可转让土地面积的比率 = \frac{开发完成的可转让土地总面积}{开发区用地总面积} \times 100\%$$

实际测算通常分为三个步骤：①测算新开发区全部土地的平均价格；②测算新开发区可转让土地的平均价格，即将第一步测算出的平均价格除以可转让土地面积的比率；③测算新开发区某宗土地的价格，即将第二步测算出的平均价格，根据宗地的区位、用途、使用期限、容积率、形状等状况做适当的增减调整。

在新开发区土地分宗估价中，成本法是一种有效、实用的方法。因为对发展初期的新开发区而言，其土地市场和房地产市场一般尚未形成，土地收益也仍未显现，市场比较法、收益法都不太适用，甚至假设开发法也难以应用。

【例7-3】某成片荒地的面积为 2 平方千米，取得该荒地的成本为 1.2 亿元，将其开发成"五通一平"的熟地的开发成本和管理费用为 2.5 亿元，开发期为 3 年，贷款年利率为8%，销售费用、销售税费和开发利润分别为开发完成的可转让熟地价格的 2%、5.5%和10%，开发完成的可转让熟地面积的比率为 60%。求该荒地开发完成的可转让熟地的平均单价（假设开发成本和管理费用在开发期内均匀投入，开发完成时即开始销售，销售费用在开发完成时投入）。

【解】求取该荒地开发完成的可转让熟地的平均单价的过程如下。

该荒地开发完成的可转让熟地总价
＝该荒地取得总代价＋土地开发总成本＋总管理费用＋
总销售费用＋总投资利息＋总销售税费＋总开发利润
＝该荒地取得总代价＋土地开发总成本＋总管理费用＋
总投资利息＋可转让熟地的总价×销售费用、销售税费和开发利润的比率

得出：

该荒地开发完成的可转让熟地平均单价

$= \dfrac{该荒地取得总代价+土地开发总成本+总管理费用+总投资利息}{(1-销售费用、销售税费和开发利润的比率)\times 可转让熟地总面积}$

$= \dfrac{该荒地取得总代价+土地开发总成本+总管理费用+总投资利息}{(1-销售费用、销售税费和开发利润的比率)\times 该荒地总面积\times 可转让熟地面积的比率}$

$= \dfrac{120000000\times(1+8\%)^3+250000000\times(1+8\%)^{1.5}}{[1-(2\%+5.5\%+10\%)]\times 2000000\times 60\%} = 436$（元/平方米）

## （三）适用于新的建筑物的基本公式

新的建筑物价值＝建筑物建设成本＋管理费用＋销售费用＋投资利息＋销售税费＋开发利润

上式中的管理费用、销售费用、投资利息、销售税费和开发利润，是与建筑物建设成本对应的房地产开发经营活动的管理费用、销售费用、投资利息、销售税费和开发利润，不包含新的建筑物占用范围内的土地成本及与之对应的房地产开发经营活动的管理费用、销售费用、投资利息、销售税费和开发利润。

## 三、适用于在建工程的基本公式

在建工程价值＝土地成本＋已投入的建设成本＋管理费用＋销售费用＋投资利息＋销售税费＋开发利润

式中，已投入的建设成本是在价值时点之前已投入的各项建设成本；管理费用、投资利息、开发利润是土地成本和已投入的建设成本所对应的管理费用、投资利息、开发利润；销售费用、销售税费是销售在建工程所对应的销售费用、销售税费，应视项目具体情况而定，如果尚未发生销售行为，则不需要计算销售费用、销售税费。

上述新的不动产和在建工程的基本公式，没有考虑建筑物的折旧。但是，在估价实务中，应根据待评估不动产自身因素和外部因素，考虑其可能存在的减值因素并予以相应调整。例如，长期停工或烂尾的在建工程，应考虑其自然老化或因维护不当而造成的已完工部分破损、钢筋锈蚀、构件损坏等物理性价值损失；新建成的不动产，也可能存在由于消费观念或需求变化造成的户型过时、外观落后、车位配比过小等功能性价值损失。

# 第四节　重新购建成本的测算

在应用成本法进行不动产估价时，准确测算重新购建成本是非常重要的一步，是保障评估结果准确性和可靠性的基础。

## 一、重新购建成本的内涵

重新购建成本也称为重新购建价格，是指重新购置和重新开发待评估不动产所需要的全部必要支出，或必要支出及应得利润。把握重新购建成本的内涵，需要注意以下五点。

（1）重新购建成本指的是在特定价值时点的重新购建成本。值得注意的是，这一价值时点并非总是指当前，它也可以是过去或未来的某个时间点[①]。

（2）重新购建成本理应涵盖合理的利润空间。这一合理利润，作为开发建设不动产的经济成本的一部分，是不可或缺的。

（3）重新购建成本是客观的重新购建成本，它代表了重新开发建设的必要支出以及应得的利润，或者重新购置的必要支出。这并不是个别单位或个人的实际支出和利润，而是类似房地产开发经营活动的正常的或一般的、平均的社会必要成本。开发成本高并不直接意味着价值高。不动产的价格主要由其效用决定，而不完全取决于成本。只有那些有助于提升不动产使用效用的成本的增加，才能提高价格。因此，估价中所依据的成本应该是开发或建造类似不动产的社会"必要"成本，而不是估价对象不动产的实际成本。如果实际支出超出了正常或一般、平均水平，那么超出的部分并不能提高价格，只会形成浪费或亏损。反之，如果实际支出低于正常或一般、平均水平，这部分节省的成本并不会降低价格，只会为个别单位或个人带来超额利润。在估价过程中，应将成本和效用结合起来考虑，充分分析市场供求关系，以确定合理的重新购建成本。

（4）建筑物的重新购建成本是全新状况下的建筑物的重新购建成本，尚未扣除建筑物折旧；土地的重新购建成本一般是在价值时点的土地状况的重新购建成本，考虑了土地的减价和增值因素。例如，估价对象中的土地是10年前取得的商业用途法定最高年限为40年的建设用地使用权，求取该土地现在的重新购置成本，不是求取40年期的建设用地使用权在当前的价格，而是求取其剩余30年建设用地使用权在当前的价格；假设区位环境比10年前有了很大改善，求取该土地现在的重新购置成本，不是求取其在10年前的交通条件和周边环境下的价格，而是求取其在现在的交通条件和周边环境下的价格。

（5）按照建筑物重新建造方式的不同，建筑物重新购建成本可以分为建筑物重置成本和建筑物重建成本。

建筑物重置成本也称为建筑物重置价格，是采用估价时点的建筑材料、建筑构配件和设备，以及建筑技术、工艺等，在价值时点的国家财税制度和市场价格体系下，重新建造与估价对象中的建筑物具有相同效用的全新建筑物的必要支出及应得利润；建筑物重建成本也称为建筑物重建价格，是采用与估价对象中的建筑物相同的建筑材料、建筑构配件和设备，以及建筑技术、工艺等，在价值时点的国家财税制度和市场价格体系下，重新建造与估价对象中的建筑物完全相同的全新建筑物的必要支出及应得利润。这种重新建造方式即是复原建造，可形象地理解为"复制"。

重置成本与重建成本的金额往往不同。二者的差异，既是科技进步的结果，也是"替代原理"的体现。由于科技的进步，原有的许多材料、设备、结构、技术、工艺等往往变得过时落后或者成本过高，因此重置成本通常低于重建成本。在实务中，一般的建筑物适用重置成本，而具有历史、艺术、科学价值或代表性的建筑物则适用重建成本。因年代久远、已缺少与旧建筑物相同的建筑材料、建筑构配件和设备，或因建筑技术、工艺变更等使得旧建筑物复原建造有困难的建筑物，一般只好部分或全部使用重置成本，并尽量做到"形似"。

---

① 具体参见本书第四章第一节"价值时点原则"。

## 二、重新购建成本的求取

### （一）土地重新购建成本的求取

土地重新购建成本，是指在价值时点重新购置土地的必要支出，或重新开发土地的必要支出及应得利润。相应地，求取土地重新购建成本有两种思路：一是求取在价值时点重新购置土地的必要支出（简称土地重新购置成本），通常是假设该土地上没有建筑物，除此之外的状况均维持不变，然后采用市场比较法、基准地价修正法等方法求取；二是求取在价值时点重新开发土地的必要支出及应得利润（简称土地重新开发成本），通常是采用成本法求取。

需要注意的是，在求取建筑物过于老旧的房地的土地重置成本时，还可能需要考虑老旧建筑物导致的土地价值损失，即在此情况下的空地价值可能大于有老旧建筑物的土地价值，甚至大于有老旧建筑物的房地价值。

此外，把包含土地和建筑物的价值价格在内的房地产评估值、成交价在土地和建筑物之间进行分配时，求取所分配的土地价值价格等同于求取有建筑物的土地重置成本。例如，某宗不动产的评估值为 700 万元，其中的土地采用市场比较法、基准地价修正法求得的评估值为 210 万元，当地的土地取得税费为土地价格的 3%，通过测算得出与该土地评估值和土地取得税费对应的房地产开发经营活动的管理费用、销售费用、投资利息、销售税费和开发利润为 90 万元，则该宗不动产中土地应分配的价值为 306.3［210×（1+3%）+90＝306.3］万元，建筑物应分配的价值为 393.7（700－306.3＝393.7）万元。因此，还可知该宗不动产的价值中土地价值约占 43.8%，建筑物价值约占 56.2%。

### （二）建筑物重新购建成本的求取

求取建筑物重新购建成本，是假设该建筑物占用范围内的土地已取得且为空地，该土地除没有建筑物外，其他状况均维持不变，然后在该土地上建造与该建筑物相同或具有同等效用的全新建筑物的必要支出及应得利润；也可设想将该全新建筑物发包给建筑施工企业建造，由建筑施工企业将能直接使用的全新建筑物移交给发包人，这种情况下发包人应支付给建筑施工企业的全部费用（建设工程价款或工程承发包价格），再加上发包人的其他必要支出（如勘察设计和前期工程费、管理费用、销售费用、投资利息、销售税费等）及发包人的应得利润。

建筑物重新购建成本可采用成本法或市场比较法来求取，也可利用政府或其有关部门公布的房屋重置价格或房地产市场价格扣除其中包含的土地价值价格，并且进行适当调整来求取。其中，采用成本法求取建筑物重新购建成本，相当于采用成本法求取新的建筑物价值，其基本公式为

建筑物重新购建成本＝建筑物建设成本＋管理费用＋销售费用＋投资利息＋销售税费＋开发利润

上式中的建筑物建设成本可分为建筑安装工程费、专业费用两个部分，其中，建筑安装工程费的求取方法有单位比较法、分部分项法、工料测量法和指数调整法。

**1. 单位比较法**

单位比较法是一种以建筑物为整体，选取与该类建筑物的建筑安装工程费密切相关的某种计量单位（如单位建筑面积、单位体积等）为比较单位，调查在价值时点的近期建成的类似建筑物的单位建筑安装工程费，然后对其进行处理后得到建筑物建筑安装工程费的方法。

单位比较法本质上是一种比较法。该方法中的有关处理包括：①把可比实例建筑物实际发生但可能不是正常的单位建筑安装工程费，修正为正常的单位建筑安装工程费；②把可比实例建筑物在其建造时的建筑安装工程费，调整为在价值时点的建筑安装工程费；③根据可比实例建筑物与估价对象建筑物在对单位建筑安装工程费有影响的建筑规模、设施设备、装饰装修等方面的差异，对单位建筑安装工程费进行调整，即可得到估价对象建筑物的单位建筑安装工程费。单位比较法较为简单、实用，因此被广泛采用，但这种方法比较粗略。

为确保所选取的比较单位能够准确反映建筑物的建设成本，根据建筑物的具体情况和特点，单位比较法可以选择基于单位面积或单位体积的方法进行评估。对于单位面积法，它主要适用于那些同一类型建筑物的单位建筑面积建筑安装工程费基本相同的建筑物，例如住宅、办公楼等。而单位体积法则适用于那些同一类型建筑物的单位体积建筑安装工程费基本相同的建筑物，例如储油罐、地下油库等。

【例 7-4】 某幢房屋的建筑面积为 300 平方米，该类用途、建筑结构和档次的房屋的建筑安装工程费为 1200 元/平方米，专业费用为建筑安装工程费的 8%，管理费用为建筑安装工程费与专业费用之和的 3%，销售费用为重新购建成本的 4%，建设期为 6 个月，所有费用可当作在建设期内均匀投入，年利率为 6%，房地产开发成本利润率为 15%，销售税费为重新购建成本的 6%。请计算该房屋的重新购建成本。

【解】 设该房屋单位建筑面积的重新购建成本为 $V_B$，计算如下。

（1）建筑安装工程费 = 1200（元/平方米）

（2）专业费用 = 1200 × 8% = 96（元/平方米）

（3）管理费用 =（1200 + 96）× 3% = 38.88（元/平方米）

（4）销售费用 = $V_B$ × 4% = 0.04$V_B$（元/平方米）

（5）投资利息 =（1200 + 96 + 38.88 + 0.04$V_B$）× [(1 + 6%)$^{0.25}$ – 1]

　　　　　　 = 19.59 + 0.0006$V_B$（元/平方米）

（6）销售税费 = $V_B$ × 6% = 0.06$V_B$（元/平方米）

（7）开发利润 =（1200 + 96 + 38.88 + 0.04$V_B$ + 19.59 + 0.0006$V_B$）× 15%

　　　　　　 = 203.17 + 0.0061$V_B$（元/平方米）

（8）$V_B$ = 1200 + 96 + 38.88 + 0.04$V_B$ + 19.59 + 0.0006$V_B$ + 0.06$V_B$ + 203.17 + 0.0061$V_B$

　　$V_B$ = 1743.69（元/平方米）

　　重新购建成本总额 = 1743.69 × 300 = 52.31（万元）

**2. 分部分项法**

分部分项法是一种将建筑物分解为各个分部工程或分项工程，然后分别测算每个分部工程或分项工程的数量，并调查各个分部工程或分项工程在价值时点的单位价格或单位成本，通过将各个分部工程或分项工程的数量乘以相应的单位价格或单位成本，并将结果相加，最终得到建筑物建筑安装工程费的方法。

在运用分部分项法时，需要注意以下两点。

首先，需要结合各个构件或分部分项工程的特点，选择适当的计量单位。例如，土方及基础工程通常使用体积单位，墙面抹灰工程则使用面积单位，而楼梯栏杆工程则使用长度单位。这样可以更准确地反映各个分部工程或分项工程的价值。

其次，在测算过程中，应确保既不漏项也不重复计算。漏项可能导致评估结果偏低，而重复计算则可能导致评估结果偏高。因此，需要对每个分部工程或分项工程进行仔细的核对和确认，确保所有相关的费用都得到了合理的计算和分配。

【例 7-5】 测算某幢住宅楼 2023 年 6 月 30 日的建筑物重置成本。经实地查勘、查阅有关图纸等资料，得知该住宅楼共 17 层，总建筑面积为 13430 平方米，建筑结构为钢筋混凝土剪力墙结构，室内普通精装修，并搜集到测算该住宅楼重置成本所需的有关数据如表 7-1 所示。

表 7-1 某住宅楼重置成本测算所需数据表

| （1）建筑安装工程费 | |
|---|---|
| 建筑工程直接费 | 土方及基础工程：187.61 元/平方米 |
| | 结构、砌筑及粗抹灰工程：1311.55 元/平方米 |
| | 外保温及外立面工程：336.35 元/平方米 |
| | 园林景观工程：66.37 元/平方米 |
| | 室外配套工程：238.90 元/平方米 |
| | 小计：2140.78 元/平方米 |
| 安装工程直接费 | 电梯工程：61.75 元/平方米（一次性包死承包价） |
| | 给排水工程：48.00 元/平方米（其中：人工费 13.92 元/平方米） |
| | 采暖通风工程：93.05 元/平方米（其中：人工费 21.79 元/平方米） |
| | 电气工程：161.54 元/平方米（其中：人工费 36.81 元/平方米） |
| | 消防工程：17.30 元/平方米（其中：人工费 3.80 元/平方米） |
| | 综合布线工程：40.01 元/平方米（其中：人工费 8.80 元/平方米） |
| | 环保系统工程：11.14 元/平方米（一次性包死承包价） |
| | 燃气工程：25.62 元/平方米（一次性包死承包价） |
| | 小计：458.41 元/平方米（其中：人工费 85.12 元/平方米） |
| 装饰装修工程直接费 | 门窗工程：134.14 元/平方米（一次性包死承包价） |
| | 室内精装修工程：616.36 元/平方米（一次性包死承包价） |
| | 公共区域精装修工程：56.90 元/平方米（一次性包死承包价） |
| | 其他装饰费：44.66 元/平方米（一次性包死承包价） |
| | 小计：852.06 元/平方米 |
| 建筑工程综合费率 | 建筑工程直接费的 7.2%，安装工程综合费率为安装工程人工费的 32%，建筑安装工程的税金为 3.477%。 |

续表

| | | |
|---|---|---|
| （2）专业费用 | 规划设计费：69.39 元/平方米 | |
| | 工程管理费：54.31 元/平方米 | |
| | 专业咨询费：11.53 元/平方米 | |
| | 其他专业费：200.72 元/平方米 | |
| | 小计：335.95 元/平方米 | |
| （3）管理费用 | 建筑安装工程费与专业费用之和的 5% | |
| （4）销售费用 | 售价的 2% | |
| （5）投资利息 | 开发经营期为 2 年；费用第一年投入 60%，第二年投入 40%；年利率为 5.76% | |
| （6）销售税费 | 售价的 5.53% | |
| （7）开发利润 | 成本利润率为 20% | |

**【解】** 设该住宅楼的建筑物重置总价为 $V_B$，测算过程如下。

（1）建筑安装工程费

① 建筑工程费 = 2140.78 ×（1 + 7.2%）×（1 + 3.477%）= 2374.71（元/平方米）

② 安装工程费 =（458.41 + 85.12 × 32%）×（1 + 3.477%）= 502.53（元/平方米）

③ 装饰装修工程费 = 852.06 ×（1 + 3.477%）= 881.69（元/平方米）

④ 单位建筑安装工程费 = 2374.71 + 502.53 + 881.69 = 3758.93（元/平方米）

建筑安装工程费总额 = 3758.93 × 13430 = 5048.24（万元）

（2）专业费用 = 335.95 × 13430 = 451.18（万元）

（3）管理费用 =（5048.24 + 451.18）× 5% = 274.97（万元）

（4）销售费用 = $V_B$ × 2% = 0.02$V_B$（万元）

上述（1）～（4）项费用之和为

$$5048.24 + 451.18 + 274.97 + 0.02V_B = 5774.39 + 0.02V_B（万元）$$

（5）投资利息 =（5774.39 + 0.02$V_B$）×[60% ×（1 + 5.76%）$^{1.5}$ + 40% ×（1 + 5.76%）$^{0.5}$ − 1]
= 369.20 + 0.0013$V_B$（万元）

（6）销售税费 = $V_B$ × 5.53% = 0.0553$V_B$（万元）

（7）开发利润 =（5774.39 + 0.02$V_B$ + 369.20 + 0.0013$V_B$）× 20% = 1228.72 + 0.004$V_B$（万元）

从而得到建筑物重置成本：

$$V_B = 5774.39 + 0.02V_B + 369.20 + 0.0013V_B + 0.0553V_B + 1228.72 + 0.004V_B$$

$$V_B = 8018（万元）$$

建筑物重置单价 = 8018 ÷ 1.343 = 5970（元/平方米）

### 3. 工料测量法

工料测量法是一种将建筑物还原为建筑材料、建筑构配件和设备，然后测算重新建造该建筑物所需的建筑材料、建筑构配件、设备的种类和数量、施工机械台班的数量、人工时数，通过调查在价值时点相应的单价及人工费标准，将各种建筑材料、建筑构配件、设备、施工机械台班的数量及人工时数乘以相应的单价和人工费标准后相加，并计取相应的措施项目费、规费和税金等，最终得到建筑物建筑安装工程费的方法。

工料测量法的优点在于其详细性和准确性，能够准确地反映建筑物的重新购建成本。然而，这种方法也存在一些缺点，主要是费时和费力。为了获得准确的测算结果，需要进行大量的调查和分析工作，并且可能需要借助其他专家（如造价工程师、建造师等）的帮助。因此，工料测量法通常用于求取具有历史价值的建筑物的重新购建成本。这些建筑物可能因为其历史意义、文化价值或其他特殊因素而需要进行准确的评估。通过工料测量法，可以准确地计算出重新建造这些建筑物所需的费用，从而为保护和修复工作提供重要的参考依据。

**4. 指数调整法**

指数调整法也被称为成本指数趋势法。它利用建筑安装工程费的有关指数或变动率，将估价对象建筑物的历史建筑安装工程费调整到价值时点的建筑安装工程费，从而求取估价对象建筑物建筑安装工程费。在实践中，指数调整法主要用于检验其他方法的测算结果。

将历史建筑安装工程费调整到价值时点的建筑安装工程费的具体方法，与市场比较法中市场状况调整的方法相同。

## 第五节 建筑物折旧的测算

在应用成本法进行不动产估价时，往往需要测算建筑物的折旧。建筑物的折旧反映了建筑物的年龄、使用状况、设计、材料、施工质量和环境等因素可能导致的建筑物在使用过程中价值的减损。通过考虑建筑物的折旧，可以更准确地估算待评估建筑物的现值及房地的价值。

### 一、建筑物折旧的含义和产生原因

#### （一）建筑物折旧的含义

在估价活动中，建筑物折旧是指由于各种原因造成的建筑物价值损失，其金额为建筑物在价值时点的重新购建成本与在价值时点的市场价值之差，即

$$建筑物折旧 = 建筑物重新购建成本 - 建筑物市场价值$$

建筑物重新购建成本是建筑物在全新状况下的价值，建筑物市场价值是建筑物在价值时点状况下的价值。如果价值时点为现在，则建筑物市场价值就是建筑物在当前实际状况下的价值。将建筑物重新购建成本减去建筑物折旧，相当于把建筑物在全新状况下的价值调整为在价值时点状况下的价值，调整后的结果为建筑物的市场价值，即

$$建筑物市场价值 = 建筑物重新购建成本 - 建筑物折旧$$

#### （二）建筑物折旧产生的原因

根据引起折旧的原因，建筑物折旧可以分为三类：物理折旧、功能折旧和外部折旧。

**1. 物理折旧**

物理折旧也称物质损耗、有形损耗、物理性价值损失，是由于建筑物使用或自然环境因素导致的建筑物实体损坏或老化而造成的建筑物价值损失。这种折旧通常需要通过维修或更换来恢复其性能。根据引起的原因，物理折旧又可分为自然老化折旧、使用磨损折旧、意外损坏折旧和延迟维修折旧四种。

（1）自然老化折旧。自然老化折旧是在正常使用和正常维护下，随着时间的流逝，由于自然原因引起的建筑物折旧。这些自然原因包括风吹、日晒、雨淋等，导致建筑物的构件、设施设备、装饰装修等出现腐烂、生锈、风化和基础沉降等现象。这种折旧的程度与建筑物的实际年龄（建筑物自竣工时起至价值时点止的年数）正相关，并且受到建筑物所在地区的气候条件和环境因素的影响。例如，在酸雨较多的地区，建筑物的老化速度会比较快。以人类做比喻，自然老化的过程类似于人类在发育成熟后随着年龄增长的衰老过程。随着时间的推移，人体的各个器官和组织逐渐衰老，功能逐渐衰退，这是不可逆转的自然过程。同样地，建筑物也会随着时间的推移出现自然老化现象，这也是一种不可逆转的自然过程。

为了减缓建筑物的自然老化速度，需要采取适当的维护和保养措施。例如，定期对建筑物的外墙、屋顶、门窗等部位进行检查和维修，及时修复损坏的部位，保持建筑物的结构和外观完好。此外，合理的设计、选材和施工也是减缓自然老化的重要因素。通过选择耐久性好的材料、加强构造措施、做好防水排水等措施，可以有效地减缓建筑物的自然老化速度。

（2）使用磨损折旧。使用磨损折旧是随着时间的流逝，由于建筑物的正常使用引起的磨损所带来的折旧。这种折旧的程度与建筑物的使用性质、使用强度和使用时间等因素正相关。例如，工业用途的建筑物由于频繁使用和高强度的作业，其磨损程度通常会比居住用途的建筑物更为明显。同样地，受腐蚀的工业用途建筑物在使用过程中会受到有腐蚀作用的废气、废液等的不良影响，导致其磨损程度进一步加剧。以人类做比喻，正常使用的磨损类似于人们从事不同类型的工作对身体的影响。体力劳动和重体力劳动相比脑力劳动更容易引起身体的疲劳和损伤，同样地，频繁使用和高强度的作业对建筑物的磨损也会更加明显。

为了减缓建筑物的使用磨损折旧，需要合理规划建筑物的使用性质和使用强度，并采取适当的维护和保养措施，确保建筑物的正常使用和延长其使用寿命。

（3）意外损坏折旧。意外损坏折旧是由于偶发性的天灾人祸引起的建筑物损坏所带来的折旧。这种折旧包括自然和人为两方面的因素。自然方面的因素如地震、水灾、风灾、雷击等，可能导致建筑物的结构、装修和设备出现损坏或毁坏。而人为方面的因素如失火、碰撞、装修中的破坏性拆改等，也可能对建筑物造成损坏。与自然老化折旧和使用磨损折旧不同，意外损坏折旧通常是不可预测的，并且可能对建筑物造成严重的损害。即使经过修复，建筑物也可能难以完全恢复到损坏前的状态，这会对资产的价值产生负面影响。以人类做比喻，意外损坏的折旧类似于一场重大疾病对人的身体的损害。重大疾病可能导致人的身体健康受到严重影响，即使经过治疗也可能无法完全恢复到病前状态，从而影响其正常生活和工作能力。同样地，建筑物的意外损坏也可能导致其结构和功能受到严重影响，即使经过修复也可能无法完全恢复到损坏前的状态。

为了减少意外损坏对建筑物的影响，需要采取适当的防范措施。例如，加强建筑物的结构设计和施工，提高其抗震、抗风、防水等性能；加强消防安全管理，预防火灾事故的发生；加强装修施工的管理和监督，避免破坏性拆改等人为因素对建筑物的损坏。此外，对于重要的建筑物或设施，可以考虑购买保险来应对意外损坏所带来的损失。

（4）延迟维修折旧。延迟维修折旧是由于维修不及时引起的建筑物损坏所导致的折旧。这种折旧通常是由于未能适时采取预防、养护措施或修理不够及时、不到位，导致建筑物出现不应有的损坏或提前损坏。这些损坏可能表现为门窗破损、墙面或地面出现裂缝等。以人类做比喻，延迟维修的损坏残存类似于由于平日不注意休养生息和有病不治，导致人的身体素质和健康状况下滑，让小问题变成大问题，最终影响身体的健康。同样地，如果不及时维修建筑物的损坏部位，可能会让小问题变成大问题，最终影响建筑物的整体结构和功能。

为了减缓延迟维修折旧，需要采取适当的维修和保养措施。定期对建筑物进行检查，及时发现和修复损坏部位，保持建筑物的结构和外观完好。同时，还需要注重建筑物的日常保养，如定期清洁、维护门窗、维护墙面等，保持建筑物的正常功能和延长其使用寿命。通过及时发现和解决潜在问题，可以避免小问题变成大问题，从而减缓建筑物的折旧。

**2. 功能折旧**

功能折旧也被称为无形损耗、功能性价值损失，是因建筑物功能不足、功能落后或功能过剩而造成的建筑物价值损失。导致建筑物功能折旧的原因主要有科技进步、消费观念改变、过去的建筑标准过低、建筑设计上的缺陷等。功能折旧通常可以通过改造、更新等方式来降低或消除。功能折旧又可分为三种，包括功能缺乏折旧、功能落后折旧和功能过剩折旧。

（1）功能缺乏折旧。功能缺乏折旧是指建筑物因缺失某些部件、设施设备或功能而导致的价值降低。比如，早期的住房很多不是成套住宅，缺少独立的厨房和卫生间，有的甚至不通燃气和暖气（北方地区）。这些都明显地体现了功能的缺失。另外，随着生活水平的提高，现代人对住宅的需求也发生了变化，如衣帽间、储藏室、书房等空间，以及四层以上住宅的电梯。因此，缺少这些功能和设施的住宅也被视为存在功能缺失。对于办公楼来说，如果没有电梯、中央空调和无线网络等设施，同样可以认为存在功能缺失。

（2）功能落后折旧。功能落后折旧是指建筑物因某些部件、设施设备或功能无法满足市场标准而导致的价值损失。例如，设施设备性能不佳或容量不足、建筑外观过时、空间布局不合理等。以住宅为例，某些较早修建的住宅在布局上表现为客厅大、卧室小、厨房小、卫生间小，而随着人们住房消费偏好的转变，后来又时兴所谓"三大、一小、一多"的住宅，即卧室、厨房、卫生间大，客厅小，壁橱多；此外，随着生活水平的提高，人们对住宅功能的要求也越来越高，不仅要求住宅楼有电梯，还要求电梯速度要快、电梯间宽敞、梯户比例高。由于家用电器越来越多，用电量越来越大，人们也要求住宅的用电负荷要大，否则难以满足日常生活的需求，甚至会出现跳闸断电的情况。因此，随着人们对住宅功能要求的提高，一些住宅可能存在功能落后的问题。同样地，高档办公楼现在普遍要求有较好的智能化系统，如果某栋所谓的高档办公楼的智能化程度不够，那么其功能就相对落后了。

（3）功能过剩折旧。功能过剩折旧是指建筑物中某些部件、设施设备或功能超出了市场要求的标准，导致其对不动产价值的贡献小于其成本，从而造成建筑物价值损失。具体表现为因功能过剩而产生的无效成本和超额持有成本。例如，某厂房的层高为6米，而当地同类厂房的标准层高为5米，这意味着该厂房的层高过高，形成了功能过剩折旧。在这种情况下，功能过剩导致的折旧影响表现为两个方面。首先，层高过高可能导致建筑设计、建筑材料、施工工艺等方面的建筑成本增加。为这多出来的1米层高而花费的额外成本若不被市场接受，无法转化为厂房价格或租金的上涨，那么这部分多花的成本即为无效成本。其次，层高过高可能会导致后期运营维护成本增加。例如，电梯、空调系统、照明等设施都需要消耗更多的能源和更多的维护工作，因此需要更多的资金投入。

### 3. 外部折旧

外部折旧是由于建筑物外部的不利因素导致的价值损失。这些不利因素主要包括：①不利的经济因素，如经济结构转型、房地产市场不景气或供过于求等，导致某些建筑物的需求减少甚至消失；②不利的环境因素，如周围环境恶化，包括原有的较好景观被破坏、环境受到污染等；③不利的交通因素，如交通方式的改变导致位置偏僻、人流减少等；④其他不利因素，如房地产市场调控措施的实施、优惠政策的取消等。根据这些因素的性质，外部折旧可以分为经济折旧、环境折旧、交通折旧和其他外部折旧。此外，外部折旧还可以根据不利影响的时效分为暂时性外部折旧和永久性外部折旧。暂时性外部折旧通常可以通过改善外部环境、提升区域发展水平等方式来降低或消除。例如，房地产市场不景气导致的不动产价值下降是经济折旧，但这种折旧是暂时的，市场回暖后会消失；再如，一个高档居住区附近兴建一座工厂导致该居住区的房价下降是环境折旧，这种折旧一般是永久性的。

【例7-6】 某套旧住宅的重置成本（类似新建商品住宅的市场价格）为120万元，门窗、墙面、地面等破损引起的物理折旧为10万元，户型设计欠佳、无独用卫生间、未通燃气等引起的功能折旧为16万元，位于城市衰落地区引起的外部折旧为6万元。求该旧住宅的折旧总额和折旧后价值。

【解】
该旧住宅的折旧总额 = 物理折旧 + 功能折旧 + 外部折旧 = 10 + 16 + 6 = 32（万元）
该旧住宅的折旧后价值 = 重置成本 − 折旧 = 120 − 32 = 88（万元）

## 二、建筑物折旧的求取

求取建筑物折旧的方法主要有年限法、市场提取法和分解法。

### (一）年限法

年限法也称为年龄–寿命法，是根据建筑物的有效年龄和经济寿命或预期剩余经济寿命来测算建筑物折旧的方法。

**1. 建筑物有效年龄和经济寿命**

建筑物的年龄可以分为实际年龄和有效年龄。建筑物的实际年龄是从竣工之日起到价值时点止的年数，类似于人的真实年龄。而建筑物的有效年龄则是根据价值时点的建筑物实际状况来判断的建筑物年龄，类似于人的生理年龄、心理年龄等。因此，实际年龄和有效年龄在某些情况下可能存在差异。

建筑物的有效年龄一般根据建筑物的施工、使用、维护和更新改造等状况，在其实际年龄的基础上进行适当的加减调整得出，可能等于或者小于、大于其实际年龄。当建筑物的施工、使用、维护情况正常时，其有效年龄与实际年龄通常相当；当建筑物的施工、使用、维护比正常情况更好或经过了更新改造时，其有效年龄可能小于实际年龄；而当建筑物的施工、使用、维护比正常情况更差时，其有效年龄可能大于实际年龄。例如，某建筑物竣工已有50年，但因其保养得当，外观和内部设施都与新建筑无异，因此在价值时点上，其有效年龄可能只有30年左右。

建筑物的寿命也称为使用寿命、使用年限、耐用年限，分为自然寿命和经济寿命。建筑物的自然寿命是建筑物自竣工时起至其主要结构构件自然老化或损坏而不能保证建筑物安全使用时止的时间；而建筑物的经济寿命是建筑物对不动产价值有贡献的时间，即建筑物自竣工时起至其对不动产价值不再有贡献时止的时间。建筑物的经济寿命短于其自然寿命。经过更新改造，包括改建、扩建和修缮等，建筑物的经济寿命和自然寿命都有可能得到延长。

建筑物的剩余寿命是建筑物寿命减去年龄后的寿命，相应地，可以分为剩余自然寿命和剩余经济寿命。建筑物的剩余自然寿命是建筑物自然寿命减去实际年龄后的寿命；而建筑物的剩余经济寿命是建筑物经济寿命减去有效年龄后的寿命，即自价值时点起至建筑物经济寿命结束时止的时间。如果建筑物的有效年龄比其实际年龄小，就会延长建筑物的剩余经济寿命；反之，就会缩短建筑物的剩余经济寿命。

利用年限法求取建筑物折旧时，建筑物的年龄应采用有效年龄，寿命应采用预期经济寿命，相应的，剩余寿命应采用预期剩余经济寿命。因为只有这样，求出的建筑物折旧和价值才符合实际。例如，两幢同时建成的完全相同的建筑物，如果采用实际年龄、自然寿命来计算建筑物折旧，则它们的价值就会一致。但是，显而易见地，两幢建筑物如果使用、维护状况不同，其市场价值就应当不同。进一步来说，新近建成的建筑物未必完好，从而其价值未必高；而较早建成的建筑物未必损坏严重，从而其价值未必低。例如，新建成的房屋可能由于存在设计、施工质量缺陷或者使用不当，竣工没有几年就已经损坏严重；而有些20世纪初建造的老旧建筑物，可能至今仍然完好，即使不考虑其文化内涵因素，也有较高的市场价值。

此外，应注意土地使用期限对建筑物经济寿命的影响。一般可以按以下情况来处理。

（1）对于住宅建筑物而言，不论其经济寿命是早于还是晚于土地使用期限而结束，均按照其经济寿命来计算折旧。这是因为《民法典》规定"住宅建设用地使用权期限届满的，自动续期"。

（2）非住宅建筑物，经济寿命早于土地使用期限而结束的，应按照建筑物经济寿命计算建筑物折旧。

（3）非住宅建筑物，经济寿命晚于土地使用期限而结束的，又分为两种情况：①出让合同约定建设用地使用权期限届满需要无偿收回建设用地使用权时，根据收回时建筑物的残余价值给予土地使用者相应补偿；②出让合同约定建设用地使用权期限届满需要无偿收回建设用地使用权时，建筑物也无偿收回。

对于上述第①种情况，应按照建筑物经济寿命计算建筑物折旧。对于上述第②种情况，应按照建筑物经济寿命减去其晚于土地使用期限的那部分寿命后的寿命计算建筑物折旧。

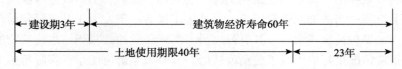

图 7-2　建筑物经济寿命与土地使用期限关系

如图 7-2 所示，假设是在出让的国有建设用地上建造的商场，出让年限为 40 年，建设期为 3 年，商场经济寿命为 60 年。在这种情况下，商场经济寿命中晚于土地使用期限的那部分寿命为 23 年（3 年建设期加上 60 年商场经济寿命减去 40 年出让年限），因此，应按照 37 年（60 年商场经济寿命减去 23 年）而不是 60 年、63 年或 40 年计算商场折旧。

**2. 直线法**

年限法中最主要的方法是直线法。直线法是最简单的一种测算折旧的方法，它假设在建筑物的经济寿命期间，每年的折旧额相等。直线法的年折旧额计算公式为

$$D_i = D = \frac{C-S}{N} = \frac{C(1-R)}{N}$$

式中：$D_i$——第 $i$ 年的折旧额。在直线法下，每年的折旧额 $D_i$ 是一个常数 $D$；$C$——建筑物重新购建成本；$S$——建筑物预计净残值，简称净残值，是预计在建筑物经济寿命结束时，经拆除后的建筑物旧料价值减去清理费用后的余额；$R$——建筑物残值率，简称残值率，是建筑物的净残值与其重新购建成本的比率，即 $R = \frac{S}{C}$；$N$——建筑物的经济寿命。

另外，$(C-S)$ 称为折旧基数；年折旧额与重新购建成本的比率称为年折旧率，如果用 $d$ 来表示，即

$$d = \frac{D}{C} \times 100\% = \frac{1-R}{N} \times 100\%$$

可见，采用直线法进行折旧，有效年龄为 $t$ 年的建筑物折旧总额（$E_t$）和建筑物折旧后的价值（$V$）分别为

$$E_t = D \times t = (C-S)\frac{t}{N} = C(1-R)\frac{t}{N} = C \times d \times t$$

$$V = C - E_t = C - (C-S)\frac{t}{N} = C\left[1-(1-R)\frac{t}{N}\right] = C(1-d \times t)$$

**【例 7-7】** 某幢旧平房的建筑面积为 150 平方米，有效年龄为 20 年，预期经济寿命为 40 年，重置成本为 1800 元/平方米，残值率为 3%。采用直线法求该房屋的折旧总额，以及其折旧后价值。

**【解】** 已知 $t = 20$ 年，$N = 40$ 年，$C = 1800 \times 150 = 270000$（元），$R = 3\%$

（1）该房屋的折旧总额 $E_t$ 为

$$E_t = C(1-R)\frac{t}{N} = 270000 \times (1-3\%) \times \frac{20}{40} = 130950 \text{（元）}$$

（2）该房屋的折旧后价值 $V$ 为

$$V = C - E_t = 270000 - 130950 = 139050 \text{（元）}$$

采用直线法求取建筑物折旧，从粗到细，可以包括综合折旧、分类折旧加总和个别折旧加总三种思路。综合折旧是把建筑物看作一个整体来求取折旧总额；分类折旧加总是把建筑物分解为结构、设备和装修三部分，分别根据它们的重新购建成本和有效年龄、预期经济寿命或预期剩余经济寿命来求取折旧后相加；个别折旧加总是把建筑物分解为各个更为具体的组成部分，分别根据它们的重新购建成本和有效年龄、预期经济寿命或预期剩余经济寿命来求取折旧后相加。

### 3. 成新折扣法

采用成本法求取建筑物折旧后价值时，可以根据建筑物的建成年代、新旧程度或完损状况等，判定出建筑物成新率，或者用建筑物的年龄、寿命计算出建筑物成新率，然后将建筑物重新购建成本乘以成新率来直接求取建筑物折旧后的价值。这种方法称为成新折扣法，计算公式为

$$V = C \times q$$

式中：$V$——建筑物折旧后的价值；$C$——建筑物重新购建成本；$q$——建筑物成新率（%）。

成新折扣法比较粗略，主要用于建筑物初步估价，或者同时需要对大量建筑物进行估价的场合，即建筑物批量估价，尤其是在大范围内开展建筑物现值摸底调查时。

如果利用建筑物的有效年龄（$t$）、经济寿命（$N$）或剩余经济寿命（$n$）来求取建筑物成新率，那么成新折扣法实际上就是年限法的另一种表现形式。用直线法计算成新率的公式为

$$q = \left[1 - (1-R)\frac{t}{N}\right] \times 100\% = 100\% - d \times t$$

当 $R = 0$ 时，

$$q = \left(1 - \frac{t}{N}\right) \times 100\% = \frac{n}{N} \times 100\% = \frac{n}{t+n} \times 100\%$$

**【例 7-8】** 某幢 10 年前竣工交付的房屋，一直处于正常维护状况，剩余经济寿命为 30 年，残值率为零。采用直线法求取该房屋的成新率。

**【解】** 已知 $t = 10$ 年，$n = 30$ 年，$R = 0$。

该房屋的成新率 $q$ 为

$$q = \frac{n}{t+n} \times 100\% = \frac{30}{10+30} \times 100\% = 75\%$$

### (二)市场提取法

市场提取法是一种估算建筑物折旧的方法,通过寻找与待估价对象具有相似折旧状况的可比实例,提取其折旧额,以估算待估价对象的折旧。这里的"类似折旧状况",是指可比实例中的建筑物折旧类型和折旧程度与待估价对象的建筑物折旧类型和折旧程度相同或相当。

具体步骤如下。

**1. 求取可比实例中的建筑物折旧**

建筑物折旧 = 土地重置成本 + 建筑物重新购建成本 − 旧的房地价值
= 建筑物重新购建成本 − (旧的房地价值 − 土地重置成本)
= 建筑物重新购建成本 − 建筑物折旧后价值

上式中,可比实例在其成交日期的土地重置成本可以采用市场比较法或基准地价修正法求取;可比实例在其成交日期的建筑物重新购建成本可以采用成本法或市场比较法求取;而旧的房地价值则是通过对可比实例的成交价格进行标准化处理、交易情况修正、建筑物折旧状况以外的不动产其他状况调整,但不进行市场状况调整后得到。

**2. 求取总折旧率或年折旧率**

总折旧率 = 建筑物折旧 / 建筑物重新购建成本

年折旧率 = 总折旧率 / 建筑物年龄

如果可比实例中的建筑物年龄与估价对象中的建筑物年龄相近,且求出的各个可比实例总折旧率的范围较窄,则可以将各个可比实例的总折旧率调整为适用于估价对象的总折旧率。

如果各个可比实例中的建筑物区位、年龄、维护状况等之间有较大差异,且求出的各个可比实例总折旧率的范围较宽,则应将每个可比实例的总折旧率除以其建筑物年龄转换为年折旧率,然后将各个可比实例的年折旧率调整为适用于估价对象的年折旧率。

**3. 求取估价对象中的建筑物折旧**

将估价对象建筑物的重新购建成本乘以总折旧率,或者乘以年折旧率再乘以建筑物年龄,便可得到估价对象中的建筑物折旧,即

建筑物折旧 = 建筑物重新购建成本 × 总折旧率
= 建筑物重新购建成本 × 年折旧率 × 建筑物年龄

采用市场提取法求出的年折旧率,还可求取年限法所需的建筑物经济寿命。在假设建筑物的残值率为零的情况下:

建筑物经济寿命 = 1 / 年折旧率

例如,如果采用市场提取法求出的估价对象建筑物的年折旧率为2%,则可根据2%的倒数估算出估价对象建筑物的经济寿命为50年。

此外,利用总折旧率还可求出建筑物的成新率,即

建筑物成新率 = 1 - 总折旧率

**【例 7-9】** 某宗不动产的土地面积为 5000 平方米，建筑面积为 12500 平方米，现行市场价格为 4700 元/平方米，每平方米建筑面积的土地重置成本为 2300 元、建筑物重置成本为 3000 元，建筑物年龄为 10 年。求该建筑物折旧总额、总折旧率和年折旧率。

**【解】**

建筑物折旧总额 = 土地重置成本 + 建筑物重置成本 - 不动产市场价格
= (2300 + 3000 - 4700) × 12500 = 750（万元）

建筑物总折旧率 = 建筑物折旧总额 ÷ 建筑物重置成本 = 750 ÷ (3000 × 1.25) = 20%

建筑物年折旧率 = 建筑物总折旧率 ÷ 建筑物年龄 = 20% ÷ 10 = 2%

### （三）分解法

分解法认为，建筑物折旧首先可分为物理折旧、功能折旧、外部折旧三大组成部分，然后物理折旧、功能折旧和外部折旧又可分为若干个组成部分。因此，可以采用分别测算出各个组成部分折旧额后加总得到建筑物总折旧额的思路。分解法是求取建筑物折旧最详细、最复杂的一种方法，具体思路如图 7-3 所示。

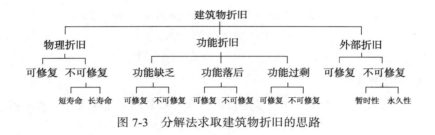

图 7-3　分解法求取建筑物折旧的思路

**1. 物理折旧的求取**

物理折旧项目可分为可修复项目和不可修复项目两大类。修复是指采取修理或部分更换等方式恢复到新的或相当于新的状况。判断一项物理折旧是否可修复，不仅要看技术上能否修复，还要看法律上是否允许修复，以及经济上是否值得修复。修复成本是采用合理的修复方案恢复到新的或相当于新的状况的必要支出及应得利润。预计修复成本小于或等于修复所能带来的不动产价值增加额的，即 修复成本 ≤ 修复后的不动产价值 - 修复前的不动产价值，则该折旧在经济上是可修复的；反之，则在经济上是不可修复的。

物理折旧的具体求取思路如下。

（1）对于可修复项目，测算其在价值时点的修复成本作为折旧额。

（2）对于不可修复项目，根据其在价值时点的剩余寿命是否短于整体建筑物的剩余经济寿命，将其分为短寿命项目和长寿命项目两类。短寿命项目是剩余寿命短于整体建筑物剩余经济寿命的部件、设备、设施等，它们在建筑物剩余经济寿命期间迟早需要更换，甚至需要更换多次。长寿命项目是剩余寿命等于或长于整体建筑物剩余经济寿命的部件、设备、设施等，它们在建筑物剩余经济寿命期间不需要更换。

短寿命项目可以根据各自的重新购建成本（通常为市场价格、运输费、安装费等之和）、年龄、寿命或剩余寿命，采用年限法分别计算其折旧额。

长寿命项目是合在一起的，难以一一拆分评估，可以根据建筑物重新购建成本减去各个可修复项目的修复成本和短寿命项目的重新购建成本后的余额、建筑物的有效年龄、经济寿命或剩余经济寿命，采用年限法计算其折旧额。

（3）把各个可修复项目的修复成本、短寿命项目的折旧额、长寿命项目的折旧额相加，即可得到物理折旧总额。

【例 7-10】 某建筑物的建筑面积为 500 平方米，重置成本为 3600 元/平方米，有效年龄为 10 年，预期经济寿命为 50 年。其中，门窗等破损的修复成本为 2 万元；设施设备的重置成本为 60 万元，年龄为 10 年，平均寿命为 15 年；装饰装修的重置成本为 600 元/平方米，年龄为 3 年，平均寿命为 5 年。残值率假设均为零。求该建筑物的物理折旧额。

【解】 该建筑物的物理折旧额计算过程如下。

（1）门窗等破损的修复成本 = 2（万元）

（2）设施设备的折旧额 = 60×(1/15)×10 = 40（万元）

装饰装修的折旧额 = 600×500×(1/5)×3 = 18（万元）

长寿命项目的折旧额 = (3600×500 − 20000 − 600000 − 600×500)× (1/50)×10 = 17.6（万元）

（3）该建筑物的物理折旧额 = 2 + 40 + 18 + 17.6 = 77.6（万元）

### 2. 功能折旧的求取

（1）功能缺乏折旧的求取。功能缺乏折旧分为可修复的功能缺乏折旧和不可修复的功能缺乏折旧。

可修复的功能缺乏折旧，如果是采用缺乏该功能的建筑物重建成本，则其求取思路是：①测算在价值时点在估价对象建筑物上单独增加该功能的必要费用（简称单独增加功能费用）；②测算在价值时点重置估价对象建筑物时随同增加该功能的必要费用（简称随同增加功能费用）；③将单独增加功能费用减去随同增加功能费用，可得单独增加功能的超额费用，这一超额费用即为可修复的功能缺乏折旧额。具体可由下列公式说明。

可修复的功能缺乏折旧 = 单独增加功能费用 − 随同增加功能费用

相应地，

扣除功能缺乏折旧后的价值 = 建筑物重建成本 − 可修复的功能缺乏折旧 = 建筑物重建成本 − (单独增加功能费用 − 随同增加功能费用)

可修复的功能缺乏折旧，如果是采用具有该功能的建筑物重置成本，则将建筑物重置成本减去单独增加功能费用，便直接得到了扣除该可修复的功能缺乏折旧后的价值。即：

扣除功能缺乏折旧后的价值 = 建筑物重置成本 − 单独增加功能费用

【例 7-11】 某幢应有电梯而无电梯的办公楼，重建成本为 2000 万元，现单独加装电梯（包括建筑工程费、电梯购置费和安装费等）需要 120 万元，而重置该办公楼时随同加装电梯仅需 100 万元。求该办公楼由于缺乏电梯引起的折旧额，以及该办公楼扣除此折旧后的价值。

【解】

$$该办公楼由于缺乏电梯引起的折旧额 = 120 - 100 = 20（万元）$$
$$该办公楼扣除无电梯引起的折旧后的价值 = 2000 - 20 = 1980（万元）$$

【例 7-12】 上例中应有电梯而无电梯的办公楼，现单独加装电梯需要 120 万元，相似的有电梯办公楼的重置成本为 2100 万元。求该办公楼扣除无电梯引起的折旧后的价值。

【解】

$$该办公楼扣除无电梯引起的折旧后的价值 = 2100 - 120 = 1980（万元）$$

不可修复的功能缺乏折旧，可以采用以下思路求取：首先，利用收益损失资本化法求取因缺乏该功能而造成的未来每年损失的净收益的现值之和；其次，将未来每年损失的净收益的现值之和减去随同增加功能费用，即得到不可修复的功能缺乏折旧额。

不可修复的功能缺乏折旧额 = 因缺乏该功能而造成的未来每年损失的净收益的现值之和 − 随同增加功能费用

【例 7-13】 某幢无电梯的旧写字楼建筑面积为 3000 平方米，租金为 1.8 元/（平方米·天），空置率为 15%。该区域内配有电梯的类似写字楼的租金为 2 元/（平方米·天），空置率为 10%。现单独加装电梯的必要费用为 400 万元，而重置该写字楼时随同加装电梯的必要费用仅为 200 万元。该写字楼的预期剩余寿命为 30 年，报酬率为 8%。该写字楼由于没有电梯而导致的功能缺乏是否可修复？其功能缺乏折旧额是多少？

【解】 首先，计算加装电梯所能带来的不动产价值增加额。

$$V = \frac{A}{Y}\left[1 - \frac{1}{(1+Y)^n}\right] = \frac{[2\times(1-10\%) - 1.8\times(1-15\%)]\times 365 \times 3000}{8\%} \times \left[1 - \frac{1}{(1+8\%)^{30}}\right]$$
$$= 332.84（万元）$$

其次，通过比较修复成本与不动产价值增加额的大小，判断其功能缺乏是否可修复：修复成本 400 万元大于不动产价值增加额 332.84 万元，因此不可修复。

最后，可得

$$无电梯的功能折旧额 = 不动产价值增加额 - 随同加装电梯费用$$
$$= 332.84 - 200 = 132.84（万元）$$

（2）功能落后折旧的求取。功能落后折旧分为可修复的功能落后折旧和不可修复的功能落后折旧。

可修复的功能落后折旧，如果是采用该落后功能的建筑物重建成本，则将在价值时点该落后功能的重置成本减去该落后功能已提折旧，加上拆除该落后功能的必要费用（简称拆除落后功能费用），减去该落后功能拆除后的残余价值（简称落后功能残余价值），加上单独增加先进功能的必要费用（简称单独增加先进功能费用），减去重置建筑物时随同增加先进功能的必要费用（简称随同增加先进功能费用）。具体可由下列公式说明。

可修复的功能落后折旧 = 落后功能重置成本 − 落后功能已提折旧 + 拆除落后功能费用 − 落后功能残余价值 + 单独增加先进功能费用 − 随同增加先进功能费用

相应地，
$$扣除功能落后折旧后的价值 = 建筑物重建成本 - 可修复的功能落后折旧$$

可修复的功能落后折旧，如果是采用具有先进功能的建筑物重置成本，则将该建筑物重置成本减去落后功能重置成本，加上落后功能已提折旧，减去拆除落后功能费用，加上落后功能残余价值，减去单独增加先进功能费用，便直接得到了扣除可修复的功能落后折旧后的价值。即

$$可修复的功能落后折旧 = 落后功能重置成本 - 落后功能已提折旧 + 拆除落后功能费用 -$$
$$落后功能残余价值 + 单独增加先进功能费用$$

相应地，
$$扣除功能落后折旧后的价值 = 建筑物重置成本 - 可修复的功能落后折旧$$

与上文可修复的功能缺乏折旧额的计算思路相比，可修复的功能落后折旧额需要加上落后功能尚未折旧的价值（尚未折旧就报废的价值，等于落后功能的重置成本减去落后功能已提折旧），扣除落后功能的净残值（可挽回的损失，等于落后功能的残余价值减去清理费用），即包含了落后功能的服务期未满而提前报废的损失。

【例 7-14】 某幢旧办公楼的电梯已落后，如果将该旧电梯更换为功能先进的新电梯，估计需要 2 万元的清理费用，可回收残值为 3 万元，安装新电梯需要 120 万元，比在建造同类办公楼时随同安装新电梯多花 20 万元。估计该旧办公楼的重建成本为 2050 万元，该旧电梯的重置成本为 50 万元，已提折旧 40 万元。求该办公楼电梯落后引起的折旧额及扣除该折旧后的价值。

【解】 该办公楼电梯落后引起的折旧额及扣除该折旧后的价值计算如下。

该办公楼电梯落后引起的折旧额 $= (50-40) + (2-3) + 20 = 29$（万元）

该办公楼扣除电梯落后引起的折旧后的价值 $= 2050 - 29 = 2021$（万元）

不可修复的功能落后折旧，是在上述可修复的功能落后折旧额计算中，将单独增加先进功能费用替换为利用收益损失资本化法求取的功能落后导致的未来每年损失的净收益的现值之和。

（3）功能过剩折旧的求取。功能过剩一般是不可修复的。功能过剩折旧包括功能过剩造成的无效成本和超额持有成本。如果采用建筑物重置成本，则无效成本可自动消除；如果采用建筑物重建成本，则无效成本不能消除。仍以上文中层高过高的厂房为例，因为厂房重置成本是依据 5 米层高来测算的，而厂房重建成本是依据 6 米层高来测算的。超额持有成本可利用超额运营费用资本化法——功能过剩导致的未来每年超额运营费用的现值之和来求取。因此，在采用建筑物重置成本下：

$$扣除功能过剩折旧后的价值 = 建筑物重置成本 - 超额持有成本$$

在采用建筑物重建成本下：

$$扣除功能过剩折旧后的价值 = 建筑物重建成本 - (无效成本 + 超额持有成本)$$

【例 7-15】 某不动产的重建成本为 2000 万元，已知在建造期间中央空调系统因功率过大较正常情况多投入 150 万元，投入使用后每年多耗电费 0.8 万元。假定该中央空调系

统使用寿命为 15 年,估价对象的报酬率为 9%。求该不动产由于中央空调功率过大引起的折旧及扣除该折旧后的价值。

【解】（1）由于该不动产的中央空调功率过大引起的功能过剩折旧计算如下。

$$150 + \frac{0.8}{9\%} \times \left[1 - \frac{1}{(1+9\%)^{15}}\right] = 156.45（万元）$$

（2）该不动产扣除由于中央空调功率过大引起的折旧后的价值计算如下。

$$2000 - 156.45 = 1843.55（万元）$$

#### 3. 外部折旧的求取

外部折旧通常是不可修复的。求取外部折旧,首先要分清折旧是暂时性的还是永久性的,这决定了收益损失的期限不同；其次,利用收益损失资本化法求取由于建筑物以外的各种不利外部因素导致的未来每年损失的净收益的现值之和,即为外部折旧额。

成本法　土地成本　建设成本　管理费用　销售费用　投资利息　销售税费
开发利润　重置成本　重建成本　建筑物折旧　物理折旧　功能折旧　外部折旧
实际年龄　有效年龄　自然寿命　经济寿命

自学自测　扫描此码

# 第八章 假设开发法

## 第一节 假设开发法概述

假设开发法，又称剩余法、倒算法或余值法，是指预计估价对象开发完成后的价值，扣除预计的正常开发成本、税费和利润等，以此估算估价对象的客观合理价格或价值的方法。

### 一、假设开发法的基本原理

假设开发法发源于地租原理，以预期原理作为基本理论依据，是集市场比较法、成本法和收益法三种估价方法于一身，且将替代原则贯穿始终的综合估价方法。

**1. 预期原理**

假设开发法在形式上是成本法的逆运算，但其本质却与收益法相同，是以不动产的预期未来收益为导向来求取不动产的价值价格，因此其基本理论依据也与收益法相同，都是预期原理。根据预期原理，决定不动产当前价值的，不是过去的因素而是未来的因素。具体地说，不动产当前的价值，通常不基于其历史价格、开发建设所花费的成本或者过去的市场状况，而是基于市场参与者对其未来所能带来的收益或者能够得到的满足、乐趣等的预期。历史数据和资料的作用，主要是推知未来的动向和形势，解释未来预期的合理性。

**2. 地租原理**

假设开发法更深层的理论依据是地租原理。只不过地租是每年的租金剩余，而假设开发法测算的通常是一次性的价格或价值剩余。例如，被誉为研究空间经济鼻祖的约翰·冯·杜能（Johann von Thünen，1783—1850），在 1826 出版的《孤立国同农业和国民经济的关系》一书中的一段文字，可看作是假设开发法的早期思想：有一田庄，庄上全部房屋、树木、垣篱都遭焚毁，凡想购置这一田庄的人，在估值时总首先考虑，田庄建设完备之后，这块土地的纯收益是多少，然后扣除建造房屋等投资的利息，根据剩余之数确定买价。[①]亚当·斯密（Adam Smith，1723—1790）曾说：作为使用土地的代价的地租，自然是租地人按照土地实际情况所支给的最高价格，在决定租约条件时，地主都设法使租地人所得的土地生产物份额，仅足补偿他用以提供种子、支付工资、购置和维持耕畜与其他农具的农业资本，并提供当地农业资本的普通利润。这一数额，显然是租地人在不亏本的条件下所愿意接受的最小份额，而地主决不会多留给他。生产物中分给租地人的那一部分，要是多于这一数额，换言之，生产物中分给租地人的那一部分的价格，要是多于这一数额的价格，地主自

---

① 约翰·冯·杜能. 孤立国同农业和国民经济的关系[M]. 吴衡康，译. 北京：商务印书馆，1986：28-29.

然要设法把超过额留为己用，作为地租。因此，地租显然是租地人按照土地实际情况所能缴纳的最高额。①

地价可以看作是地租的资本化。在市场竞争条件下，每一块土地都会由能支付最高地租的用途使用，而地租是一种经济剩余，即年总产值或总收益减去除土地要素外的成本投入以及应得回报后余下的那一部分。例如，对于城市用地来说，通常通过土地开发直接销售，此时土地的产出就直接表现为销售收入，将开发后的销售收入减去除土地要素外的成本投入以及应得回报后余下的就是地价。

### 3. 替代原理

替代原理体现了市场上的相同或相似不动产价格最终趋于一致或相近的规律。在利用假设开发法进行估价的过程中，需要基于与待开发不动产相似的已开发完成的不动产的价值，以及未来发展趋势，来预测待开发不动产的价值。同时，还需要根据开发类似不动产所需的成本费用、税费及其未来的变化趋势，来估算待开发不动产所需的成本费用。这些参数的确定，都是在与类似不动产的比较基础上得出的。因此，替代原理在假设开发法中具有重要的应用价值。

## 二、假设开发法的适用范围

假设开发法的适用范围不仅包括不动产开发用地的估价（特别是通过招标、拍卖、协议等方式出让土地使用权时），还包括具有投资开发或者再开发潜力的不动产的估价，具体包括：①待开发土地估价，含由生地建造房屋后租售、由毛地建造房屋后租售、由熟地建造房屋后租售、由生地开发成熟地后租售，以及由毛地开发成熟地后租售等几种情况；②待拆迁改造的再开发不动产的估价；③仅将土地或不动产整理成可供直接利用的土地或不动产的估价；④现有新的不动产中地价的单独评估。

## 三、假设开发法的基本步骤

运用假设开发法估价的基本操作步骤如下（见图8-1）。

（1）选择具体估价方法，即是选择动态分析法还是静态分析法。

（2）确定相关估价前提；根据估价目的、估价对象所处开发建设状态等情况，经过分析，从业主自行开发、自愿转让开发、被迫转让开发这三者中选择其一。

（3）选择最佳开发经营方式。

（4）求取后续开发经营期。

（5）测算开发完成的价值。

（6）测算后续开发的必要支出。

（7）确定折现率（动态分析法下）或测算后续开发利润（静态分析法下）。

（8）计算开发价值。

---

① 亚当·斯密. 国民财富的性质和原因的研究[M]. 王亚南，译. 北京：商务印书馆，1972：136-137.

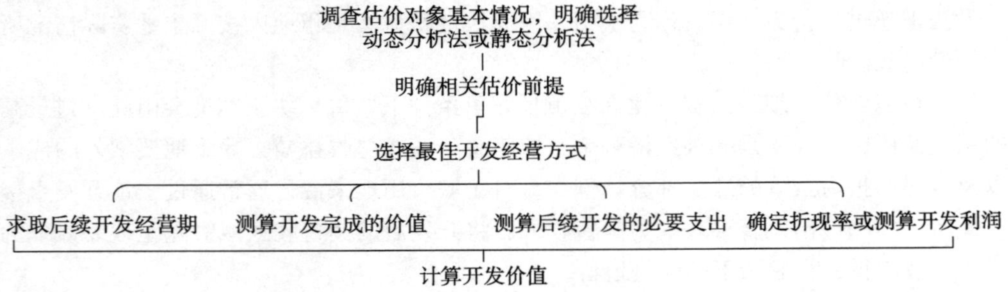

```
            调查估价对象基本情况，明确选择
               动态分析法或静态分析法
                    │
                明确相关估价前提
                    │
                选择最佳开发经营方式
        ┌───────┬───────┴────┬────────┐
   求取后续开发经营期  测算开发完成的价值  测算后续开发的必要支出  确定折现率或测算开发利润
                    │
                 计算开发价值
```

图 8-1　假设开发法基本步骤

## 第二节　动态分析法和静态分析法

不动产特别是大型不动产项目的开发周期较长、涉及金额巨大，待开发不动产（如房地产开发用地）的购置价款、后续开发的各项支出、开发完成的不动产（如商品房）销售回款等发生的时间相隔较长。因此，运用假设开发法估价需要考虑资金的时间价值，具体可以采取折现的方式或者直接计算投资利息（简称计息）。折现方式下的假设开发法被称为动态分析法，而计息方式下的假设开发法被称为静态分析法。

### 一、动态分析法与静态分析法的区别

动态分析法与静态分析法的区别主要体现在以下三个方面。

（1）对后续开发的必要支出和开发完成的价值测算，在静态分析法中主要是根据价值时点（通常为现在）的房地产市场状况做出的，即它们基本上是静止在价值时点的金额；而在动态分析法中是模拟房地产开发经营过程，预测它们未来发生的时间及在该时间的金额，即要进行现金流量预测。以测算开发建设某商品住宅的价值为例，静态分析法主要是根据当前周边类似商品住宅的市场价格来测算开发完成的商品住宅价值，即假设未来开发建设完成的商品住宅现在已经建成且在现在的市场价格是多少，也就是现时价值评估；而动态分析法则是预测该商品住宅在未来开发建设完成时的市场价格，即未来价值评估。例如，已知当前周边类似商品住宅的市场价格为 15000 元/平方米，预测 2 年后建成时的商品住宅市场价格为 17000 元/平方米，则静态分析法和动态分析法的开发完成的商品住宅单价分别为 15000 元/平方米和 17000 元/平方米。

（2）静态分析法不考虑各项收入和支出的时间差异，即不将它们折现到同一时间点，而是直接进行相加或相减。然后，单独计算各项支出的投资利息。与静态分析法不同，动态分析法则考虑各项收入和支出的时间差异，需要对它们进行折现处理，使它们在同一个时间点（价值时点）上进行比较和相加。这种折现处理能够更好地反映资金的时间价值。例如，采用动态分析法评估一宗不动产开发用地于 2020 年 8 月 25 日的价值，需要把未来发生的各项收入和支出都折现到 2020 年 8 月 25 日。假设该项目于 2023 年 8 月 25 日开发完成，届时房价预计为 30000 元/平方米，折现率为 12%，则需要将这 30000 元/平方米折现

到 2020 年 8 月 25 日，即：

$$\frac{30000}{(1+12\%)^3} = 21353.41(元/平方米)$$

（3）在静态分析法中，投资利息和开发利润是单独计算并显现出来的。而在动态分析法中，这两项并不直接显现，而是隐含在折现过程中，通过折现率这一变量来体现。动态分析法要求折现率不仅要包含安全收益部分（无风险回报率），还要包含风险收益部分（风险报酬率），以更准确地反映资金的时间价值和投资风险。

## 二、动态分析法和静态分析法的优缺点

从理论上讲，动态分析法的测算过程相对复杂，但其结果更为精确；而静态分析法的测算过程相对简单，但结果较为粗略。

在实际估价中，动态分析法测算结果的精度，首先取决于现金流预测的精确度，即未来现金流发生的时点和相应的金额。其次，动态分析法对折现率的选择较为敏感，折现率的不准确会对测算结果产生较大影响。由于现实中存在众多不确定、未知和偶然因素，这些因素可能导致预测与实际存在偏差。尽管如此，动态分析法具有更为严密的逻辑，并更好地体现了资金的时间价值的影响。因此，在实际估价中，应优先选用动态分析法。在无法采用动态分析法的情况下，可以考虑使用静态分析法，特别是在商品房市场价格及开发建设成本在未来一段时间内预计不会有较大变化的情况下。

# 第三节　估价前提和最佳开发经营方式的选择

在运用假设开发法估价时，通常要对待开发不动产后续的开发建设情况做出前提假设，即估价前提。估价前提不同，会直接影响后续开发经营期的长短、后续开发的必要支出的构成和具体金额，测算出的待开发不动产价值价格也会有差异。此外，待开发不动产的最佳开发经营方式的确定也直接影响到最终的估价结果。

## 一、估价前提的选择

在运用假设开发法估价时，待开发不动产特别是在建工程通常面临着以下三种情形，分别对应三种估价前提：①由其业主（建设单位）继续开发建设完成，即业主自行开发前提；②被其业主自愿转让给他人开发建设完成，即自愿转让开发前提；③被人民法院强制以拍卖、变卖等方式被迫转让给他人开发建设完成，即被迫转让开发前提。在上述三种情形或三种估价前提下，由于后续开发经营期的长短、后续开发的必要支出的构成和金额有所不同，测算出的待开发不动产价值价格也是不同的。例如，待估价对象是某个房地产开发企业开发建设的商品房在建工程，在运用假设开发法估价时，需要预测该在建工程的后续建设期。假设通过市场比较法等方法已知该在建工程修建到目前状况的正常建设期为 24 个月，类似商品房开发项目从开工到建成的正常建设期为 36 个月，则该在建工程仍由现房

地产开发企业续建完成,后续建设期为 12 个月;若该在建工程要被现房地产开发企业自愿转让或被人民法院强制拍卖给其他房地产开发企业,还应加上由现房地产开发企业转为其他房地产开发企业的正常"换手"期(如需要办理有关变更手续、工程交接等)。假设通过调研已知市场上自愿和被迫"换手"的正常期限分别为 3 个月和 8 个月,则此时该在建工程的后续建设期分别延长至 15 个月和 20 个月。在"换手"的情况下,通常还会发生新的费用,因此在测算后续开发的必要支出时,还应加上这部分费用。如果该在建工程处于长期停工或烂尾状态,后续建设期会更长(如重新进行工程招标等),相关费用也会更多。

对于同一估价对象,在假设开发法的三种不同估价前提下,测算结果会有所不同。通常情况下,业主自行开发前提下的测算结果要大于自愿转让开发前提下的测算结果,而自愿转让开发前提下的测算结果又大于被迫转让开发前提下的测算结果。

在运用假设开发法进行估价时,选择何种估价前提并非随意决定,而是要根据估价目的、估价对象的开发建设状态等因素进行综合分析,从三种前提中选择其一,并在估价报告中充分说明选择的理由。例如,在不动产司法处置估价中,一般应选择被迫转让开发前提;在不动产抵押估价中,应遵循谨慎原则,理论上也应选择被迫转让开发前提;在建设用地使用权出让、转让和不动产开发项目转让估价中,一般应选择自愿转让开发前提;在不动产开发项目增资扩股估价中,一般应选择业主自行开发前提。

## 二、最佳开发经营方式的选择

最佳开发经营方式是指能够使不动产项目实现最高价值的策略。应通过深入调查和分析,综合考虑待开发不动产状况、地理位置、土地性质、市场需求、法律法规和经济环境等多种因素,首先确定最佳的不动产开发利用方式,然后选择与之匹配的最佳经营方式。

选择最佳的不动产开发利用方式针对的是估价对象,即选择估价对象的最佳开发利用方式或最高最佳利用原则,主要是选择开发完成的不动产状况。一般是根据估价对象状况(生地、毛地、净地、熟地、在建工程或旧房等),选择开发完成的不动产主要状况。如估价对象为生地、毛地的,是选择净地、熟地还是新房。若选择新房的,再根据合法原则和最高最佳利用原则,选择开发完成的不动产的最佳用途、规模、档次,以及是毛坯房还是简装房、精装房等较具体状况。选择最佳用途和规模,应选择在规划条件允许范围内的最佳用途和规模,其中最重要的是最佳用途的选择,要考虑所选用途所在位置的可接受性,以及该用途的现实社会需要程度和未来发展趋势,即要分析未来项目建成后当地市场的接受能力以及市场上究竟需要什么类型的不动产。例如,某块土地的规划用途可以是酒店、公寓或写字楼。在实际估价过程中,选择何种用途是关键。需要深入调查和分析该土地所在城市的酒店、公寓和写字楼的供求状况及其发展趋势。如果数据显示酒店和写字楼的客房入住率和写字楼出租率呈下降趋势,则表明市场对这些类型的需求开始趋于饱和。与此同时,希望租住或购买公寓的人数逐渐增加,而区域内未来几年内能提供的公寓数量又相对较少,那么基于这些数据,该土地的最佳用途应该选择为公寓。

针对开发完成的不动产,选择最佳的经营方式是至关重要的。在选择开发完成的不动产经营方式时,应根据已选择的不动产状况,在出售(包括预售和现售)、出租(包括预租,但较少见，多为建成后出租）、自营（如商场、酒店、游乐场之类的经营性不动产，投资者可能选择建成后自己持有并经营）以及不同经营方式的组合中进行合理选择。

## 第四节　假设开发法的公式

在假设开发法的应用中，由于动态分析法和静态分析法对资金的时间价值的处理方式不同，其基本公式略有差异。此外，假设开发法的公式还可以按估价对象和开发完成的不动产状况来细分。

### 一、假设开发法的基本公式

在动态分析法下，假设开发法的基本公式为

不动产开发价值＝开发完成后的价值的现值－后续开发的必要支出的现值

在静态分析法下，假设开发法的基本公式为

不动产开发价值＝开发完成后的价值－后续开发的必要支出及应得利润

上述两式中，不动产开发价值即待开发不动产的价值；后续开发的必要支出包括待开发不动产取得税费、后续开发的建设成本、管理费用、销售费用、投资利息、销售税费。在静态分析法中，投资利息和开发利润都将单独显现出来；而在动态分析法中，这两项是隐含在折现过程中，反映在折现率这一变量的取值上。

### 二、按估价对象和开发完成的不动产状况细化的公式

运用假设开发法估价，以开发经营期为时间轴，关键要弄清期初的估价对象状况和期末的开发完成的不动产状况。由于估价对象有土地、在建工程和旧房，其中土地又有生地、毛地、净地、熟地，生地、毛地的开发完成的不动产状况有净地、熟地，土地、在建工程和旧房的开发完成的不动产状况有新房，把估价对象状况和开发完成的不动产状况匹配起来，可以得到以下 7 种假设开发法估价的主要应用情境：①估价对象为生地，将生地开发成熟地或净地；②估价对象为生地，将生地开发为熟地并进行房屋建设；③估价对象为毛地，将毛地开发成熟地或净地；④估价对象为毛地，将毛地开发成熟地并进行房屋建设；⑤估价对象为净地或熟地，在净地或熟地上进行房屋建设；⑥估价对象为在建工程，将在建工程续建成房屋；⑦估价对象为旧房，将旧房更新改造或改变用途成新房。为了表述方便，下文以静态分析法为例，说明假设开发法在各种情境下的细分公式。

#### （一）求取土地价值的公式

**1. 求取生地价值的公式**

（1）适用于将生地开发成熟地（或净地）的公式（上述应用情境①）为

生地价值＝开发完成的熟地价值－生地取得税费－由生地开发成熟地的成本－
　　　　　管理费用－销售费用－投资利息－销售税费－开发利润

（2）适用于将生地开发为熟地并进行房屋建设的公式（上述应用情境②）为

生地价值＝开发完成后的价值－生地取得税费－由生地开发成房屋的成本－
　　　　管理费用－销售费用－投资利息－销售税费－开发利润

**2. 求取毛地价值的公式**

（1）适用于将毛地开发成熟地（或净地）的公式（上述应用情境③）为

毛地价值＝开发完成后的熟地价值－毛地取得税费－由毛地开发成熟地的成本－
　　　　管理费用－销售费用－投资利息－销售税费－开发利润

（2）适用于将毛地开发成熟地并进行房屋建设的公式（上述应用情境④）为

毛地价值＝开发完成后的价值－毛地取得税费－由毛地开发成房屋的成本－
　　　　管理费用－销售费用－投资利息－销售税费－开发利润

**3. 求取熟地（或净地）价值的公式（适用于在熟地或净地上进行房屋建设，即上述应用情境⑤）**

熟地价值＝开发完成后的价值－熟地取得税费－由熟地开发成房屋的成本－
　　　　管理费用－销售费用－投资利息－销售税费－开发利润

**（二）求取在建工程价值的公式（适用于将在建工程续建成房屋，即上述应用情境⑥）**

在建工程价值＝续建完成后的价值－在建工程取得税费－续建成本－
　　　　　管理费用－销售费用－投资利息－销售税费－续建利润

**（三）求取旧房价值的公式（适用于将旧房更新改造或改变用途成新房，即上述应用情境⑦）**

旧房价值＝更新改造后的价值－旧房取得税费－更新改造成本－
　　　　管理费用－销售费用－投资利息－销售税费－更新改造利润

## 第五节　假设开发法公式中各项的求取

不动产开发的投资周期比较长，从立项到开发完成一般要经过数月甚至数年的时间，合理估算假设开发法公式中的各个变量是一项重要而又细致复杂的工作。

### 一、后续开发经营期的求取

不动产开发经营需要经过较长一段时间，无论是动态分析法中的折现处理，还是静态分析法中投资利息的直接测算，以及后续开发中各项必要支出和开发完成的价值发生的时间和金额的预测，都需要明确后续开发经营期。后续开发经营期简称开发经营期，是自价值时点起至开发完成的不动产经营结束时止的时间，其起点是（假设）取得估价对象（待开发不动产）的日期（价值时点），终点是开发完成的不动产经营结束之日。后续开发经营期又可以分为后续建设期和后续经营期，三者的关系如图 8-2 所示。

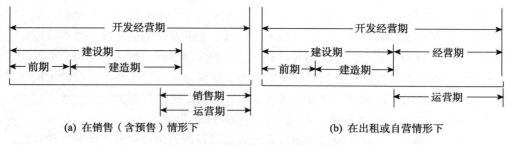

图 8-2 后续开发经营期及其构成

后续建设期简称建设期,是自价值时点起至开发完成的不动产竣工日期止的时间,其起点与开发经营期的起点相同,终点是未来开发完成之时,具体为开发完成的不动产竣工日期。建设期又可分为前期和建造期。

后续经营期简称经营期,可根据开发完成的不动产经营方式而具体化。由于开发完成的不动产经营方式有出售、出租和自营,所以经营期可具体化为销售期(针对出售情形)和运营期(针对出租和自营两种情形)。销售期是自开发完成的不动产开始销售时起至其售出时止的时间。在有预售的情况下,销售期与建设期有部分重合。在有延迟销售的情况下,销售期与运营期有部分重合。运营期是自开发完成的不动产竣工日期起至其持有期或经济寿命结束时止的时间,即运营期的起点是开发完成的不动产竣工日期,终点是开发完成的不动产的一般正常持有期结束之日或经济寿命结束之日。

后续开发经营期应根据后续建设工程量、施工难度、市场状况等情况来求取,一般按照下列步骤进行。

(1)确定开发经营期的时间周期。时间周期从具体到粗略依次有月、季、半年、年,应根据开发经营期的长度、估价所处的开发建设阶段以及要求的估价精细程度来确定,一般越具体越好。

开发经营期较短的,时间周期应较具体。例如,开发经营期不足 1 年的,时间周期应为月或季,而不能为年;开发经营期超过 3 年的,如果估价精度要求不是很高,时间周期则可以为年。

在假设开发法中,待估价对象通常处于开发建设的初始阶段,甚至更早。如果此时项目的初步可行性报告和开发建设方案尚未形成,例如建设用地使用权出让估价的情况,开发经营期的时间周期可以较为粗略,可以设定为一年或半年。但如果是在建工程估价,由于开发建设方案已经明确,时间周期应当更加具体,以便更好地反映工程建设的实际情况。

(2)把后续开发经营期分解成各个组成部分,例如分解为建设期(又可分解为前期、建造期)、经营期(又可分解为销售期、运营期)等。

(3)针对后续开发经营期的各个组成部分,分别采用恰当的方法预测出其期限。在预测建设期时,前期的预测相对较困难,而建造期的预测方法则相对成熟且易于操作,因此预测的准确性较高。预测建设期的关键是先抓住待开发不动产状况和开发完成的不动产状况这两端,然后测算将待开发不动产状况开发建设成开发完成的不动产状况所需的时间。具体测算可以采用两种思路:一是根据往后需要做的各项工作所需的时间来直接测算建设期；二是采用"差额法"，即开发完成的不动产的建设期减去待开发不动产的建设期。例如，采用类似于市场比较法的方法，通过类似不动产已发生的建设期的比较、修正或调整，先分别求取开发完成的不动产的建设期和待开发不动产的建设期，然后将这两个建设期相减即为估价对象的后续建设期，如测算估价对象为某个商品房在建工程的后续建设期，通过类似于市场比较法的方法得到类似商品房开发项目的正常建设期为 30 个月，该在建工程的正常建设期为 18 个月，则该商品房在建工程的后续建设期为 12 个月。

在预测经营期时，销售期特别是预售期和延迟销售期通常难以准确预测。销售期的预测首先要综合考虑商品房销售（包括预售、现售）的相关规定、未来房地产市场景气状况等因素，从乐观到保守，在全部预售完毕、全部建成时销售完毕、全部延迟销售以及它们的不同组合中进行选择，然后据此预测销售期。运营期的预测主要是考虑开发完成的不动产的一般正常持有期或经济寿命。

（4）把预测出的各个组成部分连接起来，即为开发经营期，同时要注意处理好时间上的叠加及可能出现的空档。

## 二、开发完成价值的求取

在运用假设开发法评估不动产价值时，首先需要满足一个前提条件，即能够确定不动产开发完成后的价值。为了准确测算开发完成的不动产价值，需要明确以下三个关键点：开发完成的价值对应的不动产状况、开发完成的价值对应的时点，以及开发完成的价值测算的方法。

### （一）开发完成的价值对应的不动产状况

开发完成的价值对应的不动产状况是开发完成的不动产等财产状况的价值价格。以估价对象为商品房开发用地或商品房在建工程为例，如果预计开发完成的商品房是毛坯房的，则开发完成的价值对应的不动产状况是毛坯房，此时测算的开发完成的价值应是毛坯房的价值价格；如果预计开发完成的商品房是精装房的，则开发完成的价值对应的不动产状况是精装房，此时测算的开发完成的价值应是精装房的价值价格。

此外，开发完成的不动产状况不仅限于纯粹的不动产，还可能包含动产、特许经营权等。例如，酒店、汽车加油站、高尔夫球场、影剧院等收益性不动产，其状况通常是以不动产为主的整体资产。在这种情况下，开发完成的价值对应的不动产状况是以不动产为主的整体资产状况，此时测算的开发完成的价值除不动产价值外，还应包含家具、机器设备等不动产以外的资产价值。

### （二）开发完成的价值对应的时点

开发完成的价值对应的时点可能是未来的开发完成之时，但也可能是在此之前或在此之后的某个时点。

在静态分析法中，开发完成的价值一般是测算开发完成的不动产在价值时点房地产市场状况下的价值，因此开发完成的价值对应的时点一般是价值时点。

在动态分析法中，对于开发完成的不动产适宜出售的，通常是预测它在未来开发完成时的房地产市场状况下的价值,开发完成的价值对应的时点是未来开发完成之时。但是,当房地产市场较好且适宜预售的,则是预测它在预售时的房地产市场状况下的价值,开发完成的价值对应的时点是未来预售之时;当房地产市场不够好而导致延迟销售的,则是预测它在延迟销售时的房地产市场状况下的价值,开发完成的价值对应的时点是未来延迟销售之时。在实际估价中,通常根据与开发完成的不动产相似的不动产过去和现在的销售进展情况,结合未来房地产市场状况,推测开发完成的不动产分期分批出售的时间、数量和价格,因此开发完成的价值对应的时间理论上是一个时间段。

### (三)开发完成的价值测算的方法

在动态分析法中测算开发完成的价值时,一般不宜将估价时点与开发完成的不动产相似的不动产的市场价格直接"平移"过来作为开发完成的价值,通常是采用市场比较法并考虑与开发完成的不动产相似的房地产市场价格的未来变化趋势,即根据与开发完成的不动产相似的不动产过去和现在的市场价格及其未来可能的变化趋势来预测。比较的单位一般为单价。例如,假设现在是2021年6月,有一宗房地产开发用地,用途为商品住宅,预测其建设期为18个月(或1.5年),如果要预测该商品住宅在2022年12月建成时的价值,则可通过搜集当地该类商品住宅过去若干年和现在的市场价格资料以及未来可能的变化趋势来推测确定。

对于开发完成的不动产是出租或自营的,如写字楼、商场、酒店、餐馆、游乐场等,测算其开发完成的价值,可先测算其租赁或自营的净收益,再采用收益法将该净收益转换为价值价格。值得注意的是,在此情境下,收益法并非一个独立的估价方法,而是作为假设开发法的一部分。此外,当使用假设开发法进行估价时,不能采用成本法来计算开发完成的价值。否则,虽然表面上是使用了假设开发法,但实际上却是采用了成本法。

**【例 8-1】** 根据当前的市场租金水平等情况,预测未来建成的某写字楼的月租金为40元/平方米,出租率为80%,运营费用占租金收入的25%,报酬率为10%,可供出租的使用面积为38000平方米,运营期为37年。请测算未来该写字楼在建成时的总价值。

**【解】** 设未来该写字楼在建成时的总价值为 $V$,则

$$V = \frac{40 \times 38000 \times 80\% \times (1-25\%) \times 12}{10\%} \times \left(1 - \frac{1}{(1+10\%)^{37}}\right) = 10622.16 \text{(万元)}$$

### (四)开发完成的价值测算的其他注意事项

在建设用地使用权出让的实际操作中,存在实施"限房价、竞地价"政策的情况,即对开发完成的商品住宅实行价格限制。此外,还有"限地价、竞自持、竞配套"的措施,例如要求配建一定比例的自持租赁住房或保障性住房,规定建成后的自持租赁住房只能出租不能出售,对建成的保障性住房实行低价回购甚至无偿移交等。在这些情况下,开发完成的价值应根据相关规定或约定进行测算。

**【例8-2】** 某宗住宅建设用地的土地使用权出让,土地面积为25000平方米,容积率为2.0;周边二手住宅市场价格为18000元/平方米;如果在该土地上建设商品住宅,预计市场价格为20000元/平方米。请测算以下4种情形下的开发完成价值:①全部建设不限价

的商品住宅；②全部建设限价为 18000 元/平方米的商品住宅；③配建 20% 的自持租赁住房，建成后的自持租赁住房价值为 15000 元/平方米，其余建设不限价的商品住宅；④配建 20% 的保障性住房，建成后由政府以 8000 元/平方米的价格回购，其余建设不限价的商品住宅。

【解】 设该建设用地开发完成的价值为 $V$，则

①在全部建设不限价的商品住宅情形下：
$$V = 20000 \times 25000 \times 2 = 10 \text{（亿元）}$$

②在全部建设限价的商品住宅情形下：
$$V = 18000 \times 25000 \times 2 = 9 \text{（亿元）}$$

③在配建 20% 的自持租赁住房情形下：
$$V = (15000 \times 20\% + 20000 \times 80\%) \times 25000 \times 2 = 9.5 \text{（亿元）}$$

④在配建 20% 的保障性住房情形下：
$$V = (8000 \times 20\% + 20000 \times 80\%) \times 25000 \times 2 = 8.8 \text{（亿元）}$$

## 三、后续开发必要支出的求取

后续开发的必要支出是指将估价对象开发建设成为完成的不动产所需支付的各项成本、费用和税金。这些费用包括待开发不动产取得税费、后续开发建设成本、管理费用、销售费用、投资利息以及销售税费等。在开发价值测算中，这些费用需要被扣除，并被统称为"扣除项目"。

各个扣除项目的概念、包含内容和测算方法与成本法中的基本相同，仅在内涵上有以下两个差异：①这些扣除项目是在取得待开发不动产之后到把待开发不动产开发完成的必要支出，而不包含在取得待开发不动产之前所发生的支出；②这些扣除项目是各个扣除项目在其未来发生时的值，而不是在价值时点的值（但在静态分析法中，是将它们近似为在价值时点的值）。

待开发不动产取得税费是指假设在价值时点购买待开发不动产时，应由买方支付的契税、印花税以及与该待开发不动产直接相关的其他费用。这项税费的计算通常基于相关税法规定，按照待开发不动产价值的一定比例来计算。

后续开发的建设成本、管理费用、销售费用、销售税费等必要支出的多少，应与开发完成的不动产状况相匹配。例如，如果待开发的不动产最终完成的状态为毛坯房，其后续开发的必要支出将低于简装房和精装房的相应支出；当开发完成的不动产为一个以不动产为主的整体资产时，后续开发的必要支出通常还需包括家具、机器设备等非不动产资产的价值或购买价款；长期停工的在建工程，后续开发的建设成本还需考虑结构安全检测、钢筋除锈、损坏构件的修复等费用。如果部分工程内容功能落后但可修复，则需要计算相应的修复费用。在极端情况下，如果原设计的功能严重落后且无法修复，已完工的部分可能需要进行拆除并重新建设，相关费用也应纳入考虑。此外，在实际操作中，有时会在土地出让条件中附带"配建"要求。这意味着在土地出让金的基础上，可能要求土地受让方额外承建学校、体育场馆、市政道路等设施。这些"配建"项目的支出，应当被纳入后续开

发的必要支出。

投资利息只有在静态分析法中才需要单独测算。在测算时，要把握应计息项目、计息周期、计息期、计息方式和利率。其中，应计息项目包括待开发不动产价值及其取得税费，以及后续开发的建设成本、管理费用和销售费用。销售税费一般不计算利息。一项支出的计息期的起点是该项支出发生的时间，终点一般是开发完成的不动产竣工日期，即为建设期的终点，通常既不考虑预售，也不考虑延迟销售。此外，值得注意的是，待开发不动产价值和待开发不动产取得税费是假设在价值时点一次性付清，因此其计息的起点是价值时点，而后续开发的建设成本、管理费用、销售费用通常不是集中在一个时点发生，而是分散在一段时间内（如开发期间或建造期间）不断发生，但计息时通常将其假设为在所发生的时间段内均匀发生，并具体当作集中发生在该时间段的期中。计算周期通常按年来划分，测算精确度要求较高时则可以按半年、季或月来划分。

## 四、后续开发利润的求取

后续开发利润，即待开发不动产在完成开发后应获得的预期利润。这一概念主要在静态分析法中被单独考虑。它代表了将评估对象从当前状态转变为开发完成状态所应获得的一般正常利润。简单来说，这是同类不动产在正常开发条件下所能实现的利润。

不动产开发利润率[①]有直接成本利润率、投资利润率、成本利润率和销售利润率，计算公式分别如下。

$$直接成本利润率 = \frac{开发利润}{土地成本 + 建设成本}$$

$$投资利润率 = \frac{开发利润}{土地成本 + 建设成本 + 管理费用 + 销售费用}$$

$$成本利润率 = \frac{开发利润}{土地成本 + 建设成本 + 管理费用 + 销售费用 + 投资利息}$$

$$销售利润率 = \frac{开发利润}{土地成本 + 建设成本 + 管理费用 + 销售费用 + 投资利息 + 销售税费 + 开发利润}$$

$$= \frac{开发利润}{开发完成后的不动产价值}$$

采用上述利润率和与之对应的计算基数来测算，可得到待开发不动产项目的开发利润。此外，在采用销售利润率估算开发利润的情况下，因为：

开发利润 = 不动产价值 × 销售利润率

= (土地成本 + 建设成本 + 管理费用 + 销售费用 + 投资利息 +

销售税费 + 开发利润) × 销售利润率

所以：

$$开发利润 = \frac{(土地成本 + 建设成本 + 管理费用 + 销售费用 + 投资利息 + 销售税费) \times 销售利润率}{1 - 销售利润率}$$

---

① 不动产开发利润率的详细介绍参见本书第七章第二节"不动产价格的构成"的相关内容。

## 五、折现率和折现期的求取

在采用动态分析法时,需要把开发完成后的价值、后续开发的必要支出(不包括投资利息)折现到价值时点,这就需要明确折现率和折现期。折现率是在采用动态分析法时需要确定的一个重要估价参数,其实质是不动产开发投资所要求的收益率,它包含了资金的成本和开发利润率两个部分,理论上应等同于同一市场上类似不动产开发项目所要求的平均收益率,其求取方法与报酬资本化法中的报酬率的求取方法相同,在此不再赘述[①]。

把开发完成的价值、各项后续开发的必要支出折现到价值时点所采用的折现率一般是相同的,但折现期各不相同。开发完成的价值、各项后续开发的必要支出的折现期,分别是从它们各自发生的时间到价值时点的时间,即折现期是从未来往回计算到价值时点的时间。而在静态分析法中,各项后续开发的必要支出的计息期是从其发生的时间往未来计算到开发完成时的时间,开发完成的价值一般设定为开发完成时的,不考虑其计息。因此,某一后续开发的必要支出,其计息期越长,则其折现期越短,其折现期与计息期、建设期的关系如下。

$$折现期 + 计息期 = 建设期$$

假设开发法　动态分析法　静态分析法　最佳开发经营方式　后续开发经营期
建设期　经营期　后续开发必要支出　后续开发利润　折现率　折现期　计息期

自学自测　扫描此码

---

① 报酬率的详细介绍参见本书第六章第四节"报酬率的确定"的相关内容。

# 第九章 不动产评估领域的深化与拓展

## 第一节 批量估价

批量估价，英文为 Mass Appraisal，是指基于同一估价目的，利用共同的数据，采用相同的方法，并经过统计检验，同时对大量相似的不动产在给定时间的同种价值价格进行评估。与批量估价相对的是个案估价，是指单独或分别对一宗或若干宗不动产的价值价格进行评估。批量估价方法主要有标准价调整法和回归分析法。

### 一、标准价调整法

#### （一）标准价调整法的内涵

标准价调整法是指在特定区域内对纳入批量估价对象的不动产进行分组，使同一组别内的不动产具有相似性，在每一组别内选定或设定标准不动产并测算其价值价格，得出标准价，再利用有关调整系数将标准价调整为各宗待估价不动产价值价格的方法。实务中，标准价调整法多应用于不动产计税价值评估（如房产税税基评估、存量房交易税收估价）、不动产押品价值重估等。

标准价调整法与市场比较法有许多相似之处，例如标准不动产可当作市场比较法中的可比实例，标准价可当作可比实例价格，有关调整系数可当作对可比实例价格的各种房地产状况调整系数。

#### （二）标准价调整法的操作步骤和主要内容

在确定估价目的、价值类型和价值时点的基础上，运用标准价调整法估价的基本操作步骤和主要内容如下。

（1）确定批量估价区域和批量估价对象。批量估价区域是指一个批量估价项目的被估价地区范围，即需要对哪个地区内的不动产开展批量估价，例如是某个城市的全部行政区，还是其中的某个、某几个辖区或规划区、市区、建成区。该地区范围通常根据估价目的和委托人（如税务部门、商业银行、房地产主管部门）的需要并与委托人进行充分沟通来确定。

批量估价对象是指一个批量估价项目的待估价不动产，根据估价目的、委托人的需要以及批量估价适用的不动产类型，并与委托人进行充分沟通来确定。一般是在确定的批量估价区域内，明确将哪些用途和类型的不动产纳入批量估价对象，比如，是批量估价区域内的所有不动产，还是其中的住宅或商业、办公、旅馆、厂房、仓库等不动产；是房屋，还是既包括房屋又包括构筑物。批量估价主要适用于成套住宅、小型商铺、写字楼、快捷酒店等同类数量较多、可比性较好的不动产，而大型商场、星级饭店、厂房等房地产因可比性较差或同类数量较少，通常不适用批量估价，或需要在批量估价的基础上辅以个案估价。

（2）对不动产进行分组。在确定的批量估价区域内，对纳入批量估价对象的所有不动产进行分组，即把相似的不动产划分在同一组别内，一般又分为不动产分类和不动产分区。

不动产分类是在批量估价区域内把纳入批量估价对象的所有不动产，先按用途进行划分，如分为住宅、商业、办公、酒店、工业、仓库等用途的不动产；再按类型进行划分，如把住宅分为低层住宅、多层住宅、高层住宅等，把商业房地产分为大型商场、小型商铺等，把办公楼分为高档办公楼、中档办公楼、普通办公楼等。

不动产分区是在批量估价区域内把纳入批量估价对象的所有不动产，按区位进行划分。以住宅为例，成片开发的住宅通常可按自然居住区来划分。而如果同一居住区内有低层、多层或高层等不同类型且它们之间的档次有明显差异的，则通常还应按类型予以划分。如果不同楼幢之间的区位差异较大的，还可按楼栋来划分，即按楼栋分组。例如，临街商业房地产，其分区一般是按路线价区段来划分。而如果某个商业路段内有较多个楼栋、每个楼栋内有较多个商铺，还可按楼栋来划分，因为不同楼栋的商铺在位置、开间、进深、层高、建筑结构、建成年代以及业态限制等方面的差异可能较大。

从理论上讲，不动产分组越小，同一组别内的不动产相似程度越高，从而需要调整的价值价格影响因素就会越少或调整幅度较小。但是，如果分组过小，则同一组别内的交易实例"样本"可能过少，又难以满足测算标准价的需要。在实际估价中，可以根据市场数据的可得性、估价结果的精细化要求、批量估价的可操作性等具体情况来确定分组大小，进行恰当的不动产分组。

（3）确定标准不动产。在每一组别内分别选定或设定具有代表性的不动产，即标准不动产。标准不动产最好是真实存在的，从同一组别内的不动产中选取。但是，在没有合适的真实不动产作为标准不动产的情况下，也可以设定某种状况的不动产作为标准不动产。成套住宅可在住宅幢内选定或设定"标准套"作为标准不动产；商铺可在商业用房幢内选定或设定"标准间"作为标准不动产。

标准不动产无论是真实存在的还是假定的，都应有明确的不动产基本状况，即要对标准不动产的基本状况（如用途、楼层、朝向、面积、房龄等影响同一组别内不同不动产价值价格的主要因素）做出明确界定，以便据此测算标准价、确定有关不动产状况调整系数。

（4）测算标准价。标准价是标准不动产的价值价格，应当根据标准不动产的用途等具体情况，恰当选择市场比较法、收益法、成本法等方法来求取。例如，住宅、写字楼的标准价通常采用市场比较法求取；商场、酒店的标准价通常采用收益法求取；工业不动产、建筑物的标准价通常采用成本法求取。

（5）确定有关调整系数。基于被估价不动产与标准不动产之间的各种价值价格差异或"比价关系"，如不同楼幢、建筑结构、楼层、朝向、户型、房龄、景观等价值价格影响因素，利用大量数据进行分析、测算，分别得出相应的不动产状况调整系数，编制有关调整系数表。这些调整系数应与标准不动产的基本状况相对应。

（6）计算各宗待估价不动产价值价格。这是利用有关公式、标准价、调整系数等，通过计算，将标准价调整为各宗待估价不动产的价值价格。

在实际估价中，如果需要对标准价进行很大幅度的调整才能得出科学合理、符合实际的评估价值价格，则应仔细检查核对不动产分组、标准不动产选定或设定、标准价测算、调整系数体系等是否正确、合理、完善，并应结合房地产市场状况、区位环境或基础设施、公共服务设施等变化，适时或定期对不动产分组、标准不动产、标准价、调整系数进行更新和调整。

### （三）标准价调整法的分类

根据在测算标准价时采用的估价方法，标准价调整法可以分为基于市场比较法、基于成本法、基于收益法的标准价调整法。

一般来说，基于市场比较法的标准价调整法最简单、最常用，但该方法也需要采集一定数量的交易实例及相关信息，并通过一系列的数据清洗、统计分析和检验来测算标准价、确定有关调整系数，进而才能相对科学、准确、快速地计算出各宗待估价不动产的价值价格。

基于成本法的标准价调整法，主要适用于建筑物的批量估价，其中的标准价一般是标准建筑物的重置价格，即建立在标准重置价格调整法的基础上，有关调整系数是影响建筑物重置价格的建筑结构、层高、跨度等各种主要因素，以及建筑物的新旧程度。建筑物的新旧程度一般采用按建筑物的年龄、寿命计算出的成新率。

基于收益法的标准价调整法，一般是建立在标准租金调整法的基础上，即先测算的是标准租金（潜在毛租金、有效毛租金或净运营收益）而不是标准价，再利用有关租金调整系数将标准租金调整为各宗待估价不动产的租金，然后利用收益法公式（通常采用直接资本化法）将各宗待估价不动产的租金转换为各宗待估价不动产的价值价格。租金调整系数是基于影响待估价不动产与标准不动产之间租金差异的各种主要因素得出的。此外，还需根据收益法公式的需要，确定统一的租金回报率或资本化率。

## 二、回归分析法

### （一）回归分析法的内涵

回归分析法是在特定区域内对纳入批量估价对象的不动产进行分组，使同一组别内的不动产具有相似性；在每一组别内把不动产价值价格作为因变量（被解释变量），把影响不动产价值价格的若干因素作为自变量（解释变量），搜集大量的包括不动产成交价格及其影响因素数据在内的样本数据，以此构建同类型物业的价格方程，经过试算优化和分析检验，确定多元回归模型；然后将估价对象的影响因素进行赋值后再代入价格模型方程，最终计算得到估价对象的价值价格的方法。

与标准价调整法相比，回归分析法对不动产数据特别是交易实例等市场数据的数量和质量要求更高，其适用的不动产类型和地区因此受到较大限制。

### （二）回归分析法的操作步骤和主要内容

（1）确定批量估价区域和待估价对象。

（2）进行不动产分组。

（3）分组回归，确定该组的价格模型。

（4）分别计算各宗待估价不动产价值价格。

建立待估价对象的价格模型是回归分析法的核心。一旦模型构建完成，可以对同类型的物业价格进行快速的、批量性的评估。该方法主要用于不动产计税价值评估、不动产押品价值重估。特征价格模型是不动产回归分析法中最常用的模型。特征价格模型得以广泛应用的内在逻辑是：消费者并非单纯追求商品（包括不动产）本身，而是基于商品所具备的关键特征来决定是否购买。商品只是这些特征的集合体，是人们追求这些特征的载体。在不动产估价中，特征价格模型的构建，首先，根据估价对象的特征，收集一系列反映其特征的变量数据 $X_i$；其次，可通过多元回归模型估计变量 $X_i$ 的回归系数，即各项特征变量的边际隐含价格；最后，对各项特征变量所带来的隐含价格求和，即可得到不动产价格的估计值。不动产的特征价格模型可以表示为

$$P(X) = P(X_1, X_2, X_3, \cdots, X_i) = \Sigma p_i$$

式中，$X_i$ 表示影响不动产价值价格的第 $i$ 个特征变量；$P_i$ 表示第 $i$ 个特征变量的隐含价格，并且在一个均衡的市场环境中，$P_i$ 不受个别消费者的影响。

$X_i$ 主要包括不动产实物特征、区位特征和邻里特征。实物特征是指仅与不动产自身相关的特征，主要包括房龄、建筑面积、建筑总层高、户型设计、建筑材料、装修程度、停车位数量、所处小区的容积率和绿化率、商业用房的临街深度等；区位特征通常是指由于不动产所处的区位不同而导致的可达性差异，主要包括与城市核心商业区、城市重要景观、工作地点、重要的交通干道、主要公共交通站点的距离等；邻里特征主要包括社区的各项社会经济变量，如所在社区的社会治安情况（如犯罪率等）、人口密度、就业率、年龄结构、家庭平均收入水平等。

在理论界，特征价格模型并没有一个统一的函数表达式。在实际运用中，人们往往会根据对研究对象特征变量的定性把握来决定具体的函数形式，通常采用公式两边同时取对数的形式[①]。此外，在不动产估价的实际应用中，经常会遇到特征变量中包含大量虚拟变量的情况（如商铺是否临街这一特征就通常通过设置虚拟变量来反映，临街则变量取值为1，不临街则变量取值为0）。若虚拟变量取值为零，那么指数形式模型的公式右边便没有意义。基于此，特征价格模型中常采用非虚拟变量取对数，而虚拟变量不变的形式，也即半对数形式。综上，常见的不动产特征价格模型具体形式为

$$\ln P = \alpha + \sum_{i=1}^{k} \beta_i X_i + \sum_{j=k+1}^{n} \beta_j \ln X_j$$

式中：$P$——因变量（被解释变量），为待估价不动产的价值价格；$X_i$ 和 $X_j$——自变量（解释变量、特征变量），为影响不动产价值价格的若干特征变量，例如 $X_1$ 代表房龄，$X_2$ 代表

---

① 在回归分析中，对变量取对数本身不会改变变量间的相关性，但是又能够避免线性回归时参数估计被个别异常值影响，并且在很大程度上缓解异方差。

楼层，$X_3$ 代表朝向等；$n$——自变量的数量；$k$——虚拟特征变量的数量；$\alpha$——常数项；$\beta_i$ 和 $\beta_j$ 自变量的系数。

### （三）回归分析法运用中需注意的问题

在实际估价中，常常遇到一些不具有普遍性的影响不动产价值价格的特殊因素，比如，房间布局不方正、层高不达标、采光严重受遮挡或邻近公共厕所、垃圾站、垃圾填埋场、垃圾焚烧厂、污水处理厂、高压线、变电站、火葬场、墓地、铁路线等。这些特殊因素，如果在回归分析中作为特征变量放入多元回归模型之中，就会增加模型的复杂性，影响模型估计的准确性，反而会得不偿失。因此，通常采取单独建立特殊因素调整系数体系的处理方式，即待利用多元回归模型计算出估价对象的价值价格后，再利用这些特殊因素调整系数对存在这些特殊影响因素的个别估价对象的模型估计结果进行调整，从而得出这些不动产的最终价值价格。

## 第二节　REITs 估值

党的二十大报告指出，高质量发展是全面建设社会主义现代化国家的首要任务。2022 年 12 月召开的中央经济工作会议对确保房地产市场平稳发展做出了一系列部署。REITs 作为现代金融产品，是促进房地产健康发展、推动经济转型升级的重要抓手之一。

REITs 作为一种不动产投资工具，其资产估值是投资决策、风险控制和管理监督的重要依据。从微观的角度来看，准确的估值有助于投资者评估 REITs 的投资价值，从而做出明智的投资决策；从宏观的角度来看，REITs 市场建立合理完善的估值与定价机制，能够充分发挥价格发现的作用，使 REITs 价格成为不动产的"定价锚"，减少价格的波动性和市场参与者的投机行为，充分发挥资源配置的作用，有助于房地产市场的成熟稳定发展。而 REITs 产品具备不动产和金融产品的双重属性，这又使得 REITs 的定价机制与其他金融产品相比有一定的特殊性和复杂性。

### 一、REITs 概述

#### （一）REITs 简介

REITs，全称为 Real Estate Investment Trusts，即不动产投资信托基金，是一种通过发行收益信托凭证或股份汇集多数投资者的资金，交由专业投资机构进行不动产投资、经营和管理，并将投资收益及时分配给投资者的一种投资基金。不动产投资信托基金是实现不动产资产证券化的重要手段[①]。对于不动产所有者来说，REITs 是一种有效的盘活存量资产、改善资产负债表的融资方式；对于不动产投资者而言，REITs 实现了不动产的证券化，使不具备庞大资金的中小投资者得以以较低的门槛参与市场，在享有较好的市场流动性的同

---

[①] 所谓资产证券化，即某一资产或资产组合采取证券这一价值形态的资产运营方式。简单来说，是将流动性低的资产设计成标准的、便于交易的金融产品，销售给原本很难接触到该类资产的投资者，同时也增强了底层资产的流动性，降低了原资产持有者的风险。

时，获得不动产市场租金与增值所带来的收益。

美国是 REITs 的发源地，也是当前全球最大的不动产投资信托市场（见图 9-1），其 REITs 市值在全球占比超六成，底层资产以零售和住宅为主。在欧洲，REITs 市场相对成熟的国家包括英国、比利时和法国。在亚太地区，最大的 REITs 市场是日本、中国香港和澳大利亚。随着 REITs 的不断发展壮大，目前全球共有 40 个国家或地区出台了 REITs 制度。[①]REITs 已然成为一种收益性、安全性、稳定性、长期性与增值性都比较好的金融产品，得到了投资者的认可，成为全世界投资者进行不动产投资的一个重要金融工具。REITs 底层资产类型十分广泛，理论上，能够产生长期、稳定的现金流作为主要收益来源的物业均可。从海外来看，REITs 的投资标的通常包括主流的零售商业、办公楼、住宅公寓和酒店类，新兴养老医疗类，基础设施等。

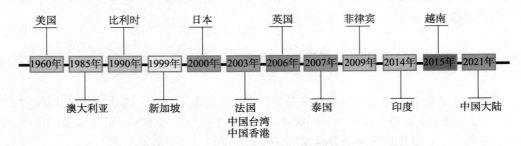

图 9-1　REITs 在全球主要代表性国家和地区的发展时间线[②]

## （二）REITs 产品特点

### 1. 强制性分红

REITs 的一个重要特点是强制性分红。强制性分红制度旨在保护投资者的利益，为投资者提供相对稳定的收益来源。各国家和地区的 REITs 制度均做出了有关收入强制分红的规定，比例通常不得低于 90%。例如，我国《公开募集基础设施证券投资基金指引（试行）》明确规定，基础设施基金应当将 90% 以上合并后基金年度可供分配金额以现金形式分配给投资者。基础设施基金的收益分配在符合分配条件的情况下每年不得少于 1 次。从美国的实践数据来看，REITs 在 1991 年 1 月至 2023 年 7 月期间，年化平均股息率约为 3.66%，而同期 10 年期国债的收益率为 2.31%[③]。可见，REITs 在为投资者提供资产升值潜力的同时，也提供了相对有吸引力的期间收入回报。

### 2. 低杠杆运作

在大部分国家和地区，法律对 REITs 有明确的最高杠杆率限制。例如，中国香港、新

---

[①] 根据美国不动产投资信托协会（National Association of Real Estate Investment Trusts，Nareit）网站相关数据资料整理得到（https://www.reit.com/）。

[②] 根据美国不动产投资信托协会网站相关数据资料整理得到（https://www.reit.com/）。受篇幅限制，时间线仅列出了出台了 REITs 制度的部分国家和地区，重点包括 REITs 市场规模相对较大和位于亚洲的国家和地区。

[③] 数据来源：美国不动产投资信托协会网站。

加坡、德国的 REITs 杠杆率上限分别为 50%、50%、65%[①]。这一制度安排旨在避免 REITs 由于过度杠杆化而导致风险过高，这实际上与 REITs 设立的初衷，即让中小投资者能够分享房地产市场的发展，获得相对稳定的不动产投资收益是一致的。

根据我国《公开募集基础设施证券投资基金指引（试行）》，基础设施基金直接或间接对外借款，应当遵循基金份额持有人利益优先原则，……基金总资产不得超过基金净资产的 140%，其中，用于基础设施项目收购的，借款金额不得超过基金净资产的 20%。相较而言，中国公募 REITs 的杠杆率甚至比其他国家或地区要求更加严格。

### 3. 流动性

本质上，REITs 是通过把投资期限较长、流动性较差的不动产投资以证券化的形式予以盘活，这无疑提升了底层资产的流动性。此外，REITs 可以分为公募和私募两大类。其中，公募 REITs 在证券交易所挂牌交易，较私募 REITs 具有更好的流动性。

### 4. 多元化

REITs 的基础资产可以是各种不同类型的不动产资产，如写字楼、零售物业、酒店、公寓、厂房货仓、医院、养老院等，也可以是机场、港口、管道、数据中心等基础设施。多元化的资产配置可以使 REITs 在不同类型的资产中分散风险，提高整体投资组合的稳定性和回报率。除此之外，REITs 还可以投资于不同地区的不动产，包括国内市场和国际市场。这种多元化地理区域配置使得 REITs 在不同地区的市场中分散风险，进一步提高了整体投资组合的抗风险能力。

总的来说，REITs 是一种风险较低、收益相对稳定的投资工具，适合长期投资和价值投资。然而，由于其投资标的的特殊性，REITs 也存在着一些特有的风险和风险管理问题，并且给其估值带来了一定的困难。

### （三）REITs 在中国的起源与发展

REITs 在我国的起源可以追溯到 20 世纪 90 年代。当时，随着中国经济的快速发展，房地产市场不仅逐渐成为国内投资者的热门选择，一些海外投资者也开始将资金投资于我国的房地产市场。在此背景下，2005 年，第一只纯境内资产的 REIT——越秀 REIT，在中国香港上市，同时也是我国第一只离岸 REIT。

由于当时我国的监管政策和市场环境尚不成熟，REITs 在我国一直没有得到广泛推广。2013 年和 2014 年，中国证监会相继颁布了《证券公司资产证券化业务管理规定》与《证券公司及基金管理子公司资产证券化业务管理规定》，将商业物业和基础设施不动产纳入资产证券化范畴，为 REITs 的发展奠定了法律基础。2016 年 12 月，国家发展改革委和证监会联合发布通知，推动 PPP 项目资产证券化，支持基础设施建设，并正式将 REITs 的中文名称定义为不动产投资信托基金。这标志着中国 REITs 发展的重要转折点，促进了 REITs 在基础设施投资中的角色转变和深入理解。

此后，REITs 在我国逐渐受到关注，越来越多的投资者开始认识到这种投资工具的优

---

[①] 张峥，李尚宸. 基础设施 REITs 治理下的杠杆率问题研究[J]. 证券市场导报，2022(12): 24-30+41.

点。2020年4月30日，中国证监会与国家发展改革委共同发布《关于推进基础设施领域不动产投资信托基金（REITs）试点相关工作的通知》及随后配套发布的《公开募集基础设施证券投资基金指引（试行）》，正式启动了基础设施公募REITs的试点工作。随着中国证监会、沪深证券交易所、中国证券投资基金业协会、中国证券业协会等部门相继出台了REITs相关规则文件，我国基础设施公募REITs制度正式确立。

2021年6月，我国首批9单公募基础设施REITs项目在上海证券交易所、深圳证券交易所完成资金募集，并成功挂牌上市交易。这9只公募基础设施REITs产品涵盖了产业园区（3只）、仓储物流（2只）、生态环保设施（2只）和高速公路（2只）四大类基础设施，覆盖了京津冀、长江经济带、粤港澳大湾区、长三角等国家重大战略区域。2021年6月，国家发改委发布了《关于进一步做好基础设施领域不动产投资信托基金（REITs）试点工作的通知》，将基础设施REITs试点区域扩展到了全国各地区，并在重点支持区域中增加了黄河流域生态保护和高质量发展国家重大战略区域。同时，将能源基础设施，停车场项目市政基础设施，保障性租赁住房，具有供水、发电等功能的水利设施和具有较好收益的旅游基础设施加入到试点行业中。

截至2023年11月，我国已有29只基础设施公募REITs挂牌上市。从这些REITs的底层资产类别来看，主要包括了产业园区（9只）、生态环保设施（2只）、能源基础设施（3只）、交通基础设施（8只）、仓储物流（3只）以及保障性租赁住房（4只）[①]。这些产品的发行不仅为投资者提供了多样化的投资选择，也为国内房地产市场的发展提供了重要的资本市场支持。

## 二、REITs估值逻辑

REITs是标准化的金融产品，通过一、二级市场进行上市交易，本质上是由REITs供需双方确定交易价格。1998年，时任国际投行摩根士丹利不动产投资信托基金研究主管的格雷格·怀特（Greg Whyte）对公募REITs做出了在业界广为流传的经典描述：不动产投资信托基金闻起来像不动产，看起来像债券，走起来像股权。[②]的确，REITs的属性可以表现在三个方面：不动产属性、固定收益属性、权益属性。其不动产属性体现在，底层不动产价值对REITs的价值有着重大影响；其固定收益属性体现在，REITs通常有强制的分红要求，这就使其有着相对稳定的分红回报；其权益属性体现在，REITs管理团队通过专业管理实现底层资产升值，投资人有参与分享经营管理成果从而获得资本利得的权利。因此，从REITs的不同属性出发，投资者可以运用不同的估值逻辑和方法。

### （一）不动产属性角度的估值逻辑

不动产作为REITs的底层资产，所体现出来的使用价值与市场价值最终将传导至REITs产品。REITs的价格在本质上是底层资产在金融市场上的定价，即资产的REITs价格。因此，REITs在一级、二级市场上的定价离不开不动产估值的"锚"。例如，在我国公募REITs

---

① 根据上海证券交易所和深圳证券交易所官方网站相关资料整理得到。
② 英文原文为"REITs smell like real estate, look like bonds and walk like equity."。

市场中，首次发行时，基础设施基金份额认购价格通过向网下投资者询价的方式来确定。这些网下投资者为证券公司、基金管理公司、信托公司、财务公司、保险公司等中国证监会认可的机构投资者，他们一方面以底层资产的评估值为基础；另一方面通过二级市场状况帮助确定询价定价。需要注意的是，受市场流动性、投资者风险偏好等更多因素的影响，REITs价格较底层资产的价格波动更大，预测难度增加。

基于REIT的不动产属性，其评估大体思路是：首先对REITs当前持有的不动产进行估值（如采用收益法当中的直接资本化法），在此基础上扣除不动产的负债可得REITs所持有的不动产的净值（net asset value，NAV）。计算方法如下。

$$NAV = REIT底层资产的估值 - 底层资产的负债$$

$$NAV/每单位 = NAV \div 流通股的数量或基金份额数量$$

这一思路的使用逻辑在理论上是可行的，但是在实践中却存在着争议。其反对者认为，采用NAV对REITs进行估价，没有充分考虑REITs管理层优秀的经营能力所带来的溢价。REITs具备金融和不动产双重属性，因此其资产管理是全面的、主动的资产管理，既包括募资、投资、风控，也包括不动产改造、出租、运营和维护。优秀的主动管理能够为REITs创造价值，在资本市场上则直接体现为估值水平明显领先同行。因此，REITs的NAV更适合作为其清算价格而不是市场价值。从REITs市场的实践来看，不少REITs长期以高于NAV的价值在二级市场上交易。因此，考虑到REITs管理水平对其价值体现的影响，基于REITs的不动产属性，其估值思路可以进一步调整如下。

$$V = (NAV/每单位) \times (premium/discount\ to\ NAV)$$

式中，$V$是REITs的单位价值，premium/discount to NAV为单位净值的溢价/折价程度，即由于管理水平的差异而带来的增值或减值程度。从美国的实践数据来看，REITs的市值一般处于NAV的80%～120%之间[①]。

## （二）固定收益属性角度的估值逻辑

在美国、日本、新加坡等相对成熟的REITs市场，REITs均需要将其大部分资产投资于能够稳定产生租金收入的物业，并将不低于当年净收入的90%进行分红。参照国外经验，我国在基础设施公募REITs试点工作中，也要求80%以上基金资产投资于基础设施资产支持证券，基础设施基金应当将90%以上合并后基金年度可供分配金额以现金形式分配给投资者[②]。REITs的产品设计决定了投资者的主要收益来源为稳定的底层资产收入，叠加上REITs的高股息支付率这一特点，导致REITs显得更像固定收益类金融产品。因此，可类比固定收益证券中的收益率，确定REITs的估值指标。

一项权益资产若具有固定收益的属性，那么股息率将是其重要的估值参考指标。股息率是一年的总分红额与当时市价的比值。分红水平通常最为投资者所关注，因此股息率这一指标直观、易于计算、主观性相对较少，不同公司REITs间对比方便。但是，基金管理人在一定程度上可以调整分红率，从而导致其短期内可能无法真实地反映REITs的收益能

---

① Geltner, D., N. G. Miller, J. Clayton, et al. Commercial Real Estate Analysis and Investments[M]. Mason: Thomson South-Western, 2007.

② 参见2020年8月6日由中国证监会发布实施的《公开募集基础设施证券投资基金指引（试行）》。

力。此外，从固定收益的角度进行评估，往往倾向于低估了REITs的价值。因为REITs的专业化管理，通常能够实现一定程度的不动产增值。因此，在实务中，这一估价思路应用较少。

### （三）权益属性角度的估值逻辑

除稳定的分红回报外，部分物业还可能因为其良好的地理位置或通过专业的运营管理等实现增值，因此REITs投资者的另一个收益来源是底层物业的升值，这就对应REITs的权益产品属性。从权益属性的角度，参考股票市场，也可将REITs的估值方法分为绝对估值法和相对估值法。

**1. 绝对估值法**

绝对估值法的本质是将未来的一系列预期现金流折现至当前时点加总得到的估值。在股票的绝对估值法中，通常可选择股利折现法或股权自由现金流折现法。基于权益属性的REITs估值在逻辑本质上与股票相差无几，区别仅在于如何估算收益/现金流。

具体到REITs的收益/现金流的估算，由于境内外REITs均有强制分红属性，因此分红、营运现金流或调整后营运现金流在理论上均可适用。

若以股利为折现对象，REITs的现金流贴现模型的表达式为

$$V_0 = \sum_{i=1}^{\infty} \frac{D_i}{(1+r)^i}$$

式中，$V_0$——REITs的单位价值，$r$——REITs的权益资本成本。如果假设股利的长期增长率为$g$，那么可简化为戈登不变股利增长模型

$$V_0 = \frac{D_1}{r-g}$$

营运现金流（Funds From Operations，FFO）是用以衡量REITs基于经营产生的现金流的绩效指标，在业界受到广泛认可。其计算方式如下。

$$FFO = 净利润 + 折旧 + 摊销 - 非经常性损益$$

例如，某REIT去年宣布净利润为5000万元，折旧费用为1000万元，利息摊销费用为500万元，利息收入为250万元，各种资产出售收益为500万元。该REIT的营运现金流量为5750万元（5000+1000+500-250-500=5750万元）。

会计净收入中已减去底层资产的大额折旧和摊销，而FFO的提出主要是为了真实地反映底层资产净运营收入，因此在会计净收入基础上加回折旧、摊销，并剔除资产出售收益等非经常性损益。

调整后营运现金流（adjusted funds from operations，AFFO），是在FFO的基础上继续减去那些被资本化的、用于维护和更新的费用支出等非经营性损益。

我国公募REITs试点中常用的指标为可供分配金额，是在合并净利润基础上进行合理调整后的金额。根据《公开募集基础设施证券投资基金运营操作指引（试行）》，在计算可供分配金额过程中，应当先将合并净利润调整为税息折旧及摊销前利润（EBITDA），并在此基础上综合考虑项目公司持续发展、项目公司偿债能力、经营现金流等因素后确定可供分配金额计算调整项。计算公式为

$$EBITDA = 净利润 + 折旧 + 摊销 + 利息支出 + 所得税费用$$

$$可供分配金额 = EBITDA \pm 调整项$$

其中，可能涉及的调整项包括：①当期购买基础设施项目等资本性支出；②基础设施项目资产的公允价值变动损益（包括处置当年转回以前年度累计调整的公允价值变动损益）；③基础设施项目资产减值准备的变动；④基础设施项目资产的处置利得或损失；⑤支付的利息及所得税费用；⑥应收和应付项目的变动；⑦未来合理相关支出预留，包括重大资本性支出（如固定资产正常更新、大修、改造等）、未来合理期间内的债务利息、运营费用等；⑧其他可能的调整项，如基础设施基金发行份额募集的资金、处置基础设施项目资产取得的现金、金融资产相关调整、期初现金余额等。

**2. 相对估值法**

相对估值法在 REITs 市场中的运用与股票市场一脉相承。在股票市场中，常用的相对估值指标包括市盈率（P/E）、市净率（P/B）、市销率（P/S）等。对应到 REITs 产品上来，只需要将分母做相应调整，选择适合 REITs 产品的指标即可，例如采用 FFO、AFFO，对应的相对估值指标则为市价/营运现金流（P/FFO）、市价/调整营运现金流（P/AFFO）。

### 三、REITs 底层资产的估值

REITs 兼具金融产品与不动产的双重属性，其底层不动产的收益与交易价值最终将影响 REITs 的分红派息表现及定价，对投资人的投资决策、管理人的运营管理决策都有着非常重要的影响。对底层资产合理估值是防范 REITs 市场风险的重要手段，应贯穿于 REITs 产品运营的始末：在产品发行阶段为产品定价提供参考，满足交易所对资产情况的披露要求；在产品存续环节，每年需至少评估一次，定期披露资产信息；在产品退出、市场形势发生重大变化或其他必要之时，也需对物业处置价值或市值进行评估。

#### （一）评估方法的选择

根据资产的收入获取来源进行区分，我国基础设施公募 REITs 试点范围内的资产可大致分为两大类：一是以租金或运营服务为主要收入来源的基础设施，如仓储物流、产业园区、保障性租赁住房、数据中心等；二是以收费为主要收入来源的基础设施，如水电气热市政工程、高速公路等。两类资产虽在收入来源上有所区分，但适用的评估方法均包括市场比较法、成本法和收益法三大基本方法及其衍生方法，每种方法有其应用的前提条件。估价人员在选择评估方法时，应当充分考虑影响评估方法选择的因素，主要包括评估目的和价值类型、估价对象、评估方法的适用条件、评估方法应用所依据数据的质量和数量等。当基础资产仅适用一种估价方法进行估价时，可只选用一种估价方法进行估价；当基础资产适用两种或两种以上估价方法进行估价时，宜同时选用两种或两种以上估价方法进行估价，不得随意取舍，并就各种估价方法的测算结果进行校核和比较分析后，合理确定价值[①]。

---

[①] 市场比较法、收益法和成本法这三种基础评估方法的详细介绍参见本书第五章、第六章和第七章的内容，此处不再赘述。

市场比较法是通过将估价对象与可比参照物进行比较，以可比参照物的市场价格为基础确定估价对象价值的评估方法的总称。目前来看，对于收费收益权类基础设施资产而言，公开交易市场供选择的可比交易案例数量较少，相关具体交易信息较难获得，加之此类资产同质性较弱，故而在实际操作中较少采用市场比较法进行评估；仓储物流、数据中心、产业园等以租金为主要收入的基础设施在选用市场比较法时也需注意资产所处市场是否具有充足的同类型资产真实交易案例。以仓储物流项目为例，近年来全国不动产大宗交易市场上仓储物流项目多以资产包的形式交易，较难获取单个资产的交易价格，从而限制了市场比较法的使用。

成本法是按照重建或者重置估价对象的思路，将重建或者重置成本作为确定估价对象价值的基础，扣除相关贬值，以此确定价值的评估方法的总称。其本质是以资产的重新开发建设成本为导向来求取资产价值。对于以特许经营模式运营的基础设施资产而言，成本法评估结果较难体现资产对应的特许经营权合同的价值。对于自有产权的基础设施资产来说，则可采用成本法进行评估，使产权持有人和其他市场参与者可以从重建或重置的角度了解估价对象价值。但针对发行基础设施公募 REITs 这一估价目的，资产的价值通常不是基于重新购建该类资产所花费的成本进行判断，而是更多地基于市场参与者对资产未来收益的预期来进行最终判断，故而成本法一般不宜作为唯一定价的方法。同时，采用成本法估价时需注意所选取土地使用权出让价格的合理性。以仓储物流为例，一些城市因疏解城市功能、高效利用土地等而对仓储用地土地的出让存在一定限制，造成同类土地出让的价格信息较少、时效性较差或可比性较弱，故在实际操作中需结合资产的实际情况对成本法进行选取。

收益法是通过将估价对象的预期收益资本化或折现来确定其价值的各种评估方法的总称。估价师应以客观、审慎的态度预测资产未来各年的净收益并选取合理的报酬率进行估价。对于收费收益权类基础设施，企业通过行政许可、特许经营等方式取得该类资产的产权或取得一定年限的经营权。该类资产的生产规模、生产能力，以及提供产品或者服务的价格较为明晰，可以以此为基础对未来收益进行合理预测；仓储物流、产业园区、数据中心、保障性租赁住房项目均以租赁或外包服务方式进行运营，其运营层面的过往实际发生收入、成本及费用科目清晰，已发生金额均可获取，且对资产未来产生的收益可以进行合理预测。从方法适用性角度来看，收益法评估结果能够合理体现市场参与者对项目未来收益预期的价值，两类基础设施资产均适宜采用收益法进行评估。

目前，中国证券投资基金业协会发布的《公开募集基础设施证券投资基金运营操作指引（试行）》、沪深证券交易所发布的《公开募集基础设施证券投资基金业务指引第 1 号——审核关注事项（试行）》均已明确要求以收益法作为基础设施公募 REITs 项目评估的主要估价方法。同时，收益法在境外成熟 REITs 市场中也是最为常用的评估方法。通过梳理已发行 REITs 的招股书不难发现，新加坡、中国香港 REITs 在发行环节均完全采用收益法下的报酬资本化法与直接资本化法，部分产品同时采集同类资产的大宗交易市场价格作为辅助验证（见表 9-1）。

表 9-1 新加坡、中国香港部分 REITs 发行环节不动产评估方法

| 所在市场 | 产品名称 | 收益法 | | 市场比较法 | 成本法 |
| --- | --- | --- | --- | --- | --- |
| | | 报酬资本化法 | 直接资本化法 | | |
| 中国香港 | 招商局商业房托 | √ | √ | 仅作验证 | — |
| | 越秀房地产投资信托 | √ | √ | — | — |
| 新加坡 | 运通网城房地产信托 | √ | √ | — | — |
| | 丰树物流信托 | √ | √ | — | — |
| | 易商红木信托 | √ | √ | — | — |
| | 凯诗物流信托 | √ | √ | — | — |
| | 星狮物流工业信托 | √ | √ | — | — |

资料来源：韩志峰，张峥，等. Reits：中国道路[M]. 北京：人民出版社，2021.

在我国的 REITs 实践中，不同类别的不动产资产估值技术路线有一定差异。例如，物流园、产业园等产权类项目在以报酬资本化法为主进行估值的同时，往往参考大宗交易市场的价格，同时计算资本化率[①]进行验证。但是，收费权类资产通常很少有大宗交易市场交易价格作为参考，因此通常同时参考成本法和资本化率作为辅助验证。

### （二）REITs 底层资产收益预测

在利用收益法对底层资产未来收益进行预测时，可以从以下几个方面入手。

**1. 宏观层面**

（1）基础资产所在地区经济总体状况调研。对基础资产所在地区经济社会发展的主要驱动因素及其变化趋势进行调查和分析，特别是城市经济发展状况及未来规划、产业结构、产业布局和规划，基础设施现状和建设规划，与行业相关的财政货币政策、金融税收政策等来判断未来发展趋势。

（2）基础资产所在地区市场总体状况调研。通过对市场新增供应量、存量市场的成交量、存量资产的租金及其他收入水平等数据做出调查，结合当地城市土地、不动产的相关产业政策及过往 3~5 年的历史信息，对基础资产所在市场未来的发展趋势做出合理的判断。

（3）基础资产所在区域同类物业市场状况调研。通过对基础设施所在行政区或产业聚集区同类物业现有存量、新增供应量、租金及其他收入水平、租户结构等进行调查，分析供给和需求影响因素，对未来区域内的供给、需求、租金、空置率等变化趋势进行判断。

**2. 微观层面**

（1）竞争性项目调研与分析。对基础设施所在区域或城市内竞争性资产的市场定位、承租人构成、租金（或者经营收入）、出租率、运营管理服务机构及过往 3~5 年收入增长

---

① 资本化率 = 第一年净运营收入（NOI）/资产市值或评估值，是评估不动产的常用指标。具体参见第六章第五节"直接资本化法"的介绍。

趋势进行调查，与基础资产进行对比分析。

（2）核查基础资产过往 3～5 年的实际收入、成本发生额及经营情况。可查阅过往签订租赁或服务合同，就租赁事项（如约定租期、租金水平、押金、递增方式、续租事项等）约定及实际履约情况进行调研，判断基础资产获取收益的稳定性及未来是否具有可提升的潜力；调查现有租户结构、详细了解主力租户所在行业及背景，判断其黏性。主力租户是指在一个商业不动产项目中，占据最大面积、最长租期、最高租金和最重要的地位的租户。主力租户通常是大型连锁店、超市、餐厅或电影院等，它们是商业不动产项目的主要吸引点，能够吸引更多的客流量和商业活动。在不动产估价过程中，主力租户的租金和租期对整个商业不动产项目的价值评估具有重要影响。主力租户的租金贡献和长期稳定的租期能够为不动产项目提供稳定和可持续的收入来源，从而提升整个项目的吸引力和价值。

成本方面，通过获取基础资产在运营中实际发生费用科目及金额，结合企业未来经营策略及成本控制措施，对比其他类似资产发生的运营成本，对基础资产未来收入及成本进行预测。

以租金为主要收入来源的基础设施可能产生的各项收入及成本如表 9-2 所示。

表 9-2　各类型基础设施公募 REITs 的收入及成本

| 项目 | 仓储物流、产业园区 | 数据中心 | 保障性租赁住房 |
| --- | --- | --- | --- |
| 年运营收入 | 租金收入 | 机柜托管服务收入 | 租金收入 |
| | 管理费收入 | 电费收入 | 物业服务费收入 |
| | 其他收入（如停车费等） | 其他收入（如宽带收入等） | 其他收入（如配套收入、能源收入等） |
| 年运营成本 | 项目运营管理费用 | 项目运营管理费用 | 人工成本 |
| | 物业管理费 | 物业管理费 | 物业管理费 |
| | 租赁代理费用（若有） | 电费、水费 | 维修保养成本 |
| | 项目维护及资本性支出 | 宽带使用费 | 营销推广费 |
| | 保险费用 | 设备运维费用及更换资本性支出 | 委托管理费 |
| | 税费：房产税<br>增值税及附加<br>城镇土地使用税<br>印花税 | 保险费用 | 保险费用 |
| | | 税费：房产税<br>增值税及附加<br>城镇土地使用税<br>印花税 | 税费：房产税<br>增值税及附加<br>城镇土地使用税<br>印花税 |

资料来源：韩志峰，张峥，等.Reits：中国道路[M].北京：人民出版社，2021.

（3）报酬资本化率和资本化率的确定。在使用收益法测算资产估值时，报酬资本化率（或者折现率）不仅应反映资金的时间价值，还应当体现与收益类型和评估对象未来经营相关的风险，与所选择的收益类型与口径相匹配。在实际操作中，仓储物流、数据中心及产业园等以租金为主要收入来源的基础设施资产估值一般可采用市场提取法、累加法及投资报酬率排序倒插法[①]。需要注意的是，根据不同的评估价值目标，用于资产评估的收益额有不同的口径，比如，净运营收益、税前现金流、税后现金流等。报酬率作为价值比率，口径需要与收益额保持一致。

资本化率是REITs底层基础资产定价的常用指标，在不动产大宗交易市场中可以较便捷地体现物业净运营收益与价值之间的关系，对基础设施REITs价值判断也具有重要意义。例如，2022年发布的《中国REITs指数研究：不动产资本化率调研》[②]第三期调研报告显示，国内一线城市及周边的物流仓储、数据中心资本化率分别位于4.6%~5.3%、7.5%~8.5%的区间，其他城市分别为5.4%~6.0%、8.5%~10.0%。

## 四、REITs 估值风险

REITs本质上是一种基金，以不动产市场上的资产作为投资标的，其估值风险主要包括以下几个方面。

**1. 市场风险**

不动产市场环境的变化是REITs估值的最主要风险之一。由于REITs的基础资产是各种类型的不动产，这些不动产所处的区域可能面临地方经济和区域市场的负面变化，例如就业、消费、企业资本开支、库存等宏观经济、行业变迁方面的负面变化都有可能对地区的租赁需求、租金水平等产生不利影响，对底层资产的运营业绩及未来估值增长造成扰动，导致REITs基本面的波动。

**2. 项目风险**

我国目前公募REITs一般采用公募基金+资产支持证券（ABS）+项目公司的架构，结构较为复杂，可能会产生委托代理问题。具体来看，REITs持有人委托公募基金管理人来进行投资管理、公募基金管理人委托ABS管理人进行资产管理并委托外部管理机构负责底层资产的运营与管理。在这种多层委托代理关系的架构下，不可避免地存在着信息不对称问题和利益冲突问题，产生道德风险的可能性较大，由此产生的代理成本较高。例如，复杂的交易架构可能带来重复征税或者税收过重的问题，从而拖累产品的收益。

此外，我国目前的基础设施REITs通常投资于单一基础设施项目。底层资产过度集中，基础设施项目易受到该地的经济环境和产业政策的影响，对REITs收益的稳定性存在着负面影响，进而影响REITs的估值。例如，首批公募REITs的底层资产均比较集中，除中金普洛斯REIT包含不同区域的7个物流园外，其余8个REITs均仅持有同一区域的一个或少数几个不动产（彼此之间并不完全独立）。

**3. 流动性风险**

REITs的流动性是指其可以在二级市场上自由交易的能力。如果REITs不能在二级市

---

① 参见本书第六章第四节"报酬率的确定"。

② 中国REITs论坛联合北京大学光华管理学院中国REITs研究中心、中联基金、戴德梁行发布。调研以问卷的形式邀请北上广深、二线城市等50余家不动产投资专业机构参与，通过分析受访者对于不同城市各类业态物业在大宗交易市场中的专业判断，为建设中国REITs定价体系提供合理的基准。

场上自由交易或者流动性不足，将会影响其估值。例如，我国基础设施公募 REITs 的投资者都以战略投资者投资为主，公众发售占比较低。首批 9 只公募 REITs 网下发售占比为 15%～30%，公众发售占比在 7%～13%之间，战略配售为主体，其中战略投资者占比最低的华安张江光大园 REIT 占比也达到了 55%；2021 年 12 月，第二批发行的公募 REITs（包括华夏越秀高速公路 REIT 和建信中关村产业园 REIT）的战略投资者投资占比进一步增加，平均认购份额占比达到 70%[①]。由于战略投资者所持有的战略配售份额需要满足一定的持有期要求，在一定时间内无法交易，因此较少量的流通份额导致 REITs 市场投资者结构单一，流通规模较小，使得 REITS 在二级市场上的价格波动加大。

### 4. 利率风险

利率风险是指由于利率变化而导致 REITs 价值损失的风险。市场利率上升会影响 REITs 的融资成本，此外，如果市场利率出现波动，REITs 所要求的报酬率也会随之变化，从而影响其现金流折现后的估值。

### 5. 物业风险

REITs 项目的现金流主要源于底层物业的租赁及物业管理费收入。根据《公开募集基础设施证券投资基金指引（试行）》，我国要求公募 REITs 至少要以募集资金的 80%（实际情况均高于 80%）投向标的项目，这就使得底层物业表现会在很大程度上决定 REITs 估值。例如，项目的财务状况及经营业绩可能受到租户破产、无偿债能力或业绩下滑、租约集中到期、到期租户无法完成续签或无法找到替代承租人的不利影响，项目收益可能减少，可供分配现金可能受到不利影响。例如，2023 年，华安张江产业园 REIT 遭遇了一次重大挑战。位于张江高科技园区域内的张润大厦是华安张江产业园 REIT 于 2023 年 4 月扩募纳入的底层资产。5 月，手机厂商 OPPO 宣布终止旗下芯片子公司 ZEKU（哲库科技）业务，直接导致哲库科技在张润大厦租赁的 19314.31 平方米也将被提前退租。哲库科技是张润大厦最大单一租客，租用面积占张润大厦可租赁面积的 45.97%[②]。哲库科技的突然退出，对华安张江产业园 REIT 底层资产的出租率和租金收入产生巨大冲击，直接导致华安张江产业园 REIT 二级市场价格波动加剧。

除此之外，在 REITs 估值中还需考虑资本市场的系统性风险、产业政策、行业管理、环境保护等相关政策变化引致的政策风险，海外投资涉及的汇率风险和地缘政治风险等。估价人员应该充分了解 REITs 项目对应的投资风险及其风险防范措施、风险化解策略，据此选择适合的报酬率对 REITs 进行合理估值。

批量评估　标准价调整法　回归分析法　特征价格模型　REITs　资产证券化
资产净现值　底层资产　营运现金流　调整后营运现金流

---

① 根据上海证券交易所和深圳证券交易所有关基金的相关公告资料整理得到。
② 数据来源：上海证券交易所《华安基金管理有限公司关于华安张江光大园封闭式基础设施证券投资基金扩募拟新购入资产张润大厦重要承租方哲库科技市场关停传闻说明的公告》。

自学自测　扫描此码

# 第二部分

# 不动产估价实务

# 第十章 土地使用权价值估价案例

## 一、估价基本事项

### （一）估价目的

成都******开发有限公司拟用土地使用权作抵押向金融机构申请贷款，特委托成都**房地产交易评估有限公司对土地使用权市场价值作评估，为确定土地使用权抵押贷款额度提供参考依据。

### （二）价值类型

估价对象作为国有出让住宅用地，无他项权利限制，在宗地外"六通"（通上水、通下水、通电、通信、通气、通路）、宗地内"待场平"开发程度条件限定下，容积率为2.0，在估价期日未来住宅用地59.18年的土地使用权价格。

### （三）估价对象

根据委托估价方提供的资料，估价对象系成都******开发有限公司所属位于成都市成华区********7组壹宗住宅用地使用权，不包括宗地地下资源、埋藏物和市政公用设施。宗地的合法用途为住宅用地，使用权类型为出让，使用权面积为24432.56平方米。

**1.《国有土地使用证》登记状况**

估价期日国有出让土地使用权如表10-1所示。

表10-1 估价期日国有出让土地使用权

| 权属证号 | | 成国用（2007）第****号 |
|---|---|---|
| 土地使用权人 | | 成都******开发有限公司 |
| 坐落 | | 成都市成华区********7组 |
| 地号 | | ****-*-** |
| 图号 | | / |
| 地类（用途） | | 住宅用地 |
| 使用权类型 | | 出让 |
| 终止日期 | | 住宅用地2077年8月5日 |
| 使用权面积（平方米） | | 24432.56 |
| 发证日期 | | 2007年9月7日 |
| 四至 | 东 | 成都市成华区龙潭乡向龙村九组 |
| | 西 | 成都市成华区龙潭乡向龙村九组、成都皮毛厂、规划道路 |
| | 南 | 成都市成华区龙潭乡向龙村九组 |
| | 北 | 规划道路 |

**2. 土地权利状况**

（1）估价对象权利性质。根据成国用（2007）第****号《国有土地使用证》复印件记载：估价对象的所有权属于国家，使用权属于成都******开发有限公司，法定用途为住宅用地，使用权类型为出让。

（2）土地使用权取得方式。估价对象由企业改制后变更土地用途，在估价期日由成都******开发有限公司拥有使用权的出让住宅用地，本次评估面积为其中部分宗地面积。根据委托估价方提供的《5101企改【2002】出让合同第**、**、**、**号〈国有土地使用权出让合同〉变更协议（一）》记载：5101企改【2002】第**号出让合同项下成国用（2003）第***号《国有土地使用证》中24432.56平方米工业用地调整为住宅用地；根据成办发【2002】52号文规定，以新的土地用途的评估价减去原企业改制时土地处置价后，其差额部分按35%收取土地收益，应缴纳土地收益9940142.71元；四宗土地出让起始年限以本变更协议签订之日起算，乙方应补交5101企改【2002】第**、**、**、**号出让合同项目下39594.34平方米土地增加年限的土地出让金计295710.89元。

（3）土地使用年限。根据委托估价方提供的《5101企改【2002】出让合同第**、**、**、**号〈国有土地使用权出让合同〉变更协议（一）》记载：土地使用权出让年限调整为住宅用地70年。根据成国用（2007）第****号《国有土地使用证》复印件记载，估价对象使用权终止日期为：住宅用地2077年8月5日，至估价期日，剩余使用年限为住宅用地59.18年。

（4）估价对象的他项权利。根据委托估价方介绍，至估价期日，估价对象已设定抵押他项权利，他项权利人为**银行，除此之外尚未设定其他担保权、租赁权、地役权等他项权利。

**3. 土地利用状况**

（1）估价对象利用现状。据委托估价方介绍及估价人员实地查勘，至估价期日，估价对象宗地外"六通"（通上水、通下水、通电、通信、通气、通路），宗地内"有三栋建筑物、一座水塔尚未拆除"。据委托估价方提供的《关于成都******开发有限公司位于成都市成华区********7组国有出让住宅用地土地相关事项的说明》：宗地内征地拆迁赔偿工作已全部完成，尚未拆除建筑物将作为项目开发建设办公室使用。

（2）估价对象利用条件。根据成都市规划管理局出具的《规划设计条件通知书》记载：估价对象容积率≤3.14，建筑密度≤20%。至估价期日，此《规划设计条件通知书》已过期，据委托估价方提供的《关于成都******开发有限公司位于成都市成华区********7组国有出让住宅用地土地相关事项的说明》以及《成都市城市规划管理技术规定（2017）》记载，同时经估价人员向成都市规划管理局成华分局咨询，估价对象所在区域成华区********属于成都市一般地区，容积率≤2.0、总建筑密度≤20%。根据以上规划条件并参考周边开发项目情况，本次评估设定估价对象最佳开发方案如表10-2所示。

表 10-2  估价对象最佳开发方案

| 土地用途 | — | 城镇住宅用地 |
|---|---|---|
| 物业类型 | — | 小高层住宅 |
| 建筑结构 | — | 框架 |
| 建筑总层数 | — | 地上 11 层，地下 2 层 |
| 功能分布 | — | 住宅 1～11 层，1 层物管及配套用房；地下–1 层、–2 层为机动车库、非机动车库、设备用房、消防控制室 |
| 项目档次 | — | 中高档住宅项目 |
| 规划净用地面积 | 平方米 | 24432.56 |
| 规划总建筑面积 | 平方米 | 79088.14 |
| 地上计入容积率的建筑面积 | 平方米 | 48865.12 |
| 其中：住宅用房建筑面积 | 平方米 | 48555.12 |
| 物管及配套用房建筑面积 | 平方米 | 310 |
| 地下建筑面积 | 平方米 | 30223.02 |
| 基地面积 | 平方米 | 6044.60 |
| 容积率 | — | 2.0 |
| 建筑密度 | — | 20% |
| 绿地率 | — | 40% |
| 地下机动车位 | 个 | 583（地下） |

注：①《成都市城市规划管理技术规定(2017)》，机动车位配建个数，住宅二环内：>1 个/100 ㎡，二环外：>1.2 个/100 ㎡；（每个车位建筑面积按 35 ㎡计算）；根据"成都市人防面积标准"记载，成都市新建 10 层以上（含 10 层）的民用建筑，应当修建与地面建筑底层相等面积的防空地下室。②上表中地下机动车位数量指开发商拥有所有权并可销售的车位，人防车位未包含在内。

## （四）估价基准日

本次估价确定的价值时点为 2018 年 5 月 30 日，此价值时点是实地查勘估价对象之日。

## 二、估价思路

本次估价目的系成都******开发有限公司拟用土地使用权作抵押向金融机构申请贷款，特委托成都**房地产交易评估有限公司对土地使用权市场价值作评估，为确定土地使用权抵押贷款额度提供参考依据。

估价对象作为国有出让住宅用地，面积为 24432.56 平方米，不包括宗地地下资源、埋藏物和市政公用设施，无他项权利限制，在宗地外"六通"（通上水、通下水、通电、通信、通气、通路）、宗地内"待场平"开发程度条件限定下，容积率为 2.0，在估价期日尚余 59.18 年的土地使用权。

在确定估价原则的基础上，根据估价对象所处的位置、土地利用性质、土地开发程度等具体情况，结合本次报告的评估目的，综合确定剩余法和市场比较法为本次的土地估价方法。具体思路如下。

首先，运用剩余法对土地的使用权价格进行评估。即确定宗地的最佳开发利用方式，在测算完成开发后不动产正常交易价格的基础上，扣除预计的正常开发成本及有关专业费用、利息、利润和税费等，以价格余额来估算待估宗地价格。

其次，采用市场比较法对土地使用权价格进行评估。通过搜集交易实例，选择与估价期日最接近、与估价宗地用途相同、土地条件基本一致、属同一供需圈内相邻地区或类似地区的正常交易实例。然后，对可比实例的交易时间、交易情况、交易方式、区域因素、个别因素及其他相关因素如容积率、使用年期、土地权利状况等进行修正，得到比准价格。

最后，对剩余法和市场比较法两种方法的结果进行汇总，根据估价方法的适宜性、可信程度、可操作性，参考此次估价目的、估价对象所在区域地价水平，并结合估价师经验等综合决定估价结果。

## 三、估价技术说明

### （一）估价方法的选择

根据《城镇土地估价规程》，目前我国对宗地地价的评估方法有市场比较法、收益还原法、剩余法、成本逼近法[①]和基准地价系数修正法。根据项目特点及上述方法选择的要求，我们拟选出最适宜的两种方法进行评估。

估价人员通过实地查勘，认真分析调查收集到的资料，在确定估价原则的基础上，根据估价对象所处的位置、土地利用性质、土地开发程度等具体情况，结合本次报告的评估目的综合确定土地估价方法。

（1）估价对象所在区域房地产市场发展较快，房地产交易市场公开，各种房屋的开发成本及销售价格易于调查，开发价值易于测算，可以较为准确地测定其开发后的不动产总价，通过扣除其上的建筑物的价格，剥离出土地价格，故可选用剩余法对估价对象进行评估。

（2）由于估价对象所在区域房地产市场发展较快，土地市场也较发达，区域内与之类似的住宅用地成交案例较多，故此次可采用市场比较法进行评估。

（3）估价对象所在区域内类似项目无现实收益，且估价对象未来每年的正常收益很难准确预测，评估难度大，不易把握，可操作性差，故此次评估不宜采用收益还原法。

（4）估价对象所在区域住宅用地地价近年来随城市建设的发展增值幅度较大，不宜采用成本累加方式得出的计算价格来替代其客观价格水平，故此次评估不采用成本逼近法。

（5）虽然估价对象所在区域已建立完整的基准地价体系，但政府公布的基准地价主要是为了课税、核定征收、补交土地出让金等的需要，基准地价价格水平不能完全客观地反映出目前市场价格的变化情况，因此本次评估不考虑采用基准地价系数修正法进行评估。

综上所述，我们在本报告中将采用剩余法和市场比较法对估价对象进行评估。

---

① 成本逼近法的基本思路是通过把土地取得费、土地开发费、土地税费、利息、利润和土地增值收益加总的方式估算土地的价值价格。其适用范围一是对新开发土地的估价，二是对于市场发育不充分，土地成交实例不多的情况，特别是那些没有收益的学校、公园以及公共建筑、公益设施等具有特殊用途土地的估价。由于篇幅有限，本书未单独介绍地价的评估方法，成本逼近法的具体介绍可参见中国土地估价师与土地登记代理人协会编写的《土地估价原理与方法》。

### （二）估价的前提条件和假设条件

**1. 前提条件**

（1）估价对象符合《中华人民共和国物权法》等法律法规、成都市不动产登记中心对设立建设用地使用权和抵押贷款的有关规定。

（2）建设用地使用权自登记时设立，委托估价方提供的《国有土地使用证》是证明建设用地使用权人权利存在的证明，委托估价方已依法取得估价对象完整的土地使用权。

（3）估价对象作为住宅用地得到有效利用，并按设定的规划建设开发产生相应收益。

（4）估价期日房地产市场为公开、公平、自愿的均衡市场。

（5）委托估价方提供的土地权属、土地开发、土地利用等资料属实。

（6）委托估价方与金融机构签订抵押协议后，需到政府相关部门办理土地使用权抵押登记手续，领取《他项权利证明书》后，抵押协议方可生效。

（7）估价人员现场拍摄的宗地实体照片内容系由委托估价方现场确定之评估范围的土地状况，并承诺无遗漏和偏离。

**2. 假设条件**

（1）估价对象开发程度为宗地外"六通"（通上水、通下水、通电、通气、通信、通路），宗地内"待场平"，估价对象规划容积率为 2.0，作为出让住宅用地且无他项权利限制，至估价期日 2018 年 05 月 30 日，土地剩余使用年限为住宅用地 59.18 年。

（2）本报告所确定的土地还原率在设定的使用年限内不变。

（3）本报告设定委托估价方取得估价对象所涉及的地价款以及相关税费等在估价期日已全部付清，不存在任何纠纷。

（4）根据委托估价方介绍，估价对象《国有土地使用证》原件留存于抵押权人——**银行，仅能提供其复印件，故我方无法将其提供的复印件与原件进行核对，在无理由怀疑其合法性、真实性、准确性和完整性的情况下，假设委托估价方提供的复印件与原件一致，且是合法、真实、准确、完整的。

### （三）估价结果和估价报告的使用

**1. 本报告和估价结果发生效力的法律依据及其他相关条件**

（1）本报告和估价结果依据上述有关估价的前提条件与假设条件而成立。若估价期日、土地利用方式、土地开发状况、容积率、房地产市场供求状况、权利状况等因素发生变化，则本评估报告无效，评估机构及估价人员不承担相应的责任。

（2）本报告和估价结果以报告中所列估价依据为发生效力的法律依据，并依照法律法规的有关规定发生法律效力。

**2. 本报告和估价结果使用的方向与限制条件**

（1）本报告和估价结果仅供委托估价方用于设置土地抵押权确定贷款额度时提供价值参考，不得用于除此之外的其他任何经济活动。

（2）土地估价报告仅供委托估价方办理此次抵押相关事宜和送交土地管理部门审查使用。

（3）本报告不得作为确定估价对象权属和面积的依据。

（4）本报告和估价结果需经两名以上在本机构注册的土地估价师签名，并经估价机构盖章后才能生效，估价机构对估价结果有解释权。

**3. 本报告和估价结果自估价报告提交之日起壹年内有效，即 2018 年 8 月 3 日至 2019 年 8 月 2 日**

**4. 本报告及估价结果使用权归委托估价方所有，受托估价机构对估价报告及估价结果拥有解释权**

### （四）需要特殊说明的事项

**1. 一般特殊说明事项**

（1）土地权属、土地开发、土地利用经营等资料由委托估价方提供。

（2）土地区位条件、房地产市场交易资料、房屋建造成本资料等由估价人员实地调查而得。

（3）估价人员根据国家有关法律法规、估价规程及估价对象具体状况确定估价原则、方法及参数。

（4）委托估价方对所提供资料的真实性负责，估价人员对所收集资料的真实性、准确性负责，评估机构对评估结果的公正性、准确性负责。

（5）本报告估价人员与委托估价方除委托估价关系外，无其他任何影响估价结果的关系。

**2. 估价技术中的特殊处理**

（1）还原利率的确定。根据《成都市中心城区土地定级及基准地价更新技术报告》，成都市中心城区住宅用地还原率为 5.9%，故本报告所采用的住宅用地还原率为 5.9%，并假设在土地使用年限内，土地还原率保持不变。

（2）容积率的确定。根据成都市规划管理局出具的《规划设计条件通知书》记载：估价对象容积率≤3.14，建筑密度≤20%。至估价期日，此《规划设计条件通知书》已过期，据委托估价方提供的《关于成都******开发有限公司位于成都市成华区********7 组国有出让住宅用地土地相关事项的说明》以及《成都市城市规划管理技术规定（2017）》记载，同时经估价人员向成都市规划管理局成华分局咨询，估价对象所在区域成华区********属于成都市一般地区，容积率≤2.0、总建筑密度≤20%，故本次评估据此设定估价对象容积率为 2.0。本估价结果与所设定的最高最佳利用方式有相当的依赖性。

（3）关于地价水平的说明。市场比较法中所采用的期日修正系数系估价人员根据中国城市地价动态监测系统网站中收集到的资料进行分析确定。

（4）在剩余法中，设定估价对象在整体规划开发条件下，用估价期日区域内同类房地产项目正常售价结合估价对象可开发项目的特点对未来开发完成后的售价进行预测，并以此价格来替代本开发项目的售价；而工程造价可用目前的一般造价水平来替代，并假设工程投资在开发建设期内为连续投入，利率在开发建设期内保持不变。

(5)土地估价结果的确定。在确定最终评估结果时,我们根据评估方法的适宜性、可信度、可操作性,并参考此次评估目的、估价对象所在区域地价水平、估价师经验等,采用加权算术平均法确定估价对象的最终评估价格。

## 四、估价测算过程

### (一)运用剩余法对估价对象进行评估

剩余法是在测算完成开发后不动产正常交易价格的基础上,扣除预计的正常开发成本及有关专业费用、利息、利润和税费等,以价格余额来估算待估宗地价格的方法。其基本公式为

$$P = A - B - C$$

式中:$P$——待估宗地价格;$A$——不动产总价;$B$——开发项目整体的开发成本;$C$——客观开发利润。

本次测算所采用的具体公式为

待估宗地价格=开发价值-购地税费-建设成本-管理费及不可预见费-销售费用-投资利息-销售税费-开发利润

**1. 本次估价假设及特殊处理**

(1)假设在估价期日待估宗地的地价为 $V$。

(2)假设取得土地使用权即开始开发,项目竣工后即销售完毕,不考虑预售和延期销售,本次评估采用静态方法计算。

(3)假设开发成本在工程建设期内均匀连续投入,地价、购地税费和报建费用及专业费用计全期利息,建筑安装工程费、室外附属工程及其总平费用、管理费用及不可预见费、销售费用计二分之一周期利息。

(4)本次评估设定项目建成后全部用于销售。本次评估我们假设估价对象所在区域房地产售价在开发期内基本保持平稳,因此我们可以通过估价期日的售价来代替项目的预期售价。

**2. 最佳开发利用方式**

根据成都市规划管理局出具的《规划设计条件通知书》记载:估价对象容积率≤3.14,建筑密度≤20%。至估价期日,此《规划设计条件通知书》已过期,据委托估价方提供的《关于成都******开发有限公司位于成都市成华区********7 组国有出让住宅用地土地相关事项的说明》以及《成都市城市规划管理技术规定(2017)》记载,同时经估价人员向成都市规划管理局成华分局咨询,估价对象所在区域成华区********属于成都市一般地区,容积率≤2.0、总建筑密度≤20%。本次评估根据最有效利用原则设定估价对象的容积率为 2.0。

参考周边同类用地的开发利用方式,确定估价对象未来开发为中高档商住楼盘(估价对象的最佳开发利用方式具体指标如表10-2所示,此处不再赘述)。

### 3. 开发价值的测算

我们结合成都市同类型、同等规模的物业在估价对象所在区域的实际销售情况，并通过市场比较法来确定项目的开发价值。

根据估价机构掌握的资料，目前成都市类似区域同类项目的转售价格如表10-3所示。

表10-3　成都市类似区域同类项目的转售价格

| 楼盘名称 | 项目位置 | 售价（元/平方米） | 类型 |
|---|---|---|---|
| 金科天籁城 | 成华区龙潭寺华康路 | 小高层：转售均价约17200、车位13万/个 | 商住楼 |
| 理工东苑 | 成华区民兴路 | 小高层：转售均价约17210、车位13万/个 | 商住楼 |
| 华润翠林华庭 | 成华区荆竹中路 | 小高层：转售均价约18000、车位13.4万/个 | 商住楼 |

（1）根据估价对象的具体情况，结合表10-3可比实例，编制可比实例比较因素说明表，如表10-4和表10-5所示。

表10-4　可比实例住宅用房比较因素说明

| 因素 | | 估价对象 | 可比实例A（金科天籁城） | 可比实例B（理工东苑） | 可比实例C（华润翠林华庭） |
|---|---|---|---|---|---|
| 交易情况 | | — | 正常 | 正常 | 正常 |
| 交易日期 | | 设定为2018年5月30日 | 2018年5月 | 2018年4月 | 2018年4月 |
| 价格（元/平方米） | | — | 17200 | 17210 | 18000 |
| 区域因素 | 坐落及方位 | 宗地位于成华区********7组，地处成都市东三环内侧，龙潭寺片区 | 位于龙潭寺华康路，地处成都市东三环外侧，龙潭寺片区 | 位于成华区民兴路，地处成都市东三环内侧，理工大片区 | 位于成华区荆竹中路，地处成都市北三环内侧，动物园片区 |
| | 商服繁华度 | 目前区域处于待开发建设阶段，分布有零星商业服务设施，目前商服繁华度较差，随着区域的开发建设，人流量的增加，商服繁华度会进一步提高 | 周边分布有住宅小区配套临街商业，有码头故事、杀牛场原味老火锅、千百味啤酒生活馆等商业设施，区域商业繁华度较好 | 周边分布有住宅小区配套临街商业，有吴铭怀旧火锅、成都理工小时光公寓等商业设施，区域商业繁华度较好 | 周边分布有住宅小区配套临街商业，有凉山自助火盆烧烤、7天连锁酒店、钢管厂五区小郡肝串串香等商业设施，区域商业繁华度较好 |
| | 居住氛围 | 以成都皮毛厂小区及待拆迁或已拆迁自建住房为主，居住氛围一般。随着区域的开发建设，商住楼盘的建成入住，居住氛围将得到提高 | 区域内有香木林花园里、秀苑苑、居家福地等住宅小区，人文环境较好，自然环境较好，居住氛围较好 | 区域内有中国水电·美立方、蓝润V客尚东、正成东区等住宅小区，人文环境较好，自然环境较好，居住氛围较好 | 区域内有金科一城、上东一号一期、华润·熙悦广场等住宅小区，人文环境较好，自然环境较好，居住氛围较好 |
| | 周边配套设施 | 所在区域内学校、医院、银行等公共服务设施配套状况较好；水、电、气、视、信、路、宽带网等城市基础设施配套完善，能较好满足居家生活需要 | 所在区域内学校、医院、银行等公共服务设施配套状况较好；水、电、气、视、信、路、宽带网等城市基础设施配套完善，能较好满足居家生活需要 | 所在区域内学校、医院、银行等公共服务设施配套状况较好；水、电、气、视、信、路、宽带网等城市基础设施配套完善，能较好满足居家生活需要 | 所在区域内学校、医院、银行等公共服务设施配套状况较好；水、电、气、视、信、路、宽带网等城市基础设施配套完善，能较好满足居家生活需要 |

续表

| 因素 | | 估价对象 | 可比实例 A（金科天籁城） | 可比实例 B（理工东苑） | 可比实例 C（华润翠林华庭） |
|---|---|---|---|---|---|
| 个别因素 | 建筑形态及品质 | 住宅楼盘，品质较好 | 商住楼盘，品质较好 | 商住楼盘，品质较好 | 商住楼盘，品质较好 |
| | 平面布置 | 布局规则合理 | 布局规则合理 | 布局规则合理 | 布局规则合理 |
| | 装修情况 | 毛坯 | 毛坯 | 毛坯 | 毛坯 |
| | 楼盘规模 | 所在项目约 8 万平方米，规模稍小 | 约 20 万平方米商住项目，规模较大 | 约 60 万平方米商住项目，规模大 | 约 25 万平方米商住项目，规模较大 |
| | 建成时间 | 预计 2020 年 | 约 2013 年 | 约 2014 年 | 约 2014 年 |

表 10-5　可比实例地下车位比较因素说明

| 因素 | | 估价对象 | 可比实例 A（金科天籁城） | 可比实例 B（理工东苑） | 可比实例 C（华润翠林华庭） |
|---|---|---|---|---|---|
| | 用途 | 车位 | 车位 | 车位 | 车位 |
| | 销售单价（万元/个） | — | 13 | 13 | 13.4 |
| | 交易情况 | — | 正常 | 正常 | 正常 |
| | 交易时间 | 设定为 2018 年 5 月 30 日 | 2018 年 4 月 | 2018 年 4 月 | 2018 年 4 月 |
| 区域因素 | 坐落及方位 | 宗地位于成华区********7组，地处成都市东三环内侧，龙潭寺片区 | 位于龙潭寺华康路，地处成都市东三环外侧，龙潭寺片区 | 位于成华区民兴路，地处成都市东三环内侧，理工大片区 | 位于成华区荆竹中路，地处成都市北三环内侧，动物园片区 |
| | 商业繁华度 | 目前区域处于待开发建设阶段，分布有零星商业服务设施，目前商服繁华度较差，随着区域的开发建设，人流量的增加，商服繁华度会进一步提高 | 周边分布有住宅小区配套临街商业，有码头故事、杀牛场原味老火锅、千百味啤酒生活馆等商业设施，区域商业繁华度较好 | 周边分布有住宅小区配套临街商业，有吴铭怀旧火锅、成都理工小时光公寓等商业设施，区域商业繁华度较好 | 周边分布有住宅小区配套临街商业，有凉山自助火盆烧烤、7天连锁酒店、钢管厂五区小郡肝串串香等商业设施，区域商业繁华度较好 |
| 个别因素 | 车位配比 | 车位配比约 1:1.2，车位配比适中 | 车位配比约 1:1，车位配比较不足 | 车位配比约 1:1.2，车位配比适中 | 车位配比约 1:1，车位配比较不足 |
| | 出入口状况 | 出入口分流 | 出入口分流 | 出入口分流 | 出入口分流 |
| | 平面布置 | 布局规则合理 | 布局规则合理 | 布局规则合理 | 布局规则合理 |
| | 楼盘规模 | 所在项目约 8 万平方米，规模稍小 | 约 20 万平方米商住项目，规模较大 | 约 60 万平方米商住项目，规模大 | 约 25 万平方米商住项目，规模较大 |
| | 建成时间 | 预计 2020 年 | 约 2013 年 | 约 2014 年 | 约 2014 年 |

（2）编制比较因素条件指数表，如表 10-6 和表 10-7 所示。

表 10-6　可比实例住宅用房比较因素条件指数

| 因素 | | 可比实例 A（金科天籁城） | | 可比实例 B（理工东苑） | | 可比实例 C（华润翠林华庭） | |
|---|---|---|---|---|---|---|---|
| 交易情况 | | 相似 | 100 | 相似 | 100 | 相似 | 100 |
| 交易时间 | | 相似 | 100 | 相似 | 100 | 相似 | 100 |
| 区域因素 | 坐落及方位 | 相似 | 100 | 相似 | 100 | 相似 | 100 |
| | 商服繁华度 | 较好 | 110 | 较好 | 110 | 较好 | 110 |
| | 居住氛围 | 较好 | 108 | 较好 | 108 | 较好 | 108 |
| | 周边配套设施 | 相似 | 100 | 相似 | 100 | 相似 | 100 |
| 个别因素 | 建筑形态及品质 | 相似 | 100 | 相似 | 100 | 相似 | 100 |
| | 平面布置 | 相似 | 100 | 相似 | 100 | 相似 | 100 |
| | 装修情况 | 相似 | 100 | 相似 | 100 | 相似 | 100 |
| | 楼盘规模 | 稍好 | 102 | 较好 | 104 | 稍好 | 102 |
| | 建成时间 | 稍差 | 99 | 稍差 | 99 | 稍差 | 99 |

表 10-7　可比实例地下车位比较因素条件指数

| 因素 | | 可比实例 A（金科天籁城） | | 可比实例 B（理工东苑） | | 可比实例 C（华润翠林华庭） | |
|---|---|---|---|---|---|---|---|
| 交易情况 | | 相似 | 100 | 相似 | 100 | 相似 | 100 |
| 交易时间 | | 相似 | 100 | 相似 | 100 | 相似 | 100 |
| 区域因素 | 坐落及方位 | 相似 | 100 | 相似 | 100 | 相似 | 100 |
| | 商业繁华度 | 较好 | 110 | 较好 | 110 | 较好 | 110 |
| 个别因素 | 车位配比 | 稍好 | 102 | 相似 | 100 | 稍好 | 102 |
| | 出入口状况 | 相似 | 100 | 相似 | 100 | 相似 | 100 |
| | 平面布置 | 相似 | 100 | 相似 | 100 | 相似 | 100 |
| | 楼盘规模 | 稍好 | 102 | 较好 | 104 | 稍好 | 102 |
| | 建成时间 | 稍差 | 99 | 稍差 | 99 | 稍差 | 99 |

（3）编制可比实例比较因素条件系数表。根据可比实例各因素具体情况，编制可比实例比较因素条件系数表，如表 10-8 和表 10-9 所示。

表 10-8　可比实例住宅用房比较因素条件系数

| 因素 | | 可比实例 A（金科天籁城） | 可比实例 B（理工东苑） | 可比实例 C（华润翠林华庭） |
|---|---|---|---|---|
| 销售单价（均价，元/平方米） | | 17200 | 17210 | 18000 |
| 交易时间 | | 100/100 | 100/100 | 100/100 |
| 土地权利状况 | | 100/100 | 100/100 | 100/100 |
| 区域因素 | 坐落及方位 | 100/100 | 100/100 | 100/100 |
| | 商服繁华度 | 100/110 | 100/110 | 100/110 |
| | 居住氛围 | 100/108 | 100/108 | 100/108 |
| | 周边配套设施 | 100/100 | 100/100 | 100/100 |

续表

| 因素 | | 可比实例A（金科天籁城） | 可比实例B（理工东苑） | 可比实例C（华润翠林华庭） |
|---|---|---|---|---|
| 个别因素 | 建筑形态及品质 | 100/100 | 100/100 | 100/100 |
| | 平面布置 | 100/100 | 100/100 | 100/100 |
| | 装修情况 | 100/100 | 100/100 | 100/100 |
| | 楼盘规模 | 100/102 | 100/104 | 100/102 |
| | 建成时间 | 100/99 | 100/99 | 100/99 |
| 修正后单价（元/平方米，取整） | | 14338 | 14070 | 15004 |
| 住宅用房比准价格 | | 由于可比实例比准价格差异在合理范围内，故本次采用简单算术平均法测算，则住宅用房比准价格＝（14338＋14070＋15004）÷3＝14471元/平方米（取整） | | |

表10-9　可比实例地下车位比较因素条件系数

| 因素 | | 可比实例A（金科天籁城） | 可比实例B（理工东苑） | 可比实例C（华润翠林华庭） |
|---|---|---|---|---|
| 销售单价（万元/个） | | 13 | 13 | 13.4 |
| 交易情况 | | 100/100 | 100/100 | 100/100 |
| 交易时间 | | 100/100 | 100/100 | 100/100 |
| 区域因素 | 坐落及方位 | 100/100 | 100/100 | 100/100 |
| | 商业繁华度 | 100/110 | 100/110 | 100/110 |
| 个别因素 | 车位配比 | 100/102 | 100/102 | 100/102 |
| | 出入口状况 | 100/100 | 100/100 | 100/100 |
| | 平面布置 | 100/100 | 100/100 | 100/100 |
| | 楼盘规模 | 100/102 | 100/104 | 100/102 |
| | 成新率 | 100/99 | 100/99 | 100/99 |
| 修正后单价（万元/个，佰位取整） | | 11.47 | 11.48 | 11.83 |
| 地下车位比准价格 | | 地下车位比准价格＝（11.47＋11.48＋11.83）÷3＝11.59（万元/个） | | |

（4）开发价值测算。通过上述测算，估价对象建成后物业的售价（开发价值）如表10-10所示。

表10-10　估价对象开发价值

| 物业类型 | 高层住宅 | 可售车位 |
|---|---|---|
| 本次取值 | 14471元/平方米 | 11.59元/个车位 |
| 待开发数量 | 48555.12平方米 | 583个 |
| 总开发价值（万元） | 70264 | 6757 |
| 合计（万元） | 77021 | |

**4. 购地税费的测算**

由于开发商在取得土地使用权时，除支付土地款外，还要支付契税、土地估价费、测量费、登记费、相关法律手续费等。据了解，成都市目前上述相关费用一般为地价款 $V$ 的 3.15%，则购地税费为 $0.0315V$。

**5. 建设成本的测算**

建设成本＝建筑安装工程费＋室外附属工程及其总平费用＋专业费用＋报建费

（1）建筑安装工程费的测算。建筑安装工程费包括建造房屋所发生的土建工程费、安装工程费、装饰装修工程费等费用。

根据成都市建筑工程造价统计资料，参照《建设工程工程量清单计价规范》(GB50500-2013)以及结合估价对象不同建筑形态，采用单位比较法测算出建筑物在估价期日的建筑安装工程费如表10-11所示。

表10-11　建筑安装工程费的测算

| 结构类型 | 框架 |
|---|---|
| 建筑安装工程单价（元/平方米） | 1600 |
| 规划总建筑面积（平方米） | 79088.14 |
| 建筑安装工程费（万元，取整） | 1600×79088.14=12654 |

（2）室外附属工程及其总平费用的测算。室外附属工程及其总平费用包括宗地内的围墙、水池、建筑小品、绿化等附属工程费及道路、给水、排水、电力、通信、燃气等基础设施建设费。

根据本公司调查和掌握的资料，该部分费用一般为建筑安装工程费的5%～10%。估价人员结合估价对象具体情况，取值为8%。室外附属工程及其总平费用的测算结果如表10-12所示。

表10-12　室外附属工程及其总平费用的测算

| 室外附属工程及其总平费用（万元，取整） | 1012 |
|---|---|
| 测算过程 | 12654×8%=1012 |

（3）专业费用的测算。专业费用主要指项目的可行性研究、勘察、设计、工程招投标代理、工程造价咨询、工程监理等所需的费用。据本公司掌握的资料，该项费用一般按建筑物安装工程费、室外附属工程费及其总平费用的一定比例计取。本次评估根据收费标准并结合成都市实际收费情况取值。工程建设专业费用率如表10-13所示。

表10-13　工程建设专业费用率

| 项目名称 | 取费标准 | 取费依据 |
|---|---|---|
| 项目可行性研究费 | 0.3% | / |
| 工程项目勘察费、设计费、施工图文件审查费 | 5.0% | 计价格【2002】10号 |
| 造价咨询费 | 1.5% | 川建价师协【2017】11号 |

续表

| 项目名称 | 取费标准 | 取费依据 |
|---|---|---|
| 工程招标代理服务费 | 0.3% | / |
| 工程建设监理费 | 1.5% | / |
| 合计 | 8.6% | — |

注：项目可行性研究费、工程招标代理服务费、工程建设监理费等费用根据发改价格【2015】299号文件要求，采用市场调节价，本次取值依据市场平均水平确定。

则：

$$估价对象专业费用=(12654+1012)\times 8.6\%=1175万元（取整）$$

（4）报建费的测算。根据成都市政府城市建设部门提供的资料和估价人员的调查确认，估价对象的合理报建等税费合计为223元/平方米（见表10-14）。

表10-14 成都市建设项目行政事业性收费标准

| 序号 | 收费项目 | | 收费标准 | 本次估价取值 |
|---|---|---|---|---|
| 一 | 建设项目报建费 | 1. 特大城市市政基础设施配套费 | 120～220元/平方米 | 220元/平方米［中心城区（五城区及高新区）城市基础设施配套费征收标准每平方米220元］ |
| | | 2. 文物勘探发掘费 | 3元/平方米 | 3元/平方米 |
| 二 | 新型建筑材料专项基金 | | 8元/平方米 | 满足要求，退还 |
| 三 | 散装水泥专项基金 | | 1元/平方米 | 满足要求，退还 |
| 四 | 防空地下室易地建设费 | | 60元/平方米 | 满足防空要求，免缴 |
| | 合计 | | | 223元/平方米 |

则：

$$估价对象报建费=223\times 79088.14=1764万元（取整）$$

**6. 管理费用及不可预见费的测算**

管理费用主要指开发企业的人员工资、福利费、办公费、差旅费等；不可预见费指建设期内可能发生的风险因素而导致的建设费用增加的部分（如设计变更导致的费用增加、不可抗力导致的费用增加、隐蔽工程验收时发生的挖掘及验收结束时进行恢复所导致的费用增加，以及材料、设备涨价等）。管理费用及不可预见费通常按建设成本的3%～8%来测算。根据本公司调查和掌握的资料，结合当地的实际情况，本报告取5%。则：

$$管理费用及不可预见费=(12654+1012+1175+1764)\times 5\%=830万元（取整）$$

**7. 销售费用的测算**

销售费用是指预（销）售开发完成后的房地产的必要支出，包括广告费、销售资料费、销售代理费等。通常按开发完成后的房地产价值的1%～3%来测算。根据本公司调查和掌握的资料，结合当地的实际情况，本报告取1.5%。则：

销售费用 = 77021×1.5% = 1155万元（取整）

**8. 投资利息的测算**

投资利息是指在房地产开发完成或者实现销售之前发生的所有必要费用应计算的利息。

（1）应计息项目和计息期。应计息项目包括地价款 $V$、购地税费、建设成本、管理费用及不可预见费和销售费用。一项费用计息期的起点是该项费用发生的时点，终点通常是建设期的终点。一般不考虑预售和延迟销售的情况。

通过对待估宗地类似项目的建设期进行比较、修正和调整，确定待估宗地建筑物建设周期为 1.5 年。

（2）利率。投资利息计算一般采用估价期日时房地产开发贷款的平均利率。本报告利率的选取参照银行公布的同期贷款利率，估价期日（2018 年 5 月 30 日）1.5 年期贷款利率 4.75%。

$$利息 = (地价款+购地税费+专业费用+报建费)\times[(1+4.75\%)^n - 1] +$$
$$(建筑安装工程费+室外附属工程及其总平费用+管理费用及不可预见费+$$
$$销售费用)\times[(1+4.75\%)^{n/2} - 1]$$
$$= (V + 0.0315V + 1175 + 1764)\times$$
$$[(1+4.75\%)^{1.5} - 1] + (12654 + 1012 + 830 + 1155)\times[(1+4.75\%)^{0.75} - 1] =$$
$$766 + 0.0744V$$

**9. 销售税费的测算**

销售税费是指预（销）售开发完成后的房地产应由卖方缴纳的税费，通常按照开发完成后的房地产价值的一定比例来测算。

（1）增值税及附加费。销项税额和进项税额计算如表 10-15 和表 10-16 所示。

表 10-15 销项税额计算

| 项目 | 金额（万元） | 是否可扣减 | 税率（%） | 计算公式 | 销项税额（万元） | 备注 |
|---|---|---|---|---|---|---|
| 开发完工后价值 | 77021 | / | | | | |
| 土地取得费用 | 《5101 企改【2002】出让合同第**、**、**、**号〈国有土地使用权出让合同〉变更协议（一）》记载：估价对象土地收益及土地出让金=［9940142.71+（295710.89÷39594.34）×24432.56］÷10000=1012.261763① | 可扣减 | 10 | （77021-1012.261763）÷（1+10%）×10% | 6910 | 省级以上（含省级）财政部门监（印）制的财政票据为合法有效凭证，土地出让金可直接扣减销售额 |

① 估价对象土地收益及土地出让金的计算参见本案例评估报告第一部分"评估基本事项"中的"土地使用权取得方式"的说明。

表 10-16 进项税额计算

| 项目 | 金额（万元） | 是否可抵扣 | 税率（%） | 计算公式 | 进项税额（万元） | 备注 |
|---|---|---|---|---|---|---|
| 建筑安装工程费 | 12654 | 可抵扣 | 10 | 12654÷（1+10%）×10% | 1150 | 土建工程、安装工程和装修工程等接受提供建筑服务，可向施工单位取得10%的进项税额发票。如果供应商是以生产、批发、零售为主，则适用抵扣税率为16%。本次估价为便于处理，设定按以安装服务、施工为主，则建安费用部分均按适用税率为10%处理 |
| 室外附属工程及其总平费用 | 1012 | 可抵扣 | 10 | 1012÷（1+10%）×10% | 92 | |
| 专业费用 | 1175 | 可抵扣 | 6 | 1175÷（1+6%）×6% | 67 | 工程监理、检验检测、工程造价咨询费可向提供服务方取得 6%的进项税额发票，本次估价为便于处理，专业费用按适用税率为6%处理 |
| 报建费 | 1764 | 不抵扣 | / | 0 | 0 | 向政府部门缴纳的行政规费，无法进行增值税进项税额抵扣 |
| 管理费用及不可预见费 | 830 | 不抵扣 | / | 0 | 0 | 管理费包括差旅、办公、车辆使用、水电费、管理人员工资等，其税率不完全一致（6%、11%、17%），且其中存在不能抵扣费用。因管理费及不可预见费抵扣税额无法准确细分，同时占总成本比例较小，对评估结果客观性影响不大，故此次估价管理费用不考虑可抵扣额 |
| 销售费用 | 1155 | 可抵扣 | 6 | 1155÷（1+6%）×6% | 65 | 销售费用按代理方式考虑，按税率为 6%处理 |
| 投资利息 | / | 不可抵扣 | / | 0 | 0 | 财税【2016】36 号第二十七条第（六）款规定，购进的贷款服务的进项税额不得从销项税额中抵扣 |
| 合计 | | | | | 1374 | |

增值税及其附加 = (销项税额 − 进项税额)×(1+12%) = (6910 − 1374)×(1+12%) = 6200（万元）

（2）印花税。印花税为售价的 0.05%。

（3）专项维修基金。根据《成都市住宅专项维修资金管理办法》（市政府第 195 号令）相关规定：同一住宅建筑区划内，拥有两个以上业主的住宅、非住宅，开发建设单位和业主应当按照本规定缴存专项维修资金。商品房的首期专项维修资金，房地产开发建设单位应按下列规定缴存：房地产开发建设单位对配备电梯的房屋按每平方米建筑面积成本价的 3.5%缴存，对未配备电梯的房屋按每平方米建筑面积成本价的 3%缴存。

另根据《成都市住宅专项维修资金管理办法》实施细则规定，自 195 号令施行之日起，缴存首期专项维修资金的建筑区划，每平方米建筑面积成本价按照以下标准计算：成都高新区（包括南部园区、西部园区和东部园区）、成都天府新区、锦江区、青羊区、金牛区、武侯区、成华区、龙泉驿区、青白江区、新都区、温江区、双流区、郫都区标准为 1100 元/平方米；都江堰市、简阳市标准为 720 元/平方米；崇州市标准为 600 元/平方米；

彭州市、大邑县、金堂县、蒲江县标准为 550 元/平方米；邛崃市、新津县标准为 500 元/平方米。

（4）土地增值税预计征收。根据《四川省地方税务局 四川省财政厅关于土地增值税征管问题的公告》（四川省地方税务局公告 2010 年第 1 号）的规定，成都市普通住宅的土地增值税预征率为 1%、非普通住宅的土地增值税预征率为 2%、非住宅的土地增值税预征率为 2.5%。

销售税费测算如表 10-17 所示。

表 10-17  销售税费测算汇总

| 序号 | 项目名称 | 计提方式 | 计算过程 | 金额（万元、取整） |
|---|---|---|---|---|
| 1 | 增值税及附加费 | 见上述 | 见上述 | 6200 |
| 2 | 印花税 | 见上述 | 77021×0.05% | 39 |
| 3 | 专项维修基金 | 专项维修基金（成本价的3.5%） | 1100×3.5%×79088.14 | 304 |
| 4 | 土地增值税预计征收 | 普通住宅预征率为1%、非普通住宅预征率为2%、非住宅预征率为2.5% | 70264÷（1+10%）×1%＋[6757÷（1+10%）]×2.5% | 792 |
| | 合计 | — | — | 7335 |

**10. 开发利润的测算**

开发利润一般按不动产开发总价值的一定比例计算，即销售利润。销售利润率是通过大量调查了解同一市场上类似房地产开发项目的利润率得到的。估价机构收集了近三年国内上市公司对外公布的销售利润率，如表 10-18 所示。

表 10-18  近三年国内上市公司对外公布的销售利润率                %

| 序号 | 开发商 | 2014年 | 2015年 | 2016年 | 2017年 |
|---|---|---|---|---|---|
| 1 | 万科 | 17.06 | 16.94 | 16.23 | 21.06 |
| 2 | 招商蛇口 | 19.19 | 20.37 | 25.70 | 27.48 |
| 3 | 泛海控股 | 37.50 | 33.56 | 14.62 | 32.68 |
| 4 | 中天城投 | 14.62 | 17.47 | 18.60 | 15.05 |
| 5 | 保利地产 | 17.40 | 18.41 | 14.94 | 17.57 |
| 6 | 世贸股份 | 27.15 | 26.65 | 25.52 | 11.92 |
| 7 | 上实发展 | 21.50 | 14.69 | 12.13 | 16.60 |
| 8 | 栖霞建设 | 2.70 | 4.62 | 8.27 | 2.82 |
| 9 | 金地集团 | 15.65 | 18.94 | 20.02 | 31.29 |
| 10 | 华发股份 | 11.89 | 11.73 | 14.75 | 12.59 |
| | 平均 | — | 18.47 | 18.34 | 17.08 | 18.91 |

从表 10-18 可以看出，近几年上市房地产企业的平均销售利润率在 18%左右。但近两年房地产行业受到各种政策的约束，各项成本上涨，行业利润逐步趋于理性，同时估价人员收集本地住宅类项目开发利润率一般为 10%～15%，根据目前市场环境，结合项目情况，此次评估销售利润率取 14%，则：

$$\text{估价对象开发利润} = 77021 \times 14\% = 10783 \text{万元（取整）}$$

**11. 地价测算**

估价对象在估价期日宗地外"六通"、宗地内"场平"的地价（$V$）为

$$V = \text{开发价值} - \text{购地税费} - \text{建设成本} - \text{管理费及不可预见费} - \text{销售费用} -$$
$$\quad \text{投资利息} - \text{销售税费} - \text{开发利润}$$
$$= 77021 - 0.0315V - (12654 + 1012 + 1175 + 1764) - 830 - 1155 - (766 + 0.0744V) - 7335 - 10783$$
$$= 35760 \text{万元（取整）}$$

$$\text{单位地价} = \frac{\text{土地总价}}{\text{土地面积}} = \frac{35760}{24432.56} = 14636 \text{元/平方米（取整）}$$

**12. 地价修正**

（1）权利状况修正。估价对象设定为无他项权利限制的土地使用权，与所选案例销售价格内涵一致，则土地权利状况修正系数为 1。

（2）开发程度修正。估价对象宗地实际开发程度为宗地外"六通"（通上水、通下水、通电、通路、通信、通气），宗地内"待场平"，与可比实例的开发程度宗地红线外"六通"（通上水、通下水、通电、通信、通气、通路），宗地内"场平"不一致，主要差异在于场地是否平整（在本次估价中主要为建筑物的拆除费用等），故需对土地开发程度进行修正。据调查，成都市五城区内类似地面有部分建筑物需要拆除并作场地处理的费用一般在 15～20 元/平方米，本次评估结合估价对象实际状况及此次估价目的取 20 元/平方米。则估价对象开发程度修正额为–20 元/平方米。

（3）使用年限修正。在通过剩余法确定估价对象开发价值时，采用的可比实例均是出让土地上的开发项目案例，因此，上述价格应是对应于土地使用年限为住宅 68.5（70 - 1.5 = 68.5 年）。由于估价对象剩余使用年限为住宅用地 59.18 年，故需要进行使用年限修正。

根据《成都市中心城区土地定级及基准地价更新技术报告》，成都市中心城区住宅用地还原率为 5.9%，则：

估价对象住宅用地年期修正系数为

$$y = \frac{1 - \dfrac{1}{(1 + 5.9\%)^{59.18}}}{1 - \dfrac{1}{(1 + 5.9\%)^{68.5}}} = 0.9858$$

**13. 地价的确定**

土地价格=测算价格×权利状况修正系数×使用年期修正系数±开发程度修正系数

估价对象土地价格=14636×1×0.9858 - 20 = 14408 元/平方米（取整）

## （二）运用市场比较法对估价对象进行评估

### 1. 可比实例的选择

可比实例应该选择与估价期日最接近、与估价宗地用途相同、土地条件基本一致，属同一供需圈内相邻地区或类似地区和正常交易实例。对所选实例进行剔除后，估价人员选择了三个交易案例作为可比实例，如表10-19所示。

表10-19　估价对象可比实例基本情况一览

| 项目 | | 可比实例一 | 可比实例二 | 可比实例三 |
|---|---|---|---|---|
| 土地位置 | | 成华区龙潭街道办事处同仁社区3组、院山社区5组 | 金牛区金泉街道侯家桥社区1组、富家社区9组、兴盛社区3组 | 成华区龙潭街道秀水社区3组、保平社区10组 |
| 宗地编号 | | CH05（251）：2017-025 | JN10（252）：2016-038 | CH13（252）：2016-043 |
| 交易日期 | | 2017年7月18日 | 2016年11月1日 | 2016年11月1日 |
| 宗地面积平方米 | | 36204.11平方米，合54.3062亩 | 38214.61平方米，合57.3219亩 | 52315.14平方米，合78.4727亩 |
| 竞得方 | | 成都中粮锦悦置业有限公司 | 成都长虹置业有限公司 | 重庆首金房地产开发有限公司 |
| 宗地开发程度 | 宗地外 | 上下水、电、路、信、气 | 上下水、电、路、信、气 | 上下水、电、路、信、气 |
| | 宗地内 | 场平 | 场平 | 场平 |
| 剩余使用年期 | | 住宅70年 | 住宅70年、商业40年 | 住宅70年、商业40年 |
| （规划）容积率 | | ≤3.0 | ≤3.0 | ≤3.8 |
| 土地用途 | | 住宅用地 | 城镇混合住宅用地 | 城镇混合住宅用地 |
| 交易类型 | | 拍卖 | 拍卖 | 拍卖 |
| 成交楼面地价（元/平方米，取整） | | 9600 | 8250 | 6300 |
| 成交地面单价（元/平方米，取整） | | 28800 | 24750 | 23940 |

### 2. 选择比较因素

由于影响地价的因素很多，用途不同影响因素也不同，并且影响因素也有主次之分，所以我们基于以下原则来选择比较因素。

（1）先根据估价对象的用途，确定影响该类用途地价的影响因素。

（2）再根据估价对象的特点，确定其主要影响因素。

（3）在主要影响因素之中，剔除那些因素相同或差异不大，或虽有差异但对估价对象价格影响不大的因素，剩余的因素即为本次评估所选择的比较因素。

根据以上原则，本次估价选择以下因素作为比较因素：交易时间、交易情况、交易方式、区域因素、个别因素及其他相关因素（如容积率、使用年期、土地权利状况等）。

**3. 比较因素条件说明**

评估对象比较因素条件说明如表 10-20 所示。

表 10-20 估价对象比较因素条件说明

| 影响因素 | | | 估价对象 | 可比实例一 | 可比实例二 | 可比实例三 |
|---|---|---|---|---|---|---|
| | 宗地位置 | | 成都市成华区********7组 | 成华区龙潭街道办事处同仁社区3组、院山社区5组 | 金牛区金泉街道侯家桥社区1组、富家社区9组、兴盛社区3组 | 成华区龙潭街道秀水社区3组、保平社区10组 |
| | 交易时间 | | 设定 2018-5-30 | 2017年7月18日 | 2016年11月1日 | 2016年11月1日 |
| | 交易情况 | | 设定正常 | 正常 | 正常 | 正常 |
| | 交易方式 | | 设定正常转让 | 拍卖 | 拍卖 | 拍卖 |
| 区域因素 | 区域位置 | | 宗地位于成华区********7组,地处成都市东三环内侧,龙潭寺片区 | 位于成华区龙潭街道办事处同仁社区3组、院山社区5组,地处成都市东三环外侧,龙潭寺片区。区域位置与估价对象相似 | 位于金牛区金泉街道侯家桥社区,地处成都市三环外侧,侯家花园片区。区域位置与估价对象相似 | 位于成华区龙潭街道秀水社区3组、保平社区10组,地处成都市三环外侧,龙潭寺。区域位置与估价对象相似 |
| | 商业繁华程度 | | 目前区域处于待开发建设阶段,分布有零星商业服务设施,目前商服繁华度较差,随着区域的开发建设,人流量的增加,商服繁华度会进一步提高 | 区域内有全有家私、龙港商务酒店、盐帮干锅王、轩熠网咖、祥和轩干锅及众多临街商业服务设施,商业繁华度较估价对象好 | 区域内有鑫兴购物中心、联华电器、布丁酒店、荷花山庄、夜重庆火锅及众多临街商业服务设施,商业繁华度较估价对象好 | 区域内有播生活体验店、龙潭印象网吧、同乐广场、茗都酒店茶楼、夜重庆火星悦广场、永辉超市及众多临街商业服务设施,商业繁华度较估价对象好 |
| | 居住氛围 | | 周边以成都皮毛厂小区及待拆迁或已拆迁自建住房为主,居住氛围一般。随着区域的开发建设,商住楼盘的建成入住,居住氛围将得到提高 | 区域内有保利林语溪、时代欣城、秀林尚苑、二重嘉苑等在建或已建住宅小区,居住氛围较好 | 区域内有侯家花园、兴盛世家、府河星城、中粮祥云里等在建或已建住宅小区,居住氛围较好 | 区域内有北湖国际城、龙湖丽景、上古天地、华宇·旭辉锦绣花城等在建或已建住宅小区,居住氛围较好 |
| | 交通条件 | 区域道路状况 | 区域内分布有成华大道、三环路、规划道路等城市主次干道及支路,路网密度较大,道路通达度较高,对地价有积极影响 | 区域分布有龙港路、华实路、成华大道、三环路等市政主、次干道,路网密度较大,道路通达度较高,对地价有积极影响 | 区域分布有西华大道、侯家桥路、金芙蓉大道等市政主、次干道,路网密度较大,道路通达度较高,对地价有积极影响 | 区域分布有成华大道、三环路、湖秀一路等市政主、次干道,路网密度较大,道路通达度较高,对地价有积极影响 |
| | | 对内交通便捷程度 | 周边有 14、20、86、112、12等多路公交车通行,对内交通较便捷 | 周边有 87、204、128、860、654 路等多路公交车通行,对内交通较便捷 | 周边有 119、155、656、712、715 路等多路公交车通行,对内交通较便捷 | 周边有 20、60、85、86、1133 路等多路公交车通行,对内交通较便捷 |

续表

| 影响因素 | | 估价对象 | 可比实例一 | 可比实例二 | 可比实例三 |
|---|---|---|---|---|---|
| 区域因素 | 交通条件 对外交通便捷程度 | 区域对外交通以公路、铁路、空运为主,通过成华大道与区域路网相连,对外交通条件较好 | 区域对外交通以公路、铁路、空运为主,可通过成都市发达的交通路网通达周边区域,对外交通便捷程度较好 | 区域对外交通以公路、铁路、空运为主,可通过成都市发达的交通路网通达周边区域,对外交通便捷程度较好 | 区域对外交通以公路、铁路、空运为主,可通过成都市发达的交通路网通达周边区域,对外交通便捷程度较好 |
| | 基础设施与公用服务设施状况 | 所在区域内学校、医院、银行等公共服务设施配套较完善;水、电、气、视、信、路、宽带网等城市基础设施配套完善,能较好地满足居家生活需要 | 所在区域内学校、医院、银行等公共服务设施配套较完善;水、电、气、视、信、路、宽带网等城市基础设施配套完善,能较好地满足居家生活需要 | 所在区域内学校、医院、银行等公共服务设施配套较完善;水、电、气、视、信、路、宽带网等城市基础设施配套完善,能较好地满足居家生活需要 | 所在区域内学校、医院、银行等公共服务设施配套较完善;水、电、气、视、信、路、宽带网等城市基础设施配套完善,能较好地满足居家生活需要 |
| | 区域环境条件及与危险设施及污染源的临近程度 | 区域绿化以街头绿化为主,邻近河流,绿化率一般,空气质量和自然环境状况较好,无明显噪声污染,环境卫生状况较好;周边无危险设施及污染源 | 区域绿化率一般,空气质量和自然环境状况较好,无明显噪声污染,环境卫生状况较好;周边无危险设施及污染源。 | 区域绿化率一般,空气质量和自然环境状况较好,无明显噪声污染,环境卫生状况较好;周边无危险设施及污染源 | 区域绿化率一般,空气质量和自然环境状况较好,无明显噪声污染,环境卫生状况较好;周边无危险设施及污染源 |
| 个别因素 | 规划限制 | 区域规划主要以商业、住宅、公共服务设施用地为主,无特殊规划限制 | 区域规划主要以商业、住宅、公共服务设施用地为主,无特殊规划限制 | 区域规划主要以商业、住宅、公共服务设施用地为主,无特殊规划限制 | 区域规划主要以商业、住宅、公共服务设施用地为主,无特殊规划限制 |
| | 临街状况、毗邻道路等级及通达性 | 临规划道路(未命名),所临街道属于次干道;作为住宅用地,临街状况一般;毗邻道路属生活型次干道,等级较好,通达性较好 | 临龙港路,所临街道属于次干道;作为住宅用地,临街状况一般;毗邻道路属生活型次干道,等级较好,通达性较好 | 临西华大道,所临街道属于主干道;作为住宅用地,临街状况较差;毗邻道路属生活型主干道,等级较好,通达性较好。临街状况较估价对象较差 | 临秀湖一路,所临街道属于次干道;作为住宅用地,临街状况一般;毗邻道路属生活型次干道,等级较好,通达性较好 |
| | 宗地面积 | 面积约36.65亩,面积适中,利于布局,对企业资金压力一般,项目风险一般 | 面积约54.30亩,面积适中,利于布局,对企业资金压力一般,项目风险一般 | 面积约57.32亩,面积适中,利于布局,对企业资金压力一般,项目风险一般 | 面积约78.47亩,面积较大,利于布局,但对开发企业资金压力较大。条件较估价对象稍差 |
| | 宗地形状 | 宗地形状呈不规则多边形,对项目布局有一定不利影响 | 宗地形状呈规则多边形,宽深比适中,有利于规划布局。与估价对象相比,形状好 | 宗地形状呈较规则多边形,宽深比适中,有利于规划布局。与估价对象相比,形状较好 | 宗地形状呈较规则多边形,宽深比适中,有利于规划布局。与估价对象相比,形状较好 |

续表

| 影响因素 | | 估价对象 | 可比实例一 | 可比实例二 | 可比实例三 |
|---|---|---|---|---|---|
| 个别因素 | 与商服设施、公共设施及公益设施的接近程度 | 宗地与超市、农贸市场等商服设施距离较近；学校、医院、政府机构等公共、公益设施分布在2千米范围内，与公共设施及公益设施距离适中 | 宗地与超市、农贸市场等商服设施距离较近；学校、医院、政府机构等公共、公益设施分布在2千米范围内，与公共设施及公益设施距离适中 | 宗地与超市、农贸市场等商服设施距离较近；学校、医院、政府机构等公共、公益设施分布在2千米范围内，与公共设施及公益设施距离适中 | 宗地与超市、农贸市场等商服设施距离较近；学校、医院、政府机构等公共、公益设施分布在2千米范围内，与公共设施及公益设施距离适中 |
| 其他相关因素 | 与交通设施的距离 | 宗地距最近公交车站约400米，距十陵客运站约4.5千米、成都东站约10千米、成南高速入口约4千米，与交通设施的距离适中 | 毗邻公交车站，距十陵客运站约6千米、成都东站约11千米、成南高速入口约5千米。与交通设施的距离较估价对象好 | 毗邻公交车站,距茶店子客运站约4.5千米、火车北站约8千米，距绕城高速入口约9千米。与交通设施的距离较估价对象好 | 毗邻公交车站，距十陵客运站约5.5千米、成都东站约10.5千米、成南高速入口约5千米。与交通设施的距离较估价对象好 |
| | 相邻土地利用 | 相邻土地以商业、住宅、公共公益设施用地为主，相邻建筑物主要为住宅类房地产及尚未拆除完的自建住宅用房，对其价值无不利影响 | 相邻土地以商业、住宅、公共公益设施用地为主，相邻建筑物主要为住宅、商业类房地产，对其价值无不利影响 | 相邻土地以商业、住宅、公共公益设施用地为主，相邻建筑物主要为住宅、商业类房地产，对其价值无不利影响 | 相邻土地以商业、住宅、公共公益设施用地为主，相邻建筑物主要为住宅、商业类房地产，对其价值无不利影响 |
| | 宗地地质、地势条件 | 宗地平坦，有较高的地基承载力，无不良地质现象，地质、地势条件对其价值无不利影响 | 宗地平坦，有较高的地基承载力，无不良地质现象，地质、地势条件对其价值无不利影响 | 宗地平坦，有较高的地基承载力，无不良地质现象，地质、地势条件对其价值无不利影响 | 宗地平坦，有较高的地基承载力，无不良地质现象，地质、地势条件对其价值无不利影响 |
| | 规划条件 用途 | 住宅用地 | 住宅用地 | 城镇混合住宅用地 | 城镇混合住宅用地 |
| | 规划条件 容积率 | 2.0 | ≤3.0 | ≤3.0 | ≤3.8 |
| | 规划条件 兼容比例 | 不兼容商业 | 不兼容商业 | 兼容不大于10%的商业，兼容比例合适，有利于社区商业配套 | 兼容不大于10%的商业，兼容比例合适，有利于社区商业配套 |
| | 土地权利状况及剩余使用年限 | 无他项权利限制；剩余使用年限为住宅用地59.18年 | 无他项权利限制；剩余使用年限为住宅70年，商业40年 | 无他项权利限制；剩余使用年限为住宅70年，商业40年 | 无他项权利限制；剩余使用年限为住宅70年，商业40年 |
| | 宗地利用状况 | 宗地外"六通"，宗地内"待场平" | 宗地外"六通"，宗地内"场平" | 宗地外"六通"，宗地内"场平" | 宗地外"六通"，宗地内"场平" |

**4. 编制比较因素修正系数表**

在因素指标量化的基础上进行比较因素修正，必须将因素指标修正差异折算为反映价格差异的因素条件指数，并编制比较因素修正系数表。除估价期日、交易情况、容积率及土地使用年限外，均以各因素一般条件为基础，相应指数为 100，对估价对象和可比实例分别确定各因素的等级，再将可比实例相应因素条件与估价对象相比较，确定出相应的修正系数。

（1）估价期日修正。估价期日修正是将可比实例在其成交日期的价格调整为估价期日的价格，主要用地价水平进行修正。修正幅度根据估价人员在中国城市地价动态监测系统网站中收集到的近年成都市建设用地的地价水平资料确定（见表 10-21）。

表 10-21　成都市地价水平情况　　　　　　　　　　　单位：元

| 年度 | 季度 | 综合 | 商服 | 住宅 | 工业 |
| --- | --- | --- | --- | --- | --- |
| 2018 | 2 | 8260 | 11468 | 9324 | 745 |
| 2018 | 1 | 8110 | 11277 | 9144 | 745 |
| 2017 | 4 | 7937 | 11054 | 8940 | 742 |
| 2017 | 3 | 7700 | 10901 | 8610 | 734 |
| 2017 | 2 | 7569 | 10913 | 8393 | 734 |
| 2017 | 1 | 7347 | 10866 | 8049 | 734 |
| 2016 | 4 | 7313 | 10905 | 7983 | 729 |
| 2016 | 3 | 7193 | 10865 | 7802 | 729 |
| 2016 | 2 | 7122 | 10829 | 7699 | 729 |
| 2016 | 1 | 7094 | 10840 | 7650 | 728 |

则，估价对象期日修正系数如下。

$$可比实例一期日修正系数 = \frac{9324}{8610}$$

$$可比实例二期日修正系数 = \frac{9324}{7983}$$

$$可比实例三期日修正系数 = \frac{9324}{7983}$$

（2）交易情况及交易方式修正。根据《招标拍卖挂牌出让国有土地使用权规定》，今后的土地使用权都应采取挂牌或拍卖出让。所选可比实例均系拍卖成交方式，其交易情况是正常交易，故交易情况修正系数为 1。

（3）容积率修正。根据《成都市中心城区土地定级及基准地价更新技术报告》，成都市中心城区住宅用地容积率修正系数如表 10-22 所示。

表 10-22　成都市中心城区住宅用地容积率修正系数

| 容积率 | ≤1.2 | 1.5 | 1.8 | 2.1 | 2.4 | 2.7 | 3.0 | 3.3 | 3.6 |
| --- | --- | --- | --- | --- | --- | --- | --- | --- | --- |
| 修正系数 | 0.80 | 0.82 | 0.84 | 0.87 | 0.91 | 0.95 | 1.00 | 1.07 | 1.14 |
| 容积率 | 3.9 | 4.2 | 4.5 | 4.8 | 5.1 | 5.4 | 5.7 | ≥6.0 | |
| 修正系数 | 1.20 | 1.25 | 1.30 | 1.34 | 1.37 | 1.41 | 1.44 | 1.47 | |

估价对象容积率为 2.0，则对应修正系数为 0.86；
即

$$0.84+(2.0-1.8)\times\frac{(0.87-0.84)}{(2.1-1.8)}=0.86$$

可比实例一的规划容积率为 3.0，对应修正系数为 1.00；
可比实例二的规划容积率为 3.0，对应修正系数为 1.00；
可比实例三的规划容积率为 3.8，对应修正系数为 1.18[ $1.14+(3.8-3.6)\times\frac{(1.20-1.14)}{(3.9-3.6)}=1.18$ ]。

（4）土地使用年限修正系数。土地使用年限修正是将各可比实例的不同使用年限修正到估价对象使用年限，以消除因土地使用年限不同而给价格带来的影响。

估价对象设定的使用年限为住宅用地 59.18 年，与可比实例一、二、三的使用年限住宅 70 年有一定差距，故需要进行土地使用年限修正。

根据前述，住宅用地土地还原率确定为 5.9%。

估价对象年限修正系数

$$y=\frac{1-\frac{1}{(1+5.9\%)^{59.18}}}{1-\frac{1}{(1+5.9\%)^{70}}}=0.9842$$

估价对象及三个可比实例年限修正系数如表 10-23 所示。

表 10-23　估价对象和可比实例年限修正系数

| 估价对象 | 0.9842 |
| --- | --- |
| 可比实例一 | 1 |
| 可比实例二 | 1 |
| 可比实例三 | 1 |

（5）区域因素与个别因素修正。区域因素主要指影响城镇内部各区域之间的区域位置、商业繁华程度、居住氛围、交通条件、基础设施与公用服务设施状况、区域环境条件及与危险设施及污染源的接近程度、规划限制等；个别因素主要有临街状况，毗邻道路等级及通达性，地面积，宗地形状，宗地地质，地势条件，与商服设施、公共设施及公益设施的接近程度，与交通设施的距离，相邻土地利用，宗地地质，地势条件等因素（区域因素与个别因素的修正详见表 10-24、表 10-25 和表 10-26）。

（6）开发程度修正。估价对象宗地实际开发程度方面，宗地红线外"六通"（通上水、通下水、通电、通路、通信、通气），宗地内"待场平"，与可比实例的宗地红线外"六通"（通上水、通下水、通电、通信、通气、通路）宗地内"场平"不一致，故需对土地开发程度进行修正，根据前述剩余法测算，估价对象开发程度修正额为–20 元/平方米。

（7）影响因素的指数量化。对估价对象的价格影响因素进行指数量化，将其分为5个等级幅度（见表10-24）。

表 10-24　比较因素修正指数幅度

| 影响因素 | | | 好 | 较好 | 一般 | 较差 | 差 |
|---|---|---|---|---|---|---|---|
| 交易情况（详见前述） | | | / | / | / | / | / |
| 交易方式 | | | 104 | 102 | 100 | 98 | 96 |
| 区域因素 | 区域位置 | | 106 | 103 | 100 | 97 | 94 |
| | 商业繁华程度 | | 110 | 105 | 100 | 95 | 90 |
| | 居住氛围 | | 110 | 105 | 100 | 95 | 90 |
| | 交通条件 | 区域道路状况 | 102 | 101 | 100 | 99 | 98 |
| | | 对内交通便捷程度 | 102 | 101 | 100 | 99 | 98 |
| | | 对外交通便捷程度 | 102 | 101 | 100 | 99 | 98 |
| | 基础设施与公用服务设施状况 | | 104 | 102 | 100 | 98 | 96 |
| | 区域环境条件及与危险设施及污染源的接近程度 | | 104 | 102 | 100 | 98 | 96 |
| | 规划限制 | | 102 | 101 | 100 | 99 | 98 |
| 个别因素 | 临街状况、毗邻道路等级及通达性 | | 104 | 102 | 100 | 98 | 96 |
| | 宗地面积 | | 102 | 101 | 100 | 99 | 98 |
| | 宗地形状 | | 108 | 104 | 100 | 96 | 92 |
| | 与商服设施、公共设施及公益设施的接近程度 | | 104 | 102 | 100 | 98 | 96 |
| | 与交通设施的距离 | | 105 | 103 | 100 | 97 | 95 |
| | 相邻土地利用 | | 102 | 101 | 100 | 99 | 98 |
| | 宗地地质、地势条件 | | 104 | 102 | 100 | 98 | 96 |
| | 规划条件 | 用途 | 102 | 101 | 100 | 99 | 98 |
| | | 容积率（详见前述） | / | / | / | / | / |
| | | 兼容比例 | 105 | 103 | 100 | 97 | 95 |
| | 土地使用年限（详见前述） | | / | / | / | / | / |
| | 宗地利用状况（详见前述） | | / | / | / | / | / |

（8）比较因素的修正系数。将估价对象的因素条件指数与可比实例的因素条件指数进行比较，得到各因素修正系数（见表10-25、表10-26）。

表 10-25　比较因素修正系数

| 影响因素 | 估价对象 | 可比实例一 | 可比实例二 | 可比实例三 |
|---|---|---|---|---|
| 交易情况 | 一般 | 一般 | 一般 | 一般 |
| | 100 | 100 | 100 | 100 |
| 交易方式 | 一般 | 一般 | 一般 | 一般 |
| | 100 | 100 | 100 | 100 |

续表

| 影响因素 | | | 估价对象 | 可比实例一 | 可比实例二 | 可比实例三 |
|---|---|---|---|---|---|---|
| 区域因素 | 区域位置 | | 一般 | 一般 | 一般 | 一般 |
| | | | 100 | 100 | 100 | 100 |
| | 商业繁华程度 | | 一般 | 好 | 好 | 好 |
| | | | 100 | 110 | 110 | 110 |
| | 居住氛围 | | 一般 | 较好 | 较好 | 较好 |
| | | | 100 | 105 | 105 | 105 |
| | 交通条件 | 区域道路状况 | 一般 | 一般 | 一般 | 一般 |
| | | | 100 | 100 | 100 | 100 |
| | | 对内交通便捷程度 | 一般 | 一般 | 一般 | 一般 |
| | | | 100 | 100 | 100 | 100 |
| | | 对外交通便捷程度 | 一般 | 一般 | 一般 | 一般 |
| | | | 100 | 100 | 100 | 100 |
| | 基础设施与公用服务设施状况 | | 一般 | 一般 | 一般 | 一般 |
| | | | 100 | 100 | 100 | 100 |
| | 区域环境条件及与危险设施及污染源的临近程度 | | 一般 | 一般 | 一般 | 一般 |
| | | | 100 | 100 | 100 | 100 |
| | 规划限制 | | 一般 | 一般 | 一般 | 一般 |
| | | | 100 | 100 | 100 | 100 |
| 个别因素 | 临街状况、毗邻道路等级及通达性 | | 一般 | 一般 | 较差 | 一般 |
| | | | 100 | 100 | 98 | 100 |
| | 宗地面积 | | 一般 | 一般 | 一般 | 较差 |
| | | | 100 | 100 | 100 | 99 |
| | 宗地形状 | | 一般 | 好 | 较好 | 较好 |
| | | | 100 | 108 | 104 | 104 |
| | 与商服设施、公共设施及公益设施的接近程度 | | 一般 | 一般 | 一般 | 一般 |
| | | | 100 | 100 | 100 | 100 |
| | 与交通设施的距离 | | 一般 | 较好 | 较好 | 较好 |
| | | | 100 | 103 | 103 | 103 |
| | 相邻土地利用 | | 一般 | 一般 | 一般 | 一般 |
| | | | 100 | 100 | 100 | 100 |
| | 宗地地质、地势条件 | | 一般 | 一般 | 一般 | 一般 |
| | | | 100 | 100 | 100 | 100 |
| | 规划条件 | 用途 | 一般 | 一般 | 一般 | 一般 |
| | | | 100 | 100 | 100 | 100 |
| | | 容积率 | 0.86 | 1.00 | 1.00 | 1.18 |
| | | 兼容比例 | 一般 | 一般 | 较好 | 较好 |
| | | | 100 | 100 | 103 | 103 |
| 土地使用年限 | | | 0.9842 | 1 | 1 | 1 |
| 宗地利用状况 | | | −20 | 0 | 0 | 0 |

第十章 土地使用权价值估价案例

表10-26　可比实例比较因素修正系数

| 影响因素 | | | | 可比实例一 | 可比实例二 | 可比实例三 |
|---|---|---|---|---|---|---|
| 交易地面单价（元/平方米） | | | | 28800 | 24750 | 23940 |
| 交易时间 | | | | 9324/8610 | 9324/7983 | 9324/7983 |
| 交易情况 | | | | 100/100 | 100/100 | 100/100 |
| 交易方式 | | | | 100/100 | 100/100 | 100/100 |
| 区域因素 | 区域位置 | | | 100/100 | 100/100 | 100/100 |
| | 商业繁华程度 | | | 100/110 | 100/110 | 100/110 |
| | 居住氛围 | | | 100/105 | 100/105 | 100/105 |
| | 交通条件 | 区域道路状况 | | 100/100 | 100/100 | 100/100 |
| | | 对内交通便捷程度 | | 100/100 | 100/100 | 100/100 |
| | | 对外交通便捷程度 | | 100/100 | 100/100 | 100/100 |
| | 基础设施与公用服务设施状况 | | | 100/100 | 100/100 | 100/100 |
| | 区域环境条件及与危险设施及污染源的接近程度 | | | 100/100 | 100/100 | 100/100 |
| | 规划限制 | | | 100/100 | 100/100 | 100/100 |
| 个别因素 | 临街状况、毗邻道路等级及通达性 | | | 100/100 | 100/98 | 100/100 |
| | 宗地面积 | | | 100/100 | 100/100 | 100/99 |
| | 宗地形状 | | | 100/108 | 100/104 | 100/104 |
| | 与商服设施、公共设施及公益设施的接近程度 | | | 100/100 | 100/100 | 100/100 |
| | 与交通设施的距离 | | | 100/103 | 100/103 | 100/103 |
| | 相邻土地利用 | | | 100/100 | 100/100 | 100/100 |
| | 宗地地质、地势条件 | | | 100/100 | 100/100 | 100/100 |
| | 规划条件 | 用途 | | 100/100 | 100/100 | 100/100 |
| | | 容积率 | | 0.86/1.00 | 0.86/1.00 | 0.86/1.18 |
| | | 兼容比例 | | 100/100 | 100/103 | 100/103 |
| | 土地使用年限 | | | 0.9842 | 0.9842 | 0.9842 |
| | 宗地利用状况 | | | −20 | −20 | −20 |
| 比准楼面单价（元/平方米） | | | | 20526 | 19572 | 15878 |

**5. 可比实例修正后的地价计算**

经过比较分析，采用各因素修正系数连乘法，求取各可比实例的比准价格。

从表10-26可以看出，三个可比实例比准价格的最高值与最低值差异较大（差异约29%），故本次采用加权算术平均法求取估价对象比准价格。基于本次抵押估价目的，谨慎性对权重分别取0.3、0.3、0.4，则

比准土地单价 = 20526×0.3 + 19572×0.3 + 15878×0.4 = 18381元/平方米（取整）

**（三）价格确定**

**1. 估价方法应用评价**

根据地价评估技术规则及估价对象具体情况，我们采用剩余法和市场比较法进行了综

合测算，其结果如表 10-27 所示。

表 10-27　测算结果

| 测算方法 | 剩余法 | 市场比较法 |
|---|---|---|
| 估价对象试算地价（元/平方米） | 14408 | 18381 |

剩余法所得到的是一种剩余价格，即根据预期收益原则，通过测算房地产的开发价值，扣除开发成本、开发利润的剩余价格。在一般情况下该方法能较为准确地还原出土地的市场价格，故在房地产市场较发达、开发项目较多的地区比较实用。

市场比较法得到的比准价格是根据替代原则，以市场上已成交的类似的地产交易实例，经区位等因素的差异修正而得到的价格。在一般情况下该方法能较为准确地体现出土地的市场价格，故在房地产市场较发达、交易实例较多的地区比较实用。

**2. 地价确定方法**

通过测算，我们看到使用两种估价方法测算出的土地价值差异较大（差异约 28%）。剩余法是通过估价期日的房地产价格扣减相应成本得出的土地价格，测算出的土地价格能比较客观地反映出估价对象的市场价值；市场比较法的评估结果反映市场对土地交易价格的认可和开发商对未来区域房地产市场情况的预期，较为符合当事人的现实经济行为。估价对象所在区域为成都市五城区范围内，至估价期日该区域近期土地成交价格普遍偏高，多为高溢价成交。虽开发商在进行房地产开发时，更看重预期收益，但其预期收益受房地产政策性因素影响较大（如政府限价销售等）。故在确定最终评估结果时，我们根据评估方法的适宜性、可信程度、可操作性，参考此次评估目的、估价对象所在区域地价水平，并结合估价师经验等，综合决定估价结果。经分析我们决定采用加权算术平均法来确定地价，谨慎性对测算结果较低的剩余法结果权重取 70%，市场比较法结果权重取 30%，具体如表 10-28 所示。

表 10-28　测算结果汇总

| 估价方法 | 剩余法 | 市场比较法 |
|---|---|---|
| 估价对象试算地价（元/平方米） | 14408 | 18381 |
| 最终评估单价（元/平方米，取整） | 15600 | |
| 计算过程 | （14408×0.7+18381×0.3）=15600（元/平方米，取整） | |
| 最终评估楼面地价（元/平方米，取整） | 15600÷2.0=7800 | |

根据估价机构对估价对象所在区域长期跟踪调查所收集到的土地市场资料，并结合估价对象在区域的具体位置及具体个别情况，我们认为本次估价结果在满足本报告所有前提和假设限制条件下易于被市场接受，也符合估价期日的地价水平。

# 五、估价结论

估价对象作为出让、无他项权利限制的住宅用地，实现宗地外"六通"（通上水、通下水、通电、通信、通气、通路），宗地内"待场平"，容积率为 2.0，在估价期日（2018 年 5 月 30 日）未来住宅用地 59.18 年的土地使用权价格如下：

币种：人民币
单位面积地价：15600 元/平方米
大写：每平方米壹万伍仟陆佰元整
楼面地价：7800 元/平方米
大写：每平方米柒仟捌佰元整
面积：24432.56 平方米
总地价：38114.79 万元（佰元取整）
大写：叁亿捌仟壹佰壹拾肆万柒仟玖佰元整

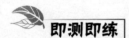

自学自测　　扫描此码

# 第十一章 工业园在建仓库、综合楼不动产抵押价值估价案例

## 一、估价基本事项

### （一）估价目的

本次评估的目的是为确定房地产抵押贷款额度提供参考依据而评估房地产抵押价值。

### （二）价值类型

根据评估目的和评估对象的特点，考虑市场条件及评估对象的使用等并无特别限制和要求，因此确定本次评估结论的价值类型为抵押价值。

抵押价值是以抵押方式将房地产作为债权担保时的价值。在抵押过程中，一方是未偿还的贷款余额，另一方是抵押房地产的价值。因此，抵押价值的实质是当抵押人不履行债务，抵押权人依法将抵押人提供担保的房地产折价或者拍卖、变卖时，该房地产所能实现的客观合理价格或价值折算到设定抵押权时的价值，等于假定未设立法定优先受偿权利下的市场价值减去房地产估价师知悉的法定优先受偿款。

### （三）估价对象

**1. 估价对象范围与基本情况**

（1）估价对象范围。**********所属的位于重庆市江津区**工业园"重庆***物流"建筑面积共计30834.36平方米的在建仓库、综合楼用房（含不可剥离的附属设备设施、附属工程）及其占用的整宗面积为54338.66平方米的国有出让仓储用地使用权，但不含可移动财产。

（2）估价对象基本情况如表11-1所示。

表 11-1 估价对象基本情况

| 基本状况 | 名称 | | 重庆市江津区**工业园"重庆***物流"在建仓库、综合楼房地产 | | | | | | |
|---|---|---|---|---|---|---|---|---|---|
| | 坐落 | | 重庆市江津区**工业园"重庆***物流" | | | | | | |
| | 规模 | 土地面积 | 54338.66平方米（整宗） | | 建筑面积 | 共计30834.36平方米 | 其他 | / | |
| | 用途 | 规划用途 | 仓储用地/仓库、综合楼 | | | 设计用途 | 仓储用地/仓库、综合楼 | | |
| | | 登记用途 | 在建的建筑物尚未登记，土地登记用途为仓储用地 | | | 实际用途 | 工业及其配套用房 | | |
| | 权属 | 土地所有权 | 国有土地 | 是 | | 集体土地 | | / | |
| | | 土地使用权 | 权利种类 | 建设用地使用权 | 出让 | 是 | 划拨 | / | 租赁 | / | 宅基地使用权 | / |
| | | | | | 作价出资入股 | / | 其他 | / | 土地承包经营权 | / |
| | | 权利人 | | ********* | | | | | | |

## 2. 估价对象实物状况

（1）估价对象土地实物状况如表11-2所示。

表11-2 估价对象土地实物状况

| 估价对象 | 重庆市江津区**工业园"重庆***物流"在建仓库、综合楼房地产 |
|---|---|
| 四至 | 根据估价委托人提供的《不动产权证书》所附宗地图，估价对象宗地东北临重庆攀华金属材料剪切配送有限公司、西北临丰福实业（重庆）有限公司、西南临重庆川港物流（集团）有限公司、东南临国有土地 |
| 土地面积 | 54338.66平方米（整宗） |
| 形状 | 宗地呈较不规则多边形 |
| 土壤 | 无污染 |
| 地势及工程地质 | 所在宗地地势有一定的起伏，地质承载能力较强，利于建设 |
| 开发程度 | 宗地外开发程度达到"六通"（通上水、通下水、通电、通路、通信、通气），宗地内"在建" |

（2）建筑物实物状况、估计对象项目说明、建成后实物状况如表11-3至表11-5所示。

表11-3 估价对象建筑物实物状况

| 名称 | 重庆市江津区**工业园"重庆***物流"在建仓库、综合楼房地产 |
|---|---|
| 建设地址 | 重庆市江津区**工业园 |
| 建设单位 | ********* |
| 勘察单位 | 重庆市**建筑勘察设计院有限公司 |
| 设计单位 | 广东**建筑规划设计院有限公司 |
| 施工单位 | 四川**建设有限工程有限公司 |
| 监理单位 | 宁波**工程管理有限公司 |
| 合同工期 | 240日历天 |

表11-4 估价对象项目说明

| 项目名称 | *********仓储配送项目 | | 坐落位置 | 重庆市江津区**工业园 | 行政区域 | 重庆市江津区 | 结构 | 综合楼：框架 仓库：钢结构 |
|---|---|---|---|---|---|---|---|---|
| 占地面积 | 54338.66平方米 | | 总建筑面积 | 30834.36平方米 | 总层数 | 综合楼：5 仓库：1 | 预计竣工日 | 2021.8.30 |
| 楼层 | 面积 | 层高 | 设计用途 | 竣工时达到的状态 | | 评估基准日所达到的状态 | | |
| | | | | 工程与装修情况 | | 实际形象进度 | | |
| 综合楼5层 | 4060.62平方米 | 20.4米 | 办公 | 1. 建筑工程 办公楼外墙：墙砖及玻璃幕墙； 楼梯间：楼梯及休息平台地面贴防滑地砖，墙面及天棚为乳胶漆； 门窗：门均为实木门，窗为断桥铝合金窗； 室内：内墙为白色乳胶漆，天棚为 | | 1. 土建工程 办公楼已完成75%； 库房完成基础、地梁、围护结构。 2. 装修工程 室内抹灰全部完成。 3. 安装工程 钢结构已完成80% | | |

续表

| 项目名称 | *********仓储配送项目 | 坐落位置 | 重庆市江津区**工业园 | 行政区域 | 重庆市江津区 | 结构 | 综合楼：框架 仓库：钢结构 |
|---|---|---|---|---|---|---|---|
| 占地面积 | 54338.66平方米 | 总建筑面积 | 30834.36平方米 | 总层数 | 综合楼：5 仓库：1 | 预计竣工日 | 2021.8.30 |

| 楼层 | 面积 | 层高 | 设计用途 | 竣工时达到的状态 | 评估基准日所达到的状态 |
|---|---|---|---|---|---|
| | | | | 工程与装修情况 | 实际形象进度 |
| 库房1层 | 26773.74平方米 | 14.5米 | 仓库 | 石膏板吊顶及乳胶漆罩面；地面：公共楼为瓷砖地板，办公室为实木地板。库房外墙：纸皮砖及彩钢瓦；室内：白色乳胶漆；地面：底基层为20厘米厚手摆片石，基层为15厘米厚6%水泥稳定碎石层，面层为15厘米、C25砼面层，另金刚砂及固化剂罩面。2. 安装工程 门窗系统：实木门、断桥铝合金窗；视讯系统：收视光纤线缆、电话线缆预留；供排水系统：品牌PP-R供水管及PVC排水管；电照系统：品牌电缆、品牌照明配电箱及欧普灯具；水污水管系统：库房钢结构安装。3. 室外工程 园区主干道，消防通道，绿化种植，永久围墙，挡土墙，消防水池等 | 4. 消防 室外给水系统全部完成；消防水池全部完成。5. 雨水管排水系统全部完成。6. 室外工程 道路土、石方场平工程，雨污水管排水系统全部完成 |

表11-5 建成后的实物状况

| 估价对象名称 | 重庆市江津区**工业园"重庆***物流"在建仓库、综合楼房地产 | |
|---|---|---|
| | 仓库 | 综合楼 |
| 结构 | 钢 | 框架 |
| 设施设备 | 水、电、视、信；消防系统、监控系统等 | 水、电、视、信；电梯、消防系统、监控系统等 |
| 层高 | 层高约14.5米 | 总高约20.4米，1楼层高约4.4米，2~5楼层高约3.8米 |
| 建成后装修情况 | 外墙纸皮砖及彩钢，室内地面水泥金刚砂浆找平，天棚为钢结构屋面 | 外墙墙砖及玻璃幕墙，室内地面木地板、地砖，内墙乳胶漆，天棚石膏板吊顶及乳胶漆，室内实木门、铝合金窗 |
| 空间布局 | 整体开敞式布局，规则矩形，利用便利 | 内廊式办公布局，形状规则，利用便利 |
| 预计建成时间 | 2021年8月30日 | 2021年8月30日 |

**3. 估价对象权益状况**

（1）不动产权益状况。

①土地所有权状况。估价对象系国有出让土地，所有权属国家。

②不动产权属登记状况如表 11-6 所示。

表 11-6 不动产权属登记状况

| 权利人 | 共有情况 | 坐落 | 权属证号 | 不动产单元号 | 权利类型 | 权利性质 | 用途 | 面积 | 使用期限 | 权利其他状况 |
| --- | --- | --- | --- | --- | --- | --- | --- | --- | --- | --- |
| ********* | 单独所有 | 江津区**工业园**-**/**-*号地块 | 渝（2019）江津区不动产权第*********号 | **********  | 国有建设用地使用权 | 出让 | 仓储用地 | 54338.66平方米 | 2069年3月28日止 | 权利人营业执照：*****************<br>土地等级：4级<br>业务编号：2019*********** |

③土地利用现状。估价对象所在宗地内拟建成作为"*********"仓储配送项目，宗地内建筑尚在开发建设中。

④土地规划条件。根据估价委托人提供的《建设工程规划许可证》，估价对象宗地拟修建 1#-4#仓库及 1 栋综合楼，总建筑面积为 30834.36 平方米，总计容建筑面积为 68918.25 平方米，容积率为 1.27（68918.25÷54338.66=1.27）。

（2）建筑物权益状况。至价值时点，估价对象处于建设阶段，建筑物均未取得房屋《不动产权证书》，估价委托人提供的项目规划报建资料如下。

①渝（2019）江津区不动产权第*********号《不动产权证书》复印件；

②地字第***************号《建设用地规划许可证》复印件；

③建字第***************号《建设工程规划许可证》复印件；

④编号******************《建筑工程施工许可证》复印件；

⑤《总平面图》复印件；

⑥《抵押物面积明细清单》《重庆市房产面积预测算报告书》复印件；

⑦估价委托人提供的其他资料。

（3）物业管理情况。建成后由估价委托人自行管理。

（4）估价对象其他权益状况如表 11-7 所示。

表 11-7 估价对象其他权益状况

| 用益物权设立情况 | 无地役权限制 |
| --- | --- |
| 担保物权设立情况、拖欠工程款项及其他法定优先受偿款项 | 根据估价委托人提供的《抵押评估委托估价承诺函》及《关于工程款项支付的说明》记载，至价值时点，估价对象已设定抵押权，抵押权人为**银行，已抵押担保的债权数额为 3400 万元，不存在拖欠施工单位的建筑工程款项问题，不存在其他法定优先受偿款 |
| 查封等形式限制权利情况 | 无查封等形式限制权利情况 |
| 租赁或占用情况 | 根据估价委托人介绍及注册房地产估价师实地查勘，至价值时点，估价对象尚未投入使用，未签订租赁合同，不存在租赁或占用情况 |
| 拖欠税费情况 | 根据估价委托人提供的《抵押评估委托估价承诺函》记载，至价值时点，估价对象不存在欠缴的税费、水电费等 |
| 权属清晰情况 | 权属状况清晰 |

**4. 估价对象区位状况**

估价对象区位状况如表 11-8 所示。

**表 11-8　估价对象区位状况**

| | | |
|---|---|---|
| 位置 | 估价对象 | 重庆市江津区\*\*工业园"重庆\*\*\*物流"在建仓库、综合楼房地产 |
| | 坐落及方位 | 估价对象位于重庆市江津区祥福大道，地处重庆市江津区\*\*工业园内 |
| | 距相关场所距离（产业聚集度） | 估价对象距重庆市江津区人民政府约 7.9 千米，周边分布有重庆泰木建材有限公司、重庆横中能源装备有限公司、重庆智茂机械制造有限公司、丰树江津综合产业园、重庆市江津区津马家具厂、重庆骏福汽车销售有限公司等工业企业，相关产业联系较紧密，产业聚集度较高 |
| | 临街状况 | 临规划道路 |
| | 朝向 | 偏南北 |
| | 所在楼层 | 仓库：1 层，综合楼：1~5 层 |
| 交通条件 | 道路等级及路网条件 | 区域内分布有祥福大道、九江大道、成渝环线高速等，各主次干道和支路较密集，道路通达度较高 |
| | 公共交通及对内交通状况 | 区域内有江津 301 路、江津 311 路、江津 314 路等公交车通行，公共交通方便程度一般 |
| | 对外交通状况 | 距双福汽车站约 3.4 千米，距走马汽车站约 8.1 千米，距成渝环线高速入口约 1.5 千米，对外交通状况较方便，能够满足原材料和产品货运的基本需要 |
| | 交通管制情况 | 无交通管制情况 |
| | 停车方便程度 | 项目及周边均可地面停车，停车方便 |
| | 交通收费情况 | 无 |
| 外部配套设施 | 城市基础设施状况 | 所在区域内水、电、气、视、信、路、宽带网等城市基础设施配套完善 |
| | 公共服务设施 | 银行：中国邮政储蓄银行、重庆银行、重庆农村商业银行在周边设有服务网点；<br>教育文化：重庆市双福育才中学、重庆电讯职业学院、重庆市双福实验小学等文化教育机构分布周边；<br>医疗卫生：陆军军医大学第二附属医院、江津区第一人民医院等医疗卫生机构分布周边 |
| 周围环境和景观 | | 自然环境：估价对象处于工业园区内，区域用地类型以工业用地为主，无明显污染，区域内空气及环境质量一般；<br>人文环境：所处区域为工业园区，人口密度一般，人口构成较年轻，收入及文化水平一般；<br>景观：街边绿化 |

**（四）估价基准日**

根据委托方意见，本次评估以 2021 年 4 月 22 日为评估基准日。

根据《房地产抵押估价指导意见》（建住房〔2006〕8 号）第十条规定，房地产抵押估价时点，原则上为完成估价对象实地查勘之日，但估价委托合同另有约定的除外。估价人员于 2021 年 4 月 22 日对估价对象进行了现场查勘，再根据委托方的委托，确定本次估价时点为 2021 年 4 月 22 日。

## 二、估价思路

本次估价目的是为确定房地产抵押贷款额度提供参考依据而评估房地产抵押价值，其测算路径为：先求取估价对象在假定未设立法定优先受偿权利下的价值，再减去房地产估价师知悉的法定优先受偿款，从而得出估价对象的抵押价值。

根据本公司掌握的有关资料，对各估价方法进行分析比较，同时结合估价对象的具体情况，决定本次估价采用成本法进行。

由于估价对象建筑物主要作为低层或多层的仓储房地产，建筑工艺相对简单，总体开发周期较短，未超过一年，本次评估采用房地分估路径，将房地分解为土地和建筑物两个组成部分，先采用市场比较法求取土地重置成本，再采用成本法求取建筑物重置成本及建筑物现值，然后将土地重置成本和建筑物重置成本及建筑物现值相加得到房地价格。

## 三、估价技术说明

### （一）估价方法的选择与确定

房地产估价的常用方法有比较法、收益法、成本法、假设开发法等，估价方法的选用应符合《房地产估价规范》（GB/T 50291—2015）的有关规定。

（1）根据《房地产估价规范》的要求，采用比较法估价应选取不少于三个且成交时间与价值时点接近的与估价对象相似房地产的正常成交案例作为可比实例。注册房地产估价师对估价对象周边进行了市场调查，走访了周边同类房地产、房屋中介等，查阅了司法拍卖等相关互联网信息。估价对象是在建工程，经调查，估价对象所在区域类似仓储在建房地产市场交易极少，基本无成交案例。故本次评估理论上及客观条件均不具备采用比较法的条件，故本次评估不采用比较法对估价对象在建工程进行评估。

（2）估价对象为在建工程，尚未达到使用条件，无法直接对外出租使用，理论上不适用收益法，故本次评估不采用收益法进行评估。

（3）估价对象为在建工程，理论上适用假设开发法，但区域内缺乏与其类似仓储房地产的销售案例，故难以确定开发完成后的价值，客观上不具备采用假设开发法的条件，故本次评估不采用假设开发法进行。

（4）根据《房地产估价规范》（GB/T 50291—2015）第 4.1.2 第 3 条：当估价对象的同类房地产没有交易或交易很少，且估价对象或其同类房地产没有租金等经济收入时，应选用成本法估价；同时根据《房地产估价规范》（GB/T 50291—2015）第 4.1.2 第 3 条：成本法一般适用于测算可独立开发建设的整体房地产的价值或价格。估价对象作为园区内可独立开发建设的整体房地产亦适用于成本法估价，故本次评估选用成本法估算估价对象的房地产价值。

综上所述，根据本公司掌握的有关资料，对各估价方法进行分析比较，同时结合估价对象的具体情况，决定本次采用成本法对估价对象进行估价。

## （二）估价假设

### 1. 一般假设

（1）假设估价对象符合《民法典》《城市房地产抵押管理办法》设置抵押的有关规定，估价对象不存在也不涉及任何法律纠纷，不存在司法机关和行政机关依法裁决、查封或者以其他形式限制该资产权利的情形。

（2）价值时点的房地产市场是公开、公平、自愿的均衡市场。

（3）估价委托人对估价对象拥有合法的占有权、使用权、收益权和处置权。估价对象在价值时点未发生任何形式的产权转移行为及限制登记情况。

（4）估价对象按期建成后能合理正常使用公共附属设施设备。

（5）估价对象能按期建成，能通过工程质监部门验收合格，并能取得不动产管理部门颁发的《不动产权证书》，且以最高最佳利用用途进行使用。

（6）本公司注册房地产估价师对估价对象的查勘仅限于估价对象在价值时点的外观和使用状况，无法对估价对象的隐蔽工程（地基，电气管线，供水管线等需要覆盖、掩盖的工程）、建筑结构质量等进行专业检测。注册房地产估价师对房屋安全、环境污染等影响估价对象价值的重大因素给予了关注，在无理由怀疑估价对象存在安全隐患且无相应的专业机构进行鉴定、检测的情况下，假定估价对象不存在房屋安全隐患及重大环境污染的情形。

（7）注册房地产估价师现场拍摄的估价对象实体照片内容系由估价委托人领勘人现场确定之评估范围的实体状况，本报告设定其无遗漏和偏离。

### 2. 未定事项假设

无未定事项假设。

### 3. 背离事实假设

根据估价委托人提供的《抵押评估委托估价承诺函》及《关于工程款项支付的说明》记载，至价值时点（2021年4月22日），估价对象已设定抵押权，抵押权人为\*\*银行，已抵押担保的债权数额为3400万元，不存在拖欠施工单位的建筑工程款项问题，不存在其他法定优先受偿款，估价委托人承诺在办理新抵押权前将之前的抵押权注销，故本次评估未考虑已有抵押权对估价对象抵押价值的影响，本报告假设估价对象在价值时点法定优先受偿款为"0"。

### 4. 不相一致假设

无不相一致假设。

### 5. 依据不足假设

（1）根据估价委托人介绍，由于档案保管原因，估价委托人未能提供估价对象《不动产权证书》《建设用地规划许可证》《建设工程规划许可证》《建筑工程施工许可证》等相关资料原件，故注册房地产估价师无法将估价委托人提供的复印件与原件进行核对，在无理由怀疑其合法性、真实性、准确性和完整性的情况下，假设估价委托人提供的复印件与原件一致且是合法、真实、准确、完整的。

（2）本报告所采用的估价对象栋号、建筑面积、结构、楼层、用途等以估价委托人提供的《抵押物面积明细清单》《重庆市房产面积预测算报告书》载明的栋号、建筑面积、结构、楼层、用途以及《房地产评估委托书》所述为依据，并假设上述信息与不动产管理部门最终确定的数据相符。

### （三）估价报告使用限制

（1）本报告所采用的栋号、楼层、房号、建筑面积、结构及用途等以估价委托人提供的《重庆市房产面积预测算报告书》《抵押物面积明细清单》载明的栋号、楼层、房号、建筑面积、结构及用途以及《房地产评估委托书》所述为依据。估价对象建成后建筑面积及房屋用途应以不动产管理部门最终确认的内容为准，本报告不能作为确定估价对象面积及用途的依据。

（2）估价委托人提供的资料和陈述的情况直接影响我们的估价分析和结论，因此估价委托人应对提供资料和陈述情况的合法性、真实性、完整性及其引起的后果负责；注册房地产估价师对所收集资料的真实性、准确性负责。评估机构对评估结果的公正性、准确性负责。因估价委托人提供的资料和陈述的情况失实造成评估结果有误的，评估机构和评估人员不承担相应责任。

我们未对估价委托人提供的《房地产评估委托书》《抵押评估委托估价承诺函》及《关于工程款项支付的说明》中承诺的相关事项进行调查确认，若估价委托人承诺事项不实，造成注册房地产估价师判定的法定优先受偿款有误，应调整估价结果或重新委托评估。

（3）根据《民法典》第三百九十七条，以建筑物抵押的，该建筑物占用范围内的建设用地使用权一并抵押。以建设用地使用权抵押的，该土地上的建筑物一并抵押。抵押人未依照前款规定一并抵押的，未抵押的财产视为一并抵押。

故本估价结果包括房屋（含不可剥离的附属设备设施、附属工程）及其占用的整宗国有出让建设用地使用权的价值。该建设用地使用权和附属的设施设备、附属工程若与房屋割离处置，则本估价报告无效。

（4）本报告使用期限为一年（2021年6月1日至2022年5月31日）。

### （四）使用报告说明（对估价报告使用者的提示）

**1. 应合理使用评估价值确定房地产抵押贷款额度**

房地产抵押贷款额度＝抵押价值×贷款成度

抵押价值＝未设立法定优先受偿权下的价值－法定优先受偿款

＝未设立法定优先受偿权下的价值－已抵押担保的债权数额－拖欠的建设工程价款－其他法定优先受偿款

再次抵押价值＝未设立法定优先受偿权下的价值－已抵押贷款余额÷社会一般贷款成数－拖欠的建设工程价款－其他法定优先受偿款

贷款成数的确定应充分考虑如下因素。

（1）估价对象的可流通性、可处分性。

（2）房地产市场价格波动风险。

（3）短期强制处分的不确定性及变现费用。

（4）物业转让时应缴纳的各项税费。

（5）借款人的资信状况与还款能力。

同时，根据《民法典》及《城市房地产抵押管理办法》的有关规定，办理抵押贷款手续时应到有关机关办理抵押登记。当事人未办理抵押物登记的，不得对抗第三人。

**2. 应定期或者在房地产市场价格变化较快时对房地产抵押价值进行再评估**

## 四、估价测算过程

成本法定义：求取估价对象在价值时点的重置成本或重建成本，扣除折旧，以此估算估价对象的客观合理价格或价值的方法。

步骤：①搜集有关成本、税费、开发利润等资料；②估算重置成本或重建成本；③估算折旧；④求出成本价值。

基本公式为

$$房地价格 = 土地重置成本 + 建筑物重置成本或重建成本 \times 成新率$$

### （一）土地重置成本测算过程

本次评估测算的土地重置成本即在价值时点重新购置土地的必要支出，一般是由土地购置价款和相关税费构成。采用市场比较法求取土地购置价款。

市场比较法是指根据替代原理，将估价对象与具有替代性的，且在估价期日近期市场上交易的类似宗地进行比较，并对类似宗地的成交价格进行差异修正，以此估算估价对象价格的方法。

市场比较法的基本公式为

$$P = P_B \times A \times B \times C \times D \times E$$

式中：$P$——估价对象价格；$P_B$——可比实例价格；$A$——估价对象交易情况指数除以可比实例宗地交易情况指数；$B$——估价对象估价期日地价指数除以可比实例宗地交易日期地价指数；$C$——估价对象区域因素条件指数除以可比实例宗地区域因素条件指数；$D$——估价对象个别因素条件指数除以可比实例宗地个别因素条件指数；$E$——估价对象使用年期修正指数除以可比实例使用年期修正指数。

**1. 可比实例的选择**

可比实例应该选择与估价期日最接近，与估价宗地用途相同，土地条件基本一致，属同一供需圈内相邻地区或类似地区的正常交易实例。对所选实例进行剔除后，估价人员选择了三个交易案例作为可比实例（见表11-9）。

表 11-9　可比实例基本情况

| 项目 | | 可比实例一 | 可比实例二 | 可比实例三 |
|---|---|---|---|---|
| 土地位置 | | 双福新区 J05-01-2/03 号 | 双福工业园 F09-8-1/03 号-01 | 双福工业园 J05-11/02 号 |
| 交易日期 | | 2021/3/26 | 2019/12/10 | 2019/12/10 |
| 土地使用权面积（平方米） | | 21169.78 | 67830.88 | 35861.47 |
| 竞得方 | | 重庆川港物流（集团）有限公司 | 重庆嘉川三捷运输有限公司 | 重庆川港物流（集团）有限公司 |
| 宗地开发程度 | 宗地外 | 六通（上下水、电、路、气、信） | 六通（上下水、电、路、气、信） | 六通（上下水、电、路、气、信） |
| | 场平 | 场平 | 场平 | 场平 |
| 使用年限 | | 50 年 | 50 年 | 50 年 |
| 容积率 | | ≤1.5 | ≤1.5 | ≤1.5 |
| 土地用途 | | 仓储用地 | 仓储用地 | 仓储用地 |
| 交易类型 | | 挂牌出让 | 挂牌出让 | 挂牌出让 |
| 成交价格（元/平方米，取整） | | 420 | 420 | 420 |

**2. 选择比较因素**

由于影响地价的因素很多，用途不同影响因素也不同，并且影响因素也有主次之分，所以我们基于以下原则来选择比较因素。

（1）先根据估价对象的用途，确定影响该类用途地价的影响因素。

（2）再根据估价对象的特点，确定其主要影响因素。

（3）在主要影响因素之中，剔除那些因素相同或差异不大，或虽有差异但对估价对象价格影响不大的因素，剩余的因素即为本次评估所选择的比较因素。

根据以上原则，本次估价选择以下因素作为比较因素：交易时间、交易情况、交易方式、区域因素、个别因素。

**3. 比较因素条件说明**

估价对象比较因素如表 11-10 所示。

表 11-10　估价对象比较因素

| 影响因素 | 估价对象 | 可比实例一 | 可比实例二 | 可比实例三 |
|---|---|---|---|---|
| 宗地位置 | 江津区**工业园**-**/**-*号地块 | 双福新区 J05-01-2/03 号 | 双福工业园 F09-8-1/03 号-01 | 双福工业园 J05-11/02 号 |
| 交易时间 | 设定 2021/4/22 | 2021/3/26 | 2019/12/10 | 2019/12/10 |
| 交易情况 | 设定正常 | 正常 | 正常 | 正常 |
| 交易方式 | 设定转让 | 挂牌出让 | 挂牌出让 | 挂牌出让 |

续表

| 影响因素 | | 估价对象 | 可比实例一 | 可比实例二 | 可比实例三 |
|---|---|---|---|---|---|
| 区域因素 | 距相关场所距离（产业聚集度） | 距重庆市江津区人民政府约7.9千米，周边分布有重庆泰木建材有限公司、重庆横中能源装备有限公司、重庆智茂机械制造有限公司、丰树江津综合产业园、重庆市江津区津马家具厂、重庆骏福汽车销售有限公司等工业企业，相关产业联系较紧密，产业聚集度较高 | 距重庆市江津区人民政府约8.1千米，周边分布有重庆泰木建材有限公司、重庆横中能源装备有限公司、重庆智茂机械制造有限公司、丰树江津综合产业园、重庆市江津区津马家具厂、重庆骏福汽车销售有限公司等工业企业，相关产业联系较紧密，产业聚集度较高 | 距重庆市江津区人民政府约8.5千米，周边分布有重庆万里新能源股份有限公司、重庆百福工业有限公司、重庆嘉川集团、重庆长宏木业有限公司、重庆市江津区津马家具厂、重庆骏福汽车销售有限公司等工业企业，相关产业联系较紧密，产业聚集度较高 | 距重庆市江津区人民政府约8.0千米，周边分布有重庆泰木建材有限公司、重庆横中能源装备有限公司、重庆智茂机械制造有限公司、丰树江津综合产业园、重庆市江津区津马家具厂、重庆骏福汽车销售有限公司等工业企业，相关产业联系较紧密，产业聚集度较高 |
| | 交通条件 道路等级及路网条件 | 区域内分布有祥福大道、九江大道、成渝环线高速等，各主次干道和支路较密集，道路通达度较高 | 区域内分布有祥福大道、九江大道、成渝环线高速等，各主次干道和支路较密集，道路通达度较高 | 区域内分布有祥福大道、九江大道、成渝环线高速等，各主次干道和支路较密集，道路通达度较高 | 区域内分布有创业路、祥福大道、九江大道、成渝环线高速等，各主次干道和支路较密集，道路通达度较高 |
| | 距货物集散地（车站、码头、机场）距离及货物集散地的规模档次 | 距双福汽车站约3.4千米，距走马汽车站约8.1千米，距成渝环线高速入口约1.5千米，对外交通状况较方便，能够满足原材料和产品货运的基本需要 | 距双福汽车站约3.1千米，距走马汽车站约7.7千米，距成渝环线高速入口约1.5千米，对外交通状况较方便，能够满足原材料和产品货运的基本需要 | 距双福汽车站约2.7千米，距走马汽车站约6.5千米，距成渝环线高速入口约1.8千米，对外交通状况较方便，能够满足原材料和产品货运的基本需要 | 距双福汽车站约3.3千米，距走马汽车站约7.6千米，距成渝环线高速入口约1.5千米，对外交通状况较方便，能够满足原材料和产品货运的基本需要 |
| | 对外交通便捷程度 | 区域内对外交通以公路、铁路、空运为主，对外交通便捷 | 区域内对外交通以公路、铁路、空运为主，对外交通便捷 | 区域内对外交通以公路、铁路、空运为主，对外交通便捷 | 区域内对外交通以公路、铁路、空运为主，对外交通便捷 |
| | 交通管制 | 无交通管制 | 无交通管制 | 无交通管制 | 无交通管制 |
| | 基础设施及公用服务设施 | 所在区域内学校、医院、银行等公共服务设施配套状况一般，水、电、气、视、信、路、宽带网等城市基础设施配套完善 | 所在区域内学校、医院、银行等公共服务设施配套状况一般，水、电、气、视、信、路、宽带网等城市基础设施配套完善 | 所在区域内学校、医院、银行等公共服务设施配套状况一般，水、电、气、视、信、路、宽带网等城市基础设施配套完善 | 所在区域内学校、医院、银行等公共服务设施配套状况一般，水、电、气、视、信、路、宽带网等城市基础设施配套完善 |

续表

| 影响因素 | | 估价对象 | 可比实例一 | 可比实例二 | 可比实例三 |
|---|---|---|---|---|---|
| 个别因素 | 区域环境条件 | 自然环境：处于工业园区内，区域用地类型以工业用地为主，无明显污染，区域内空气及环境质量一般；人文环境：所处区域为工业园区，人口密度一般，人口构成较年轻，收入及文化水平一般；景观：街边绿化 | 自然环境：处于工业园区内，区域用地类型以工业用地为主，无明显污染，区域内空气及环境质量一般；人文环境：所处区域为工业园区，人口密度一般，人口构成较年轻，收入及文化水平一般；景观：街边绿化 | 自然环境：处于工业园区内，区域用地类型以工业用地为主，无明显污染，区域内空气及环境质量一般；人文环境：所处区域为工业园区，人口密度一般，人口构成较年轻，收入及文化水平一般；景观：街边绿化 | 自然环境：处于工业园区内，区域用地类型以工业用地为主，无明显污染，区域内空气及环境质量一般；人文环境：所处区域为工业园区，人口密度一般，人口构成较年轻，收入及文化水平一般；景观：街边绿化 |
| | 城市规划 | 周边主要以仓储、工业用地为主，区域内无特殊规划限制 | 周边主要以仓储、工业用地为主，区域内无特殊规划限制 | 周边主要以仓储、工业用地为主，区域内无特殊规划限制 | 周边主要以仓储、工业用地为主，区域内无特殊规划限制 |
| | 宗地位置 | 位于重庆市江津区祥福大道，地处重庆市江津区**工业园内 | 位于重庆市江津区九江大道，地处重庆市江津区双福工业园内 | 位于重庆市江津区创业路，地处重庆市江津区双福工业园内 | 位于重庆市江津区九江大道，地处重庆市江津区双福工业园内 |
| | 临街状况 | 一面临规划道路（支路） | 一面临干道，与估价对象相比较好 | 一面临支路，与估价对象相似 | 一面临干道，与估价对象相比较好 |
| | 宗地面积 | 约81.51亩，宗地面积较大，资金压力较大，对利用无明显影响 | 约31.75亩，宗地面积较小，资金压力较小，对利用无影响。与估价对象相比好 | 约101.75亩，宗地面积大，资金压力大，对利用有一定的影响。与估价对象相比较差 | 约53.79亩，宗地面积适中，资金压力一般，对利用无影响。与估价对象相比较好 |
| | 宗地形状 | 宗地呈较不规则多边形，对土地开发利用稍有不利影响 | 宗地呈较不规则多边形，对土地开发利用稍有不利影响。与估价对象相似 | 宗地呈较不规则多边形，对土地开发利用稍有不利影响。与估价对象相似 | 宗地呈较不规则多边形，对土地开发利用稍有不利影响。与估价对象相似 |
| | 相邻土地利用状况 | 周边主要以仓储、工业用地为主，主要修建厂区 | 周边主要以仓储、工业用地为主，主要修建厂区。与估价对象相似 | 周边主要以仓储、工业用地为主，主要修建厂区。与估价对象相似 | 周边主要以仓储、工业用地为主，主要修建厂区。与估价对象相似 |
| | 宗地地质、地势条件及水文条件 | 所在宗地地势有一定的起伏，无影响建筑修建的不良地势、地质和水文状况 | 所在宗地地势有一定的起伏，无影响建筑修建的不良地势、地质和水文状况 | 所在宗地地势有一定的起伏，无影响建筑修建的不良地势、地质和水文状况 | 所在宗地地势有一定的起伏，无影响建筑修建的不良地势、地质和水文状况 |
| | 规划条件 用途 | 仓储用地 | 仓储用地 | 仓储用地 | 仓储用地 |
| | 规划条件 容积率 | 设定为1.27（68918.25÷54338.66=1.27） | ≤1.5 | ≤1.5 | ≤1.5 |
| | 土地使用年限 | 47.93年 | 50年 | 50年 | 50年 |
| | 宗地利用状况 | 设定为宗地外"六通"，宗地内"场平" | 宗地外"六通"，宗地内"场平" | 宗地外"六通"，宗地内"场平" | 宗地外"六通"，宗地内"场平" |

### 4. 编制比较因素修正系数表

在因素指标量化的基础上进行比较因素修正，必须将因素指标修正差异折算为反映价格差异的因素条件指数，并编制比较因素修正系数表。除估价期日、交易情况、容积率外及土地使用年限，均以各因素一般条件为基础，相应指数为 100，对估价对象和可比实例先分别确定各因素的等级，再将可比实例相应因素条件与估价对象相比较，确定出相应的修正系数。

（1）估价期日修正。估价期日修正是将可比实例在其成交日期的价格调整为估价期日的价格，主要利用地价指数进行修正。修正幅度根据估价人员在中国城市地价动态监测系统网站中收集到的近年重庆市工业建设用地的地价水平资料分析确定（见表 11-11）。

表 11-11　重庆市工业地价增长率情况

| 年度 | 季度 | 工业地价水平 | 地价增长率（%） |
| --- | --- | --- | --- |
| 2017 | 1 | 581 | 0.17 |
| 2017 | 2 | 584 | 0.52 |
| 2017 | 3 | 586 | 0.34 |
| 2017 | 4 | 588 | 0.34 |
| 2018 | 1 | 590 | 0.34 |
| 2018 | 2 | 592 | 0.34 |
| 2018 | 3 | 594 | 0.34 |
| 2018 | 4 | 596 | 0.34 |
| 2019 | 1 | 473 | 0.21 |
| 2019 | 2 | 474 | 0.21 |
| 2019 | 3 | 476 | 0.42 |
| 2019 | 4 | 477 | 0.21 |
| 2020 | 1 | 477 | 0.00 |
| 2020 | 2 | 478 | 0.21 |
| 2020 | 3 | 478 | 0.00 |
| 2020 | 4 | 478 | 0.00 |
| 2021 | 1 | 479 | 0.21 |

本次估价参照重庆市工业用地地价水平，至估价期日，由于 2021 年第 2 季度重庆市地价水平尚未更新，且 2021 年第 1 季度、第 2 季度工业用地地价基本平稳，本次测算价值时点（2021 年 4 月 22 日）沿用 2021 年第 1 季度地价水平，则可比实例估价期日修正系数如下。

可比实例一估价期日修正系数 = 1

可比实例二、可比实例三估价期日修正系数 $= 1 \times 1.0021 \times 1 \times 1 \times 1.0021 = 1.0042$

（2）交易情况及交易方式修正。根据《招标拍卖挂牌出让国有土地使用权规定》，今后的土地使用权都应采取挂牌或拍卖出让，所选实例均系挂牌出让成交方式，其交易情况是正常交易，故交易情况修正系数为 1。

（3）容积率修正。根据《江津区城镇土地定级与基准地价更新技术报告》，江津区工业用地（含仓储用地）无须进行容积率修正，且容积率对工业用地价格基本无影响，故本次评估容积率修正系数为1。

（4）土地使用年限修正系数。土地使用年限修正是将各可比实例的不同使用年限修正到估价对象使用年限，以消除因土地使用年限不同而给价格带来的影响。

估价对象设定的使用年限为工业47.93年，与可比实例一、二、三的使用年限50年有差距，故需要进行土地使用年限修正。

根据《江津区城镇土地定级与基准地价更新技术报告》，工业用地（含仓储用地）土地还原率为5.81%，则估价对象年限修正系数为

$$y = \frac{1 - \frac{1}{(1+5.81\%)^{47.93}}}{1 - \frac{1}{(1+5.81\%)^{50}}} = 0.9922$$

估价对象与三个可比实例土地年限修正系数如表11-12所示。

表11-12　估价对象和可比实例年限修正系数

| 估价对象 | 0.9922 |
|---|---|
| 可比实例一 | 1.0 |
| 可比实例二 | 1.0 |
| 可比实例三 | 1.0 |

（5）区域因素与个别因素修正。区域因素主要指产业聚集度及成熟度、交通条件（道路等级、公交状况、对外交通）、基础设施及公共设施、环境状况、规划限制等；个别因素主要包括宗地位置、临街状况、宗地形状、宗地面积、容积率、地质条件、宗地内外开发程度等。区域因素与个别因素的修正详见表11-13、表11-14和表11-15。

表11-13　比较因素修正指数幅度

| 因素 | | | 好 | 较好 | 一般 | 较差 | 差 |
|---|---|---|---|---|---|---|---|
| 区域因素 | 距相关场所距离（产业聚集度） | | 104 | 102 | 100 | 98 | 96 |
| | 交通条件 | 道路等级及路网条件 | 104 | 102 | 100 | 98 | 96 |
| | | 距货物集散地（车站、码头、机场）距离及货物集散地的规模档次 | 102 | 101 | 100 | 99 | 98 |
| | | 对外交通便捷程度 | 104 | 102 | 100 | 98 | 96 |
| | | 交通管制 | 102 | 101 | 100 | 99 | 98 |
| | 基础设施及公用服务设施 | | 102 | 101 | 100 | 99 | 98 |
| | 区域环境条件 | | 104 | 102 | 100 | 98 | 96 |
| | 城市规划 | | 102 | 101 | 100 | 99 | 98 |

续表

| | 因素 | | 好 | 较好 | 一般 | 较差 | 差 |
|---|---|---|---|---|---|---|---|
| 个别因素 | 宗地位置 | | 110 | 105 | 100 | 95 | 90 |
| | 临街状况 | | 102 | 101 | 100 | 99 | 98 |
| | 宗地面积 | | 102 | 101 | 100 | 99 | 98 |
| | 宗地形状 | | 104 | 102 | 100 | 98 | 96 |
| | 相邻土地利用状况 | | 104 | 102 | 100 | 98 | 96 |
| | 宗地地质、地势条件及水文条件 | | 102 | 101 | 100 | 99 | 98 |
| | 规划条件 | 用途 | 102 | 101 | 100 | 99 | 98 |
| | | 容积率（详见前述） | / | / | / | / | / |
| | 土地使用年限（详见前述） | | / | / | / | / | / |
| | 宗地利用状况（开发程度）（详见前述） | | / | / | / | / | / |

（6）开发程度修正。估价对象基础设施条件为宗地红线外"六通"（通上水、通下水、通电、通路、通信、通气），宗地内"在建"。根据本次估价目的，避免与建筑物部分重复计价，本次评估设定估价对象为宗地外"六通"（通上水、通下水、通电、通信、通气、通路），宗地内"场平"（场地平整）。与可比实例的开发程度宗地外"六通"（通上水、通下水、通电、通气、通信、通路），宗地内"场平"（场地平整）一致，故不需对土地开发程度进行修正。

（7）影响因素的指数量化。对估价对象的价格影响因素进行指数量化，将其分为五个等级幅度（见表11-13）。

（8）比较因素的修正系数。将估价对象的因素条件指数与可比实例的因素条件指数进行比较，得到各因素修正系数（见表11-14、表11-15）。

表 11-14 比较因素修正指数

| | 影响因素 | | 估价对象 | | 可比实例一 | | 可比实例二 | | 可比实例三 | |
|---|---|---|---|---|---|---|---|---|---|---|
| 区域因素 | 距相关场所距离（产业聚集度） | | 一般 | 100 | 一般 | 100 | 一般 | 100 | 一般 | 100 |
| | 交通条件 | 道路等级及路网条件 | 一般 | 100 | 一般 | 100 | 一般 | 100 | 一般 | 100 |
| | | 距货物集散地（车站、码头、机场）距离及货物集散地的规模档次 | 一般 | 100 | 一般 | 100 | 一般 | 100 | 一般 | 100 |
| | | 对外交通便捷程度 | 一般 | 100 | 一般 | 100 | 一般 | 100 | 一般 | 100 |
| | | 交通管制 | 一般 | 100 | 一般 | 100 | 一般 | 100 | 一般 | 100 |
| | 基础设施及公用服务设施 | | 一般 | 100 | 一般 | 100 | 一般 | 100 | 一般 | 100 |
| | 区域环境条件 | | 一般 | 100 | 一般 | 100 | 一般 | 100 | 一般 | 100 |
| | 城市规划 | | 一般 | 100 | 一般 | 100 | 一般 | 100 | 一般 | 100 |
| 个别因素 | 宗地位置 | | 一般 | 100 | 一般 | 100 | 一般 | 100 | 一般 | 100 |
| | 临街状况 | | 一般 | 100 | 较好 | 101 | 一般 | 100 | 较好 | 101 |

续表

| 影响因素 | | | 估价对象 | | 可比实例一 | | 可比实例二 | | 可比实例三 | |
|---|---|---|---|---|---|---|---|---|---|---|
| 个别因素 | 宗地面积 | | 一般 | 100 | 好 | 102 | 较差 | 99 | 较好 | 101 |
| | 宗地形状 | | 一般 | 100 | 一般 | 100 | 一般 | 100 | 一般 | 100 |
| | 相邻土地利用状况 | | 一般 | 100 | 一般 | 100 | 一般 | 100 | 一般 | 100 |
| | 宗地地质、地势条件及水文条件 | | 一般 | 100 | 一般 | 100 | 一般 | 100 | 一般 | 100 |
| | 规划条件 | 用途 | 一般 | 100 | 一般 | 100 | 一般 | 100 | 一般 | 100 |
| | | 容积率（详见前述） | | 1.0 | | 1.0 | | 1.0 | | 1.0 |
| | 土地使用年限（详见前述） | | | 0.9922 | | 1.0 | | 1.0 | | 1.0 |
| | 宗地利用状况（开发程度）（详见前述） | | | 0 | | 0 | | 0 | | 0 |

表 11-15 可比实例比较因素修正系数

| 影响因素 | | | 可比实例一 | 可比实例二 | 可比实例三 |
|---|---|---|---|---|---|
| 成交单价（元/平方米） | | | 420 | 420 | 420 |
| 交易时间 | | | 1 | 1.0042 | 1.0042 |
| 交易方式 | | | 100/100 | 100/100 | 100/100 |
| 交易情况 | | | 100/100 | 100/100 | 100/100 |
| 区域因素 | 距相关场所距离（产业聚集度） | | 100/100 | 100/100 | 100/100 |
| | 交通条件 | 道路等级及路网条件 | 100/100 | 100/100 | 100/100 |
| | | 距货物集散地（车站、码头、机场）距离及货物集散地的规模档次 | 100/100 | 100/100 | 100/100 |
| | | 对外交通便捷程度 | 100/100 | 100/100 | 100/100 |
| | | 交通管制 | 100/100 | 100/100 | 100/100 |
| | 基础设施及公用服务设施 | | 100/100 | 100/100 | 100/100 |
| | 区域环境条件 | | 100/100 | 100/100 | 100/100 |
| | 城市规划 | | 100/100 | 100/100 | 100/100 |
| 个别因素 | 宗地位置 | | 100/100 | 100/100 | 100/100 |
| | 临街状况 | | 100/101 | 100/100 | 100/101 |
| | 宗地面积 | | 100/102 | 100/99 | 100/101 |
| | 宗地形状 | | 100/100 | 100/100 | 100/100 |
| | 相邻土地利用状况 | | 100/100 | 100/100 | 100/100 |
| | 宗地地质、地势条件及水文条件 | | 100/100 | 100/100 | 100/100 |
| | 规划条件 | 用途 | 100/100 | 100/100 | 100/100 |
| | | 容积率 | 1.0/1.0 | 1.0/1.0 | 1.0/1.0 |
| | 土地使用年限 | | 0.9922/1 | 0.9922/1 | 0.9922/1 |
| | 宗地利用状况（开发程度） | | 0 | 0 | 0 |
| 土地比准价格（元/平方米） | | | 405 | 423 | 410 |

**5. 可比实例修正后的地价计算**

经过比较分析，采用各因素修正系数连乘法，求取各可比实例的比准价格。

从表 11-15 可以看出，估价对象三个可比实例的比准价格分别为 405 元/平方米、423 元/平方米、410 元/平方米，最高值与最低值差异较小，差异幅度约 4%，故本次评估结合估价目的，拟采用简单算术平均法确定最终比准价格，则

$$估价对象比准地价 = (405+423+410)\div 3 = 413元/平方米（取整）$$

### 6. 购地相关税费

购地税费主要包括契税、印花税、交易费用等，结合估价对象实际情况及重庆市工业用地该项费用的缴纳情况，一般为地价款的 3%～5%。本次评估测算契税取 3%、交易费用取 0.1%、印花税取 0.05%，合计 3.15%。

### 7. 土地重置成本测算结果

$$估价对象土地重置成本 = 413\times(1+3.15\%) = 426元/平方米（取整）$$

## （二）建筑物现值测算过程

设建筑物现值为 $V$（单价），则

$$V = 建筑物重置成本C\times 成新率q$$

其中：

$$建筑物重置成本 = 建设成本 + 管理费用及不可预见费 +$$
$$销售费用 + 投资利息 + 销售税费 + 开发利润$$
$$建设成本 = 建筑安装工程费 + 附属工程及基础设施建设费 +$$
$$前期费用及其他工程费 + 建设项目行政事业性收费及开发期间费用$$

### 1. 建设成本的测算

建设成本是指在取得的土地上进行基础设施建设、房屋建设所必要的支出，主要包括以下项目。

（1）建筑安装工程费。建筑安装工程费包括建造房屋所发生的土建工程费、安装工程费、装饰装修工程费等费用。

根据重庆市建筑行业平均水平，参照《建设工程工程量清单计价规范》（GB 50500—2015）、《重庆市建设工程工程量清单计价规则》（CQJJGZ—2013）、《重庆市建设工程工程量计算规则》（GQJLGZ—2013）、《重庆市建设工程费用定额》（2018）及相关配套文件和注册房地产估价师实地查勘结果，采用单位比较法测算出估价对象在价值时点的建筑安装工程综合造价，如表 11-16 所示。

表 11-16　建筑安装工程综合造价的测算

| 名称 | 1号仓库 | 2号仓库 | 3号仓库 | 综合楼 |
|---|---|---|---|---|
| 建筑结构 | 钢 | 钢 | 钢 | 框架 |
| 建筑安装工程造价（元/平方米） | 250 | 250 | 250 | 800 |

（2）附属工程费及基础设施建设费。附属工程及基础设施建设费是指房屋周围的围墙、水池、建筑小品、绿化等附属工程费及宗地内道路、给水、排水、电力、通信、燃气等基

础管网建设费。

根据本公司调查和掌握的资料，该部分费用一般为房屋建筑安装工程费的8%~10%。至价值时点，估价对象所在项目尚在建设之中，考虑估价对象在建状态及附属工程的施工进度，故本次评估取0%。附属工程费及基础设施建设费的测算如表11-17所示。

表11-17 附属工程费及基础设施建设费的测算

| 名称 | 1号仓库 | 2号仓库 | 3号仓库 | 综合楼 |
|---|---|---|---|---|
| 附属工程费及基础工程建设费（元/平方米，保留两位小数） | 0 | 0 | 0 | 0 |
| 计算过程 | 250×0% | 250×0% | 250×0% | 800×0% |

（3）前期费用及其他工程费。前期费用包括市场调研、可行性研究、项目策划、工程勘察、环境影响评价、交通影响评价、规划及建筑设计、建筑工程招标等前期工作的必要支出；其他工程费主要指工程监理及造价估价等费用。通常按建筑安装工程费的3%~6%计取，具体如表11-18所示。

表11-18 前期费用及其他工程费费率

| 项目名称 | 取费标准 | 取费依据 |
|---|---|---|
| 项目可行性研究费 | 0.3% | 计价格【1999】1283号 |
| 工程项目勘察费、设计费、施工图文件审查费 | 2.0% | 计价格【2002】10号 |
| 造价咨询费 | 1.0% | 根据工程造价收费标准（2021年版） |
| 工程招标代理服务费 | 0.3% | 计价格【2002】1980号 |
| 工程建设监理费 | 1.0% | 发改价格【2007】670号 |
| 合计 | 4.6% | / |

本次评估根据估价对象具体情况，前期费用及其他工程费率取4.6%，则前期费用及其他工程费的测算如表11-19所示。

表11-19 前期费用及其他工程费的测算

| 名称 | 1号仓库 | 2号仓库 | 3号仓库 | 综合楼 |
|---|---|---|---|---|
| 前期费用及其他工程费（元/平方米，保留两位小数） | 11.50 | 11.50 | 11.50 | 36.80 |
| 计算过程 | （250+0）×4.6% | （250+0）×4.6% | （250+0）×4.6% | （800+0）×4.6% |

（4）建设项目行政性事业收费及开发期间费用。建设项目行政性事业收费及开发期间费用包括城市规划要求配套的道路、给水、排水、电力、通信、燃气等设施的建设费用及其他相关部门收取的费用。经注册房地产估价师向重庆市江津区双福政务中心工作人员咨询确认，基础设施配套费及开发期间费用如表11-20所示。

表 11-20　重庆市江津区双福建设项目行政事业性收费标准

| 序号 | 收费项目 | 收费标准（元/平方米） |
|---|---|---|
| 1 | 城市市政基础设施配套费 | 230 元/平方米 |
| 2 | 防空地下室易地建设费 | 35 元/平方米 |
|  | 合计 | 265 元/平方米 |

**2. 管理费用及不可预见费的测算**

管理费用主要指开发企业的人员工资、福利费、办公费、差旅费等；不可预见费指建设期内可能发生的风险因素而导致的建设费用增加的部分（如设计变更导致的费用增加、不可抗力导致的费用增加、隐蔽工程验收时发生的挖掘及验收结束时进行恢复所导致的费用增加，以及材料、设备涨价等）。管理费用及不可预见费通常按建设成本的 5%～8%测算。根据本公司调查和掌握的资料，结合本地的实际情况，本报告取 5%测算结果见表 11-21。

表 11-21　管理费用及不可预测费的测算

| 名称 | 1 号仓库 | 2 号仓库 | 3 号仓库 | 综合楼 |
|---|---|---|---|---|
| 管理费用及不可预测费（元/平方米，保留两位小数） | 26.33 | 26.33 | 26.33 | 55.09 |
| 计算过程 | （250+11.50+265）×5% | （250+11.50+265）×5% | （250+11.50+265）×5% | （800+36.80+265）×5% |

**3. 销售费用的测算**

销售费用是指预（销）售开发完成后的房地产的必要支出，包括广告费、销售资料制作费、销售代理费等，通常按开发完成后的房地产价值（在本报告中以建筑物重置成本 $C$ 代替）的 1%～3%来测算。根据本公司调查和掌握的资料，结合本地的实际情况，本报告取 1%。测算结果见表 11-22。

表 11-22　销售费用的测算

| 名称 | 1 号仓库 | 2 号仓库 | 3 号仓库 | 综合楼 |
|---|---|---|---|---|
| 销售费用（元/平方米） | $0.01C_1$ | $0.01C_2$ | $0.01C_3$ | $0.01C_4$ |

**4. 投资利息的测算**

投资利息是指在房地产开发完成或者实现销售之前发生的所有必要费用应计算的利息。

（1）应计息项目和计息期。在房地分评的路径下求取建筑物重新购建价格时，应计息项目包括建设成本、管理费用及不可预见费和销售费用。一项费用计息期的起点是该项费用发生的时点，终点通常是建设期的终点，一般不考虑预售和延迟销售的情况。

本次修建周期视宗地全部建筑物修建进行考虑，结合估价对象实际修建进度，通过对估价对象宗地内类似建筑物的建设期进行比较、修正和调整，确定估价对象建筑物建设周期为 0.5 年。假设开发成本在工程建设期内均匀连续投入，前期费用及其他工程费、建设项目行政事业收费及开发期间费用计全期利息，建筑安装工程费、附属工程费及基础工程建设费、管理费用及不可预见费、销售费用计二分之一周期利息。

（2）利率。投资利息计算一般采用价值时点时房地产开发贷款的平均利率，本报告利率采用银行六个月至一年期（含1年）贷款利率4.35%。

利息＝（前期费用及其他工程费＋建设项目行政事业收费及开发期间费用）× $[(1+4.35\%)^{0.5}-1]$＋（建筑安装工程费＋附属工程费及基础工程建设费＋管理费用及不可预测费＋销售费用）× $[(1+4.35\%)^{0.25}-1]$

投资利息的测算如表11-23所示。

表11-23 投资利息的测算

| 名称 | 1号仓库 | 2号仓库 | 3号仓库 | 综合楼 |
|---|---|---|---|---|
| 投资利息（元/平方米，保留两位小数） | $8.91+0.000107C_1$ | $8.91+0.000107C_2$ | $8.91+0.000107C_3$ | $15.65+0.000107C_4$ |
| 计算过程 | （11.5+265）×[（1+4.35%）^0.5-1]+（250+26.33+0.01$C_1$）×[（1+4.35%）^0.25-1] | （11.5+265）×[（1+4.35%）^0.5-1]+（250+26.33+0.01$C_2$）×[（1+4.35%）^0.25-1] | （11.5+265）×[（1+4.35%）^0.5-1]+（250+26.33+0.01$C_3$）×[（1+4.35%）^0.25-1] | （36.8+265）×[（1+4.35%）^0.5-1]+（800+55.09+0.01$C_4$）×[（1+4.35%）^0.25-1] |

**5. 销售税费的测算**

销售税费是指预（销）售开发完成后的房地产应由卖方缴纳的税费，通常按照开发完成后的房地产价值的一定比例来测算。设房地产价值为 $C$，则

（1）增值税及附加费。由于营改增于2016年5月1日开始施行，进项抵扣目前难以计算，故此次测算采用简易计税法。

其中：

增值税为：$1÷(1+5\%)×5\% = 4.76\%$

城市建设税为：增值税×7% = 0.33%

教育附加税为：增值税×3% = 0.14%

地方教育附加为：增值税×2% = 0.095%

则，销售税费为 $0.0533C$。

（2）其他销售税费。印花税为 $0.05\%C$。

综上所述，销售税费为 $0.0538C$。

销售税费的测算如表11-24所示。

表11-24 销售税费的测算

| 名称 | 1号仓库 | 2号仓库 | 3号仓库 | 综合楼 |
|---|---|---|---|---|
| 销售税费（元/平方米） | $0.0538C_1$ | $0.0538C_2$ | $0.0538C_3$ | $0.0538C_4$ |

**6. 开发利润的测算**

利润率是通过大量调查了解同一市场上类似房地产开发项目的利润率得到的。据本公

司调查和掌握的资料，目前重庆市同类型项目的投资利润率一般在6%～10%之间，本报告取6%计算，则

$$开发利润=（建设成本+管理费用及不可预见费+销售费用）\times 6\%$$

开发利润的测算如表11-25所示。

表11-25 开发利润的测算

| 名称 | 1号仓库 | 2号仓库 | 3号仓库 | 综合楼 |
|---|---|---|---|---|
| 开发利润（元/平方米，保留两位小数） | $33.17+0.0006\ C_1$ | $33.17+0.0006\ C_2$ | $33.17+0.0006\ C_3$ | $69.41+0.0006\ C_4$ |
| 计算过程 | $(250+11.5+265+26.33+0.01C_1)\times 6\%$ | $(250+11.5+265+26.33+0.01C_2)\times 6\%$ | $(250+11.5+265+26.33+0.01C_3)\times 6\%$ | $(800+36.8+265+55.09+0.01C_4)\times 6\%$ |

### 7. 建筑物重置成本的测算

$$建筑物重置成本=建设成本+管理费用及不可预见费+$$
$$销售费用+投资利息+销售税费+开发利润$$

建筑物重置成本的测算如表11-26所示。

表11-26 建筑物重置成本的测算

| 名称 | 1号仓库 | 2号仓库 | 3号仓库 | 综合楼 |
|---|---|---|---|---|
| 建筑物重新购建价格$C$（元/平方米，取整） | 636 | 636 | 636 | 1328 |
| 计算过程 | $C_1=250+11.5+265+26.33+0.01\ C_1+$$(8.91+0.000107\ C_1)+$$0.0538\ C_1+$$(33.17+0.0006\ C_1)$ | $C_2=250+11.5+265+26.33+0.01\ C_2+$$(8.91+0.000107\ C_2)+$$0.0538\ C_2+$$(33.17+0.0006\ C_2)$ | $C_3=250+11.5+265+26.33+0.01\ C_3+$$(8.91+0.000107\ C_3)+$$0.0538\ C_3+$$(33.17+0.0006\ C_3)$ | $C_4=800+36.8+265+55.09+0.01\ C_4+$$(15.65+0.000107\ C_4)+$$0.0538\ C_4+$$(69.41+0.0006\ C_4)$ |

### 8. 估价对象建筑物现值的测算

$$建筑物现值 V = 建筑物重置成本 C \times 成新率 q$$

常用的计算建筑物折旧的方法有年龄–寿命法、市场提取法、分解法，本次评估采用年龄–寿命法。由于估价对象为尚在建设工程中的在建工程，尚未投入使用，为在建状态，故确定本次评估建筑物的成新率为100%。估价对象建筑物现值测算结果如表11-27所示。

表11-27 估价对象建筑物现值的测算

| 名称 | 1号仓库 | 2号仓库 | 3号仓库 | 综合楼 |
|---|---|---|---|---|
| 建筑物现值$V$（元/平方米，拾元取整） | 640 | 640 | 640 | 1330 |
| 成新率$q$ | 100% | 100% | 100% | 100% |
| 计算过程 | 636×100% | 636×100% | 636×100% | 1328×100% |

### （三）估价对象估价结果

估价对象估价结果如表 11-28 和表 11-29 所示。

**表 11-28　假定未设立法定优先受偿权下的估价结果**

| 项目名称 | 估价对象 | 不动产权证号 | 坐落 | 权利人 | 结构 | 用途 | 幢号 | 总层数 | 建筑面积（平方米） | 评估单价（元/平方米） | 评估总价（万元，取整） |
|---|---|---|---|---|---|---|---|---|---|---|---|
| 重庆市江津区**工业园"重庆***物流"在建仓库、综合楼房地产 | 建筑物 | 尚未办理房屋权属登记 | 重庆市江津区**工业园"重庆***物流" | ********* | 钢 | 仓库 | 第1 | 1 | 9408 | 640 | 602 |
| | | | | | 钢 | 仓库 | 第2 | 1 | 9408 | 640 | 602 |
| | | | | | 钢 | 仓库 | 第3 | 1 | 7957.74 | 640 | 509 |
| | | | | | 框架 | 综合楼 | 第1 | 5 | 4060.62 | 1330 | 540 |
| | 小计 | | | | | | | | 30834.36 | — | 2253 |

| 项目名称 | 估价对象 | 不动产权证号 | 坐落 | 权利人 | 权利性质 | 用途 | 使用期限 | 土地面积（平方米） | 评估单价（元/平方米） | 评估总价（万元，取整） |
|---|---|---|---|---|---|---|---|---|---|---|
| | 土地使用权 | 渝（2019）江津区不动产权第*********号 | 江津区**工业园**-**/**-**号地块 | ********* | 出让 | 仓储用地 | 2069年3月28日止 | 54338.66 | 426 | 2315 |
| 合计 | | | | | | | | | | 4568 |

**表 11-29　房地产抵押价值评估结果**

| 项目及结果 | | 重庆市江津区**工业园"重庆***物流"在建仓库、综合楼房地产 |
|---|---|---|
| 1. 假定未设立法定优先受偿权下的价值 | 评估总价（万元、取整） | 0 |
| | 综合单价（元/平方米，保留两位小数） | 1481.46 |
| 2. 估价师知悉的法定优先受偿款 | 总额（万元） | 设定为"0" |
| 2.1 已抵押担保的债权数额 | 总额（万元） | 估价对象已设定抵押权，抵押权人为**银行，已抵押担保的债权数额为3400万元，估价委托人承诺在办理新抵押权前将之前的抵押权注销，故本次评估未考虑已有抵押权对估价对象抵押价值的影响，本报告假设估价对象在价值时点已抵押担保的债权数额为"0" |
| 2.2 拖欠的建设工程款 | 总额（万元） | 0 |
| 2.3 其他法定优先受偿款 | 总额（万元） | 0 |
| 3. 抵押价值 | 评估总价（万元，取整） | 0 |
| | 综合单价（元/平方米，保留两位小数） | 1481.46 |

## 五、估价结论

历经上述评估程序和评估方法后,最后确定估价对象在价值时点 2021 年 4 月 22 日的评估价值为:

综合单价:人民币(小写)1481.46 元/平方米(保留两位小数)

人民币(大写)壹仟肆佰捌拾壹元肆角陆分每平方米

评估总价:人民币(小写)4568 万元(万元取整)

人民币(大写)肆仟伍佰陆拾捌万元整

# 第十二章

# 商业和住宅不动产抵押价值估价案例

## 一、估价基本事项

### （一）估价目的

为确定房地产抵押贷款额度提供参考依据而评估房地产抵押价值。

### （二）价值类型

**价值名称**：抵押价值。

**价值内涵**：估价对象假定未设立法定优先受偿权下的价值减去注册房地产估价师知悉的法定优先受偿款后的价值。

### （三）估价对象

**1. 估价对象范围与基本状况**

（1）估价对象范围。估价对象 1~5：*****单独所有位于眉山市仁寿县普宁街道黎光社区里仁路*、*、**、**、**号"北辰国颂府"*幢 1 楼*、*、**、**、**号建筑面积共计 200.88 平方米的商业服务用房（含不可剥离的附属设施设备）及其分摊的共计 67.34 平方米的国有出让零售商业用地使用权。

估价对象 6：*****单独所有位于眉山市仁寿县怀仁街道龙滩大道一段 12 号"锦绣大地"*幢*单元 12 层*号建筑面积 96.17 平方米的住宅用地（含不可剥离的附属设施设备、室内装修）及其分摊的 7.24 平方米的国有出让城镇住宅用地使用权。

（2）估价对象基本状况如表 12-1 和表 12-2 所示。

表 12-1　估价对象 1~5 基本状况

| | 名称 | | 仁寿县普宁街道黎光社区里仁路*、*、**、**、**号"北辰国颂府"*幢 1 楼商业服务房地产 | | | | | | |
|---|---|---|---|---|---|---|---|---|---|
| 基本状况 | 坐落 | | 仁寿县普宁街道黎光社区里仁路*、*、**、**、**号*幢1楼*、*、**、**、**号 | | | | | | |
| | 规模 | 土地面积 | 共计67.34平方米（分摊） | 建筑面积 | | 共计200.88平方米 | | 其他 | / |
| | 用途 | 规划用途 | 零售商业用地/商业服务 | | 设计用途 | | 商业服务 | | |
| | | 登记用途 | 零售商业用地/商业服务 | | 实际用途 | | 商业服务 | | |
| | 权属 | 土地所有权 | | 国有土地 | 是 | | 集体土地 | | / |
| | | 土地使用权 | 权利种类 | 建设用地使用权 | 出让 | 是 | 划拨 | / | 租赁 | 否 | 宅基地使用权 | / |
| | | | | | 作价出资入股 | / | 其他 | / | 土地承包经营权 | / |
| | | 不动产权利人 | | ***** | | | | | | |

表 12-2 估价对象 6 基本状况

| 基本状况 | | | | | | | | | |
|---|---|---|---|---|---|---|---|---|---|
| | 名称 | | 仁寿县怀仁街道龙滩大道一段 12 号"锦绣大地"*幢*单元 12 层*号住宅房地产 | | | | | | |
| | 坐落 | | 仁寿县怀仁街道龙滩大道一段 12 号"锦绣大地"*幢*单元 12 层*号 | | | | | | |
| | 规模 | 土地面积 | 7.24 平方米（分摊） | | 建筑面积 | | 96.17 平方米 | 其他 | / |
| | 用途 | 规划用途 | 城镇住宅用地/住宅 | | | 设计用途 | | / | |
| | | 登记用途 | 城镇住宅用地/住宅 | | | 实际用途 | | 城镇住宅用地/住宅 | |
| | 权属 | 土地所有权 | 国有土地 | | 是 | | 集体土地 | | / |
| | | 土地使用权 | 权利种类 | 建设用地使用权 | 出让 | 是 | 划拨 | / | 租赁 | 否 | 宅基地使用权 | / |
| | | | | 作价出资入股 | / | 其他 | / | 土地承包经营权 | / |
| | | 不动产权利人 | ***** | | | | | | |

**2. 估价对象实物状况**

（1）估计对象土地实物状况如表 12-3 所示。

表 12-3 估价对象土地实物状况

| 估价对象 | 仁寿县普宁街道黎光社区里仁路*、*、**、**、**号"北辰国颂府"*幢 1 楼商业服务房地产 | 仁寿县怀仁街道龙滩大道一段 12 号"锦绣大地"*幢*单元 12 层*号住宅房地产 |
|---|---|---|
| 四至 | 根据不动产权利人提供的《不动产权证书》所附宗地图及注册房地产估价师实地查勘，估价对象所在宗地东临陵州大道东二段，西临规划道路，南临规划道路，北临规划道路 | 根据不动产权利人提供的《不动产权证书》所附宗地图及注册房地产估价师实地查勘，估价对象所在宗地东临中央商务大道，西临规划道路，南临规划道路，北临龙滩大道 |
| 土地使用权面积 | 共有宗地面积 59926.08 平方米，分摊土地使用权面积计共 67.34 平方米 | 共有宗地面积 60661.32 平方米，分摊土地使用权面积 7.24 平方米 |
| 土壤 | 无污染 | 无污染 |
| 形状 | 所在宗地近似矩形，形状规则 | 所在宗地为较规则多边形 |
| 地形、地势及工程地质 | 宗地地势平坦，无影响建筑修建的不良地势、地质和水文状况 | 宗地地势平坦，无影响建筑修建的不良地势、地质和水文状况 |
| 开发程度 | 宗地外开发程度达到"六通"（通上水、通下水、通电、通路、通信、通气），宗地内开发程度达"六通一平"（通上水、通下水、通电、通路、通信、通气及场地平整） | 宗地外开发程度达到"六通"（通上水、通下水、通电、通路、通信、通气），宗地内开发程度达"六通一平"（通上水、通下水、通电、通路、通信、通气及场地平整） |

（2）估价对象建筑物实物状况如表 12-4 所示。

表 12-4 估价对象建筑物实物状况

| 估价对象 | 仁寿县普宁街道黎光社区里仁路*、*、**、**、**号"北辰国颂府"*幢 1 楼商业服务房地产 | 仁寿县怀仁街道龙滩大道一段 12 号"锦绣大地"*幢*单元 12 层*号住宅房地产 |
|---|---|---|
| 楼盘名称 | 北辰国颂府 | 锦绣大地 |
| 房屋结构 | 混合结构（钢混） | 混合结构（钢混） |

第十二章 商业和住宅不动产抵押价值估价案例

续表

| 估价对象 | 仁寿县普宁街道黎光社区里仁路*、*、**、**、**号"北辰国颂府"*幢1楼商业服务房地产 | 仁寿县怀仁街道龙滩大道一段12号"锦绣大地"*幢*单元12层*号住宅房地产 |
|---|---|---|
| 建筑类型 | 高层商住楼 | 高层住宅楼 |
| 建筑功能 | 商业功能，具备保温、隔热、通风、采光、防水等功能 | 住宅功能，具备保温、隔热、通风、采光、防水等功能 |
| 总层数 | 21层 | 28层 |
| 建筑面积 | 共计200.88平方米 | 96.17平方米 |
| 规划用途 | 商业服务 | 住宅 |
| 实际用途 | 商业服务 | 住宅 |
| 使用状况 | 空置 | 不动产权利人自住 |
| 层高 | 约6米 | 约3米 |
| 空间布局 | 临街商业布局，单开间4.05~4.2米，进深8~13米（含约3.5米赠送进深），利用较方便 | 两梯五户，成套平层住宅，三室两厅一厨两卫，利用较方便 |
| 外观 | 外墙：石材 | 外墙：墙砖 |
| 室内装修 | 室内：清水，玻璃推拉门入户 | 室内客厅：地面铺地砖，墙面及天棚刷乳胶漆；卧室：地面铺木地板，墙面及天棚刷乳胶漆；厨卫：地面铺地砖，墙面墙砖到顶；天棚吊顶；入户防盗门；铝合金窗 |
| 设施设备 | 通水、电、气、信，烟感、喷淋、消火栓 | 通水、电、气、信，消火栓、垂直电梯两部 |
| 工程质量 | 合格 | 合格 |
| 新旧程度 建成时间 | 约2022年 | 约2014年 |
| 新旧程度 成新率 | 成新率好 | 成新率较好 |
| 新旧程度 维护、保养情况及完损状况 | 维护保养好；基础稳固无沉降，墙面、地面、门窗等无明显破损 | 维护保养较好；基础稳固无沉降，墙面、地面、门窗等无明显破损 |

**3. 估价对象权益状况**

（1）不动产权益状况。

①土地所有权状况。估价对象系出让国有土地，所有权属国家。

②估价对象不动产权益登记状况如表12-5所示。

③土地利用现状。估价对象1~5所在宗地内约于2022年建成"北辰国颂府"商住楼盘，现正常使用；估价对象6所在宗地内约于2014年建成"锦绣大地"商住楼盘，现正常使用。

（2）物业管理情况。由专业物业管理公司管理。

（3）估价对象其他权益状况如表12-6所示。

表 12-5 估价对象不动产登记状况

| 《不动产权证书》编号 | 权利人 | 共有情况 | 坐落 | 不动产单元号 | 权利类型 | 权利性质 | 用途 | 面积 | 使用期限 | 权利其他状况 |
|---|---|---|---|---|---|---|---|---|---|---|
| 川（2022）仁寿县不动产权第*******号 | ****** | 单独所有 | 普宁街道黎光社区里仁路*号*幢1楼*号 | ************** | 国有建设用地使用权/房屋所有权 | 出让/市场化商品房 | 零售商业用地/商业服务 | 共用宗地面积59926.08平方米/房屋建筑面积34.39平方米 | 2017年8月29日起2057年8月28日止 | 分摊土地使用权面积：11.53平方米；房屋结构：混合结构；分摊建筑面积1.19平方米；专有建筑面积33.2平方米；房屋总层数：21层；所在层数：1层；持证方式：单独持证 |
| 川（2022）仁寿县不动产权第*******号 | ****** | 单独所有 | 普宁街道黎光社区里仁路*号*幢1楼*号 | ************** | 国有建设用地使用权/房屋所有权 | 出让/市场化商品房 | 零售商业用地/商业服务 | 共用宗地面积59926.08平方米/房屋建筑面积44.82平方米 | 2017年8月29日起2057年8月28日止 | 分摊土地使用权面积：15.02平方米；房屋结构：混合结构；分摊建筑面积1.55平方米；专有建筑面积43.27平方米；房屋总层数：21层；所在层数：1层；持证方式：单独持证 |
| 川（2022）仁寿县不动产权第*******号 | ****** | 单独所有 | 普宁街道黎光社区里仁路**号**幢1楼**号 | ************** | 国有建设用地使用权/房屋所有权 | 出让/市场化商品房 | 零售商业用地/商业服务 | 共用宗地面积59926.08平方米/房屋建筑面积40.26平方米 | 2017年8月29日起2057年8月28日止 | 分摊土地使用权面积：13.5平方米；房屋结构：混合结构；分摊建筑面积1.39平方米；专有建筑面积38.87平方米；房屋总层数：21层；所在层数：1层；持证方式：单独持证 |
| 川（2022）仁寿县不动产权第*******号 | ****** | 单独所有 | 普宁街道黎光社区里仁路**号**幢1楼**号 | ************** | 国有建设用地使用权/房屋所有权 | 出让/市场化商品房 | 零售商业用地/商业服务 | 共用宗地面积59926.08平方米/房屋建筑面积44平方米 | 2017年8月29日起2057年8月28日止 | 分摊土地使用权面积：14.75平方米；房屋结构：混合结构；分摊建筑面积1.52平方米；专有建筑面积42.48平方米；房屋总层数：21层；所在层数：1层；持证方式：单独持证 |
| 川（2022）仁寿县不动产权第*******号 | ****** | 单独所有 | 普宁街道黎光社区里仁路**号**幢1楼**号 | ************** | 国有建设用地使用权/房屋所有权 | 出让/市场化商品房 | 零售商业用地/商业服务 | 共用宗地面积59926.08平方米/房屋建筑面积37.41平方米 | 2017年8月29日起2057年8月28日止 | 分摊土地使用权面积：12.54平方米；房屋结构：混合结构；分摊建筑面积1.29平方米；专有建筑面积36.12平方米；房屋总层数：21层；所在层数：1层；持证方式：单独持证 |
| 川（2022）仁寿县不动产权第*******号 | ****** | 单独所有 | 怀仁街道龙滩大道一段12号（锦务大地）*幢*单元12层*号 | ************** | 国有建设用地使用权/房屋所有权 | 出让/市场化商品房 | 城镇住宅用地/住宅 | 共用宗地面积60661.32平方米/房屋建筑面积96.17平方米 | 2012年7月26日起2082年7月25日止 | 分摊土地使用权面积：7.24平方米；房屋结构：混合结构；分摊建筑面积17.84平方米；专有建筑面积78.33平方米；房屋总层数：28层；所在层数：12层；持证方式：单独持证 |

表 12-6　估价对象其他权益状况

| | |
|---|---|
| 用益物权设立情况 | 估价对象未设立地役权,不存在用益物权设立情况 |
| 担保物权设立情况及法定优先受偿款 | 根据不动产权利人提供的《抵押评估委托估价承诺函》记载,至价值时点,本次估价对象未设定抵押他项权利,亦不存在其他法定优先受偿款项 |
| 查封等形式限制权利情况 | 无查封等形式限制权利情况 |
| 租赁或占用情况 | 根据注册房地产估价师实地查勘及不动产权利人介绍,至价值时点,估价对象 1～5 为空置状态,不存在租赁情况；估价对象 6 为不动产权利人自住,不存在租赁情况 |
| 拖欠税费情况 | 根据不动产权利人提供的《抵押评估委托估价承诺函》记载,至价值时点,估价对象不存在欠缴的税费、物业费、水电气费等情况 |
| 权属清晰情况 | 权属状况清晰 |

### 4. 估价对象区位状况

估价对象区位状况如表 12-7 所示。

表 12-7　估价对象区位状况

| | 估价对象 | 仁寿县普宁街道黎光社区里仁路*、*、**、***号"北辰国颂府"*幢 1 楼商业服务房地产 | 仁寿县怀仁街道龙滩大道一段 12 号"锦绣大地"*幢*单元 12 层*号住宅房地产 |
|---|---|---|---|
| 位置 | 坐落及方位 | 估价对象位于仁寿县普宁街道黎光社区里仁路"北辰国颂府"小区,地处仁寿县城东新城 | 估价对象位于仁寿县怀仁街道龙滩大道一段 12 号"锦绣大地"小区,地处仁寿县城东新城 |
| | 商服繁华度、居住氛围 | 估价对象距万达广场(天府仁寿店)约 1 千米,天府万泰广场 1.8 千米,区域内以住宅底商为主,主要业态有银行、超市、餐饮、百货等,区域商服繁华度较好 | 估价对象距爱琴海购物公园 0.7 千米,区域内以住宅底商为主,主要业态有银行、超市、餐饮、百货等,区域商服繁华度较好；区域有翡翠海棠湾、嘉和·未来城、北城时代、麓府等住宅小区,居住氛围较好 |
| | 临街状况 | 临规划道路 | 估价对象不临街,位于小区内部 |
| | 商业昭示性及可及性 | 直接临街,视野较好,无遮挡,距道路距离适中,昭示性及可及性较好 | — |
| | 朝向 | 北 | 东 |
| | 所在楼层 | 1 层 | 12 层 |
| 交通条件 | 道路等级及路网条件 | 区域内主要道路有陵州大道、普宁大道、规划道路等主次干道及支路,道路等级和路网密度较高,道路通达状况较好 | 区域内主要道路有中央商务大道、龙滩大道、规划道路等主次干道及支路,道路等级和路网密度较高,道路通达状况较好 |
| | 公共交通及对内交通状况 | 区域内有仁寿 2 路、仁寿 6 路、仁寿 7 路等多路公交路线通过,公共交通便捷度好 | 区域内有仁寿 11 路、仁寿 17 路、仁寿 1 路、仁寿 6 路、仁寿 8 路等多路公交路线通过,公共交通便捷度好 |
| | 对外交通状况 | 距仁寿联营汽车客运站约 4.5 千米,蓉遵高速入口约 7 千米,对外交通较便捷 | 距仁寿联营汽车客运站约 0.8 千米,蓉遵高速入口约 7 千米,对外交通较便捷 |
| | 交通管制情况 | 无交通管制情况 | 无交通管制情况 |
| | 停车方便程度 | 周边设有地下或地上停车场,同时区域道路可临时占道停车,停车较方便 | 周边设有地下或地上停车场,同时区域道路可临时占道停车,停车较方便 |
| | 交通收费情况 | 公交收费 1 元起 | 公交收费 1 元起 |

续表

| 估价对象 | | 仁寿县普宁街道黎光社区里仁路*、*、**、****号"北辰国颂府"*幢1楼商业服务房地产 | 仁寿县怀仁街道龙滩大道一段12号"锦绣大地"*幢*单元12层*号住宅房地产 |
|---|---|---|---|
| 外部配套设施 | 城市基础设施状况 | 区域内水、电、气、视、信、路、宽带网等城市基础设施配套完善 | 区域内水、电、气、视、信、路、宽带网等城市基础设施配套完善 |
| | 公共服务设施 | 中国工商银行、农业银行、邮政储蓄银行、建设银行等均在区域内设有营业网点；<br>星光小学、铧强中学、文缜中学、仁寿一中等教育机构分布周边；<br>仁寿县妇女儿童医院、仁寿县中医医院院等医疗机构分布周边。<br>公共服务配套设施条件较好 | 中国工商银行、农业银行、邮政储蓄银行、建设银行等均在区域内设有营业网点；<br>四川省仁寿县第二高级职业中学、文同实验初中、仁寿县城北小学等教育机构分布周边；<br>仁寿县人民医院、仁寿运长医院、仁寿中南医院等医疗机构分布周边。<br>公共服务配套设施条件较好 |
| | 周围环境和景观 | 自然环境：周边自然环境较好，空气质量较好，无较大噪声污染，环境卫生状况较好；<br>人文环境：区域内人口密度较高，人流量较大，人口构成较平均，收入水平一般，治安状况良好；<br>景观：仁寿城市湿地公园、街头绿化 | 自然环境：周边自然环境较好，空气质量较好，无较大噪声污染，环境卫生状况较好；<br>人文环境：区域内人口密度较高，人流量较大，人口构成较平均，收入水平一般，治安状况良好；<br>景观：仁寿县中央水体公园、街头绿化 |

### （四）估价时点

估价时点为2022年10月27日，为本次评估实地查勘日。

## 二、估价思路

本次估价目的是为确定房地产抵押贷款额度提供参考依据而评估房地产抵押价值，估价范围包括估价对象房屋（含不可剥离的附属设施设备、住宅用房含室内装修）以及其分摊的国有土地使用权，但不含可移动财产。具体估价思路如下。

首先，确定假设未设立法定优先受偿权利下的市场价值。估价对象1～5均为同楼栋同一楼层相邻的5套商业服务用房，可划分为一类，可采用标准价调整法，故本次估价设定估价对象1（普宁街道黎光社区里仁路*号*幢1楼*号）为标准房地产，采用比较法、收益法分别求取估价对象商业服务用房标准房地产比较价值、收益价值，再采用简单算术平均法求取估价对象标准房地产的评估价格。估价对象1～5房屋主要差异因素为进深、建筑面积，其他实物、区位、权益状况因素均相似，故采用标准价调整法，根据进深、建筑面积因素差异，最终求得其他估价对象商业服务用房的评估价格。估价对象6为住宅用房，本次评估直接采用比较法测算其评估价格。

其次，确定房地产估价师知悉的法定优先受偿款。法定优先受偿款是指假定在价值日期实现抵押权时，法律规定优先于本次抵押贷款受偿的款额，包括发包人拖欠承包人的建筑工程价款、已抵押担保的债权额以及其他法定优先受偿款。

最后，确定抵押价值。通过将估价对象假设未设立法定优先受偿权利下的市场价值，减去房地产估价师知悉的法定优先受偿款来求取估价对象抵押价值。

## 三、估价技术说明

### (一)估价方法的选择

本次估价目的是为确定房地产抵押贷款额度提供参考依据而评估房地产抵押价值。房地产估价的常用方法有比较法、收益法、成本法、假设开发法等(见表12-8),估价方法的选用应符合《房地产估价规范》(GB/T 50291—2015)的有关规定。

表12-8 估价方法的适用性分析

| 估价方法 | 估价对象1~5方法适用性分析 | 估价对象6方法适用性分析 | 方法选用 |
| --- | --- | --- | --- |
| 比较法 | 估价对象区域内商业房地产市场交易较为活跃,与估价对象用途一致、类似可比的商业用房交易案例较多,理论上适用,同时客观上具备采用比较法的条件,故本次评估选取比较法对估价对象商业服务用房进行评估 | 估价对象区域内住宅房地产市场交易较为活跃,与估价对象用途一致、类似可比的住宅用房交易案例较多,理论上适用,同时客观上具备采用比较法的条件,故本次评估选取比较法对估价对象住宅用房进行评估 | 估价对象1~6采用比较法 |
| 收益法 | 估价对象区域内房地产租赁市场较为活跃,与估价对象类似商业用房租赁案例较多,理论上适用,同时客观上具备采用收益法的条件,故本次估价商业服务用房可采取收益法进行评估 | 估价对象区域内存在少量住宅用房对外租赁的情况,但租金受套型、面积、室内装修、是否包含家具家电等多因素影响,确定其客观租金的难度较大,且仁寿县住宅用房租金回报低,收益法难以准确反映住宅用房客观价值,故本次估价不宜选取收益法对估价对象进行评估 | 估价对象1~5商业服务用房采用收益法,估价对象6住宅用房不采用收益法 |
| 假设开发法 | 估价对象1~6为已建成并已投入使用的房地产,经规划、房地产等管理部门的验收,已取得《不动产权证书》,在合法原则下能够得到最高最佳利用,理论上不适用假设开发法,故不宜采用假设开发法进行评估 | | 不采用假设开发法 |
| 成本法 | 估价对象1~6作为收益性和流动性较好的房地产,影响价格的主要因素是房地产市场供求关系,而不是房地产开发建设成本高低。运用成本法计算出来的结果不能反映其市场接受程度,理论上不适用成本法,故不宜采用成本法进行评估 | | 不采用成本法 |

综上所述,根据我们掌握的有关资料,同时结合估价对象的具体情况,采用收益法及比较法对估价对象1~5商业服务用房进行估价,采用比较法对估价对象6住宅用房进行估价。

### (二)估价假设

**1. 一般假设**

(1)假设估价对象符合《民法典》《城市房地产抵押管理办法》设置抵押的有关规定,估价对象不存在也不涉及任何法律纠纷,不存在司法机关和行政机关依法裁决、查封或者以其他形式限制该资产权利的情形。

(2)价值时点的房地产市场是公开、公平、自愿的均衡市场。

(3)不动产权利人对估价对象拥有合法的占有权、使用权、收益权和处分权。估价对象在价值时点未发生任何形式的权属转移行为及限制登记情况。

（4）估价对象应以保持价值时点时《不动产权证书》载明的用途继续使用，且为估价对象合法的最高最佳利用用途。

（5）估价对象能合理正常使用公共附属设施设备。

（6）注册房地产估价师对估价对象的查勘仅限于估价对象在价值时点的外观和使用状况，无法对估价对象的隐蔽工程（地基、电气管线、供水管线等需要覆盖、掩盖的工程）、建筑结构质量等进行专业检测。注册房地产估价师对房屋安全、环境污染等影响估价对象价值的重大因素给予了关注，在无理由怀疑估价对象存在安全隐患且无相应的专业机构进行鉴定、检测的情况下，假定估价对象不存在房屋安全隐患及重大环境污染的情形。

（7）注册房地产估价师现场拍摄的估价对象实物照片内容系由不动产权利人代表现场确定之评估范围的实物状况，在本报告中假设其无遗漏和偏离。

**2. 未定事项假设**

无未定事项假设。

**3. 背离事实假设**

无背离事实假设。

**4. 不相一致假设**

无不相一致假设。

**5. 依据不足假设**

无依据不足假设。

**（三）估价报告使用说明（对估价报告使用者的提示）**

**1. 应合理使用评估价值确定房地产抵押贷款额度**

房地产抵押贷款额度 = 抵押价值 × 贷款成数

抵押价值 = 假定未设立法定优先受偿权下的价值 − 法定优先受偿款

= 假定未设立法定优先受偿权下的价值 − 已抵押担保的债权数额 − 拖欠的建设工程价款 − 其他法定优先受偿款

再次抵押价值 = 假定未设立法定优先受偿权下的价值 − 已抵押贷款余额 ÷ 社会一般贷款成数 − 拖欠的建设工程价款 − 其他法定优先受偿款

贷款成数的确定应充分考虑如下因素：

（1）估价对象的可流通性、可处分性；

（2）房地产市场价格波动风险；

（3）短期强制处分的不确定性及变现费用；

（4）物业转让时应缴纳的各项税费；

（5）借款人的资信状况与还款能力。

同时，根据《民法典》及《城市房地产抵押管理办法》的有关规定，办理抵押贷款手续时应到有关机关办理抵押登记。当事人未办理抵押物登记的，不得对抗第三人。

**2. 应定期或者在房地产市场价格变化较快时对房地产抵押价值进行再评估**

### （四）估价报告使用限制

（1）估价对象的房屋建筑面积和房地产权属状况是根据不动产权利人提供的《不动产权证书》复印件登记情况为依据，我们无法确保本报告估价对象的建筑面积和房地产权属状况与房地产权属登记部门"房地产登记簿"中所记载的上述内容无差异，故本报告不能作为确定估价对象权属和面积的依据。

（2）不动产权利人提供的资料和陈述的情况直接影响我们的估价分析和结论，因此不动产权利人应对提供资料和陈述情况的合法性、真实性、完整性及其引起的后果负责；注册房地产估价师对所收集资料的真实性、准确性负责；评估机构对评估结果的公正性、准确性负责。因不动产权利人提供的资料和陈述的情况失实造成评估结果有误的，评估机构和注册房地产估价师不承担相应责任。

我们未对不动产权利人提供的《抵押评估委托估价承诺函》中承诺的相关事项进行调查确认。若不动产权利人承诺事项不实，造成估价师判定的法定优先受偿款有误，应调整估价结果或重新委托评估。

（3）根据《民法典》第三百九十七条，以建筑物抵押的，该建筑物占用范围内的建设用地使用权一并抵押。以建设用地使用权抵押的，该土地上的建筑物一并抵押。抵押人未依照前款规定一并抵押的，未抵押的财产视为一并抵押。

故本估价结果包括房屋（含不可剥离的附属设施设备、住宅用房含室内装修）及其占用分摊的建设用地使用权的价值，但不含家具家电等可移动财产的价值。该建设用地使用权、附属的设施设备、住宅用房室内装修若与房屋割离处置，则本估价结果无效。

（4）本报告确定的价格为交易双方按相关法规的规定负担各自应负担税费下的价格。

（5）本报告估价结果未考虑未来市场变化风险、不可抗力及短期强制处分等因素对其价格的影响。

（6）本报告使用期限为一年（2022年12月23日至2023年12月22日）。

## 四、估价测算过程

### （一）采用比较法对估价对象商业服务用房标准房地产进行测算

**1. 选取可比实例**

可比实例房地产应是估价对象的类似房地产，是与估价对象的区域、用途、权利性质、档次、规模、建筑结构等相同或相似的房地产。因此，选取的可比实例应满足下列要求：与估价对象的区位相近；与估价对象的实际用途相同；与估价对象的权利性质相同；与估价对象的档次相当；与估价对象的规模相当；与估价对象的建筑结构相同。

经过筛选，注册房地产估价师根据估价对象实物状况、权益状况及所在区位状况，从市场收集的交易信息中选取了A、B、C三个与估价对象相似的交易实例作为可比实例（见表12-9）。

表 12-9　估价对象商业服务用房标准房地产可比实例情况

| 项目 | 可比实例 A | 可比实例 B | 可比实例 C |
| --- | --- | --- | --- |
| 楼盘名称 | 北辰国颂府 | 北辰国颂府 | 北辰国颂府 |
| 位置 | 普宁街道黎光社区里仁路12号5幢1楼12号 | 普宁街道黎光社区里仁路14号5幢1楼14号 | 普宁街道黎光社区里仁路26号5幢1楼26号 |
| 用途 | 商业服务用房 | 商业服务用房 | 商业服务用房 |
| 档次 | 普通商住楼盘 | 普通商住楼盘 | 普通商住楼盘 |
| 土地权利性质 | 零售商业用地 | 零售商业用地 | 零售商业用地 |
| 结构 | 混合结构（钢混） | 混合结构（钢混） | 混合结构（钢混） |
| 建筑面积（平方米） | 40.06 | 41.54 | 44 |
| 成交单价（元/平方米） | 18900 | 18900 | 18450 |
| 交易日期 | 2022年9月 | 2022年9月 | 2022年5月 |
| 交易情况 | 正常 | 正常 | 正常 |
| 备注 | 其他参见表12-10 | | |

**2. 建立比较基础**

建立比较基础一般要完成以下工作。

（1）统一房地产范围：本次评估在筛选可比实例时，选择了不带债权债务，不含其他非房地产成分，实物范围一致的可比房地产，包括建筑物（不可剥离的附属设施设备）及分摊的土地使用权。

（2）统一付款方式：本次可比实例均为一次性付款的价格，可比实例的付款方式与估价对象设定的一次性付款方式一致，不需要进行调整。

（3）统一融资条件：本次可比实例均为一次性付款、无融资差异下的价格，可比实例的融资条件与估价对象一致，不需要进行调整。

（4）统一税费负担：本次可比实例均为交易税费由交易双方按照法律法规规定各自正常负担的价格，不需要进行调整。

（5）统一价格单位：本次评估的可比实例价格为单价，币种为人民币，货币单位为元/平方米，按建筑面积计价。

**3. 交易情况修正**

选取的A、B、C三个案例均为正常交易，无须修正，故修正系数为100/100。

**4. 市场状况调整（交易日期调整）**

选取的A、B、C三个案例的交易日期与价值时点接近，时间差异在半年以内，且在此期间内该类房地产价格无明显波动，故交易日期修正系数均为100/100。

**5. 房地产状况调整**

房地产状况调整分为实物状况调整、权益状况调整和区位状况调整。以估价对象的各因素条件为基础，确定其相应指数为100，对估价对象的价格影响因素进行指数量化，将其分为五个等级幅度（见表12-11），然后将可比实例各因素分别与之进行比较，量化出相应指数（见表12-12）。

表 12-10 比较因素条件说明

| 因素 | | 估价对象 | 可比实例 A | 可比实例 B | 可比实例 C |
|---|---|---|---|---|---|
| 物业名称 | | 北辰国颂府 | 北辰国颂府 | 北辰国颂府 | 北辰国颂府 |
| 位置 | | 仁寿县普宁街道黎光社区里仁路*号*幢1楼*号 | 普宁街道黎光社区里仁路12号5幢1楼12号 | 普宁街道黎光社区里仁路14号5幢1楼14号 | 普宁街道黎光社区里仁路26号5幢1楼26号 |
| 交易情况 | | 正常 | 正常 | 正常 | 正常 |
| 交易日期 | | 设定为2022年10月27日 | 2022年9月 | 2022年9月 | 2022年5月 |
| 市场状况 | | — | 一致，无明显变化 | 一致，无明显变化 | 一致，无明显变化 |
| 交易价格（元/平方米） | | — | 18900（一次性付款价） | 18900（一次性付款价） | 18450（一次性付款价） |
| 实物状况 | 商业业态 | 临街商业 | 临街商业 | 临街商业 | 临街商业 |
| | 设施设备配置 | 通水、电、气、信、烟感、喷淋、消火栓 | 通水、电、气、信、烟感、喷淋、消火栓。与估价对象相似 | 通水、电、气、信、烟感、喷淋、消火栓。与估价对象相似 | 通水、电、气、信、烟感、喷淋、消火栓。与估价对象相似 |
| | 外观 | 外墙：石材 | 外墙：石材 | 外墙：石材 | 外墙：石材 |
| | 室内装修 | 室内：清水，玻璃推拉门入户 | 室内：清水，玻璃推拉门入户。与估价对象相似 | 室内：清水，玻璃推拉门入户。与估价对象相似 | 室内：清水，玻璃推拉门入户。与估价对象相似 |
| | 空间布局 | 临街商业布局，单开间约4.15米，进深约11.5米（含约3.5米赠送进深），利用较方便 | 临街商业布局，单开间约4.15米，进深约13（含约3.5米赠送进深），利用较方便。与估价对象相似 | 临街商业布局，单开间约4.15米，进深约13（含约3.5米赠送进深），利用较方便。与估价对象相似 | 临街商业布局，单开间约4.15米，进深约13（含约3.5米赠送进深），利用较方便。与估价对象相似 |
| | 建筑面积 | 34.39平方米 | 40.06平方米，与估价对象较好 | 41.54平方米，与估价对象相似 | 44平方米，与估价对象相似 |
| | 备注：建筑面积小于15平方米为好，[15~30平方米]为较好，[30~50平方米]为一般 | | | [50~80平方米]为较差，≥80平方米为差 | |
| | 层高 | 约6米 | 约6米，与估价对象相似 | 约6米，与估价对象相似 | 约6米，与估价对象相似 |
| | 总楼层 | 21层 | 21层，与估价对象相似 | 21层，与估价对象相似 | 21层，与估价对象相似 |
| | 楼盘档次及楼盘形象 | 普通商住楼盘，楼盘整体建筑形象一般 | 普通商住楼盘，楼盘整体建筑形象较好 | 普通商住楼盘，楼盘整体建筑形象较好 | 普通商住楼盘，楼盘整体建筑形象较好 |
| | 建筑规模 | 楼盘整体建筑规模一般 | 楼盘整体建筑规模一般 | 楼盘整体建筑规模一般 | 楼盘整体建筑规模一般 |

续表

| 因素 | | 估价对象 | 可比实例 A | 可比实例 B | 可比实例 C |
|---|---|---|---|---|---|
| 实物状况 | 建成时间及维护、保养情况及完损状况 | 约于2022年建成，正常进行维护保养，维护保养状况好 | 约于2022年建成，正常进行维护保养，维护保养状况好。与估价对象相似 | 约于2022年建成，正常进行维护保养，维护保养状况好。与估价对象相似 | 约于2022年建成，正常进行维护保养，维护保养状况好。与估价对象相似 |
| | 土地实物状况 | 宗地面积适中，形状近似为矩形，所在宗地地处平原，地势平坦，无影响建筑修建的不良地势、地质和水文状况，宗地外开发程度达"六通"（通上水、通下水、通电、通路、通信、通气），宗地内开发程度达"六通一平"（通上水、通下水、通电、通路、通信、通气及场地平整），土地实物状况总体较好 | 宗地面积适中，形状近似为矩形，所在宗地地处平原，地势平坦，无影响建筑修建的不良地势、地质和水文状况，宗地外开发程度达"六通"（通上水、通下水、通电、通路、通信、通气），宗地内开发程度达"六通一平"（通上水、通下水、通电、通路、通信、通气及场地平整），土地实物状况总体较好，与估价对象相似 | 宗地面积适中，形状近似为矩形，所在宗地地处平原，地势平坦，无影响建筑修建的不良地势、地质和水文状况，宗地外开发程度达"六通"（通上水、通下水、通电、通路、通信、通气），宗地内开发程度达"六通一平"（通上水、通下水、通电、通路、通信、通气及场地平整），土地实物状况总体较好，与估价对象相似 | 宗地面积适中，形状近似为矩形，所在宗地地处平原，地势平坦，无影响建筑修建的不良地势、地质和水文状况，宗地外开发程度达"六通"（通上水、通下水、通电、通路、通信、通气），宗地内开发程度达"六通一平"（通上水、通下水、通电、通路、通信、通气及场地平整），土地实物状况总体较好，与估价对象相似 |
| 权益状况 | | 共有情况：单独所有；用益物权情况：无；担保及查封限制权利情况：无；租赁情况：空置；拖欠税费情况：设定为无；权益状况清晰，无瑕疵，剩余土地使用年限为34.84年，对市场售价无明显影响；物业管理：由专业物业管理公司管理 | 共有情况：单独所有；用益物权情况：无；担保及查封限制权利情况：无；租赁情况：空置；拖欠税费情况：设定为无；权益状况清晰，无瑕疵，剩余土地使用年限为34.84年，对市场售价无明显影响；物业管理：由专业物业管理公司管理。权益状况与估价对象相似 | 共有情况：单独所有；用益物权情况：无；担保及查封限制权利情况：无；租赁情况：空置；拖欠税费情况：设定为无；权益状况清晰，无瑕疵，剩余土地使用年限为34.84年，对市场售价无明显影响；物业管理：由专业物业管理公司管理。权益状况与估价对象相似 | 共有情况：单独所有；用益物权情况：无；担保及查封限制权利情况：无；租赁情况：出租作为商业用房，正常出租；拖欠税费情况：设定为无；权益状况清晰，无瑕疵，剩余土地使用年限为34.84年，对市场售价无明显影响；物业管理：由专业物业管理公司管理。权益状况与估价对象相似 |

续表

| 因素 | | 估价对象 | 可比实例 A | 可比实例 B | 可比实例 C |
|---|---|---|---|---|---|
| 区位状况 | 位置 坐落及方位 | 位于仁寿县普宁街道黎光社区仁寿路"北辰国颂府"*号*幢1楼*号，地处仁寿县城东新城 | 位于仁寿县普宁街道黎光社区仁寿路"北辰国颂府"12号5幢1楼12号，地处仁寿县城东新城。与估价对象相似 | 位于仁寿县普宁街道黎光社区仁寿路"北辰国颂府"14号5幢1楼14号，地处仁寿县城东新城。与估价对象相似 | 位于仁寿县普宁街道黎光社区仁寿路"北辰国颂府"26号5幢1楼26号，地处仁寿县城东新城。与估价对象相似 |
| | 商服繁华度 | 距万达广场（天府仁寿店）约1.8千米，距天府万象广场约1.8千米，区域内以住宅底商为主，主要业态有银行、超市、餐饮、百货等，区域商服繁华度较好 | 距万达广场（天府仁寿店）约1.8千米，距天府万象广场约1.8千米，区域内以住宅底商为主，主要业态有银行、超市、餐饮、百货等，区域商服繁华较好。与估价对象相似 | 距万达广场（天府仁寿店）约1.8千米，距天府万象广场约1.8千米，区域内以住宅底商为主，主要业态有银行、超市、餐饮、百货等，区域商服繁华较好。与估价对象相似 | 距万达广场（天府仁寿店）约1.8千米，距天府万象广场约1.8千米，区域内以住宅底商为主，主要业态有银行、超市、餐饮、百货等，区域商服繁华较好。与估价对象相似 |
| | 临街状况 | 临规划道路 | 临规划道路，与估价对象相似 | 临规划道路，与估价对象相似 | 临规划道路，与估价对象相似 |
| | 昭示性 | 直接临街，视野无遮挡，昭示性较好 | 直接临街，视野无遮挡，昭示性较好。与估价对象相似 | 直接临街，视野无遮挡，昭示性较好。与估价对象相似 | 直接临街，视野无遮挡，昭示性较好。与估价对象相似 |
| | 可及性 | 与街道距离适中，无绿化带等障碍物，可及性较好 | 与街道距离适中，无绿化带等障碍物，可及性较好。与估价对象相似 | 与街道距离适中，无绿化带等障碍物，可及性较好。与估价对象相似 | 与街道距离适中，无绿化带等障碍物，可及性较好。与估价对象相似 |
| | 所在楼层 | 1层 | 1层，与估价对象相似 | 1层，与估价对象相似 | 1层，与估价对象相似 |

续表

| 因素 | | 估价对象 | 可比实例 A | 可比实例 B | 可比实例 C |
|---|---|---|---|---|---|
| 区位状况 | 交通条件 | ①道路等级：区域内主要道路有陵州大道、普宁大道、规划道路等主次干道及支路，道路等级和路网密度较高，道路通达状况较好；②对内交通：区域内有仁寿 2 路、仁寿 6 路、仁寿 7 路等多路公交路线通过，公共交通便捷度好；③对外交通：距仁寿联普汽车客运站约 4.5 千米，距蓉遵高速入口约 7 千米，对外交通较便捷；④交通管制情况：无交通管制情况；⑤停车方便程度：所在项目及周边均设有地面或地下停车场；⑥交通收费情况：公交车 1 元起 | ①道路等级：区域内主要道路有陵州大道、普宁大道、规划道路等主次干道及支路，道路等级和路网密度较高，道路通达状况较好；②对内交通：区域内有仁寿 2 路、仁寿 6 路、仁寿 7 路等多路公交路线通过，公共交通便捷度好；③对外交通：距仁寿联普汽车客运站约 4.5 千米，距蓉遵高速入口约 7 千米，对外交通较便捷；④交通管制情况：无交通管制情况；⑤停车方便程度：所在项目及周边均设有地面或地下停车场；⑥交通收费情况：公交车 1 元起。交通条件与估价对象相似 | ①道路等级：区域内主要道路有陵州大道、普宁大道、规划道路等主次干道及支路，道路等级和路网密度较高，道路通达状况较好；②对内交通：区域内有仁寿 2 路、仁寿 6 路、仁寿 7 路等多路公交路线通过，公共交通便捷度好；③对外交通：距仁寿联普汽车客运站约 4.5 千米，距蓉遵高速入口约 7 千米，对外交通较便捷；④交通管制情况：无交通管制情况；⑤停车方便程度：所在项目及周边均设有地面或地下停车场；⑥交通收费情况：公交车 1 元起。交通条件与估价对象相似 | ①道路等级：区域内主要道路有陵州大道、普宁大道、规划道路等主次干道及支路，道路等级和路网密度较高，道路通达状况较好；②对内交通：区域内有仁寿 2 路、仁寿 6 路、仁寿 7 路等多路公交路线通过，公共交通便捷度好；③对外交通：距仁寿联普汽车客运站约 4.5 千米，距蓉遵高速入口约 7 千米，对外交通较便捷；④交通管制情况：无交通管制情况；⑤停车方便程度：所在项目及周边均设有地面或地下停车场；⑥交通收费情况：公交车 1 元起。交通条件与估价对象相似 |

续表

| 因素 | | 估价对象 | 可比实例 A | 可比实例 B | 可比实例 C |
|---|---|---|---|---|---|
| 外部配套设施 | 城市基础设施状况 | 所在区域内水、电、气、视、信、路、宽带网等城市基础设施配套完善 | 所在区域内水、电、气、视、信、路、宽带网等城市基础设施配套完善 | 所在区域内水、电、气、视、信、路、宽带网等城市基础设施配套完善 | 所在区域内水、电、气、视、信、路、宽带网等城市基础设施配套完善 |
| | 公共服务设施情况 | 银行、医院、各类学校、休闲娱乐设施、分布周边，配套条件齐全 | 银行、医院、各类学校、休闲娱乐设施、分布周边，配套条件齐全 | 银行、医院、各类学校、休闲娱乐设施、分布周边，配套条件齐全 | 银行、医院、各类学校、休闲娱乐设施、分布周边，配套条件齐全 |
| 区位状况 | 周围环境和景观 | 自然环境：周边自然环境较好，空气质量较好，无较大噪声污染，环境卫生状况较好；人文环境：区域内人口密度较高，人流量较大，人口构成水平一般，治安状况良好；景观：仁寿城市湿地公园、街头绿化。周围环境和景观与估价对象相似 | 自然环境：周边自然环境较好，空气质量较好，无较大噪声污染，环境卫生状况较好；人文环境：区域内人口密度较高，人流量较大，人口构成水平一般，治安状况良好；景观：仁寿城市湿地公园、街头绿化。周围环境和景观与估价对象相似 | 自然环境：周边自然环境较好，空气质量较好，无较大噪声污染，环境卫生状况较好；人文环境：区域内人口密度较高，人流量较大，人口构成水平一般，治安状况良好；景观：仁寿城市湿地公园、街头绿化。周围环境和景观与估价对象相似 | 自然环境：周边自然环境较好，空气质量较好，无较大噪声污染，环境卫生状况较好；人文环境：区域内人口密度较高，人流量较大，人口构成水平一般，治安状况良好；景观：仁寿城市湿地公园、街头绿化。周围环境和景观与估价对象相似 |

表 12-11 比较因素条件指数幅度

| | 比较结果 | 好 | 较好 | 相似 | 较差 | 差 |
|---|---|---|---|---|---|---|
| 实物状况 | 商业业态 | 104 | 102 | 100 | 98 | 96 |
| | 设施设备配置 | 104 | 102 | 100 | 98 | 96 |
| | 外观 | 106 | 103 | 100 | 97 | 94 |
| | 室内装修 | 106 | 103 | 100 | 97 | 94 |
| | 空间布局 | 106 | 103 | 100 | 97 | 94 |
| | 建筑面积 | 104 | 102 | 100 | 98 | 96 |
| | 层高 | 104 | 102 | 100 | 98 | 96 |
| | 总楼层 | 102 | 101 | 100 | 99 | 98 |
| | 楼盘档次及楼盘形象 | 106 | 103 | 100 | 97 | 94 |
| | 建筑规模 | 102 | 101 | 100 | 99 | 98 |
| | 建成时间及维护、保养情况及完损状况 | 102 | 101 | 100 | 99 | 98 |
| | 土地实物状况 | 106 | 103 | 100 | 97 | 94 |
| 权益状况 | | 108 | 104 | 100 | 96 | 92 |
| 区位状况 | 位置 坐落与方位 | 102 | 101 | 100 | 99 | 98 |
| | 位置 商服繁华度 | 104 | 102 | 100 | 98 | 96 |
| | 位置 临街状况 | 102 | 101 | 100 | 99 | 98 |
| | 位置 昭示性 | 102 | 101 | 100 | 99 | 98 |
| | 位置 可及性 | 102 | 101 | 100 | 99 | 98 |
| | 位置 所在楼层 | 104 | 102 | 100 | 98 | 96 |
| | 交通条件 | 104 | 102 | 100 | 98 | 96 |
| | 外部配套设施 城市基础设施状况 | 106 | 103 | 100 | 97 | 94 |
| | 外部配套设施 公共服务设施情况 | 106 | 103 | 100 | 97 | 94 |
| | 周围环境和景观 | 104 | 102 | 100 | 98 | 96 |

表 12-12 可比实例比较因素修正指数

| | 因素 | 可比实例 A 比较 | 可比实例 A 分值 | 可比实例 B 比较 | 可比实例 B 分值 | 可比实例 C 比较 | 可比实例 C 分值 |
|---|---|---|---|---|---|---|---|
| 实物状况 | 商业业态 | 相似 | 100 | 相似 | 100 | 相似 | 100 |
| | 设施设备配置 | 相似 | 100 | 相似 | 100 | 相似 | 100 |
| | 外观 | 相似 | 100 | 相似 | 100 | 相似 | 100 |
| | 室内装修 | 相似 | 100 | 相似 | 100 | 相似 | 100 |
| | 空间布局 | 相似 | 100 | 相似 | 100 | 相似 | 100 |
| | 建筑面积 | 相似 | 100 | 相似 | 100 | 相似 | 100 |
| | 层高 | 相似 | 100 | 相似 | 100 | 相似 | 100 |
| | 总楼层 | 相似 | 100 | 相似 | 100 | 相似 | 100 |
| | 楼盘档次及楼盘形象 | 相似 | 100 | 相似 | 100 | 相似 | 100 |
| | 建筑规模 | 相似 | 100 | 相似 | 100 | 相似 | 100 |
| | 建成时间及维护、保养情况及完损状况 | 相似 | 100 | 相似 | 100 | 相似 | 100 |
| | 土地实物状况 | 相似 | 100 | 相似 | 100 | 相似 | 100 |

续表

| 因素 | | | 可比实例 A | | 可比实例 B | | 可比实例 C | |
|---|---|---|---|---|---|---|---|---|
| | | | 比较 | 分值 | 比较 | 分值 | 比较 | 分值 |
| 实物状况修正指数汇总 | | | — | 100 | — | 100 | — | 100 |
| 权益状况修正指数 | | | 相似 | 100 | 相似 | 100 | 相似 | 100 |
| 区位状况 | 位置 | 坐落与方位 | 相似 | 100 | 相似 | 100 | 相似 | 100 |
| | | 商服繁华度 | 相似 | 100 | 相似 | 100 | 相似 | 100 |
| | | 临街状况 | 相似 | 100 | 相似 | 100 | 相似 | 100 |
| | | 昭示性 | 相似 | 100 | 相似 | 100 | 相似 | 100 |
| | | 可及性 | 相似 | 100 | 相似 | 100 | 相似 | 100 |
| | | 所在楼层 | 相似 | 100 | 相似 | 100 | 相似 | 100 |
| | 交通条件 | | 相似 | 100 | 相似 | 100 | 相似 | 100 |
| | 外部配套设施 | 城市基础设施状况 | 相似 | 100 | 相似 | 100 | 相似 | 100 |
| | | 公共服务设施情况 | 相似 | 100 | 相似 | 100 | 相似 | 100 |
| | 周围环境和景观 | | 相似 | 100 | 相似 | 100 | 相似 | 100 |
| 区位状况修正指数汇总 | | | — | 100 | — | 100 | — | 100 |
| 房地产状况调整指数汇总 | | | — | 100 | — | 100 | — | 100 |

**6. 比较价值计算**

采用调整系数连乘法来计算比较价值，然后再采用算术平均法测算得出各结果，如表 12-13 所示。

表 12-13 估价对象商业服务用房标准房地产可比实例比较价值计算

| 项目 | 可比实例 A | 可比实例 B | 可比实例 C |
|---|---|---|---|
| 交易单价（元/平方米） | 18900 | 18900 | 18450 |
| 交易情况修正系数 | 100/100 | 100/100 | 100/100 |
| 市场状况调整系数 | 100/100 | 100/100 | 100/100 |
| 房地产状况调整系数 | 100/100 | 100/100 | 100/100 |
| 修正后单价（元/平方米，取整） | 18900 | 18900 | 18450 |
| 计算过程 | 18900 × （100/100）×（100/100）×（100/100） | 18900 × （100/100）×（100/100）×（100/100） | 18450 × （100/100）×（100/100）×（100/100） |

利用估价对象商业服务用房标准房地产的三个可比实例测算出来的比较价值差异小（差异约 2%），差异在合理范围内，三个交易案例均有较强的可比性，其比较价值均能较好地反映估价对象商业服务用房的客观价值，因此本次评估采用简单算术平均法求取估价对象商业服务用房标准房地产的比较价值，则

估价对象商业服务用房标准房地产比较价值 = (18900 + 18900 + 18450) ÷ 3
= 18750 元 / 平方米（拾位取整）

**（二）采用收益法对估价对象商业服务用房标准房地产进行测算**

**1. 选择具体的估价模型**

根据《房地产估价规范》（GB/T 50291—2015）4.3.2，应用收益法估价时，应区分报酬

资本化法和直接资本化法，并优先选用报酬资本化法，故本次估价选用报酬资本化法。报酬资本化法估计时，应区分全剩余寿命模式和持有加转售模式。估价对象1~5商业服务用房位于仁寿县普宁街道黎光社区里仁路"北辰国颂府"小区，地处仁寿县城东新城，结合估价对象实际情况，本次评估收益法采用全剩余寿命模式。

根据本公司掌握的资料，眉山市近年来商业服务用房租金呈现逐年递增的变化趋势，综合考虑估价对象实际状况、所在区域市场状况等因素，我们预测估价对象所在区域未来商业服务用房租金将整体呈现逐年递增趋势。根据年租金变化情况并结合项目状况，本次估价假设估价对象净收益在收益年限内按一定比例等比逐年递增。其适用公式如下。

$$V = \frac{A}{Y-g}\left[1-\left(\frac{1+g}{1+Y}\right)^n\right]$$

式中：$V$——收益价值（元/平方米）；$A$——未来第一年净收益（元/平方米）；$Y$——报酬率（%）；$n$——未来可获收益的年限（年）；$g$——未来净收益等比递增比例（%）。

**2. 测算收益期**

根据《房地产估价规范》（GB/T 50291—2015）4.3.6，收益期应根据土地使用权剩余期限和建筑物剩余经济寿命进行测算。估价对象建筑物竣工日期为2022年，即刚交房，由于混合结构（钢混）非生产性科研用房耐用年限最高为60年，因此建筑物尚可使用年限约为60年；根据估价委托人提供的《不动产权证书》记载，估价对象商业服务用房标准房地产土地使用期限为2057年8月28日，至价值时点，估价对象商业服务用房标准房地产土地剩余年限为34.84年。根据《房地产估价规范》4.3.16第3条，对建筑物剩余经济寿命超过土地使用权剩余期限，且出让合同未约定建设用地使用权期间届满无偿收回土地使用权及地上建筑物的房地产，收益价值应为按收益期计算的价值，加建筑物在收益期结束时的价值折现到价值时点的价值。本次估价对象建筑物剩余经济寿命超过土地使用权剩余期限，故本报告收益期按估价对象商业服务用房标准房地产土地使用权剩余期限计算，即

$$n = 34.84 年$$

**3. 测算未来收益**

根据注册房地产估价师实地查勘及不动产权利人介绍，至价值时点，估价对象1~5为空置状态，不存在租赁情况，故本次评估直接采用比较法求取估价对象市场租金，未来收益根据市场租金及租金递增情况进行预测。

（1）采用比较法对估价对象商业房地产市场租金进行测算。在房地产市场比较发达的情况下，比较法是一种说服力强、适用范围广的估价方法。

步骤：①搜集交易实例；②选取可比实例；③建立价格比较基础；④进行交易情况修正；⑤进行市场状况调整；⑥进行房地产状况调整；⑦求出比较价值。

其计算公式为

比较租金 = 可比实例房地产的市场租金 × 交易情况修正系数 ×
市场状况调整系数 × 房地产状况调整系数

分别选取三个与估价对象相同结构、相同用途、相似规模、相似档次的收益性物业的客观租金作为可比实例，通过对其交易情况、交易时间、区域因素及个别因素进行比较修

正后求取估价对象比较租金。

①选取可比实例。可比实例房地产应是与估价对象类似的房地产，即与估价对象的区域、用途、权利性质、档次、规模、建筑结构等相同或相似的房地产。因此，选取的可比实例应满足下列要求：与估价对象的区位相近；与估价对象的用途相同；与估价对象的权利性质相同；与估价对象的档次相当；与估价对象的规模相当；与估价对象的建筑结构相同。

经过筛选，注册房地产估价师根据估价对象实物状况、权益状况及所在区域状况，从市场收集的租赁交易信息中选取了A、B、C三个与估价对象相似的交易案例作为可比实例（见表12-14）。

表12-14　估价对象商业服务用房标准房地产租赁可比实例情况

| 项目 | 可比实例A | 可比实例B | 可比实例C |
| --- | --- | --- | --- |
| 楼盘名称 | 北辰国颂府 | 北辰国颂府 | 北辰国颂府 |
| 位置 | 普宁街道黎光社区里仁路38号5幢1楼38号 | 普宁街道黎光社区里仁路42号6幢1楼42号 | 普宁街道黎光社区里仁路26号5幢1楼26号 |
| 用途 | 商业服务用房 | 商业服务用房 | 商业服务用房 |
| 档次 | 普通商住楼盘 | 普通商住楼盘 | 普通商住楼盘 |
| 土地权利性质 | 零售商业用地 | 零售商业用地 | 零售商业用地 |
| 建筑结构 | 混合结构（钢混） | 混合结构（钢混） | 混合结构（钢混） |
| 建筑面积（平方米） | 约40 | 约40 | 44 |
| 租赁价格（元/平方米·月，建筑面积） | 72 | 70 | 68 |
| 交易日期 | 2022年10月 | 2022年10月 | 2022年10月 |
| 交易情况 | 正常 | 正常 | 正常 |
| 备注 | 其他参见表12-15 | | |

②建立价格比较基础。建立价格比较基础一般要做以下工作。

a）统一房地产范围：本次评估在筛选可比实例时，选择了不含室内装修，不含其他非房地产成分，实物范围一致的可比房地产。

b）统一付款方式：本次可比实例均为按年付款的价格，不需要进行调整。

c）同一融资条件：本次可比实例均为常规融资条件下的价格（租金比较不考虑此项条件）。

d）统一税费负担：本次可比实例价格均为交易税费由交易双方按照法律法规规定各种正常负担的价格，故不需要进行调整。

e）统一价格单位：本次评估的可比实例价格为单价，币种为人民币，货币单位为元/平方米·月，按建筑面积计价。

③进行交易情况修正。所选取的A、B、C三个案例均为正常交易，无须修正，故修正系数为100/100。

④进行市场状况调整（交易日期调整）。所选取的A、B、C三个案例的交易日期与价值时点接近，且在该期间内该类商业服务用房租金无明显波动，故交易日期修正系数均为100/100。

表 12-15 比较因素说明

| 因素 | | 估价对象 | 可比实例 A | 可比实例 B | 可比实例 C |
|---|---|---|---|---|---|
| 物业名称 | | 北辰国颂府 | 北辰国颂府 | 北辰国颂府 | 北辰国颂府 |
| 位置 | | 仁寿县普宁街道黎光社区里仁路*号*幢1楼*号 | 普宁街道黎光社区里仁路38号5幢1楼38号 | 普宁街道黎光社区里仁路42号6幢1楼42号 | 普宁街道黎光社区里仁路26号5幢1楼26号 |
| 交易情况 | | 正常 | 正常 | 正常 | 正常 |
| 成交日期 | | 设定2022年10月27日 | 2022年10月 | 2022年10月 | 2022年10月 |
| 成交租赁价格（元/平方米·月，建筑面积） | | 待估 | 72 | 70 | 68 |
| 付款方式 | | 按年付款 | 按年付款 | 按年付款 | 按年付款 |
| 实物状况 | 商业业态 | 临街商业 | 临街商业 | 临街商业 | 临街商业 |
| | 设施设备配置 | 通水、电、气、信、烟感、喷淋、消火栓 | 通水、电、气、信、烟感、喷淋、消火栓。与估价对象相似 | 通水、电、气、信、烟感、喷淋、消火栓。与估价对象相似 | 通水、电、气、信、烟感、喷淋、消火栓。与估价对象相似 |
| | 外观 | 外墙：石材 | 外墙：石材 | 外墙：石材 | 外墙：石材 |
| | 室内装修 | 室内：清水，玻璃推拉门入户 | 出租时为清水出租。与估价对象相似 | 出租时为清水出租。与估价对象相似 | 出租时为清水出租。与估价对象相似 |
| | 空间布局 | 临街商业布局，单开间约4.15米，进深约11.5米（含约3.5米赠送进深），利用较方便 | 临街商业布局，单开间约4米，进深约13米（含约3.5米赠送进深），利用较方便。与估价对象相似 | 临街商业布局，单开间约4米，进深约13米（含约3.5米赠送进深），利用较方便。与估价对象相似 | 临街商业布局，单开间约4.15米，进深约13米（含约3.5米赠送进深），利用较方便。与估价对象相似 |
| | 建筑面积 | 34.39平方米 | 约40平方米，与估价对象相似 | 约40平方米，[30~50平方米]为一般，与估价对象相似 | 44平方米，与估价对象相似 |
| | 备注：建筑面积小于15平方米为较好，[15~30平方米]为一般 | | | [30~50平方米]为较差 | [50~80平方米]为较差，≥80平方米为差 |
| | 层高 | 层高约6米 | 约6米，与估价对象相似 | 约6米，与估价对象相似 | 约6米，与估价对象相似 |
| | 建成时间、维护保养及完损状况 | 约于2022年建成，正常进行维护保养，维护保养状况好 | 约于2022年建成，正常进行维护保养，维护保养状况好。与估价对象相似 | 约于2022年建成，正常进行维护保养，维护保养状况好。与估价对象相似 | 约于2022年建成，正常进行维护保养，维护保养状况好。与估价对象相似 |

续表

| 因素 | | 估价对象 | 可比实例 A | 可比实例 B | 可比实例 C |
|---|---|---|---|---|---|
| 实物状况 | 楼盘档次及楼盘形象 | 普通商住楼盘、楼盘形象较好 | 普通商住楼盘、楼盘形象较好 | 普通商住楼盘、楼盘形象较好 | 普通商住楼盘、楼盘形象较好 |
| | 楼盘规模 | 商业规模一般 | 商业规模一般 | 商业规模一般 | 商业规模一般 |
| | 土地实物状况 | 宗地面积适中，形状近似为矩形，所在宗地处平原，地势平坦，无影响建筑修建的不良地质和水文状况，宗地外开发程度达"六通"（通上水、通下水、通电、通信、通路、通气），宗地内开发程度达"六通一平"（通上水、通电、通信、通路、通气及场地平整），土地实物状况总体较好 | 宗地面积适中，形状近似为矩形，所在宗地处平原，地势平坦，无影响建筑修建的不良地质和水文状况，宗地外开发程度达"六通"（通上水、通下水、通电、通信、通路、通气），宗地内开发程度达"六通一平"（通上水、通电、通信、通路、通气及场地平整）。土地实物状况与估价对象相似 | 宗地面积适中，形状近似为矩形，所在宗地处平原，地势平坦，无影响建筑修建的不良地质和水文状况，宗地外开发程度达"六通"（通上水、通下水、通电、通信、通路、通气），宗地内开发程度达"六通一平"（通上水、通电、通信、通路、通气及场地平整）。土地实物状况与估价对象相似 | 宗地面积适中，形状近似为矩形，所在宗地处平原，地势平坦，无影响建筑修建的不良地质和水文状况，宗地外开发程度达"六通"（通上水、通下水、通电、通信、通路、通气），宗地内开发程度达"六通一平"（通上水、通电、通信、通路、通气及场地平整）。土地实物状况与估价对象相似 |
| | 权益状况 | 权益状况无瑕疵，剩余土地使用年限对物业租金无明显影响 | 权益状况无瑕疵，剩余土地使用年限对物业租金无明显影响 | 权益状况无瑕疵，剩余土地使用年限对物业租金无明显影响 | 权益状况无瑕疵，剩余土地使用年限对物业租金无明显影响 |
| | | 本次为求取估价对象的市场租金，故设定为出租 | 出租，租金与市场租金相似，短期租赁，无影响 | 出租，租金与市场租金相似，短期租赁，无影响 | 出租，租金与市场租金相似，短期租赁，无影响 |
| | | 由专业物业公司进行管理 | 由专业物业公司进行管理。与估价对象相似 | 由专业物业公司进行管理。与估价对象相似 | 由专业物业公司进行管理。与估价对象相似 |
| 区位状况 | 坐落及方位 | 位于仁寿县普宁街道黎光社区里仁路"北辰国颂府"*幢1楼*号，地处仁寿县城东新城 | 位于仁寿县普宁街道黎光社区里仁路"北辰国颂府" 5 幢1楼38号，地处仁寿县城东新城。与估价对象相似 | 位于仁寿县普宁街道黎光社区里仁路"北辰国颂府" 6 幢1楼42号，地处仁寿县城东新城。与估价对象相似 | 位于仁寿县普宁街道黎光社区里仁路"北辰国颂府" 5 幢1楼26号，地处仁寿县城东新城。与估价对象相似 |
| | 商业繁华度 | 距万达广场（天府仁寿店）约1.8千米，距天府万豪广场约1.8千米，区域内以住宅底商为主，主要业态有银行、超市、百货等，餐饮、区域商服繁华度较好 | 距万达广场（天府仁寿店）约1.8千米，距天府万豪广场约1.8千米，区域内以住宅底商为主，主要业态有银行、超市、百货等，餐饮、区域商服繁华度较好。与估价对象相似 | 距万达广场（天府仁寿店）约1.8千米，距天府万豪广场约1.8千米，区域内以住宅底商为主，主要业态有银行、超市、百货等，餐饮、区域商服繁华度较好。与估价对象相似 | 距万达广场（天府仁寿店）约1.8千米，距天府万豪广场约1.8千米，区域内以住宅底商为主，主要业态有银行、超市、百货等，餐饮、区域商服繁华度较好。与估价对象相似 |

续表

| 因素 | | | 估价对象 | 可比实例 A | 可比实例 B | 可比实例 C |
|---|---|---|---|---|---|---|
| 区位状况 | 位置 | 临街状况 | 昭示性 | 临规划道 | 临规划道路。与估价对象相似 | 临规划道路。与估价对象相似 | 临规划道路。与估价对象相似 |
| | | | 直接临街,视野无遮挡,昭示性较好 | 直接临街,视野无遮挡,昭示性较好。与估价对象相似 | 直接临街,视野无遮挡,昭示性较好。与估价对象相似 | 直接临街,视野无遮挡,昭示性较好。与估价对象相似 |
| | | 可及性 | 与街道距离适中,无绿化带等障碍物,可及性较好 | 与街道距离适中,无绿化带等障碍物,可及性较好。与估价对象相似 | 与街道距离适中,无绿化带等障碍物,可及性较好。与估价对象相似 | 与街道距离适中,无绿化带等障碍物,可及性较好。与估价对象相似 |
| | | 所在楼层 | 1层 | 1层,与估价对象相似 | 1层,与估价对象相似 | 1层,与估价对象相似 |
| | 交通条件 | | ①道路等级:区域内主要道路有陵州大道、普宁大道,规划道路等次干道及支路,道路等级和路网密度较高,道路通达状况较好;②对内交通:区域内有仁寿2路、仁寿6路、仁寿7路等多路公交路线通过,公共交通便捷度好;③对外交通:距仁寿联蓉营汽车客运站约4.5千米,距蓉遵高速入口约7千米,对外交通较便捷;④交通管制情况:无交通管制情况;⑤停车方便程度:所在项目及周边均设有地面或地下停车场;⑥交通收费情况:公交车1元起 | ①道路等级:区域内主要道路有陵州大道、普宁大道,规划道路等次干道及支路,道路等级和路网密度较高,道路通达状况较好;②对内交通:区域内有仁寿2路、仁寿6路、仁寿7路等多路公交路线通过,公共交通便捷度好;③对外交通:距仁寿联蓉营汽车客运站约4.5千米,距蓉遵高速入口约7千米,对外交通较便捷;④交通管制情况:无交通管制情况;⑤停车方便程度:所在项目及周边均设有地面或地下停车场;⑥交通收费情况:公交车1元起。与估价对象相似 | ①道路等级:区域内主要道路有陵州大道、普宁大道,规划道路等次干道及支路,道路等级和路网密度较高,道路通达状况较好;②对内交通:区域内有仁寿2路、仁寿6路、仁寿7路等多路公交路线通过,公共交通便捷度好;③对外交通:距仁寿联蓉营汽车客运站约4.5千米,距蓉遵高速入口约7千米,对外交通较便捷;④交通管制情况:无交通管制情况;⑤停车方便程度:所在项目及周边均设有地面或地下停车场;⑥交通收费情况:公交车1元起。与估价对象相似 | ①道路等级:区域内主要道路有陵州大道、普宁大道,规划道路等次干道及支路,道路等级和路网密度较高,道路通达状况较好;②对内交通:区域内有仁寿2路、仁寿6路、仁寿7路等多路公交路线通过,公共交通便捷度好;③对外交通:距仁寿联蓉营汽车客运站约4.5千米,距蓉遵高速入口约7千米,对外交通较便捷;④交通管制情况:无交通管制情况;⑤停车方便程度:所在项目及周边均设有地面或地下停车场;⑥交通收费情况:公交车1元起。与估价对象相似 |

续表

| 因素 | | 估价对象 | 可比实例 A | 可比实例 B | 可比实例 C |
|---|---|---|---|---|---|
| 区位状况 | 外部配套设施 | 城市基础设施状况 | 水、电、气、视、信、路、宽带网等城市基础设施配套完善 | 水、电、气、视、信、路、宽带网等城市基础设施配套完善 | 水、电、气、视、信、路、宽带网等城市基础设施配套完善 | 水、电、气、视、信、路、宽带网等城市基础设施配套完善 |
| | | 公共服务设施情况 | 银行、储蓄所、学校、医院分布周边，配套条件齐全 | 银行、储蓄所、学校、医院分布周边，配套条件齐全 | 银行、储蓄所、学校、医院分布周边，配套条件齐全 | 银行、储蓄所、学校、医院分布周边，配套条件齐全 |
| | 周围环境和景观 | | 自然环境：周边自然环境较好，空气质量较好，无较大噪声污染，环境卫生状况较好；人文环境：区域内人口密度较高，人流量较大，人口构成较为平均，收入水平一般，治安状况良好；景观：仁寿城市湿地公园、街头绿化 | 自然环境：周边自然环境较好，空气质量较好，无较大噪声污染，环境卫生状况较好；人文环境：区域内人口密度较高，人流量较大，人口构成较为平均，收入水平一般，治安状况良好；景观：仁寿城市湿地公园、街头绿化。与估价对象相似 | 自然环境：周边自然环境较好，空气质量较好，无较大噪声污染，环境卫生状况较好；人文环境：区域内人口密度较高，人流量较大，人口构成较为平均，收入水平一般，治安状况良好；景观：仁寿城市湿地公园、街头绿化。与估价对象相似 | 自然环境：周边自然环境较好，空气质量较好，无较大噪声污染，环境卫生状况较好；人文环境：区域内人口密度较大，人流量较大，人口构成较为一般，收入水平较好，治安状况良好；景观：仁寿城市湿地公园、街头绿化。与估价对象相似 |

⑤进行房地产状况调整。房地产状况调整分为实物状况调整、权益状况调整和区位状况调整。以估价对象商业服务用房标准房地产的各因素条件为基础,确定其相应指数为100,对估价对象的价格影响因素进行指数量化,将其分为五个等级幅度(见表12-16),然后将可比实例各因素分别与之进行比较,量化出相应指数(见表12-17)。

表12-16 比较因素条件指数幅度

| | 比较结果 | 好 | 较好 | 相似 | 较差 | 差 |
|---|---|---|---|---|---|---|
| 实物状况 | 商业业态 | 104 | 102 | 100 | 98 | 96 |
| | 设施设备配置 | 104 | 102 | 100 | 98 | 96 |
| | 外观 | 106 | 103 | 100 | 97 | 94 |
| | 室内装修 | 106 | 103 | 100 | 97 | 94 |
| | 空间布局 | 106 | 103 | 100 | 97 | 94 |
| | 建筑面积 | 104 | 102 | 100 | 98 | 96 |
| | 层高 | 104 | 102 | 100 | 98 | 96 |
| | 总楼层 | 102 | 101 | 100 | 99 | 98 |
| | 楼盘档次及楼盘形象 | 106 | 103 | 100 | 97 | 94 |
| | 建筑规模 | 102 | 101 | 100 | 99 | 98 |
| | 建成时间及维护、保养情况及完损状况 | 102 | 101 | 100 | 99 | 98 |
| | 土地实物状况 | 106 | 103 | 100 | 97 | 94 |
| 权益状况 | | 108 | 104 | 100 | 96 | 92 |
| 区位状况 | 位置 坐落与方位 | 102 | 101 | 100 | 99 | 98 |
| | 位置 商服繁华度 | 104 | 102 | 100 | 98 | 96 |
| | 位置 临街状况 | 102 | 101 | 100 | 99 | 98 |
| | 位置 昭示性 | 102 | 101 | 100 | 99 | 98 |
| | 位置 可及性 | 102 | 101 | 100 | 99 | 98 |
| | 位置 所在楼层 | 104 | 102 | 100 | 98 | 96 |
| | 交通条件 | 104 | 102 | 100 | 98 | 96 |
| | 外部配套设施 城市基础设施状况 | 106 | 103 | 100 | 97 | 94 |
| | 外部配套设施 公共服务设施情况 | 106 | 103 | 100 | 97 | 94 |
| | 周围环境和景观 | 104 | 102 | 100 | 98 | 96 |

表12-17 可比实例比较因素修正指数

| | 因素 | 可比实例A 比较 | 可比实例A 分值 | 可比实例B 比较 | 可比实例B 分值 | 可比实例C 比较 | 可比实例C 分值 |
|---|---|---|---|---|---|---|---|
| 实物状况 | 商业业态 | 相似 | 100 | 相似 | 100 | 相似 | 100 |
| | 设施设备配置 | 相似 | 100 | 相似 | 100 | 相似 | 100 |
| | 外观 | 相似 | 100 | 相似 | 100 | 相似 | 100 |
| | 室内装修 | 相似 | 100 | 相似 | 100 | 相似 | 100 |
| | 空间布局 | 相似 | 100 | 相似 | 100 | 相似 | 100 |

续表

| 因素 | | | 可比实例 A | | 可比实例 B | | 可比实例 C | |
|---|---|---|---|---|---|---|---|---|
| | | | 比较 | 分值 | 比较 | 分值 | 比较 | 分值 |
| 实物状况 | 建筑面积 | | 相似 | 100 | 相似 | 100 | 相似 | 100 |
| | 层高 | | 相似 | 100 | 相似 | 100 | 相似 | 100 |
| | 总楼层 | | 相似 | 100 | 相似 | 100 | 相似 | 100 |
| | 楼盘档次及楼盘形象 | | 相似 | 100 | 相似 | 100 | 相似 | 100 |
| | 建筑规模 | | 相似 | 100 | 相似 | 100 | 相似 | 100 |
| | 建成时间及维护、保养情况及完损状况 | | 相似 | 100 | 相似 | 100 | 相似 | 100 |
| | 土地实物状况 | | 相似 | 100 | 相似 | 100 | 相似 | 100 |
| 实物状况修正指数汇总 | | | — | 100 | — | 100 | — | 100 |
| 权益状况修正指数 | | | 相似 | 100 | 相似 | 100 | 相似 | 100 |
| 区位状况 | 位置 | 坐落与方位 | 相似 | 100 | 相似 | 100 | 相似 | 100 |
| | | 商服繁华度 | 相似 | 100 | 相似 | 100 | 相似 | 100 |
| | | 临街状况 | 相似 | 100 | 相似 | 100 | 相似 | 100 |
| | | 昭示性 | 相似 | 100 | 相似 | 100 | 相似 | 100 |
| | | 可及性 | 相似 | 100 | 相似 | 100 | 相似 | 100 |
| | | 所在楼层 | 相似 | 100 | 相似 | 100 | 相似 | 100 |
| | 交通条件 | | 相似 | 100 | 相似 | 100 | 相似 | 100 |
| | 外部配套设施 | 城市基础设施状况 | 相似 | 100 | 相似 | 100 | 相似 | 100 |
| | | 公共服务设施情况 | 相似 | 100 | 相似 | 100 | 相似 | 100 |
| | 周围环境和景观 | | 相似 | 100 | 相似 | 100 | 相似 | 100 |
| 区位状况修正指数汇总 | | | — | 100 | — | 100 | — | 100 |
| 房地产状况调整指数汇总 | | | — | 100 | — | 100 | — | 100 |

⑥求出比较价值。采用调整系数连乘法计算比较价值（见表 12-18），然后再采用算术平均法测算得出估价对象商业服务用房标准房地产的比较租金。

表 12-18　估价对象商业服务用房标准房地产比较租金计算

| 项目 | 可比实例 A | 可比实例 B | 可比实例 C |
|---|---|---|---|
| 租赁价格（元/平方米·月，建筑面积） | 72 | 70 | 68 |
| 交易情况修正系数 | 100/100 | 100/100 | 100/100 |
| 市场状况调整系数 | 100/100 | 100/100 | 100/100 |
| 房地产状况调整系数 | 100/100 | 100/100 | 100/100 |
| 修正后租金单价（元/平方米·月，建筑面积） | 72 | 70 | 68 |
| 计算过程 | 72×(100/100)×(100/100)×(100/100) | 70×(100/100)×(100/100)×(100/100) | 68×(100/100)×(100/100)×(100/100) |

估价对象商业服务用房标准房地产三个可比实例测算出来的比较租金差异较小（差异约 6%），差异在合理范围内，三个租赁案例均有较强的可比性，其比较租金均能较好地反

映估价对象商业服务用房标准房地产客观租金,故此次评估可采用简单算术平均法求取估价对象商业服务用房标准房地产的比较租金,则:

估价对象商业服务用房标准房地产比较租金 = (72+70+68)÷3 = 70元/平方米·月(取整)

(2)收益期内空置及租金损失的确定。本次评估估价对象商业服务用房标准房地产正常客观租金取前文测算的结果,同时注册房地产估价师对与估价对象商业房地产属于相同档次、相同类型、区位相近的类似物业租赁情况进行调查,租赁情况汇总如表12-19所示。

表12-19　类似区域与估价对象具有可比性的1层商业服务用房租赁情况

| 可比实例项目名称 | 地址 | 用途 | 所在楼层 | 招租期(天/年) | 免租期(天/年)(装修免租) |
|---|---|---|---|---|---|
| 保利仁里 | 眉山市仁寿县陵州大道东二段与普宁大道交叉路口 | 商业 | 1层 | 5~12 | 0~10 |
| 君雁皇家尊邸 | 眉山市仁寿县陵州大道 | 商业 | 1层 | 5~12 | 0~10 |
| 万科梦想之光 | 眉山市仁寿县陵州大道东二段北辰国颂府东侧 | 商业 | 1层 | 5~12 | 0~10 |

根据表12-19中所列数据,区域内与估价对象商业服务用房标准房地产类似的服务用房的平均招租期约为5~12天/年,平均免租期约为0~10天/年。由于估价对象所在区域商业服务用房租金一般能按时收取,故本次估价不考虑租金拖欠损失的情况。结合本次估价目的,同时考虑类似商业服务用房市场客观租金、招租期、免租期、空置及租金损失,估价对象租赁情况估算如表12-20所示。

表12-20　估价对象租赁情况估算

| 估价对象 | 月租金(元/平方米) | 招租期(天/年) | 免租期(天/年)(装修免租) | 空置及租金损失率取值计算过程(百分比取整) | 空置及租金损失率 |
|---|---|---|---|---|---|
| 仁寿县普宁街道黎光社区里仁路*号*幢1楼*号商业服务房地产 | 70(详见前述租金比较法测算结果) | 12 | 10 | (12+10)÷365=6% | 6% |

(3)年净收益的确定。

①年有效毛收入测算

年有效毛收入 = 潜在毛租金收入 − 空置及租金损失 + 其他收入

其中:

年有效毛租金收入 = 潜在毛租金收入 − 空置及租金损失

则:

年有效毛收入 = 年有效毛租金收入 + 其他收入

本次评估采用客观租金,无租赁限制;租金以建筑面积计,不考虑可出租面积比率,则:

a)估价对象未来第一年有效毛租金收入估算如表12-21所示。

表 12-21　估价对象未来第一年有效毛租金收入估算

| 估价对象 | 年有效毛租金收入（元/平方米） | 潜在毛租金收入（元/平方米，取整） | 空置及租金损失（元/平方米，取整） |
|---|---|---|---|
| 仁寿县普宁街道黎光社区里仁路*号*幢1楼*号商业服务房地产 | 840−50 = 790 | 70×12 = 840 | 840×6% = 50 |

　　b）其他收入。与估价对象商业服务用房标准房地产类似的物业一般都为对外出租产生收益，除保证金或押金的利息收入外，基本无其他收入。因此，其他收入为租赁保证金或押金的利息，一般为 1～3 个月的租金，本报告取 1 个月，在价值时点 2022 年 10 月 27 日，一年期存款利率为 1.5%，则：

　　其他收入 = 1个月租金 × 一年期存款利率 × 1 × (1−空置及租金损失率) = 70×1.5%×1×(1−6%)
　　　　　　= 1元/平方米（取整）

　　c）年有效毛收入

　　年有效毛收入 = 年有效毛租金收入 + 其他收入 = 790 + 1 = 791元/平方米（取整）

②年运营费用的测算

　　年运营费用 = 房产税 + 增值税及附加 + 管理费 + 维修费 + 保险费 + 城镇土地使用税
　　　　　　　= 年租金收入×房产税 + 年租金收入×增值税及附加 + 管理费 + 维修费 +
　　　　　　　　保险费 + 城镇土地使用税

本次估算采用简易计税方法：

$$增值税 = 含税租赁收入 \div (1+5\%) \times 5\%$$

$$附加税（含城建税5\%，教育费附加3\%，地方教育附加2\%）= 应纳增值税额 \times 10\%$$

$$房产税 = 含税租赁收入 \div (1+5\%) \times 12\%$$

其中：

　　a）房产税率为 12%，增值税率为 5%，附加税率为 5%（10%×50% = 5%，小规模纳税人、小型微利企业和个体工商户按照 50%的最高限减征，故估价对象附加税率减半，附加税率为 5%，即增值税及附加为 5.25%）。

　　b）管理费由承租方承担，故此次评估此项费用无须计入经营费用。

　　c）维修费一般为重置成本的 0.5%～1%，本次估价维修费取重置成本的 1%。

　　d）保险费通常按房屋成本的 1‰～3‰计算，本次估价取 1‰ [根据注册房地产估价师收集资料，投保普通险的房屋，一等建筑（钢骨、水泥、砖石结构）费率为 1‰；二等建筑（砖、瓦含木质材料结构）费率为 2‰；三等建筑（一、二等以外的）费率为 3‰，估价对象为混合（钢混）结构，故保险费率取 1‰]。根据我们收集调查到的目前眉山市建筑成本资料，与估价对象类似的混合（钢混）结构房屋成本取 2300 元/平方米。

　　e）因估价对象分摊土地面积较小，城镇土地使用税的计算税额计算在建筑面积上很小，故本次测算暂不考虑城镇土地使用税对估价对象收益价值的影响。

③年净运营收益的测算

　　年净运营收益 = 年有效毛收入 − 年运营费用 = 791 − 155 = 636元/平方米（取整）

估价对象未来第一年年运营费用估算如表 12-22 所示。

表 12-22　估价对象未来第一年年运营费用估算

| 估价对象 | 年运营费用（元/平方米、取整） | 测算过程 |
|---|---|---|
| 仁寿县普宁街道黎光社区里仁路*号*幢1楼*号商业服务房地产 | 155 | 790÷（1+5%）×（5.25%+12%）+2300×（1%+1‰） |

注：年运营费用中房产税占主要部分，故在年运营费用测算中租赁保证金或押金利息收入不作为计取年运营费用的基数。

### 4. 确定净运营收益增长率

如表 12-23 所示，目前眉山市商业租赁合同中对租金的约定一般以 1 年或 2～3 年为增长周期，以年为周期的租金增长率大多为 2%～4%，2～3 年的租金增长率通常为 6%～9%，本次评估根据年租金变化情况并结合项目状况，估价对象净运营收益增长率取 3%。

表 12-23　类似区域与估价对象具有可比性的 1 层商业服务用房租金增长情况

| 物业名称 | 地址 | 用途 | 楼层 | 增长周期 | 增长率 |
|---|---|---|---|---|---|
| 保利仁里 | 眉山市仁寿县陵州大道东二段与普宁大道交叉路口 | 商业 | 1层 | 1年 | 2%～4% |
| | | | | 2～3年 | 6%～9% |
| 君雁皇家尊邸 | 眉山市仁寿县陵州大道 | 商业 | 1层 | 1年 | 2%～4% |
| | | | | 2～3年 | 6%～9% |
| 万科梦想之光 | 眉山市仁寿县陵州大道东二段北辰国颂府东侧 | 商业 | 1层 | 1年 | 2%～4% |
| | | | | 2～3年 | 6%～9% |

### 5. 确定报酬率

报酬率 $Y$ 也称为回报率、收益率，是一种折现率，是与利率、内部收益率同性质的比率。求取报酬率通常有三种基本方法：累加法、市场提取法、投资报酬率排序插入法。

本次评估采用累加法确定报酬率，其数学表达式如下。

报酬率 = 无风险报酬率 + 投资风险补偿率 + 管理负担补偿 + 缺乏流动性补偿 − 投资带来的优惠

（1）无风险报酬率的确定。无风险报酬率即是在不考虑风险报酬情况下的利息率，一般是指国库券或银行存款利率，因近年来未发行一年期国债，故本报告以价值时点一年期存款利率（1.5%）为无风险报酬率。

（2）风险报酬率的确定。风险报酬率等于投资风险、管理负担、缺乏流动性等三项补偿之和，并扣除投资带来的优惠率。

①投资风险补偿率通常在 2%～4%，考虑估价对象实际状况，本报告取值 2.5%；
②管理负担补偿一般在 0.5% 左右，本报告取值 0.5%；
③缺乏流动性补偿通常可达 1%～3%。本报告取值 1%；
④投资带来的优惠率一般为 1%～1.5%，本报告取值 1.5%。

（3）估价对象报酬率的确定。

报酬率 = 无风险报酬率 + 投资风险补偿率 + 管理负担补偿率 + 缺乏流动性补偿率 − 投资带来的优惠率
= 1.5% + 2.5% + 0.5% + 1% − 1.5% = 4%

[注：本次评估设定 $Y_i$（未来第 $i$ 年的报酬率）= $Y_t$（期末报酬率）= 4%]

### 6. 计算收益期内的收益价值

根据前述，其收益价值公式

$$V = \frac{A}{Y-g} \times \left[1 - \left(\frac{1+g}{1+Y}\right)^n\right]$$

式中：$V$——收益价值（元/平方米）；$A$——未来第一年净运营收益（元/平方米）；$Y$——报酬率；$n$——未来可获取收益的年限；$g$——未来净运营收益等比递增比例。

因此，估价对象商业服务用房标准房地产的收益价值为

$$V = \frac{636}{4\% - 3\%} \times \left[1 - \left(\frac{1+3\%}{1+4\%}\right)^{34.84}\right] = 18178 \text{元/平方米（取整）}$$

### 7. 计算收益期结束时建筑物的折现价值

根据《房地产估价规范》4.3.16 第 3 条规定，对建筑物剩余经济寿命超过土地使用权剩余期限，且出让合同未约定土地使用权期间届满后无偿收回土地使用权及地上建筑物的房地产，收益价值应为按收益期计算的价值，加上建筑物在收益期结束时的价值折现到价值时点的价值。

由前述，因估价对象商业服务用房标准房地产建筑物剩余耐用年限高于土地剩余使用年限，应计算建筑物在收益期结束时的价值折现到价值时点的价值。估价对象建筑物竣工日期为 2022 年，已使用 0 年，在收益期结束时（34.84 年后），建筑物已使用约 34.84 年（0+34.84=34.84 年），混合（钢混）结构非生产及配套用房耐用年限最高为 60 年，残值率为 0，建筑物价值折现率一般高于房地产报酬率，本次建筑物折现率取 5%。

据前述，估价对象在价值时点建筑物重置成本取值为 2300 元/平方米，考虑到经济增长及物价上涨等因素，建筑物的重置成本会有一定的上涨，根据近几年眉山市的物价上涨指数（见表 12-24），本次评估建筑物重置成本上涨指数取值为 2%，则在收益期结束时（34.84 年后）建筑物重置成本为

收益期结束时建筑物重置成本 = 2300×(1+2%)^34.84 = 4585 元/平方米（取整）

则估价对象建筑物在土地使用权结束后的残值折现到现在计算如下。

$$V = \frac{\left[C - (C-S)\frac{t}{N}\right]}{(1+Y)^n} = \frac{\left[4585 - (4585 - 4585 \times 0\%) \times \frac{34.86}{60}\right]}{(1+5\%)^{34.86}} = 351 \text{元/平方米（取整）}$$

表 12-24 眉山市居民消费价格指数（CPI）

| 年度 | 2011 | 2012 | 2013 | 2014 | 2015 | 2016 | 2017 | 2018 | 2019 | 2020 | 2021 | 平均 |
|---|---|---|---|---|---|---|---|---|---|---|---|---|
| CPI | 5.7% | 2.7% | 2.8% | 1.9% | 1.1% | 2.0% | 1.6% | 1.6% | 3.7% | 4.1% | 0.4% | 2.5% |

### 8. 计算估价对象商业房地产收益价值

收益价值 = 收益期内的收益价值 + 收益期结束时的建筑物折现价值
= 18178 + 351 = 18530 元/平方米（拾位取整）

### (三) 确定估价对象商业服务用房标准房地产评估价格

根据《房地产估价规范》及估价对象具体情况，我们采用比较法和收益法对估价对象商业服务用房标准房地产进行了测算，其结果如表 12-25 所示。

表 12-25 估价对象商业服务用房标准房地产测算结果

| 估价方法 | 比较法 | 收益法 | 价格差异 |
| --- | --- | --- | --- |
| 估价对象商业房地产 | 18750 元/平方米 | 18530 元/平方米 | 1% |

比较法是根据与估价对象相似的房地产的成交价格来求取估价对象价值价格的方法，其本质是以房地产的市场成交价格为导向来求取房地产的价值价格。比较法是利用实际发生、经过市场检验的类似房地产的成交价格来求取估价对象的价值价格，因此，它是一种最直接、较直观、有市场说服力的估价方法，其测算结果易于理解、认可或接受，是目前普遍采用的估价方法。

收益法是根据估价对象的预期未来收益，选择适当的报酬率或资本化率、收益乘数，将其折现到价值时点，以此估算估价对象价值。收益法的本质是以房地产的预期未来收益为导向来求取房地产的价值价格。在一般情况下，该方法能较为准确地还原出估价对象的市场价格，故在房地产租赁市场较发达的地区比较适用，通过该方法测算出来的收益价值与市场实际成交价格较为接近，具有现实意义，是目前普遍采用的估价方法。

上述两种方法通过不同的计算途径评估房地产价格，评估结果差异约为 1%，差异在合理范围内，通过上述分析并结合本次估价目的，比较法和收益法均能较好地反映估价对象的客观价格，故本次评估我们采用简单算术平均法最后确定估价对象标准房地产的评估单价，即

$$估价对象商业服务用房标准房地产评估单价 = (18750 + 18530) \div 2$$
$$= 18640 元/平方米（拾位取整）$$

### (四) 采用标准价调整法确定估价对象 2~5 商业服务用房的评估价格

根据注册房地产估价师实地查勘，估价对象其他商业服务用房与估价对象商业服务用房标准房地产的差异主要体现在进深和建筑面积上，其他实物、区位、权益状况因素均相似。故本次估价对其做进深、建筑面积差异修正，根据估价机构掌握的市场资料，采用标准价调整法求取其他商业服务用房的评估价格。

**1. 估价对象所在楼层进深修正**

根据房地产估价机构掌握的资料，商业服务用房进深对价格的影响如表 12-26 所示。

表 12-26 商业服务用房进深修正幅度

| 进深（米） | 小于 8 | 8~15 | 大于 15 |
| --- | --- | --- | --- |
| 所在楼层修正幅度（%） | 3 | 0 | −3 |

**2. 估价对象建筑面积修正**

根据房地产估价机构掌握的资料，商业服务用房建筑面积对价格的影响如表 12-27 所示。

表 12-27　商业服务用房建筑面积修正幅度

| 建筑面积（平方米） | <15 | [15-30) | [30-50) | [50-80) | ≥80 |
|---|---|---|---|---|---|
| 建筑面积修正幅度（%） | 4 | 2 | 0 | –2 | –4 |

### 3. 确定估价对象商业服务用房评估价格

估价对象商业服务用房评估价格汇总如表 12-28 所示。

表 12-28　估价对象商业服务用房评估价格汇总

| 估价对象 | 坐落 | 用途 | 建筑面积（平方米） | 面积修正 | 进深（米） | 进深修正 | 标准房地产评估单价（元/平方米） | 估价对象评估单价（元/平方米） | 计算过程（拾位取整） |
|---|---|---|---|---|---|---|---|---|---|
| 1 | 普宁街道黎光社区里仁路*号*幢1楼*号 | 零售商业用地/商业服务 | 34.39 | 0% | 11.5 | 0% | 18640 | 18640 | 18640×（1+0%+0%）=18640 |
| 2 | 普宁街道黎光社区里仁路*号*幢1楼*号 | 零售商业用地/商业服务 | 44.82 | 0% | 13 | 0% | 18640 | 18640 | 18640×（1+0%+0%）=18640 |
| 3 | 普宁街道黎光社区里仁路**号*幢1楼**号 | 零售商业用地/商业服务 | 40.26 | 0% | 13 | 0% | 18640 | 18640 | 18640×（1+0%+0%）=18640 |
| 4 | 普宁街道黎光社区里仁路**号*幢1楼**号 | 零售商业用地/商业服务 | 44 | 0% | 13 | 0% | 18640 | 18640 | 18640×（1+0%+0%）=18640 |
| 5 | 普宁街道黎光社区里仁路**号*幢1楼**号 | 零售商业用地/商业服务 | 37.41 | 0% | 13 | 0% | 18640 | 18640 | 18640×（1+0%+0%）=18640 |

### （五）采用比较法对估价对象 6 住宅用房比较价值进行测算

比较法是将估价对象与在价值时点近期发生交易的类似房地产进行比较，对这些类似房地产的已知价格做适当的修正，以此估算估价对象的客观合理价格或价值的方法。在房地产市场比较发达的情况下，是一种说服力强、适用范围广的估价方法。

步骤：①搜集交易实例；②选取可比实例；③建立比较基础；④进行交易情况修正；⑤进行市场状况调整；⑥进行房地产状况调整；⑦计算比较价值。

比较价值 = 可比实例房地产的交易价格×交易情况修正系数×市场状况调整系数×房地产状况调整系数

分别选取三个与估价对象住宅用房具有相同结构、相同用途、相似规模、相似档次的物业的交易案例作为可比实例，通过对其交易情况、交易时间、区域因素及个别因素进行比较修正后求取估价对象比较价值。

**1. 搜集交易实例并选取可比实例**

可比实例房地产应是与估价对象类似的房地产，是指与估价对象的区域、用途、权利性质、档次、规模、建筑结构等相同或相似的房地产。因此，选取的可比实例应满足下列要求：与估价对象的区位相近；与估价对象的用途相同；与估价对象的权利性质相同；与估价对象的档次相当；与估价对象的规模相当；与估价对象的建筑结构相同。

经过筛选，注册房地产估价师根据估价对象6住宅用房实物状况、权益状况及所在区位状况，从市场收集到的交易信息中选取了A、B、C三个与估价对象相似的交易案例作为可比实例（见表12-29）。

表12-29 估价对象6住宅用房可比实例情况

| 项目 | 可比实例A | 可比实例B | 可比实例C |
| --- | --- | --- | --- |
| 楼盘名称 | 锦绣大地 | 锦绣大地 | 锦绣大地 |
| 区位 | 仁寿县怀仁街道龙滩大道一段12号"锦绣大地"15幢高楼层 | 仁寿县怀仁街道龙滩大道一段12号"锦绣大地"7幢低楼层 | 仁寿县怀仁街道龙滩大道一段12号"锦绣大地"8幢高楼层 |
| 用途 | 住宅用房 | 住宅用房 | 住宅用房 |
| 档次 | 普通商住楼盘 | 普通商住楼盘 | 普通商住楼盘 |
| 土地权利性质 | 国有出让住宅用地 | 国有出让住宅用地 | 国有出让住宅用地 |
| 结构 | 混合结构（钢混） | 混合结构（钢混） | 混合结构（钢混） |
| 建筑面积（平方米） | 96.19 | 113 | 88.28 |
| 成交单价（元/平方米，取整） | 8837 | 8407 | 8382 |
| 成交总价（万元，佰元取整） | 85 | 95 | 74 |
| 交易日期 | 2022年9月 | 2022年10月 | 2022年10月 |
| 交易情况 | 正常交易 | 正常交易 | 正常交易 |
| 备注 | 其他参见表12-30 | | |

**2. 建立比较基础**

建立比较基础一般要完成以下工作。

（1）统一房地产范围：本次评估在筛选可比实例时，选择了不带债权债务，含室内装修，不含其他非房地产成分，实物范围一致的可比房地产。

（2）统一付款方式：本次可比实例均为一次性付款的价格，与估价对象设定的付款方式一致，不需要进行调整。

（3）统一融资条件：本次可比实例价格均为一次性付款、无融资差异下的价格，与估价对象一致，不需要进行调整。

（4）统一税费负担：本次可比实例价格均为各种交易税费由交易双方按照法律法规正常负担的价格，不需要进行调整。

（5）统一价格单位：本次评估的可比实例价格为单价，币种为人民币，货币单位为元/平方米，按建筑面积计价。

表 12-30　估价对象 6 处住宅用房比较因素条件说明

| 项目 | | 估价对象 6 | 可比实例 A | 可比实例 B | 可比实例 C |
|---|---|---|---|---|---|
| 物业名称 | | 锦绣大地 | 锦绣大地 | 锦绣大地 | 锦绣大地 |
| 位置 | | 仁寿县怀仁街道龙滩大道一段 12 号"锦绣大地"*幢*单元*层*号 | 仁寿县怀仁街道龙滩大道一段 12 号"锦绣大地" 15 幢高楼层 | 仁寿县怀仁街道龙滩大道一段 12 号"锦绣大地" 7 幢低楼层 | 仁寿县怀仁街道龙滩大道一段 12 号"锦绣大地" 8 幢高楼层 |
| 交易情况 | | 设定为正常 | 正常 | 正常 | 正常 |
| 市场状况 | | 一致 | 一致，无明显变化 | 一致，无明显变化 | 一致，无明显变化 |
| 交易日期 | | 设定为 2022 年 10 月 27 日 | 2022 年 9 月 | 2022 年 10 月 | 2022 年 10 月 |
| 交易价格（元/平方米） | | 待估 | 8837 | 8407 | 8382 |
| | | 一次性付款价 | 一次性付款价 | 一次性付款价 | 一次性付款价 |
| 建筑形态 | | 高层住宅楼 | 高层住宅楼 | 高层住宅楼 | 高层住宅楼 |
| 总楼层 | | 28 层 | 28 层 | 31 层 | 28 层 |
| 设施设备配置 | | 水、电、气、视、信、消火栓、2 部垂直电梯等设施 | 水、电、气、视、信、消火栓、2 部垂直电梯等设施。与估价对象相似 | 水、电、气、视、信、消火栓。与估价对象设施，与估价对象相似 | 水、电、气、视、信、消火栓、2 部垂直电梯等设施。与估价对象相似 |
| 实物状况 | 外观 | 外墙：墙砖 | 外墙：墙砖。与估价对象相似 | 外墙：墙砖。与估价对象相似 | 外墙：墙砖。与估价对象相似 |
| | 室内装修 | 室内客厅：地面铺地砖、天棚刷乳胶漆；卧室：地板、墙面及天棚刷乳胶漆；厨卫：地面铺地砖、墙面墙砖到顶、天棚吊顶，入户防盗门，铝合金窗。室内中等装修，装修成新率较高 | 室内清水。室内装修比估价对象差 | 室内中等装修，装修成新率较高。室内装修与估价对象相似 | 室内中等装修，装修成新率较高。室内装修与估价对象相似 |
| | 空间布局 | 单元式布局，两梯五户，成套平层住宅，三室两厅一厨两卫，利用较方便 | 单元式布局，两梯五户，成套平层住宅，三室两厅一厨两卫，利用较方便。与估价对象相似 | 单元式布局，两梯五户，成套平层住宅，三室两厅一厨两卫，利用较方便。与估价对象相似 | 单元式布局，两梯五户，成套平层住宅，三室两厅一厨两卫，利用较方便。与估价对象相似 |

续表

| 项目 | | 估价对象6 | 可比实例A | 可比实例B | 可比实例C |
|---|---|---|---|---|---|
| 实物状况 | 梯户比例 | 2梯（电梯）5户 | 2梯（电梯）5户。与估价对象相似 | 2梯（电梯）5户。与估价对象相似 | 2梯（电梯）5户。与估价对象相似 |
| | 建筑面积 | 96.17平方米 | 96.19平方米，与估价对象相似 | 113平方米，与估价对象相比较差 | 88.28平方米，与估价对象为差 |
| | 备注：建筑面积小于60平方米为差，[60~80平方米）为一般，[80~100平方米）为较好，[100~120平方米）大于等于120平方米为差 | | | | |
| | 层高 | 约3米 | 约3米，与估价对象相似 | 约3米，与估价对象相似 | 约3米，与估价对象相似 |
| | 建成时间及维护、保养情况及完损状况 | 约于2014年建成，维护、保养较好；基础稳固无沉降，墙面、地面、门窗等无明显破损 | 约于2014年建成，维护、保养较好；基础稳固无沉降，墙面、地面、门窗等无明显破损。与估价对象相似 | 约于2014年建成，维护、保养较好；基础稳固无沉降，墙面、地面、门窗等无明显破损。与估价对象相似 | 约于2014年建成，维护、保养较好；基础稳固无沉降，墙面、地面、门窗等无明显破损。与估价对象相似 |
| | 楼盘档次及楼盘形象 | 普通商住楼盘，楼盘形象较好 | 普通商住楼盘，楼盘形象较好，与估价对象相似 | 普通商住楼盘，楼盘形象较好，与估价对象相似 | 普通商住楼盘，楼盘形象较好，与估价对象相似 |
| | 土地实物状况 | 宗地面积适中，形状为较规则多边形，土壤无污染，所在宗地地处平原，地势平坦，无影响建筑修建的不良地势、地质和水文状况，宗地外开发程度达"六通一平"（通上水、通下水、通电、通气、通信、通路、通气及场地平整），土地实物状况总体较好 | 宗地面积适中，形状为较规则多边形，土壤无污染，所在宗地地处平原，地势平坦，无影响建筑修建的不良地势、地质和水文状况，宗地外开发程度达"六通一平"（通上水、通下水、通电、通气、通信、通路、通气及场地平整）。土地实物与估价对象相似 | 宗地面积适中，形状为较规则多边形，土壤无污染，所在宗地地处平原，地势平坦，无影响建筑修建的不良地势、地质和水文状况，宗地外开发程度达"六通一平"（通上水、通下水、通电、通气、通信、通路、通气及场地平整）。土地实物与估价对象相似 | 宗地面积适中，形状为较规则多边形，土壤无污染，所在宗地地处平原，地势平坦，无影响建筑修建的不良地势、地质和水文状况，宗地外开发程度达"六通一平"（通上水、通下水、通电、通气、通信、通路、通气及场地平整）。土地实物状况总体较好，与估价对象相似 |

第十二章 商业和住宅不动产抵押价值估价案例

续表

| 项目 | | | 估价对象 6 | 可比实例 A | 可比实例 B | 可比实例 C |
|---|---|---|---|---|---|---|
| 权益状况 | | | 共有情况：单独所有；用益物权设定情况：无；担保限制权利情况：无；租赁情况：自住；拖欠税费情况：据前述，设定为无。权益状况清晰，无瑕疵，剩余土地使用年限为59.74年，住宅剩余土地使用年限对市场售价无明显影响。物业管理：专业物管 | 共有情况：单独所有；用益物权设定情况：无；担保限制权利情况：无；租赁情况：自住；拖欠税费情况：据前述，设定为无。权益状况清晰，无瑕疵，剩余土地使用年限为59.74年，住宅剩余土地使用年限对市场售价无明显影响。物业管理：专业物管。权益状况与估价对象相似 | 共有情况：单独所有；用益物权设定情况：无；担保限制权利情况：无；租赁情况：自住；拖欠税费情况：据前述，设定为无。权益状况清晰，无瑕疵，剩余土地使用年限为59.74年，住宅剩余土地使用年限对市场售价无明显影响。物业管理：专业物管。权益状况与估价对象相似 | 共有情况：单独所有；用益物权设定情况：无；担保限制权利情况：无；租赁情况：自住；拖欠税费情况：据前述，设定为无。权益状况清晰，无瑕疵，剩余土地使用年限为59.74年，住宅剩余土地使用年限对市场售价无明显影响。物业管理：专业物管。权益状况与估价对象相似 |
| 区位状况 | 位置 | 坐落与方位 | 位于仁寿县怀仁街道龙滩大道一段12号"锦绣大地"*幢，地处仁寿县城东新城 | 位于仁寿县怀仁街道龙滩大道一段12号"锦绣大地"15幢，地处仁寿县城东新城。与估价对象相似 | 位于仁寿县怀仁街道龙滩大道一段12号"锦绣大地"7幢，地处仁寿县城东新城。与估价对象相似 | 位于仁寿县怀仁街道龙滩大道一段12号"锦绣大地"8幢，地处仁寿县城东新城。与估价对象相似 |
| | | 商服繁华度、居住氛围 | 距爱琴海购物公园0.7千米，区域内以住宅底商为主，主要业态有银行、超市、餐饮、百货等，区域商服繁华度较好；区域有翠海棠湾、嘉和·未来城、北城时代、麓府等住宅小区，居住氛围较好 | 距爱琴海购物公园0.7千米，区域内以住宅底商为主，主要业态有银行、超市、餐饮、百货等，区域商服繁华度较好；区域有翠海棠湾、嘉和·未来城、北城时代、麓府等住宅小区，居住氛围较好。与估价对象相似 | 距爱琴海购物公园0.7千米，区域内以住宅底商为主，主要业态有银行、超市、餐饮、百货等，区域商服繁华度较好；区域有翠海棠湾、嘉和·未来城、北城时代、麓府等住宅小区，居住氛围较好。与估价对象相似 | 距爱琴海购物公园0.7千米，区域内以住宅底商为主，主要业态有银行、超市、餐饮、百货等，区域商服繁华度较好；区域有翠海棠湾、嘉和·未来城、北城时代、麓府等住宅小区，居住氛围较好。与估价对象相似 |
| | | 临街状况 | 位于小区内部，不临街 | 位于小区内部，不临街。与估价对象相比较好 | 位于小区内部，不临街。与估价对象相似 | 位于小区内部，不临街。与估价对象相比较好 |
| | | 朝向 | 东 | 东南，与估价对象相比较好 | 东南，与估价对象相比较好 | 东南，与估价对象相比较好 |

续表

| 项目 | | 估价对象6 | 可比实例A | 可比实例B | 可比实例C |
|---|---|---|---|---|---|
| 位置 | 所在楼层 | 12层（中间楼层） | 高楼层，与估价对象相比较好 | 低楼层，与估价对象相比较差 | 高楼层，与估价对象相似 |
| | 备注 | 28层住宅，1层及顶层为差，2~7层（低楼层）为较差，8~15层（中间楼层）为较好，16~21层（中高楼层）为一般，22~27层（高楼层）为较好 | | | |
| 区位状况 | 交通条件 | ①道路通达程度：区域内主要道路有中央商务大道、龙滩大路、规划道路等主次干道及支路，道路等级和路网密度较高，道路通达状况较好；②公共交通及对内交通状况：区域内有仁寿11路、仁寿17路、仁寿1路、仁寿6路、仁寿8路等多路公交路线通过，公共交通便捷度好；③对外交通状况：距仁寿联营汽车客运站约0.8千米，距高速入口约7千米，对外交通较便捷；④交通管制情况：无交通管制情况；⑤停车方便程度：所在项目设有地面及地下停车场，停车方便；⑥交通收费情况：公交车收费1元起 | ①道路通达程度：区域内主要道路有中央商务大道、龙滩大路、规划道路等主次干道及支路，道路等级和路网密度较高，道路通达状况较好；②公共交通及对内交通状况：区域内有仁寿11路、仁寿17路、仁寿1路、仁寿6路、仁寿8路等多路公交路线通过，公共交通便捷度好；③对外交通状况：距仁寿联营汽车客运站约0.8千米，距高速入口约7千米，对外交通较便捷；④交通管制情况：无交通管制情况；⑤停车方便程度：所在项目设有地面及地下停车场，停车方便；⑥交通收费情况：公交车收费1元起。交通条件与估价对象相似 | ①道路通达程度：区域内主要道路有中央商务大道、龙滩大路、规划道路等主次干道及支路，道路等级和路网密度较高，道路通达状况较好；②公共交通及对内交通状况：区域内有仁寿11路、仁寿17路、仁寿1路、仁寿6路、仁寿8路等多路公交路线通过，公共交通便捷度好；③对外交通状况：距仁寿联营汽车客运站约0.8千米，距高速入口约7千米，对外交通较便捷；④交通管制情况：无交通管制情况；⑤停车方便程度：所在项目设有地面及地下停车场，停车方便；⑥交通收费情况：公交车收费1元起。交通条件与估价对象相似 | ①道路通达程度：区域内主要道路有中央商务大道、龙滩大路、规划道路等主次干道及支路，道路等级和路网密度较高，道路通达状况较好；②公共交通及对内交通状况：区域内有仁寿11路、仁寿17路、仁寿1路、仁寿6路、仁寿8路等多路公交路线通过，公共交通便捷度好；③对外交通状况：距仁寿联营汽车客运站约0.8千米，距高速入口约7千米，对外交通较便捷；④交通管制情况：无交通管制情况；⑤停车方便程度：所在项目设有地面及地下停车场，停车方便；⑥交通收费情况：公交车收费1元起。交通条件与估价对象相似 |

续表

| 项目 | | 估价对象6 | 可比实例A | 可比实例B | 可比实例C |
|---|---|---|---|---|---|
| 区位状况 | 外部配套设施 | 城市基础设施状况 | 水、电、气、视、信、路、宽带网等城市基础设施配套完善 | 水、电、气、视、信、路、宽带网等城市基础设施配套完善 | 水、电、气、视、信、路、宽带网等城市基础设施配套完善 | 水、电、气、视、信、路、宽带网等城市基础设施配套完善 |
| | | 公共服务设施情况 | 所在区域银行、储蓄所、学校、医院分布周边，配套条件齐全 | 所在区域银行、储蓄所、学校、医院分布周边，配套条件齐全 | 所在区域银行、储蓄所、学校、医院分布周边，配套条件齐全 | 所在区域银行、储蓄所、学校、医院分布周边，配套条件齐全 |
| | 周围环境和景观 | | 自然环境：周边自然环境较好，空气质量较好，无较大噪声污染，环境卫生状况较好；人文环境：区域内人口密度较高，人流量较大，人口构成较平均，收入水平一般，治安状况良好；景观：仁寿县中央水体公园，街头绿化 | 自然环境：周边自然环境较好，空气质量较好，无较大噪声污染，环境卫生状况较好；人文环境：区域内人口密度较高，人流量较大，人口构成较平均，收入水平一般，治安状况良好；景观：仁寿县中央水体公园，街头绿化 | 自然环境：周边自然环境较好，空气质量较好，无较大噪声污染，环境卫生状况较好；人文环境：区域内人口密度较高，人流量较大，人口构成较平均，收入水平一般，治安状况良好；景观：仁寿县中央水体公园，街头绿化 | 自然环境：周边自然环境较好，空气质量较好，无较大噪声污染，环境卫生状况较好；人文环境：区域内人口密度较大，人流量较大，人口构成较平均，收入水平一般，治安状况良好；景观：仁寿县中央水体公园，街头绿化 |

**3. 进行交易情况修正**

选取的 A、B、C 三个案例均为正常交易，无须进行交易情况的修正，故修正系数为 100/100。

**4. 进行市场状况调整（交易日期调整）**

选取的 A、B、C 三个案例的交易日期与价值时点接近，且在该期间内该类住宅用房价格无明显波动，故交易日期修正系数均为 100/100。

**5. 进行房地产状况调整**

房地产状况调整分为实物状况调整、权益状况调整和区位状况调整。以估价对象的各因素条件为基础，确定其相应指数为 100，对估价对象的价格影响因素进行指数量化，将其分为五个等级幅度（见表 12-31），然后将可比实例各因素分别与之进行比较，量化出相应指数（见表 12-32）。

**表 12-31 估价对象 6 比较因素条件修正指数幅度**

| | 比较结果 | 好 | 较好 | 相似 | 较差 | 差 |
|---|---|---|---|---|---|---|
| 实物状况 | 建筑形态 | 102 | 101 | 100 | 99 | 98 |
| | 总楼层 | 102 | 101 | 100 | 99 | 98 |
| | 设施设备配置 | 102 | 101 | 100 | 99 | 98 |
| | 外观 | 104 | 102 | 100 | 98 | 96 |
| | 室内装修 | 105 | 103 | 100 | 97 | 95 |
| | 空间布局 | 106 | 103 | 100 | 97 | 94 |
| | 梯户比例 | 102 | 101 | 100 | 99 | 98 |
| | 建筑面积 | 104 | 102 | 100 | 98 | 96 |
| | 层高 | 102 | 101 | 100 | 99 | 98 |
| | 建成时间及维护、保养情况及完损状况 | 102 | 101 | 100 | 99 | 98 |
| | 楼盘档次及楼盘形象 | 102 | 101 | 100 | 99 | 98 |
| | 土地实物状况 | 102 | 101 | 100 | 99 | 98 |
| | 权益状况 | 110 | 105 | 100 | 95 | 90 |
| 区位状况 | 坐落及方位 | 104 | 102 | 100 | 98 | 96 |
| | 商服繁华度、居住氛围 | 104 | 102 | 100 | 98 | 96 |
| | 临街状况 | 102 | 101 | 100 | 99 | 98 |
| | 朝向 | 102 | 101 | 100 | 99 | 98 |
| | 所在楼层 | 102 | 101 | 100 | 99 | 98 |
| | 交通条件 | 104 | 102 | 100 | 98 | 96 |
| | 外部配套设施 城市基础设施状况 | 102 | 101 | 100 | 99 | 98 |
| | 外部配套设施 公共服务设施情况 | 102 | 101 | 100 | 99 | 98 |
| | 周围环境和景观 | 102 | 101 | 100 | 99 | 98 |

表 12-32　估价对象 6 可比实例比较因素修正指数

| 因素 | | 可比实例 A | | 可比实例 B | | 可比实例 C | |
|---|---|---|---|---|---|---|---|
| | | 比较 | 分值 | 比较 | 分值 | 比较 | 分值 |
| 实物状况 | 建筑形态 | 相似 | 100 | 相似 | 100 | 相似 | 100 |
| | 总楼层 | 相似 | 100 | 相似 | 100 | 相似 | 100 |
| | 设施设备配置 | 相似 | 100 | 相似 | 100 | 相似 | 100 |
| | 外观 | 相似 | 100 | 相似 | 100 | 相似 | 100 |
| | 室内装修 | 差 | 95 | 相似 | 100 | 相似 | 100 |
| | 空间布局 | 相似 | 100 | 相似 | 100 | 相似 | 100 |
| | 梯户比例 | 相似 | 100 | 相似 | 100 | 相似 | 100 |
| | 建筑面积 | 相似 | 100 | 较差 | 98 | 相似 | 100 |
| | 层高 | 相似 | 100 | 相似 | 100 | 相似 | 100 |
| | 建成时间及维护、保养情况及完损状况 | 相似 | 100 | 相似 | 100 | 相似 | 100 |
| | 楼盘档次及楼盘形象 | 相似 | 100 | 相似 | 100 | 相似 | 100 |
| | 土地实物状况 | 相似 | 100 | 相似 | 100 | 相似 | 100 |
| 实物状况修正指数 | | — | 95 | — | 98 | — | 100 |
| 权益状况指数 | | 相似 | 100 | 相似 | 100 | 相似 | 100 |
| 区位状况 | 坐落及方位 | 相似 | 100 | 相似 | 100 | 相似 | 100 |
| | 商服繁华度、居住氛围 | 相似 | 100 | 相似 | 100 | 相似 | 100 |
| | 临街状况 | 相似 | 100 | 相似 | 100 | 相似 | 100 |
| | 朝向 | 较好 | 101 | 较好 | 101 | 较好 | 101 |
| | 所在楼层 | 好 | 102 | 较差 | 99 | 好 | 102 |
| | 交通条件 | 相似 | 100 | 相似 | 100 | 相似 | 100 |
| | 外部配套设施 | 城市基础设施状况 | 相似 | 100 | 相似 | 100 | 相似 | 100 |
| | | 公共服务设施情况 | 相似 | 100 | 相似 | 100 | 相似 | 100 |
| | 周围环境和景观 | 相似 | 100 | 相似 | 100 | 相似 | 100 |
| 区位状况修正指数 | | — | 103 | — | 100 | — | 103 |
| 房地产状况调整指数 | | — | 98 | — | 98 | — | 103 |

### 6. 计算比较价值

采用调整系数连乘法计算比较价值（见表 12-33），然后再采用简单算术平均法测算估价对象 6 的比较价值。

表 12-33　估价对象 6 可比实例比较价值估算

| 项目 | 可比实例 A | 可比实例 B | 可比实例 C |
|---|---|---|---|
| 交易单价（元/平方米） | 8837 | 8407 | 8382 |
| 交易情况修正系数 | 100/100 | 100/100 | 100/100 |
| 市场状况调整系数 | 100/100 | 100/100 | 100/100 |

续表

| 项目 | 可比实例A | 可比实例B | 可比实例C |
|---|---|---|---|
| 房地产状况调整系数 | 100/98 | 100/98 | 100/103 |
| 修正后单价（元/平方米） | 9017 | 8579 | 8138 |
| 计算过程 | 8837×（100/100）×（100/100）×（100/98）=9017 | 8407×（100/100）×（100/100）×（100/98）=8579 | 8382×（100/100）×（100/100）×（100/103）=8138 |

估价对象6三个可比实例测算出来的比较价值差异约为11%，差异在合理范围内。三个交易案例均有较强的可比性，其比较价值均能较好地反映估价对象6的市场价值，故此次评估可采用简单算术平均法求取估价对象6的比较价值：

估价对象6住宅用房比较价值=(9017+8579+8138)÷3=8580元/平方米（拾元取整）

### （六）假定未设立法定优先受偿权下的估价测算结果

假定未设立法定优先受偿权下的估价测算结果如表12-34所示。

表12-34 假定未设立法定优先受偿权下的估价结果

| 估价对象 | 《不动产权证书》编号 | 权利人 | 坐落 | 实际所在层 | 规划用途 | 分摊土地使用权面积（平方米） | 建筑面积（平方米） | 房地产评估单价（元/平方米） | 房地产评估总价（万元，佰元取整） |
|---|---|---|---|---|---|---|---|---|---|
| 1 | 川（2022）仁寿县不动产权第*******号 | ***** | 普宁街道黎光社区里仁路*号*幢1楼*号 | 1层 | 零售商业用地/商业服务 | 11.53 | 34.39 | 18640 | 64.10 |
| 2 | 川（2022）仁寿县不动产权第*******号 | ***** | 普宁街道黎光社区里仁路*号*幢1楼*号 | 1层 | 零售商业用地/商业服务 | 15.02 | 44.82 | 18640 | 83.54 |
| 3 | 川（2022）仁寿县不动产权第*******号 | ***** | 普宁街道黎光社区里仁路**号*幢1楼**号 | 1层 | 零售商业用地/商业服务 | 13.5 | 40.26 | 18640 | 75.04 |
| 4 | 川（2022）仁寿县不动产权第*******号 | ***** | 普宁街道黎光社区里仁路**号*幢1楼**号 | 1层 | 零售商业用地/商业服务 | 14.75 | 44 | 18640 | 82.02 |
| 5 | 川（2022）仁寿县不动产权第*******号 | ***** | 普宁街道黎光社区里仁路**号*幢1楼**号 | 1层 | 零售商业用地/商业服务 | 12.54 | 37.41 | 18640 | 69.73 |
| 6 | 川（2022）仁寿县不动产权第*******号 | ***** | 怀仁街道龙滩大道一段12号"锦绣大地"*幢*单元12层*号 | 12层 | 城镇住宅用地/住宅 | 7.24 | 96.17 | 8580 | 82.51 |
| 合计 | | | | | | 74.58 | 297.05 | — | 456.94 |

## （七）估价对象的法定优先受偿款

法定优先受偿款为假定在价值时点实现抵押权时，已存在的依法优先于本次抵押贷款受偿的款额，包括已抵押担保的债权数额、发包人拖欠承包人的建设工程价款、其他法定优先受偿款。

经估价委托人介绍以及根据其提供的《法定优先受偿款情况说明》，估价对象的法定优先受偿款为 0 元。

## （八）抵押价值测算结果

$$房地产抵押价值 = 未设立法定优先受偿权利下的价值 -$$
$$注册房地产估价师悉知的法定优先受偿款$$
$$= 4569400 - 0 = 4569400(元)$$

# 五、估价结论

估价对象在价值时点并满足本报告所述价值定义及估价假设和限制条件的抵押价值为（见表 12-35）：

综合单价：人民币（小写）15382.6 元/平方米（保留一位小数）；

人民币（大写）壹万伍仟叁佰捌拾贰元陆角每平方米；

评估总价：人民币（小写）456.94 万元（佰元取整）；

人民币（大写）肆佰伍拾陆万玖仟肆佰元整。

备注：本次评估根据估价对象分套建筑面积与分套评估单价相乘结果佰元取整后，汇总求取评估总价，再采用评估总价除以总建筑面积求取估价对象综合单价。

表 12-35　房地产抵押价值评估结果汇总表

| 项目及结果 | | 眉山市仁寿县普宁街道黎光社区里仁路\*、\*、\*\*、\*\*、\*\*号"北辰国颂府"\*幢 1 楼\*、\*、\*\*、\*\*、\*\*号、怀仁街道龙滩大道一段 12 号"锦绣大地"\*幢\*单元 12 层\*号的商业、住宅房地产 |
|---|---|---|
| 1. 假定未设立法定优先受偿权下的价值 | 评估总价（万元，佰元取整） | 456.94 |
| | 综合单价（元/平方米，保留一位小数） | 15382.6 |
| 2. 估价师知悉的法定优先受偿款 | 总额（万元） | 0 |
| 2.1 已抵押担保的债权数额 | 总额（万元） | 0 |
| 2.2 拖欠的建设工程款 | 总额（万元） | 0 |
| 2.3 其他法定优先受偿款 | 总额（万元） | 0 |
| 3. 抵押价值 | 评估总价（万元，佰元取整） | 456.94 |
| | 综合单价（元/平方米，保留一位小数） | 15382.6 |

# 第十三章 商业不动产租金估价案例

## 一、估价基本事项

### (一)估价目的

为估价委托人拟出租估价对象了解其市场租金提供参考依据。

### (二)价值类型

**价值名称**:市场价值(市场租金)。

**价值内涵**:估价结果是反映估价对象在本次估价目的下于价值时点的市场租金。市场租金是指估价对象在经适当营销后,由熟悉情况、谨慎行事且不受强迫的租赁双方以公平租赁方式在价值时点自愿进行租赁交易的金额。

### (三)估价对象

**1. 估价对象范围与基本状况**

(1)估价对象范围。***单独所有的位于成都市高新区神仙树西路**号1楼建筑面积163平方米的商业用房(含附属设备设施)及其占用应分摊的国有出让批发零售用地使用权。

(2)估价对象基本状况如表13-1所示。

表13-1 估价对象基本状况

| 基本状况 | 名称 | 成都市高新区神仙树西路**号1楼商业房地产 | | | | | |
|---|---|---|---|---|---|---|---|
| | 坐落 | 成都市高新区神仙树西路**号1楼 | | | | | |
| | 规模 | 土地面积 | 共用宗地面积2392.03平方米(未分摊),估价对象分摊土地面积未单独提供。 | 建筑面积 | 163平方米 | 其他 | / |
| | 用途 | 规划用途 | 批发零售用地/商业 | 设计用途 | | 商业 | |
| | | 登记用途 | 批发零售用地/商业 | 实际用途 | | 商业 | |
| | 权属 | 土地所有权 | 国有土地 | 是 | | 集体土地 | / |
| | | 土地使用权 | 权利种类 | 建设用地使用权 | 出让 是 / 划拨 / / 租赁 / / 作价出资入股 / 其他 / | 宅基地使用权 / 土地承包经营权 / | |
| | | 不动产权利人 | *** | | | | |

**2. 估价对象实物状况**

(1)估价对象土地实物状况如表13-2所示。

表 13-2　估价对象土地实物状况

| 估价对象 | 成都市高新区神仙树西路**号 1 楼商业房地产 |
|---|---|
| 四至 | 根据估价委托人现场指认及估价人员实地查勘，估价对象所在项目宗地东临支路，南临神仙树西路，西临支路，北临和贵蜜巢小区 |
| 土地使用权面积 | 共用宗地面积 2392.03 平方米（未分摊），估价对象分摊土地面积未单独提供 |
| 土壤 | 无污染 |
| 形状 | 所在项目宗地形状为较规则四边形 |
| 地形、地势及工程地质 | 宗地地处平原，地形平坦，无影响建筑修建的不良地势、地质和水文状况 |
| 开发程度 | 宗地外开发程度达到"六通"（通上水、通下水、通电、通气、通路、通信），宗地内开发程度达"六通一平"（通上水、通下水、通电、通气、通路、通信及场地平整） |

（2）估价对象建筑物实物状况如表 13-3 所示。

表 13-3　估价对象建筑物实物状况

| 估价对象 | | 成都市高新区神仙树西路**号 1 楼商业用房地产 |
|---|---|---|
| 楼栋建筑类型 | | 多层商业用房 |
| 总层数 | | 4 层 |
| 建筑结构 | | 混合 |
| 建筑功能 | | 商业功能，具备保温、隔热、通风、采光等功能 |
| 建筑面积 | | 163 平方米 |
| 规划用途 | | 商业 |
| 实际用途 | | 商业 |
| 层高 | | 约 3.8 米 |
| 空间布局 | | 临街商业布局，商铺开间约 11.4 米，进深约 11 米（局部进深约 7.3 米），形状呈较规则多边形，利用方便 |
| 装修情况 | | 外墙贴装饰面板 |
| | | 室内地面贴地砖，墙面刷乳胶漆，天棚矿棉板吊顶，安装玻璃推拉门及卷帘门 |
| 使用状况 | | 出租作为商业用房使用 |
| 设施设备 | | 通上水、下水、电、信，消防栓 |
| 工程质量 | | 合格 |
| 新旧程度 | 建成时间 | 约建于 1995 年 |
| | 成新率 | 成新率一般 |
| | 维护、保养情况及完损状况 | 维护、保养情况一般；基础稳固无沉降；墙面、地面、门窗等无明显破损 |

### 3. 估价对象权益状况

（1）不动产权益状况。

①土地所有权状况。估价对象系出让国有土地，所有权属国家。

②估价对象不动产登记状况如表 13-4 所示。

表 13-4　估价对象不动产登记状况

| 《不动产权证书》编号 | 川（2020）成都市不动产权第**号 |
|---|---|
| 权利人 | *** |
| 共有情况 | 单独所有 |
| 坐落 | 高新区神仙树西路**号 1 楼 |
| 不动产单元号 | ****************** |
| 权利类型 | 国有建设用地使用权/房屋（构筑物）所有权 |
| 权利性质 | 出让 |
| 用途 | 批发零售用地/商业 |
| 面积 | 共用宗地面积 2392.03 平方米/房屋建筑面积 163 平方米 |
| 使用期限 | 国有建设用地使用权：2035 年 8 月 18 日止 |
| 权利其他状况 | 房屋结构：混合 |
| | 专有建筑面积：115.45 平方米 |
| | 分摊建筑面积：47.55 平方米 |
| | 房屋总层数：4 层 |
| | 所在层数：1 层 |
| | 宗地内共同使用的土地面积为全体业主共有 |

③土地利用现状。估价对象宗地内已于 1995 年建成多层商业用房，并正常投入使用。

（2）物业管理情况。由不动产权利人自行管理。

（3）估价对象其他权益状况如表 13-5 所示。

表 13-5　估价对象其他权益状况

| 用益物权设立情况 | 无地役权限制 |
|---|---|
| 担保物权设立情况 | 根据估价委托人提供的《***出租资产价值评估委托书》，估价对象不存在担保权等他项权利 |
| 查封等形式限制权利情况 | 根据估价委托人提供的《***出租资产价值评估委托书》，估价对象无查封等形式限制权利情况 |
| 租赁或占用情况 | 据估价委托人提供的《***出租资产价值评估委托书》及注册房地产估价师实地查勘，至价值时点，估价对象出租作为商业用房使用，本次评估不考虑已设租赁权的影响 |
| 拖欠税费情况 | 根据估价委托人提供的《***出租资产价值评估委托书》，估价对象不存在欠缴的税费、物业费、水电气费等情况 |
| 权属清晰情况 | 权属状况清晰 |

**4. 估价对象区位状况**

估价对象区位状况如表 13-6 所示。

表13-6　估价对象区位状况

| | | |
|---|---|---|
| 位置 | 估价对象 | 成都市高新区神仙树西路**号1楼商业用房地产 |
| | 坐落及方位 | 位于成都市高新区神仙树西路**号，地处成都市南面二环与三环之间的神仙树片区 |
| | 商业聚集度 | 地处成都市西南二环与三环之间，距离玉林生活广场约1.5千米，距离大世界家乐福约2千米，附近有大量临街商业，商服繁华度较好 |
| | 临街状况 | 估价对象临神仙树西路，系单行道 |
| | 昭示性及可及性 | 估价对象直接临神仙树西路，无视野遮挡，昭示性较好；估价对象与道路距离适中，可及性较好 |
| | 楼层 | 1层 |
| 交通条件 | 道路等级及路网条件 | 所在区域内有高新大道创业路、神仙树西路、神仙树北路等干道或支路，路网密度高，道路通达度好 |
| | 公共交通及对内交通状况 | 区域内有11、26、28、99、162、247、280、340、G43路、快速公交K15路等多路公交路线和地铁5号线经过，公共交通及对内交通条件好 |
| | 对外交通状况 | 距离火车南站约6千米，距离双流国际机场约15千米，对外交通条件好 |
| | 交通管制情况 | 工作日尾号限行 |
| | 停车方便程度 | 估价对象周边有地面、地下停车场，停车位较充足 |
| 外部配套设施 | 城市基础设施状况 | 所在区域内水、电、气、视、信、路、宽带网等城市基础设施配套完善 |
| | 公共服务设施 | 银行：中国光大银行、中国工商银行、中国建设银行、泸州银行等金融机构均在周边设有服务网点或ATM |
| | | 教育文化：周边有四川省成都高新实验小学、玉林中学（紫荆校区）、成都师范银都小学（紫荆校区）、成都玉林中学（芳草校区）等文化教育机构 |
| | | 医疗卫生：周边有成都中医药大学针灸推拿学院指导医院、六三零医院、四川华美紫馨医学美容医院、成都普康医院等医疗卫生机构 |
| 周围环境和景观 | | 自然环境：估价对象所在区域无明显污染物，环境状况较好 |
| | | 人文环境：区域人口密度较大，人口构成平均，收入及文化水平较高，人文环境较好，社会治安较好 |
| | | 景观：街头绿化 |

## （四）估价时点

价值时点为2023年2月16日，并于当日完成实地查勘。

# 二、估价思路

此次评估是为估价委托人拟出租估价对象了解其市场租金提供参考依据。拟出租估价对象是***单独所有的位于成都市高新区神仙树西路**1楼建筑面积163平方米的商业用房（含附属设备设施）及其占用应分摊的国有出让批发零售用地使用权。估价对象区域内商业房地产市场租赁较为活跃，与估价对象用途一致、类似可比的商业用房租赁案例较多。根据掌握的有关资料，同时结合本次估价目的及估价对象的具体情况，本次估价直接采用比较法求取估价对象的市场租金。具体思路如下。

首先，搜集交易实例，选取了三个与估价对象相同结构、相同用途、相似规模、相似档次的商业用房的交易案例作为可比实例；其次，建立价格比较基础，包括统一房地产范围、付款方式、融资方式和价格单位；再次，通过对其交易情况、交易时间、区域因素及个别因素进行比较修正后求取估价对象不含税的比较租金；最后，把不含税的比较租金调整为估价对象含增值税的市场租赁价格。

## 三、估价技术说明

### （一）估价方法的选择

房地产租赁价格常用的评估方法有比较法、收益法和成本法，估价方法的选用应符合《房地产估价规范》（GB/T 50291—2015）的有关规定。

（1）估价对象区域内商业房地产市场租赁较为活跃，与估价对象用途一致、类似可比的商业用房租赁案例较多，理论上适用同时客观上具备采用比较法的条件，故本次评估选取比较法对估价对象租金进行评估。

（2）应用收益法评估租金，具体可采用两种评估思路，分别为价值折算法和收益剩余法。

价值折算法是选取适当的评估方法测算出估价对象的市场价值，然后确定估价对象的报酬率或资本化率，并分析预测估价对象未来租赁价格的变化趋势，最后运用收益法的倒算公式，得出估价对象的租赁价格。运用该方法的前提是房地产为持续经营状态，且其未来风险和收益的变化能预测。

收益剩余法是从承租人最高愿意支付的租金的角度出发，根据承租人承租房地产所能够获取的正常经营收入扣除正常经营所发生的经营费用及税费、合理的利润，以其余额作为估价对象的租赁价格的方法。运用该方法的前提是需要对相关行业的运营有充分了解，能合理客观地确定收入、费用及行业正常经营利润，具体公式为

剩余租金收益 = 正常经营收入 − 总经营费用 − 行业合理经营利润

考虑到估价对象所在区域内商业用房交易案例较少，售价信息搜集困难。无论采用价值折算法还是收益剩余法，计算过程中参数过多，测算出的租赁价格可能与客观租金偏差较大，理论上适用但客观上不具备采用收益法的条件，故本次评估不选取收益法对估价对象租金进行评估。

（3）鉴于假设开发法是用于计算开发价值，本次评估的是房地产租赁价格，理论上不适用假设开发法，故本次评估不选取假设开发法对估价对象租金进行评估。

（4）成本法是求取估价对象在价值时点各个组成部分的价格，然后将各个组成部分的价格进行累加得到估价对象的一种方法。租金通常由折旧费、维修费、管理费、利息、地租、保险费、利润、税金八项因素构成，公式为

成本租金价格 = 折旧费 + 维修费 + 管理费 + 利息 + 地租 + 保险费 + 利润 + 税金

估价对象无分摊土地使用权面积，无法准确测算地租，故不宜选取成本法对估价对象租金进行评估。

综上所述，根据掌握的有关资料，同时结合估价对象的具体情况，采用比较法对估价对象租金进行估价。

### （二）估价假设

**1. 一般假设**

（1）假设估价对象符合《民法典》有关规定，估价对象不存在也不涉及任何法律纠纷，

不存在司法机关和行政机关依法裁决、查封或者以其他形式限制该资产权利的情形，估价对象符合国家相关法律法规对房地产租赁的有关规定。

（2）价值时点的房地产市场是公开、公平、自愿的均衡市场。

（3）不动产权利人对估价对象拥有合法的占有权、使用权、收益权和处分权。签订租赁合同后不动产权利人或其授权人按合同约定将估价对象移交承租方占用并正常开展经营活动。

（4）注册房地产估价师对估价对象的查勘仅限于估价对象在价值时点的外观和使用状况，无法对估价对象的隐蔽工程（地基、电气管线、供水管线等需要覆盖、掩盖的工程）、建筑结构质量等进行专业检测。注册房地产估价师对房屋安全、环境污染等影响估价对象价值的重大因素给予了关注，在无理由怀疑估价对象存在安全隐患且无相应的专业机构进行鉴定、检测的情况下，假定估价对象不存在房屋安全隐患及重大环境污染的情形。

（5）注册房地产估价师现场拍摄的估价对象实体照片内容系由估价委托人代表现场确定之评估范围的实体状况，本报告设定其无遗漏和偏离。

（6）估价对象能合理正常使用公共附属设施设备。

**2. 未定事项假设**

无未定事项假设。

**3. 背离事实假设**

无背离事实假设。

**4. 不相一致假设**

无不相一致假设。

**5. 依据不足假设**

估价对象《不动产权证书》未记载估价对象房屋的建成年份，注册房地产估价师亦难以收集到其竣工验收报告，故难确定其建成年代。经注册房地产估价师实地调查以及根据《***出租资产价值评估委托书》记载，房屋建成年份约为1995年，本次估价以估价对象于1995年建成为假设前提。

（三）估价报告使用限制及特别事项提醒

（1）估价对象的房屋建筑面积和房地产权属状况是以估价委托人提供的《不动产权证书》复印件为依据的，我们无法确保本报告估价对象的建筑面积和不动产权属状况与不动产权属登记部门"不动产登记簿"中所记载的上述内容无差异，故本报告不能作为确定估价对象权属和面积的依据。

（2）估价委托人提供的资料和陈述的情况直接影响我们的估价分析和结论，因此估价委托人应对提供资料和陈述情况的合法性、真实性、完整性及其引起的后果负责；注册房地产估价师对所收集资料的真实性、准确性负责。评估机构对评估结果的公正性、准确性负责。因估价委托人提供的资料和陈述的情况失实造成评估结果有误的，评估机构和评估人员不承担相应责任。

（3）本报告评估结果是估价对象整体在无任何权利限制条件下的房地产公开市场上最可能形成的租赁价格。

（4）本次估价结果仅供估价委托人内部决策作参考，不应当被认为是估价对象可实现价格的保证，估价委托人应根据实际情况确定估价对象的租金水平。估价对象最终出租的市场租金取决于租赁双方的谈判能力、对租赁对象及市场的熟悉程度、租赁双方之间的关联度、承租或出租的急迫程度以及对租赁对象的偏好、实际付款方式、租赁期等。

（5）本次估价结果包括房屋（含附属设施设备）及其占用分摊的建设用地使用权的市场租金，不包括租赁保证金、押金等的利息收入。

（6）本次估价结果综合考虑了估价对象所处环境、楼盘形象等，但估价结果未考虑运营费用（水、电、信及物管等相关费用）。

（7）本报告未考虑长期租约对估价对象市场租金的影响，系短期租赁下含税（增值税税率为6%）的市场租赁价格。出租面积、楼层、租金的支付方式和租期长短等因素都会影响租赁价格的高低，估价委托人应综合相关因素合理确定租赁价格。

（8）本报告使用期限为一年（2023年2月17日至2024年2月16日）。

## 四、估价测算过程

### （一）采用比较法对估价对象商业房地产市场租金进行测算

比较法是将估价对象与在价值时点近期发生交易的类似房地产进行比较，对这些类似房地产的已知价格做适当的修正，以此估算估价对象的客观合理价格或价值的方法。在房地产市场比较发达的情况下，是一种说服力强、适用范围广的估价方法。

步骤：①搜集交易实例；②选取可比实例；③建立价格比较基础；④进行交易情况修正；⑤进行市场状况调整；⑥进行房地产状况调整；⑦求出比较租金。

$$比较租金 = 可比实例房地产的租金 \times 交易情况修正系数 \times 市场状况调整系数 \times 房地产状况调整系数$$

分别选取三个与估价对象具有相同结构、相同用途、相似规模、相似档次的商业用房的交易案例作为可比实例（见表13-7），通过对其交易情况、交易时间、区域因素及个别因素进行比较修正后求取估价对象房地产比较租金。

**1. 选取可比实例**

可比实例房地产应是与估价对象类似的房地产，是与估价对象所处区域、用途、权利性质、档次、规模、建筑结构等相同或相似的房地产。因此，选取的可比实例应满足下列要求：与估价对象的与区位相近；与估价对象的与用途相同；与估价对象的权利性质相同；与估价对象的档次相当；与估价对象的规模相当；与估价对象的建筑结构相同。经过筛选，我们选取三个可比实例（见表13-8）。

**2. 建立价格比较基础**

建立价格比较基础一般要完成以下工作。

①统一房地产范围：本次评估在筛选可比实例时，选择了不含有非房地产成分，实物范围一致的可比房地产。

表 13-7 估价对象和可比实例详细资料

| 项目 | | 估价对象 | 可比实例 A | 可比实例 B | 可比实例 C |
|---|---|---|---|---|---|
| 楼盘名称 | | — | — | "金竹苑 D 区"底商 | "紫竹苑"底商 |
| 位置 | | 神仙树西路**号 1 楼 | 神仙树西路 3 号附 25 号 1 层 | 神仙树北路 102-112 号 1 层 | 紫荆东路 1 层 |
| 交易情况 | | 设定为正常 | 正常 | 正常 | 正常 |
| 租金支付方式 | | 设定为押一付三的方式支付租金 | 押一付三的方式支付租金 | 押一付三的方式支付租金 | 押一付三的方式支付租金 |
| 交易日期 | | 设定为 2023 年 2 月 16 日 | 2022 年 12 月 | 2023 年 2 月 | 2023 年 1 月 |
| 市场状况 | | — | 一致，无明显变化 | 一致，无明显变化 | 一致，无明显变化 |
| 租赁单价（元/平方米·月） | | 待估 | 173 | 144 | 184 |
| | | 出租方净得价，不含税 | 出租方净得价，不含税 | 出租方净得价，不含税 | 出租方净得价，不含税 |
| 实物状况 | 商业业态 | 临街商业楼底商 | 临街商业楼底商。与估价对象相似 | 临街商业楼底商。与估价对象相似 | 临街住宅楼底商（楼上为住宅）。与估价对象有用途管制，较差 |
| | 配置设施设备 | 通上水、下水、电、信、消防栓 | 通上水、下水、电、气、信、消防栓。与估价对象相比较好 | 通上水、下水、电、气、信、消防栓。与估价对象相比较好 | 通上水、下水、电、气、信、消防栓。与估价对象相比较好 |
| | 外观 | 外墙贴装饰面板 | 外墙贴瓷砖 | 外墙贴瓷砖 | 外墙贴瓷砖 |
| | 室内装修 | 室内地面贴地砖，墙面刷乳胶漆，天棚矿棉板吊顶，安装玻璃推拉门及卷帘门，装修 | 室内地面贴地砖，墙面刷乳胶漆，天棚刷涂料，安装玻璃推拉门，系承租人装修。与估价对象相似 | 室内地面贴地砖，墙面刷乳胶漆，天棚刷涂料，安装玻璃推拉门，系承租人装修。与估价对象相似 | 室内地面贴地砖，墙面刷乳胶漆，天棚刷涂料，安装玻璃推拉门，系承租人装修。与估价对象相似 |
| | 空间布局 | 临街商业布局，开间约 11.4 米（局部进深约 7.3 米），即平均进深约 9 米，利用方便 | 临街商业布局，开间约 19.5 米，进深约 8.4 米，利用方便。与估价对象相似 | 临街商业布局，开间约 25 米，进深约 10.5 米，利用方便。与估价对象相似 | 临街商业布局，开间约 6 米，进深约 15 米，利用条件一般。与估价对象相比差 |

续表

| 项目 | | 估价对象 | 可比实例 A | 可比实例 B | 可比实例 C |
|---|---|---|---|---|---|
| 实物状况 | 建筑面积 | 163 平方米 | 180 平方米，与估价对象相似 | 275 平方米，与估价对象相比差 | 98 平方米，与估价对象相比好 |
| | | 备注：建筑面积小于 100 平方米为好，（100～150 平方米）为较好，（150～200 平方米）为一般，（200～250 平方米）为较差，大于 250 平方米为差。 | | | |
| | 层高 | 约 3.8 米（未做隔层） | 约 4.2 米（未做隔层），与估价对象相似 | 约 3.8 米（未做隔层），与估价对象相似 | 约 4.0 米（未做隔层），与估价对象相似 |
| | 建成时间、维护保养及成新率 | 约建于 1995 年，正常进行维护保养，维护保养状况一般，成新率一般 | 约建于 1995 年，正常进行维护保养，维护保养状况一般，成新率一般。与估价对象相似 | 约建于 1996 年，正常进行维护保养，维护保养状况一般，成新率一般。与估价对象相似 | 约建于 2001 年，正常进行维护保养，维护保养状况较好，成新率较好。与估价对象相比较好 |
| | 档次及楼盘形象 | 商业楼，楼盘形象一般 | 商业楼，楼盘形象一般。与估价对象相似 | 商业楼，楼盘形象一般。与估价对象相似 | 商住楼，楼盘形象较好。与估价对象相比较好 |
| | 土地实物状况 | 宗地处平原，地势平坦，无影响建筑修建的不良地形、地质和水文状况 | 宗地处平原，地势平坦，无影响建筑修建的不良地形、地质和水文状况 | 宗地处平原，地势平坦，无影响建筑修建的不良地形、地质和水文状况 | 宗地处平原，地势平坦，无影响建筑修建的不良地形、地质和水文状况 |
| 权益状况 | | 权益状况清晰，无瑕疵，剩余土地使用年限 12.51 年，本次估价土地剩余年限对物业租金无明显影响 | 权益状况清晰，无瑕疵，土地剩余年限对物业租金无明显影响 | 权益状况清晰，无瑕疵，土地剩余年限对物业租金无明显影响 | 权益状况清晰，无瑕疵，土地剩余年限对物业租金无明显影响 |
| | | 经营模式：出租经营 | 经营模式：出租经营 | 经营模式：出租经营 | 经营模式：出租经营 |
| | | 物业管理：专业的物业公司进行管理 | 物业管理：专业的物业公司进行管理 | 物业管理：专业的物业公司进行管理 | 物业管理：专业的物业公司进行管理 |

续表

| 项目 | | | 估价对象 | 可比实例 A | 可比实例 B | 可比实例 C |
|---|---|---|---|---|---|---|
| 区位状况 | 位置 | 坐落及方位 | 位于成都市高新区神仙树西路**号1楼，地处成都市中心城区二环路外侧 | 位于成都市高新区神仙树西路1楼，地处成都市中心城区二环路外侧；与估价对象相似 | 位于成都市高新区神仙树北路1楼，地处成都市中心城区二环路外侧；与估价对象相似 | 位于成都市高新区紫荆东路1楼，地处成都市中心城区二环路外侧；与估价对象相似 |
| | | 商服繁华度 | 地处成都市中心城区二环路外侧，距离玉林生活广场约1.5千米，距离大世界家乐福约2千米，周边多临街商业，由于正对四川省成都高新实验小学校门，人流量较大，商服繁华度较好 | 地处成都市中心城区二环路外侧，距离玉林生活广场约1.5千米，距离大世界家乐福约2千米，周边多临街商业，商服繁华度一般。与估价对象相比差 | 地处成都市中心城区二环路外侧，距离玉林生活广场约1.5千米，距离大世界家乐福约2千米，周边多临街商业，商服繁华度一般。与估价对象相比差 | 地处成都市中心城区二环路外侧，距离玉林生活广场约1.2千米，距离大世界家乐福约400米，周边多临街商业，商服繁华度好。与估价对象相比较好 |
| | | 临街状况 | 临神仙树西路（支路），单行道 | 临神仙树西路（支路），单行道。与估价对象相似 | 临神仙树北路（支路）。与估价对象相比较好 | 临紫荆东路（支路）。与估价对象相似 |
| | | 昭示性及可及性 | 无建筑物遮挡视野，昭示性较好；与道路距离适中，可及性较好 | 无建筑物遮挡视野，昭示性较好；与道路距离适中，可及性较好。与估价对象相似 | 无建筑物遮挡视野，昭示性较好；与道路距离适中，可及性较好。与估价对象相似 | 无建筑物遮挡视野，昭示性较好；与道路距离适中，可及性较好。与估价对象相似 |
| | 所在楼层 | | 1层 | 1层 | 1层 | 1层 |

续表

| 项目 | | 估价对象 | 可比实例 A | 可比实例 B | 可比实例 C |
|---|---|---|---|---|---|
| 区位状况 | 交通条件 | ①道路通达度：区域有二环路，神仙树西路、神仙树北路、紫荆路等干道或支路，路网密度高，道路通达度好；②公共交通：域内有11、26、28、99、162、280、340路等公交路线和地铁5号线经过，公共交通及对内交通条件好；③对外交通：距离火车南站约6千米，距离双流国际机场约15千米，对外交通条件好；④交通管制情况：工作日尾号限行；⑤停车方便程度：周边设有地面或地下停车场 | ①道路通达度：区域有二环路，神仙树西路、神仙树北路、紫荆路等干道或支路，路网密度高，道路通达度好；②公共交通：域内有11、26、28、99、162、280、340路等公交路线和地铁5号线经过，公共交通及对内交通条件好；③对外交通：距离火车南站约6千米，距离双流国际机场约15千米，对外交通条件好；④交通管制情况：工作日尾号限行；⑤停车方便程度：周边设有地面或地下停车场。交通条件与估价对象相似 | ①道路通达度：区域有二环路，神仙树西路、神仙树北路、紫荆路等干道或支路，路网密度高，道路通达度好；②公共交通：域内有11、26、28、99、162、280、340路等公交路线和地铁5号线经过，公共交通及对内交通条件好；③对外交通：距离火车南站约6千米，距离双流国际机场约15千米，对外交通条件好；④交通管制情况：工作日尾号限行；⑤停车方便程度：周边设有地面或地下停车场。交通条件与估价对象相似 | ①道路通达度：区域有二环路，神仙树西路、神仙树北路、紫荆路等干道或支路，路网密度高，道路通达度好；②公共交通：域内有61、76、93、115、153、238、247路等公交路线和地铁5号线经过，公共交通及对内交通条件好；③对外交通：距离火车南站约5.3千米，距离双流国际机场约14.5千米，对外交通条件好；④交通管制情况：工作日尾号限行；⑤停车方便程度：周边设有地面或地下停车场。交通条件与估价对象相似 |
| | 外部配套设施 | 水、电、气、视、信、路、宽带等城市基础设施配套完善，银行、储蓄所、学校、医院分布周边，配套条件齐全 | 水、电、气、视、信、路、宽带等城市基础设施配套完善，银行、储蓄所、学校、医院分布周边，配套条件齐全 | 水、电、气、视、信、路、宽带等城市基础设施配套完善，银行、储蓄所、学校、医院分布周边，配套条件齐全 | 水、电、气、视、信、路、宽带等城市基础设施配套完善，银行、储蓄所、学校、医院分布周边，配套条件齐全 |
| | 周围环境和景观 | 自然环境：所在区域无明显污染物，环境状况较好；人文环境：区域人口密度较大，人口构成平均，收入及文化水平较高，人文环境较好，社会治安较好；景观：街边绿化 | 自然环境：所在区域无明显污染物，环境状况较好；人文环境：区域人口密度较大，人口构成平均，收入及文化水平较高，人文环境较好，社会治安较好；景观：街边绿化 | 自然环境：所在区域无明显污染物，环境状况较好；人文环境：区域人口密度较大，人口构成平均，收入及文化水平较高，人文环境较好，社会治安较好；景观：街边绿化 | 自然环境：所在区域无明显污染物，环境状况较好；人文环境：区域人口密度较大，人口构成平均，收入及文化水平较高，人文环境较好，社会治安较好；景观：街边绿化 |

表 13-8 可比实例概况

| 可比实例 | A | B | C |
|---|---|---|---|
| 楼盘名称 | 神仙树西路底商 | "金竹苑 D 区"底商 | "紫竹苑"底商 |
| 坐落 | 神仙树西路 3 号附 25 号 1 层 | 神仙树北路 102-112 号 1 层 | 紫荆东路 1 层 |
| 用途 | 商业用房 | 商业用房 | 商业用房 |
| 土地权利性质 | 国有出让商业用地 | 国有出让商业用地 | 国有出让商业用地 |
| 档次 | 普通商业楼 | 普通商业楼 | 普通商住楼 |
| 建筑面积（平方米） | 约 180 | 约 275 | 约 98 |
| 结构 | 混合 | 混合 | 混合 |
| 租赁单价（元/平方米·月，出租方净得价，不含税） | 173 | 144 | 184 |
| 交易日期 | 2022 年 12 月 | 2023 年 2 月 | 2023 年 1 月 |
| 交易情况 | 正常 | 正常 | 正常 |
| 交易税费负担 | 出租方净得价 | 出租方净得价 | 出租方净得价 |
| 租金支付方式 | 押一付三的方式支付租金 | 押一付三的方式支付租金 | 押一付三的方式支付租金 |

②统一付款方式：本次可比案例价格均为按押一付三（押一个月的租金作为押金，使用前一次性支付三个月租金）的租赁价格。

③同一融资条件：本次可比实例价格均为无融资条件下的租赁价格。

④统一税费负担：本次评估需要求取估价对象含增值税（增值税税率为 6%）的市场租赁价格，可比实例价格均为出租方净得价，需要进行税费调整。

由于本次评估的测算路径是先用比较法求取估价对象的不含税租金，再计算其含税租金，故在比较法计算时均为不含税租金，无须进行税费调整。

⑤统一价格单位：本次评估的可比案例价格为单价，币种为人民币，货币单位为元/平方米·月，按建筑面积计价。

**3. 进行交易情况修正**

选取的 A、B、C 三个案例均为正常交易，无须进行交易情况修正，故修正系数为 100/100。

**4. 进行市场状况调整（交易日期调整）**

选取的 A、B、C 三个案例的交易日期与价值时点接近，且在该期间内该类商业用房租金无明显波动，故交易日期修正系数均为 100/100。

**5. 进行房地产状况调整**

房地产状况调整分为实物状况调整、权益状况调整和区位状况调整。以估价对象的各因素条件为基础，确定其相应指数为 100，对估价对象的租金价格影响因素进行指数量化，将其分为五个等级幅度（见表 13-9），然后将可比实例各因素分别与之进行比较，量化出相应指数（见表 13-10）。

表 13-9 估价对象房地产比较因素条件指数幅度

| | 比较结果 | 好 | 较好 | 相似 | 较差 | 差 |
|---|---|---|---|---|---|---|
| 实物状况 | 商业业态 | 104 | 102 | 100 | 98 | 96 |
| | 配置设施设备 | 104 | 102 | 100 | 98 | 96 |
| | 外观 | 102 | 101 | 100 | 99 | 98 |
| | 室内装修 | 104 | 102 | 100 | 98 | 96 |
| | 空间布局 | 110 | 105 | 100 | 95 | 90 |
| | 建筑面积 | 108 | 104 | 100 | 96 | 92 |
| | 层高 | 110 | 105 | 100 | 95 | 90 |
| | 建成时间、维护保养及成新率 | 104 | 102 | 100 | 98 | 96 |
| | 档次及楼盘形象 | 102 | 101 | 100 | 99 | 98 |
| | 土地实物状况 | 106 | 103 | 100 | 97 | 94 |
| 权益状况 | | 102 | 101 | 100 | 99 | 98 |
| 区位状况 | 坐落及方位 | 104 | 102 | 100 | 98 | 96 |
| | 商服繁华度 | 103 | 102 | 100 | 98 | 97 |
| | 临街状况 | 104 | 102 | 100 | 98 | 96 |
| | 昭示性及可及性 | 104 | 102 | 100 | 98 | 96 |
| | 所在楼层 | 106 | 103 | 100 | 97 | 94 |
| | 交通条件 | 104 | 102 | 100 | 98 | 96 |
| | 外部配套设施 城市基础设施状况 | 106 | 103 | 100 | 97 | 94 |
| | 外部配套设施 公共服务设施情况 | 106 | 103 | 100 | 97 | 94 |
| | 周围环境和景观 | 106 | 103 | 100 | 97 | 94 |

表 13-10 估价对象可比实例房地产状况比较修正指数

| | 项目 | 可比实例 A 比较 | 可比实例 A 分值 | 可比实例 B 比较 | 可比实例 B 分值 | 可比实例 C 比较 | 可比实例 C 分值 |
|---|---|---|---|---|---|---|---|
| 实物状况 | 商业业态 | 相似 | 100 | 相似 | 100 | 较差 | 98 |
| | 配置设施设备 | 较好 | 102 | 较好 | 102 | 较好 | 102 |
| | 外观 | 相似 | 100 | 相似 | 100 | 相似 | 100 |
| | 室内装修 | 相似 | 100 | 相似 | 100 | 相似 | 100 |
| | 空间布局 | 相似 | 100 | 相似 | 100 | 差 | 90 |
| | 建筑面积 | 相似 | 100 | 差 | 92 | 好 | 108 |
| | 层高 | 相似 | 100 | 相似 | 100 | 相似 | 100 |
| | 建成时间、维护保养及成新率 | 相似 | 100 | 相似 | 100 | 较好 | 102 |
| | 档次及楼盘形象 | 相似 | 100 | 相似 | 100 | 较好 | 101 |
| | 土地实物状况 | 相似 | 100 | 相似 | 100 | 相似 | 100 |
| | 实物状况修正值 | — | 102 | — | 94 | — | 101 |
| | 权益状况修正值 | 相似 | 100 | 相似 | 100 | 相似 | 100 |
| 区位状况 | 坐落及方位 | 相似 | 100 | 相似 | 100 | 相似 | 100 |
| | 商服繁华度 | 差 | 97 | 差 | 97 | 较好 | 102 |

续表

| 项目 | | 可比实例 A | | 可比实例 B | | 可比实例 C | |
|---|---|---|---|---|---|---|---|
| | | 比较 | 分值 | 比较 | 分值 | 比较 | 分值 |
| 区位状况 | 临街状况 | 相似 | 100 | 较好 | 102 | 较好 | 102 |
| | 昭示性及可及性 | 相似 | 100 | 相似 | 100 | 相似 | 100 |
| | 所在楼层 | 相似 | 100 | 相似 | 100 | 相似 | 100 |
| | 交通条件 | 相似 | 100 | 相似 | 100 | 相似 | 100 |
| | 外部配套设施 城市基础设施状况 | 相似 | 100 | 相似 | 100 | 相似 | 100 |
| | 外部配套设施 公共服务设施情况 | 相似 | 100 | 相似 | 100 | 相似 | 100 |
| | 周围环境和景观 | 相似 | 100 | 相似 | 100 | 相似 | 100 |
| 区位状况修正值 | | — | 97 | — | 99 | — | 104 |
| 房地产状况调整指数 | | | 99 | | 93 | | 105 |

**6. 比较价值计算**

采用调整系数连乘法来计算比较租金，然后再采用简单算术平均法测算得出各结果（见表 13-11）。

表 13-11　估价对象房地产比较租金计算

| 项目 | 可比实例 A | 可比实例 B | 可比实例 C |
|---|---|---|---|
| 交易租金（元/平方米·月） | 173 | 144 | 184 |
| 交易情况修正系数 | 100/100 | 100/100 | 100/100 |
| 市场状况调整系数 | 100/100 | 100/100 | 100/100 |
| 房地产状况调整系数 | 100/99 | 100/93 | 100/105 |
| 修正后单价（元/平方米·月，取整） | 175 | 155 | 175 |

估价对象三个租赁交易实例测算出来的比较价值差异较小（差异约13%），差异在合理范围内，即三个可比实例均有较好的可比性，均能较好地反映估价对象市场租金，故本次评估采用简单算术平均法求取估价对象房地产的比较租金，则

估价对象房地产比较租金＝（175＋155＋175）÷3＝168元/平方米·月（取整）

**（二）计算含增值税租金**

可比实例均为出租方净得价，本次评估为估价对象含增值税（增值税税率为6%）的市场租赁价格，故需要进行调整。

$$卖方净得价＝正常负担价－卖方应缴纳的税费$$
$$正常负担价＝卖方净得价/(1－卖方应缴纳的税费比率)$$

则：

$$含增值税税率为6\%下的租金收入＝可比实例成交租金÷(1－6\%)$$
$$＝168÷(1－6\%)＝179元/平方米·月（取整）$$

## 五、估价结论

根据房地产评估技术规范及估价对象具体情况,我们采用比较法对估价对象进行了测算(见表 13-12)。

表 13-12　比较法测算结果

| 测算结果 | 年租金总价(元、取整) | 350124 | 备注:总价(年租金)= 单价×建筑面积×12 月 |
|---|---|---|---|
| | 单价(元/平方米·月) | 179 | |

经过以上判定估算,我们认为采用比较法求取的估价对象比较价值是合理的,故本次评估将采用比较法测算的结果作为估价对象商业用房的市场租金。

综上所述,本次估价确定估价对象在价值时点 2023 年 2 月 16 日满足本报告所述"估价的假设和限制条件"的市场租金如下。

租金单价:人民币(小写)179 元/平方米·月;
　　　　　人民币(大写)每月每平方米壹佰柒拾玖元整;
年租金总价:人民币(小写)350124 元(取整);
　　　　　人民币(大写)叁拾伍万零壹佰贰拾肆元整。

# 主要参考文献

[1] 韩志峰，张峥，等. REITs：中国道路[M]. 北京：人民出版社，2021.
[2] 李国民. 现代不动产评估[M]. 北京：经济管理出版社，2020.
[3] 叶剑平，曲卫东. 不动产估价[M]. 2版. 北京：中国人民大学出版社，2006.
[4] 张峥，李尚宸. 基础设施REITs治理下的杠杆率问题研究[J]. 证券市场导报，2022(12)：24-30+41.
[5] 中国房地产估价师与房地产经纪人学会. 房地产估价原理与方法[M]. 北京：中国建筑工业出版社，2021.
[6] 中国土地估价师与土地登记代理人协会. 土地估价原理与方法[M]. 北京：中国大地出版社，2022.
[7] 中国社会科学院语言研究所词典编辑室. 现代汉语词典[M]. 7版. 北京：商务印书馆，2019.
[8] 约翰·冯·杜能. 孤立国同农业和国民经济的关系[M]. 吴衡康，译. 北京：商务印书馆，1986.
[9] 亚当·斯密. 国民财富的性质和原因的研究[M]. 王亚南，译. 北京：商务印书馆，1972：136-137.
[10] Friedman, Jack P., Jack C. Harris, et al. Dictionary of Real Estate Terms[M]. New York: Simon and Schuster, 2017.
[11] Geltner, D., N. G. Miller, J. Clayton, et al. Commercial Real Estate Analysis and Investments[M]. Mason: Thomson South-Western, 2007.

# 教师服务

感谢您选用清华大学出版社的教材！为了更好地服务教学，我们为授课教师提供本书的教学辅助资源，以及本学科重点教材信息。请您扫码获取。

## ▶▶ 教辅获取

本书教辅资源，授课教师扫码获取

## ▶▶ 样书赠送

**财政与金融类**重点教材，教师扫码获取样书

 清华大学出版社

E-mail: tupfuwu@163.com
电话：010-83470332 / 83470142
地址：北京市海淀区双清路学研大厦 B 座 509

网址：https://www.tup.com.cn/
传真：8610-83470107
邮编：100084